시민교육방법 트레이닝
Methodentraining für den Politikunterricht

도서출판 엠·애드

차 례

머리말 ·· Thomas Krüger/Siegfried Schiele / 5

서문 ·· Hans-Werner Kuhn/Peter Massing / 7

제1부 미시방법론

1. 강의식 수업 ··· Peter Massing / 14
2. 시사만평 ·· Hans-Werner Kuhn / 26
3. 텍스트분석 ·· Peter Massing / 47
4. 정치수업시간에 대화하기 ·· Georg Weißeno / 65
5. 인터넷 - 자료조사 및 정보제공 ·· Siegfried Frech / 89

제2부 거시방법론

1. 정치수업에서의 사례분석 ······················· Gotthard Breit/Dietlef Eichner / 126
2. 토크쇼 ·· Hans-Werner Kuhn / 168
3. 찬반 토론 ································· Hans-Werner Kuhn/Markus Gloe / 210
4. 계획게임과 결정게임 ·· Peter Massing / 238
5. 현장체험학습과 사회연구 ·· Joachim Detjen / 289
6. 전문가초청질의 ··· Peter Massing / 337

저자색인 ··· / 353

차 례

머리말 ·· Thomas Krüger/Siegfried Schiele / 5

서문 ··· Hans-Werner Kuhn/Peter Massing / 7

제1부 미시방법론

1. 강의식 수업 ··· Peter Massing / 14
2. 시사만평 ·· Hans-Werner Kuhn / 26
3. 텍스트분석 ·· Peter Massing / 47
4. 정치수업시간에 대화하기 ································· Georg Weißeno / 65
5. 인터넷 - 자료조사 및 정보제공 ························ Siegfried Frech / 89

제2부 거시방법론

1. 정치수업에서의 사례분석 ··················· Gotthard Breit/Dietlef Eichner / 126
2. 토크쇼 ·· Hans-Werner Kuhn / 168
3. 찬반 토론 ································· Hans-Werner Kuhn/Markus Gloe / 210
4. 계획게임과 결정게임 ··· Peter Massing / 238
5. 현장체험학습과 사회연구 ································ Joachim Detjen / 289
6. 전문가초청질의 ·· Peter Massing / 337

저자색인 ··· / 353

머 리 말

학교 안 또는 밖에서 행하여지는 교육활동에서 교수법(수업방식)은 근본적으로 중요하다. 교수법은 수업대상과 수업과정을 구성함으로써 목표하는 내용을 전달한다. 교수법의 과제는 학습자가 수업내용을 접하는 최상의 조건을 갖추게 하는 것이다.

비록 정치수업의 방법에 대한 수많은 저술이 있었지만 정치학수업 방법론은 아직도 소홀히 여겨지는 학문적 영역에 속한다. 교수법관련 전문 토론에서 여전히 그 개념이 불확실하고 전반적인 통찰이 거의 불가능하다. 아직도 정치학 교사들의 교수법레퍼토리에 대해 실증적으로 확립된 것이 너무 적다. 또한 교수법과 학습과정과의 상관관계 또는 특정한 어떤 방법이 학습효과 및 학습결과에 미치는 영향에 대해 연구되어진 바가 거의 없다.

여전히 학교 안 또는 밖에서 행하여지는 교육현장에서는 방법론에 대한 인식이 확실히 부족하다. 이러한 상황은 근본적으로 다음 두 가지 사실과 관계가 있다.

- 대화, 행동 또는 학습자 중심적인 방법의 가치가 높이 평가받음에도 불구하고, 정보를 제공하고 발표하는 독백적인 방법이 아직도 교육현장에서는 지배적이다. 비록 많은 교사들이 다른 방법으로 수업을 진행하고 싶은 마음이 절실하다할지라도 일상적인 수업에서는 종종 학습자의 행동이 거의 배제된 교사중심의 행동양식이 주를 이루고 있다. 각종 방법론을 조사하면 수업시간의 약 2/3가 교사에 의해 조종되는 대화식 수업과 강의식 수업, 그리고 질문에 할애됨을 알 수 있다. 자료와 교사중심적인 방법들이 지닌 절대적인 장점을 근본적으로 무시해서는 안 된다. 그렇지만 문제는 어떻게 "방법론적인 지도"가 보다 광범위한 학습방법으로 풍성하게 되느냐는 것이다. 비록 학교의 방법 및 작업기법이 학교 밖의 청소년, 성인교육의 영향권 하에서 상당히 발전되었음에도 불구하고 정치학 교사들은 아직 제한된 방법만을 사용하고 있다.
- 방법의 다양성이 풍부한 지식과 함께 적용되어야 함은 물론, 현재의 경향 또는 방법론적인 개념부족으로 인해 목표설정과 주어진 상황에 대하여 합당한 방법을 선택하고 사용하지 못하게 한다. 모든 교수법은 그 방법이 적용되기 전에 교과목의 목표와의 관계, 학생 등의 출발상황, 그리고 사용되는 교재(매

시민교육방법트레이닝

체)를 고려하여야 성공적일 수 있다. 한 방법이 단순한 기술이상의 의미를 지녀야 한다면 교사들은 그 교수법이 무엇에 적당한지 어떠한 한계와 어려움이 있는지 말할 수 있어야 한다.

본 저술은 학습자, 교사 및 정치교육담당자들을 위한 것이다. 우선적으로 학습자들의 방법적인 능력을 향상시키는 것만은 아니다. 학습자의 방법론적인 능력이 정치수업의 한 목표라면 이는 먼저 교사자신이 방법론적인 능력을 소유하고 광범위한 방법들을 알고 있어야 하며 일상 교육현장에서 사용해야 함을 전제로 한다.
  그러나 정치학 교사가 전문화되기 위해서는 얼마나 많은 방법을 사용할 수 있는가 뿐만 아니라 그 방법들을 어떻게 사용하는 가에 달려있다. 본서에는 가능한 많은, 그리고 구체적인 수업상황 및 경험이 포함되어 있어, 독자가 스스로 연구하고 훈련할 수 있도록 새로운 기법을 설명하고 있다. 동시에 본서에서 선택한 교수법을, 비교적 수월하게 수업에 사용할 수 있게 하는 자료들이 준비되어 있다. 무엇보다 과목의 핵심부문을 중심으로, 정치세계에 대한 지식과 통찰력을 고양하는데 도움이 되는 방법들이 선택되었다. 특히 여기에 소개된 방법들은 정치학 교사들이 알고 있는 방법들 중에서도 핵심에 속한다. 본서 제목을 "교육방법 트레이닝"이라고 한 것은 기술적으로 의미한 것이 아니다. 오히려 모두 교사교육 및 연수에서 활동하고 있는 저자들은 교육이 훈련을 통해서도 가능하다고 전제한다.
  그러나 이 "교육방법 트레이닝"은 교사가 흥미를 갖고 그 제안을 일상적인 교육현장에 관철해야만 정치수업에 도움이 될 수 있다.
  본서는 연방정치교육원과 바덴-뷔르템베르크 주정치교육원의 공동 프로젝트이다. 적극적으로 연구와 토론에 임했던 편집자와 모든 저자, 편집의 수고를 아끼지 않은 지그프리드 프레히(Siegfried Frech), 프란쯔 키퍼(Franz Kiefer), 그리고 훌륭하고 효율적인 협력을 해준 복헨샤우(Wochenschau)출판사에게 감사를 표하는 바이다.

Thomas Krüger, 연방정치교육원 원장
Dr. h.c. Siegfried Schiele, 바덴-뷔르템베르크주정치교육원 원장

서 문

서 문

Hans-Werner Kuhn/Peter Massing

교육방법과 정치학수업

한동안, 모든 사람들이 공공생활에 참여할 수 있는 능력을 갖추게 하는 것이 학교 교육의 사명에 속한다는 여론이 확산되어 있었다(Klieme u.a. 2003참조). 학교는 정치교육을 통하여 특히 청소년들이 현대사회와 경제에서 적응하고, 민주적인 원칙하에 정치적인 질문과 문제에 대해 합리적으로 판단하는 능력을 갖추어, 공공사회활동에 참여하게 해야 한다(Massing/Sander 2003). 따라서 정치교육의 중심과제는 정치적으로 성숙케 하는 것이라고 볼 수 있다. 정치적인 성숙은 개개인의 관점에서 보면 정치참여의 조건이다. 사회적인 관점에서 보면 그것은 민주적인 정치문화의 유지 및 발전과 더불어 민주주의의 안정을 위해 필수적이다. 이러한 목표를 배경으로 수업의 한과목인 정치교육은 학생들에게 "정치적인 평가력", "정치적인 행동능력" 그리고 "방법적인 능력"의 영역에서 경쟁력을 개발해야 하다. 이러한 능력은 개개의 양상으로 구별되어지며 교육적인 표준으로 발전된다. 여기서 이와 같은 발전단계에 대하여 본서는 더 이상 거론하지 않을 것이다(Massing/Sander 2003 참조). 앞으로 오히려, 상기에 언급된 능력을 습득하고 질적으로 향상시키기 위해, 학교의 정치교육에서 학습과정이 어떻게 구성되어져야 하는지에 대한 문제가 다루어질 것이다.

"학습과정 구성"의 중심은 교수방법(Methode)이다. 앞으로 '방법'이라 함은 수업방법을 의미한다.[1] 수업방법은 학습과제의 주제를 구성하고 수업기법을 통합하면서 구체적인 조건하에서 학습목표를 전달하는 것이다. 수업방법의 과제는 학습자가 대상, 즉 정치적, 사회적 문제, 결정의 결과를 접할 수 있는 최적의 조건을

---

[1] 학문적 방법론과 구별됨, 여기서 방법은 개념형성, 연구계획 구성과 학술적 자료의 해석의 학문적인 과정에 대한 총칭개념이다. "학문적인 방법론에 대한 토론은 각각의 경우에 기초가 되는 범례의 신뢰성과 유효성에 관한 것이다"(Mickel 1999, 333)

만들어내는 것이다. 학습자가 이 목표에 도달하게 하기위하여 방법을 거쳐 상징적인 "정치적인" 학습 장소에 도착해야 한다.

어원학적으로 방법의 'Mehtode'란 말은 어떤 특정한 목표에 이르는 길을 의미하는 그리스어인 "methodos"에서 비롯되었다. 이로써 방법은 고립되어 있는 것이 아닌 항상 어떤 맥락 속에 존재한다는 사실이 다시 한 번 분명해진다. 목표뿐 만 아니라 내용의 문제는 "...로의 길"에 항상 내포되어 있다. 모든 정치교수학적인 개념과 항목에서 의미 있는 목표가 명시되고 기본방침과 (허용된) 교과서의 내용이 계속 확정되는 가운데 "방법의 자유"는 본래 전공교사의 방해받지 않는 결정의 영역으로 간주된다. 해당교사들이 수업을 진행하는 방법은 그들의 권한에 속한다. 모든 교사들은 방법론적인 "개인적인 커리큘럼"을 각자 나름대로 갖고 있다.

방법의 개념에 대해 좀 더 넓게 고려할 때, 아주 상이한 여러 요인들을 함께 고려해야 한다. 자료(예를 들면 교재와 같은)를 취급하는 능력부터, 정치적 현상과 결정을 해명하는데 도움이 되는 기구들을 조작하는 능력(예를 들어 사례분석)과 작업 기법까지도 고려된다. 한 방법을 정당화하기 위해서는 학습자가 학습대상을 성공적으로 접하고 수업시간을 교수학적으로 전망하도록 도와주어야 한다. 방법은 다음과 같은 질문에 대해 답변할 수 있어야 한다.

- 내가 어떻게 정보와 지식을 얻는가?
- 내가 어떻게 이를 판단할 수 있는가?
- 내가 어떻게 증명된 입장을 획득할 수 있는가?
- 내가 어떻게 다른 사람들과 협력하며 토론할 수 있는가?
- 내가 어떤 (행동-)가능성을 활용할 수 있는가? (Mickel 1999, 336)

문제점

비록 그동안에 정치수업 방법에 대하여 많은 저술이(Giesecke 1973, 2000, Mickel 1984, 1995, 1996, 1999, Claußen 1981, Reinhardt 1997, Massing 1998, Kuhn/Massing 2000) 편찬되었음에도 불구하고, 학술적인 분야에서의 정치수업 방법론(Methodik)은, 아직도 정치교수법(Politikdidaktik)은 지금까지 소홀이 취급되는 영역에 속하고 있다. 정치교수법적인 토론에서는 이전과 마찬가지로 아직도

서 문

방법론에 대해서 상당히 개념적으로 불확실하고 전체적인 통찰이 거의 불가능하다. 방법론적인 개념은 상당수의 복잡한 이론적이고 학술이론적인 문제들과 결부되어 있다. 그 논리적이고 체계적인 관련성은 아직도 충분히 반영된 것으로 보이지 않는다. 정치교사들이 사용하는 방법의 종류에 대하여 조사된 자료가 알려져 있지 않으며 사용되는 방법들의 응용가능한 단계, 차례 또는 정도 등에 대하여 확실한 지식이 없다. 정치교육의 방법에 근거한 핵심 커리큘럼이 존재하지 않으며 지금까지 방법론에 대한 전공과 영역고유의 체계론이 없다. 연령에 따라 의미 있게 적용할 수 있는 방법에 대한 장기적인 연구가 없으며, 단계식 개념의 의미에서 아동과 청소년의 학습전기(Lernbiographie: 學習傳記)가 연구되어 있지 않다. 또한 방법과 학습과정과의 관계 또는 특정한 방법론의 학습효과에 대한 작용은 거의 경험적으로 조사되어 있지 않다. 정치수업이 단지 활동지향적(handlungsorientierter)일 경우에만 유용하다는 주장은 또한 이 주장을 거부하는 것과 마찬가지로 실험적으로 얇은 얼음 위를 왔다 갔다 하는 셈이다. 비로소 아주 최근에야 정치수업에서 여러 가지 방법의 개념적 효과를 체계적, 실험적으로 검증하고자하는 최초의 시도가 있었다. 방법적으로 다양하게 구성된 정치수업과 방법적으로 단순한 교사중심적인 수업을 비교하여 방법적으로 다양한 수업이 학생들의 정치적 행동양식을 발전시키고 복합적인 정치적 이해를 촉진한다는 결과가 나왔다(Kötters-König 2002). 물론 이 연구는 단지 첫 단계로서 앞으로 계속 많은 연구가 이어져야 할 것이다.

미시, 거시적 방법

여기서 해결될 수 없는 이러한 문제점들을 의식하는 가운데, 방법에 관련된 문제들은 실용적으로 접근되어야 할 것이다. 즉,

1. 본서는 활동기법, 학습기법 및 자료 및 매체를 다루는 법을 포함한 광의의 방법 개념에서 출발한다.

2. 본서는 거시적 방법과 미시적 방법을 구별한다. 거시적 방법이 학습과정의 총체를 규정하고 개별적인 수업시간의 중심에 있으며 중요한 단계(정보제공단계-응용단계-문제화단계)를 포함하는 반면, 미시적 방법은 학습과정의 각 단계를 지원하고, 이를 도입하거나 완성한다. 예를 들어 거시적 방법인 "역

할놀이"가 정치학수업의 중심에 있다면 역할놀이 준비는 정보제공단계를, 역할놀이의 집행은 응용단계를, 그 평가는 문제화단계를 구성한다. 반면에 미시적 방법인 "강의식 수업"은 정보제공단계의 한 부분일 수 있거나 문제화단계를 종결시킬 수 있다2).

3. 방법훈련은 교사들을 위한 것이다. 전문방법론적인 문헌에서는 교육수준에 관한 논의에서와 마찬가지로 방법능력이 일반적으로 학생의 특정한 능력으로 이해되고 있다. 방법능력은, 중심적인 문제를 우회적으로 표현한, 분석적이고 정치적인 영역(예를 들어 권력, 이해관계, 갈등, 여론, 가치관, 이념 등)을 이용하여, 정치적 사태, 정치적 문제 및 정치적 결정과 그 결과를 스스로 추론하는 능력을 의미한다. 방법능력에는 자립적으로 목적에 맞게 대중매체나 새로운 매체를 통해 정보를 수집, 선택하여 비판적으로 작업하는 능력과, 이념적인 저술이나 문헌을 통해 정보를 수집, 정리하고, 통계자료, 차트, 도표나 도해를 평가하며 풍자화를 해석하는 형식적인 방법상의 능력이 속한다.

함축관련성의 소홀

방법을 사용하여 특히 정치수업의 일반적인 목표와 개별적인 수업의 구체적인 목표가 현실화되어야 한다. 따라서 수업방법의 선택은 근본적으로 정치수업의 목표에 달려있다. 선택의 중요한 근거중 하나는 방법을 통해서 정치에 대한 관심을 불러일으키고, 정치적 분석과 판단력 및 정치적 행동능력을 강화하고자 하는 목표를 얼마나 실현할 수 있느냐는 것이다. 또한 방법이 정치수업내용에 대해 중립적이지 않으며, 방법이 수업의 주제를 결정 내지는 변화시킬 수 있다는 사실을 의식해야 하는 것은 기본이다. 교사들이 특정한 방법, 예를 들어 작업의 일정한 형태

---

2) 특히 방법을 분류할 때 정치교수학은 별로 명확하지 않다. 예를 들어 Hermann Giesecke는 다르게 구분한다. Giesecke는 수업의 거시적 구조를 특징짓는 변수만을 방법이라고 칭한다. 미시적 차원의 변수는, 그에게서 방법론적으로 비전문적으로 활동하는 기술인, 활동방식으로 명명된다. 이에는 특히 강의식 수업과 대화식 수업이 속하고 또한 다른 정치교수학적인 저술에서는 사회형태에 분류되는 집단활동(Gruppenarbeit)도 속한다(Giesecke 1973, 125; 2000, 176). 물론 그는 강의식 수업을 예로 들어 방법의 중심문제를 분명히 밝혔다. Mickel (1999, 341)에 의해 받아들여진, Heinz Klippert(1994,28)의 구별은 더욱 혼돈스럽다. Klippert는 거시적 방법과 미시적 방법으로 구별한다. 미시적 방법으로는 본질상 활동기술 (찾아보기, 메모하기, 질문법, 협동작업 등)을 언급한 반면, 집단활동과 학생의 리포트 발표는 거시적 방법에 포함시켰다.

를 결정함과 동시에 주제의 내용적인 구성, 즉 예를 들어 주제에서 다른 견해를 희생시키고 몇 몇 개의 견해만을 부각시키는 결정을 하는 것이다.

제한된 방법목록

비록 학교 내에서 사용되는 방법과 작업기술이, 학교외의 청소년 성인 교육의 영향을 받아 상당히 발전되었다고 하더라도, 정치학교사들이 사용하는 방법들은 오히려 제한되어 있다. 그들이 매일 사용하는 방법들, 즉 예를 들어 강의식 수업이나 대화식 수업 또한 개선되어야 한다. 수업기록은 물론 청강을 통한 수업관찰에서, 방법적인 행동의 효과를 상당히 저해시키는 일상적인 일들이 빈번하게 나타남을 알 수 있다. 그러나 정치학 교사들의 전문화는 그들이 사용할 수 있는 방법 종류의 수(數)뿐만 아니라 일상 상황에서 이러한 방법들을 활용하는 그 질(質)에 달려있다.

일상적인 정치학수업의 방법적인 구성이 종종 만족스럽지 못한 것은 대학이나 교생실습에서도 집중적으로 방법적인 행위를 배우거나 실습해보지 못하였기 때문이다. 어떤 방법을 어떻게(이는 행동중심적인 방법에도 적용됨) 교사가 수업에 적용하는가는 근본적으로 이러한 방법들을 어떻게 스스로 경험해 왔느냐에 달려있다.

본서의 의도와 구성

물론 정치수업방법에 관한 저술이 그러한 경험을 대신할 수는 없다. 그러나 분명히 본서는 방법론에 대해 지금까지 편찬된 저술이 일반적으로 감당한 것 보다 더 많은 것을 감당할 수 있을 것이다. 우리는 가능한 한 많고 구체적인 수업경험을 포함시키며 독자들이 스스로 연구하여 훈련할 수 있게 하며 수업방법을 수월하게 직접 수업에 응용할 수 있는 방법과 자료가 준비된 새로운 종류의 설명을 시도한다.

방법은 실용적인 관점에 따라 선정되었다. 왜냐하면 방법의 분야는 분명하게 경계를 지을 수 없고 완벽하게 설명될 수도 없기 때문이다. 무엇보다도 정치교육의 분야적인 개념, 즉 과목의 핵심을 겨냥하며 정치에 대한 지식을 전달해주며 정치계에 대한 전망을 가능하게 해주는데 기여하는 방법들이 선택되었다. 왜냐하면 방법을 통하여서도 정치는 그 특유의 프로필을 얻어낼 수 있기 때문이다.

이러한 방법들을 선택한 또 다른 근거는 교사연수와 평생교육에서의 다양한 경험을 통해 선택된 방법들이, 비록 일상적인 수업에서 수적인 면에서 아주 다양하게 사용된다 할지라도 정치교사들이 자주 사용하는 핵심 방법에 분명히 속하기 때문이다. 교사들이 이 방법들을 사용하면서 확실하게 느끼는 것이 아니고 단지 교사들이 실제로도 이 방법들을 기꺼이 사용하기를 원하며 이 방법을 사용하는 능력을 개선하거나 그 능률을 높이는데 커다란 관심을 두었다.

본서의 제목은 "시민교육방법트레이닝"이다. 훈련의 개념, 특히 "교사훈련"이란 용어는 80년대 유행하였으나(Günter/Massing 1980참조), 그 즉시 "기술지상주의적(technokratisch)"이라고 비판받았다. 그럼에도 불구하고 본서에서는 이 개념이 계속 사용된다. 실제적인 수업현장을 우선적으로 염두에 두었다는 사실을 드러내기 위해서이다.

본서에서 설명하는 방법은 대부분 직업 및 평생교육, 연수의 개념에서 비롯된 것이다. 방법은 가상적인 수업 순서만으로 훈련되지 않는다. 오히려 본서는 개개의 방법이 실험적인 디자인의 테두리로 학교의 구체적인 수업에서 실행되어 훈련효과에 도달하고자 계획하였다. 이를 기초로 시간이 경과함에 따라 수많은 경험뿐만 아니라, 방법을 서술하는데 고려되고 예로써 첨부될, 수많은 다양한 문서가 생겨나기도 하였다. 더 나아가서 우리는 교육은 또한 "훈련"을 통해서도 가능하다고 확신한다. 그 중심에는, 1. 인지능력 2. 계획능력 3. 수행능력의 세 가지 능력이 있는데, 이는 체계적인 수업관찰과 장기간의 경험을 근거로 격려, 확정, 확고히 되어야 하며 또한 교사 전문성의 중심부분이라 할 수 있다. 게다가 본서는 목표, 내용, 방법과 매체 및 사례의 함축관계와 이 관계 속에서의 모순을 인식하는 데 도움을 줄 것이다. 개개의 방법들을 비교할 수 있게 하며 각 방법의 정치적인 것을 내재적으로 나타내며 방법의 한계를 정할 것이나 적합한 방법을 찾는데 있어 대안적이며 보상적인 사고를 유발시킬 것이다.

이를 배경으로 선정된 방법들을 설명하기 위하여 수록된 방법들을 동시에 "횡적으로" 읽을 수 있게 해주는 요약스크린이 개발되었다. 이론적인 근거를 도입하기 위해 각각의 방법에 대한 문헌작업으로 텍스트가 시작된다. 이를 토대로 지금까지 방법과 함께 고려되며, 특히 교사와 학생들이 이 방법들을 취급하는 데 있어서 드러나는 문제에 대한 요약이 따른다. 일반적으로 정치수업 또는 교사훈련을 위한 세미나의 현장사례 내지는 교사연수와 평생교육의 행사가 조사대상이다. 전형적으

서 문

로, 즉 항상 반복되어 등장하는 문제, 어려움 또는 실수의 원인들이 해명되며, 사례의 전문가적인 해명과 해석에 따라 현장을 위한 조언이 소개된다. 완전한 프리젠테이션을 위한 사례부터, 역할카드, 수업과정으로의 도입, 평가질의서를 거쳐, 교사들이 모든 근본적인 것들을 고려했었는지 검토하기위해 필요한 체크리스트까지 게재하였다. "방법트레이닝"은, 교사들이 제의와 제안을 실제적으로 현장에서 실행하고 그들의 경험을 숙고하여 이를 기초로 스스로 방법을 개선시키고 계속 발전시킬 준비가 되어 있을 때에만 정치수업을 위한 실제적인 도움과 지원이 될 것이다.

강의식 수업

페터 마씽(Peter Massing)

활동지향적인 (정치)수업이 붐을 이루고, 현대적이며 동기를 유발하는 수업의 특징이 되었던 시기에, 강의식 수업3)과 같은 방법은 점점 더 배후로 물러섰다. 이 방법은 "진부하게" 작용하며 단지 전통적인 가치만을 지닌 것처럼 보인다. 강의식 수업은 평판이 나쁘고 유행에 뒤진 것으로 여겨졌다. 이미 70년대의 "해방교육학(Emanzipationspädagogik)"의 시기에 교사 중심의 강의식 수업은 격렬한 비판을 받았다.

예를 들어 하르트무트(Hartmut)와 틸로 카스트너(Thilo Castner)는 강의식 수업을 "수동적인 학습형태"로 간주하였다. 강의식 수업에서 학습정보는 단지 적은 부분일 뿐이다. 학습자들은 수동적 태도, 적응과 편안한 소비태도로 이끌어지게 된다. 학생들에게 교사는 주요정보제공자로서 익숙하게 되어서, 학생들은 그 정보를 비판 없이 신뢰하고, 심지어는 반대 입장을 구성하거나 반대되는 정보를 찾을 시도도 하지 않는다. 강의식 수업의 경직된 틀에 박힌 순서는 일방적인 교사-학생-커뮤니케이션을 발생시키며 이로써 학생의 자발성과 독창성은 질식된다 (Castner/Castner 1976, 98 참조). 이와 같은 진술은 일반적으로 추측에서 비롯된다. 강의식 수업의 영향을 대상으로 한 실험적인 연구는 없지만, 뢸케(Rölke)는 다음과 같은 비교연구를 수행하였다.

> 한 학급에 "현찰 외에 은행화폐(Bankgeld: 장부화폐등)가 존재한다"고 설명된다. 뢸케(Rölke)는 이에 "두 명의 똑 같이 유능하고 방법에 능숙한 교사에게 요약된 수업계획을 실행하도록 요청했다. 교사A는 그 학급에서 강의형식을 사용해야 했으며 교사B는 발전교수방식을 사용해야 했다."

---

3) 헤르만 기젝케(Hermann Giesecke)는 강의식 수업을 방법이 아닌 활동방식으로 간주하였다. 그에 따르면 방법은 수업의 거시적 구조의 특색을, 활동방식은 미시적 구조의 특색을 나타낸다(Giesecke 1973, 125). 이 경우 본문에서는 미시적 방법으로 간주된다.

녹음기록을 평가해보면 "첫 번째 녹음(강의)으로 전달되었던 모든 내용을 두 번째 녹음에서도 들을 수 있었다. 여기서는 물론 종종 학생들의 입으로도 들을 수 있었다." 또한 교사A는 20분을 필요로 한데 반해, 교사B(발전교수방식)는 45분을 필요로 했음을 알 수 있다. 녹음기록에 따르면 시간이 더 소요된 이유는 다음과 같다.

- 분야를 유지하기 위하여
- 논쟁적인 대화에 합당한 형태를 준수하기 위하여
- 그룹의 지적인 작업을 지도하고 이끌어내기 위해서
- 학생들의 질문에 대답하기 위하여
- 생각한 결과를 표현하기 위하여
- 궤변을 발견하기 위하여
- 학생들이 제대로 발표하게 하기 위하여(Rölke 1979, 167이하).

여기서 비교된 두 개의 수업방식은 "교사중심"이며 학생들이 무엇을 이해하였으며 특히 얼마나 오랫동안 그들이 이를 기억할 것인지에 대한 정보를 거의 주지 못한다. 이 실험으로 유추해 낼 수 있는, 유일하면서 긍정적이고 구체적인 진술은 *교사가 상당히 적은 시간을 필요로 하였다*는 것이다. 반면 이것이 강의식 수업을 채택할 충분한 근거가 될 수 있는지에 대해서는 확실치 않다. 그럼에도 불구하고 강의식 수업을 수동성, 수용성을 키워주는 권위주의적인 방법으로 간주하는 것도 문제시된다. 헤르만 기젝케(Hermann Giesecke)는 이미, 이러한 평가가 원칙상 잘못되었으며 특히 정치수업을 위해서는 지극히 문제가 될 만 하다고 분명히 하였다.

"첫째, 누군가가 다른 사람에게 그의 지식과 경험을 일관성 있게 전달한다면, 이는 '권위주의적인 태도'와는 무관하다. 둘째, 지적인 청취는 수동적인 태도가 아니며 오히려 고도의 집중력, 논리적으로 함께 사고하는 능력, 지금까지의 경험과 지식을 강의내용과 연결시키며 이에서 질문과 이의를 끌어내는 능력을 필요로 한다. 따라서 지적인 청취란 지극히 높은 수준의 능동적인 행동양식이다. (...) 바로 학생의 입장에서 보면 강의식 수업은 한 중요한 활동방식으로 남는다. 상기에서 이미 뜻한 바 있는, 경청할 수 있는 형식적인 능력이 수업이라는 특수 상황뿐만 아니라 다른 생활현장, 특히 실제적인 정치적인 커뮤니케이션 자체에서도 필요하다. 바로 정치적 이해관계의 적대자와의 성공적인 정치적 커뮤니케이션은 특히, 논쟁자체뿐만이 아니라 그들이 표현한 사상적인 관련성을 이해하고 그 맥락 속에서 답변할 수 있는 지에 달려있다"(Giesecke 1973, 126이하).

오늘날 정치교수법은 강의식 수업에 대하여 실용적인 태도를 취하는 것으로 보이며 신간 저술들은 다시 강의식 수업을 방법으로 고려하고 있다(Kuhn/Massing 1998; Kuhn2000참조). 정치수업의 현장에서는 강의식 수업이 여러 가지 상황에서 이루어진다. 한편으로는 교사가 경우에 따라 강의를 수단으로 빈틈없이 정보를 전달하고 또 다른 한편으로는 수업상황에서 자발적으로 강의식 수업의 필요성이 발생할 수 있다. 따라서 일반적인 차원에서 보면 원칙적으로 다음과 같이 두 가지 형태의 강의식 수업으로 구분된다.

1. 교사가 의식적으로 한 수업시간을 위하여 계획한 준비된 강의식 수업
2. 수업상황으로부터 발생한 자발적인, 준비되지 않은 강의식 수업

이 두 가지 경우에 있어서 강의식 수업에는 객관적인 관련성이 설명되거나 수업을 위한 중심적인 개념이 설명되어져야 한다. 이 "바람직한" 강의식 수업에 대한 요구조건은 이 두 가지 경우에 같다고 할 수 있다(자료 1 참조).

즉흥적인 강의식 수업

고등학교 1학년(종합학교: 인문계와 실업계가 함께 있는 학교)의 한 수업시간에서 학생들은 한 텍스트를 읽는다. 읽기 단계가 끝난 후 교사가 "모두 이해했나요?"하고 묻는다. 이에 다음과 같은 장면이 발생한다.

학생(토비아스): 여기 "사회적인 의사형성의 사전에 주어진 가능성"이란 무엇을 말하는 것인가요? "의사형성"이란 도대체 무엇인가요?
교사: (...) 사회적인 의사형성이란 근본적으로 보면 아주 간단합니다. 두개의 단어 즉 "의사"와 "형성"이란 단어를 단순히 생각해 보세요. 사람들이 그 의견이나, 사람들이 갖고 있는 의지와 사람들이 하고 싶은 것을 스스로 어떻게 나타낼 수 있는지. 여기 핵심집단에서 그것이 시작됩니다. 즉 의사형성이란 우리가 예를 들어 소풍이나 수학여행을 가고자 할 때 여러분은 "아니야, 나는 거기 안가고 다른데 가고 싶어"라고 말한다면 자기 의사가 분명해진 것입니다. 정치에서도 마찬가지죠. 만약 사람들이 정치적 상황에 아마도 완전히 이해가 되지 않는다면 그 사람은 자기 의견을 표현하고 주장합니다. 이를 정치적, 사회적 의사형성이라고 합니다. 그리고 이 의사형성은 물론 여러 영역에서 발생할 수 있습니다. 정당에서도 발생합니다. 정당은 일반적으로 같은 의견을 가진 사람들이 결속한 곳이므로 정당에서

> 의사가 형성된다는 것은 이상적이라고 할 수 있습니다. 그러나 또한 노동자의 이익 또는 직업인의 이익이 대변되어야 하는 노동조합이나 교회단체, 즉 평화운동, 가톨릭 성도들만 평화운동을 위해 만날 수 있는, 평화그리스도 운동, 또는 여러분들에게 가장 가까이 놓여있다고 할 수 있는 청소년 단체에서도 일어날 수 있습니다. 이제 어느 정도 분명해졌습니까? (...)
> (출처: Grammes/Kuhn 1988, 493)

정치수업에서 일상적으로 자주 일어나는 상황이다. 한 학생이 텍스트의 한 개념을 이해하지 못하고 교사에게 그 개념을 설명해달라고 요청한다. 교사는 분명히 이에 대해 준비를 하지 못하였으나 간신히 강의방식으로 그 "의사형성"의 개념을 설명하고자 한다(Kuhn/Massing 1998, 222이하 참조).

이러한 즉각적인 강의의 구조는 그 단어를 "분해하기" 시작하여 개개의 구성요소인 "의사"와 "형성"을 설명하는 특색이 있다. 그는 그 개념을 서로 다른 차원에 있는 예에 관련시킴으로 이를 설명하고자 하였다. 소풍에 대해 결정하는 학급(핵심그룹)에서 시작하였는데, 이는 학생들이 이해하기 쉬운 생활의 경험을 고려한 것이다. 추상화하는 첫 번째 단계에서, 교사는 사회적인 단체(정당, 노동조합, 교회)와 연관시키며 청소년의 정치적 이익을 대변하는 청소년단체로 끝을 맺는다. 이 마지막 예로써 교사는 다시 수업시간의 주제인 "새로운 청소년운동의 규모와 의미"로 돌아가고자 한다. 이러한 진행방식은 우선 설득력이 있게 작용하지만 강의가 끝난 후에 학생들이 그 개념을 아직도 이해하지 못했다는 느낌을 갖지 않게 할 수는 없었다. 교사가 이 복잡한 개념을 상세하게 설명하기 위해서는 너무나도 적은 시간을 들였기 때문일 수 있다. 강의자체와는 관련이 별로 없는 다른 문제들이 다루어졌다.

학생들은 조용하게 텍스트분석(본 책의 Peter Massing저 텍스트분석 방석에 대하여, 37면 이하 참조)을 한다. 이와 연결하여 교사는 일상적인 방법으로 분명하지 못한 것에 대한 질문을 제기한다. 한 학생이 "의사형성"이란 개념을 설명해주기를 원하였다. 교사는 거듭하여 "사회적인 의사형성"을 반복하고 "근본적으로 아주 간단해...!"라고 계속한다. 반복 뿐 만아니라 "근본적으로 아주 간단해"라는 진술도 교사에게 본질적으로 시간을 벌게 해주는 기능을 하고 있다. 교사는 질문에 의해 놀라게 되고 정신을 집중하고 설명을 시작할 수 있기 위해서는 잠시 시간을 필요로 한다. 그러나 학생들과 학급이 전반적으로 받아들인 메시지는 "내가 잘 이해하지 못하나 근본적으로는 아주 간단한 개념에 대해 질문하였다."는 것이 되어 버린다. 교사의 반응은 이 상황에서 아주 명확해졌듯이 질문 또는 계속되는 문의를 하도록 격려하는 것이 아니라 학생들을 오히려 실망시킨 셈이다. 강의 끝에 "이제 어느 정도 분명해졌습니까?"라고 한 코멘트 또한 문제가 없지 않다. 그 자체가 감정을 특별히 분명하게 설명하지 않았었기 때문에 "어느 정도"라는 제한을 나타낸 것이다. 또한 그러한 진술 때문에 학생들은 더 이상 질문을 할 수 없다. "저는 아직도 이해가 되지 않아요. 다시 한 번 설명해 주실 수 있을까요?"라는 말은 근본적으로, 교사가 설명을 해주어도 아주 간단한 개념이 나에게는 아직도 "어느 정도"도 분명하지 않다는 것을 의미할 수 있다. 계속되는 질문은 학생이나 교사가 능력이 없는 것같이 보이게 할 수 있다. 따라서 학생들은 고개를 끄덕이고 텍스트에 대해 "관심이 있다"고 소리친다. 이러한 강의식 수업의 또 다른 문제는 다시 다른 차원에서 비로소 전문교수법과 관련되어 추론된다. 이러한 질문을 한 학생은 이 과정의 최우수학생에 속한다. 이는 교사에게 다른 많은 학생들도 이 개념을 이해하지 못하리라는 암시를 주는 것이다. 그렇지만 "의사형성"이란 개념은 학문적으로 정치학의 중심 영역(Kategorie)에 속한다. 졸업학년의 학생이 이러한 부문에 대해 아직도 모른다면, 즉각적인 설명을 넘어서서 긴급히 그 개념을 정치적 체제와 결부시켜 (그 때나 후에) 아주 집중적으로 설명해야 한다. 단지 기록된 바와 같은 설명만 있다면 그 청소년들에게 우리의 정치적 체제의 중심적인 면이 계속하여 불분명하게 남아있게 되는 위험이 있다.

준비된 강의식 수업

준비된 강의식 수업에서는 그러한 어려움을 쉽게 피하고 과목교수법적인 수업과의 관련성을 매우 바람직하게 고려할 수 있다. 그러나 준비된 강의식 수업에서도 여러 가지 사항이 고려되어야 한다(자료1 참조).

다음의 예는 대학의 교사를 위한 교육과정의 자료에 관한 것이다. "정치학수업을 위한 교사훈련"이란 전공과정의 세미나에서 강의식 수업도 "훈련"된다. 정치학적인 기본개념인 "이익(관심:Interesse)"에 관한 내용이다. 원칙은 다음과 같은 과제를 수행하는 것이다: *정치학적인 기본개념에 대한 강의식 수업을 준비하시오. 강의식 수업은 최대한 5분이 넘어서는 안 됩니다. 대상은 인문계고등학교 12학년 (우리나라의 고3에 해당)학생입니다.*

가상 강의식 수업

대학생: 자, 지금 저는, 강의를 할 수 있기 위해서, 여러분들이 조용히 하고 제 말을 들어주는 것이 저에게 이익이 됩니다. 이익은 항상 어떤 상황에 도달하기 위해 생겨난다고 볼 수 있습니다. 즉 이익은 목표지향적이며 원하는 것을 드러냅니다. 조용하고 멋진 강의를 하고자 하는 것이 저의 원하는 바입니다. 그리고 이익은 행동을 위한 동기를 불러일으킵니다. 바로 이 경우, 여러분들이 조용하도록 여러분에게 경고하는 행동의 동기가 됩니다. 이익에는 물론, 이익이 되는 한 개인도 속합니다. 이 경우에 제가 바로 그 개인입니다. 제게 이익이 되는 것이 있습니다. 우리는 이제 이를 "X"로 나타냅시다. X에게 이익이 된다(칠판). 이는 내용적으로 그렇게 많은 것을 말하지는 못합니다. 단지 내게 이익이 된다는 것만을 말합니다. 물론 이제 문제는 다음과 같습니다. 무엇이 X에게 이익이 되는가? Y는 X에게 이익이 됩니다. 우리의 경우는, 조용히 하는 것이 제게 이익이 됩니다. 우리가 이익에 대해 이야기를 나누고 의견을 교환한다면, 즉 내게 그것이 이익이 된다, 너에게 그것이 이익이 된다고 이익을 교환하게 될 뿐만 아니라 언젠가는 또한, 왜 그것이 너에게 이익이 되는가라는 질문을 하게 됩니다. 즉 우리는 다음과 같이 그 근거에 대한 의문을 갖습니다. X는 Z를 얻기 위하여 Y에 관심을 갖는다. 다시 말하면,

> 칠판:
> Z에 도달하기 위하여, Y는 X에 이익이 된다.

좋은 강의를 하기 위한 경우를 예를 들어 봅시다. 이제 우리가 이 공식을 들여다보면 세 가지 질문을 할 수 있습니다. 이익에 관한한, 항상 우리는 다음의 세 가지 질문을 할 수 있습니다. 첫째, 누구에게 이익이 되는가? 누가 X인가? 둘째, X에게 무엇이 이익이 되는가? 셋째, 왜 X에게 이익이 되는가?

이제 공식의 첫 번째 부분을 봅시다. 자, 원칙적으로 이익을 갖는 주체는 X입니다. 예를 들어 공공이익일 경우에는 X는 사회입니다. 따라서 사회에는 공공이익이 있다. 이제 문제는 사회가 일반적으로 하나의 공공이익을 가질 수 있느냐 입니다. 그리고 우리는 물론 또 누가 본래 "사회"인가 하는 질문을 하게 됩니다. 사회는 개인의 모임이며 개인은 각각 개개의 이익을 갖고 있습니다. 이제 우리는 개인의 이익 또는 개별적인 이익, 즉 부분이익에 대해 이야기 합니다. 사회에 존재하는 모든 구성원이 같은 이익을 갖고 있는 순간에야 비로소 공공이익이라고 말할 수 있습니다. 따라서 개인의 이익과 공공의 이익은 서로 일치하지 않습니다.

항상 한 사회에 사는 구성원의 이익이 모든 것을 커버하지는 않습니다. 내가 사회의 한 부분으로 다른 구성원과 일치하는 이익을 갖고 있을 때 우리는 이 부분의 크기에 따라 소수그룹, 다수그룹의 이익이라고 말할 수 있습니다. 중요한 것은 아주 커다란 부분이 같은 이해관계를 갖고, 극소수 즉 한, 두 명이 반대되는 이해관계를 갖고 있을 경우

에도 공공이익 아닌 다수의 이익이라고 말합니다. 왜냐하면 소수이익이라는 개념에 이미 소수의 이익이 있다는 것을 표현하기 때문입니다. 이는 보편적인 이익이라는 개념에서는 표현되지 못합니다. 보편적인 이익, 사회의 이익과 개인의 이익사이에 자주 야기되는 갈등을 살펴봅시다. 이익은 자주 이런 갈등을 일으킵니다. 우리는 이전에 개인적인 이익과 사회적인 이익이 서로 커버한다고 들었습니다. 그러나 모두가 같은 의견이라면, 즉 개인의 이익과 사회 이익사이에 갈등이 없다면, 예를 들어 다수 이익과 소수이익사이 또는 두 개의 소수이익사이에 갈등만이 있다고 말할 수 있습니다.

이제 이러한 이익으로 인한 갈등에 대해 원칙적으로 다시 한 번 살펴보고 구체적인 사례를 통해 분명하게 합시다. 여기 물병이 하나 있습니다. 저는 목이 아주 마르기 때문에 이 물병에서 물을 마시고 싶습니다. 이 물병이 저에게 매우 이익이 됩니다. 이제 다른 한 사람이 와서 말합니다. "저도 물병에 관심이 있습니다." 이제 이익으로 인한 갈등이 발생합니다. 이제 무엇을 해야 할까요? 두 가지 해결방안이 있습니다. 첫째, 각자의 이유를 서로 이야기 합니다. 왜 그것이 우리에게 이익이 될까요? 그리고 이제 예를 들어 제 경우에는 제가 아마도 날씬해지기 위해서 물을 마시고 싶습니다. 그러나 원칙적으로 저는 이미 충분하게 마셨으며 원래는 더 이상 갈등이 없습니다. 그러나 그 사람은 이미 거의 갈증이 극도에 달했고 근본적으로는 그 사람이 그 물을 절대적으로 필요로 합니다. 이제 우리가 각자의 이유를 말했고 저 또한 깊이 생각하고 그도 깊이 생각한다면, 저는 언젠가는 그의 이유가 본래 나의 이유보다 더욱 중요하다는 결론에 이르게 됩니다. 그는 목이 말라 죽을 지경입니다. 그래서 저는 그에게 그 물병을 건네줍니다. 그리고 이제 나의 이익은 변했다고 말할 수 있습니다. 내가 가졌던 물병에 대한 첫 번째 이익은 이렇게 심사숙고함으로써, 이렇게 이유를 서로 이야기함으로써 사라졌고 깊이 생각한 두 번째 이익이 발생하였습니다. 따라서 심사숙고한 두 번째 이익이라고 말할 수 있습니다. 소위 우리의 이익상쇄, 즉 이러한 이익갈등의 해소를 위한 기초는 선한 동기입니다. 그것이 기초입니다.

이제 갈등에 대해 완전히 다르게 생각해 봅시다. 저는 물병을 갖고 싶어 하고 그 사람도 물병을 갖고 싶어 합니다. 그리고 상대방이 갈증으로 어떻게 되든 저에게는 관심이 없으므로, 우리는 서로의 말을 듣지 않습니다. 따라서 이제 그 물병은 저에게 커다란 관심이 되고 그 사람에게도 마찬가지입니다. 우리는 갈등을 해결할 수 없습니다. 제가 그 사람이 아주 강하고 저보다 힘이 더 세다는 것을 알게 되어야 갈등을 끝낼 수 있습니다. 결국 그는 그 물병을 힘으로 빼앗을 수 있습니다. 그는 힘을 가졌고 첫 번째의 예와 같지 않게 저의 관심은 변하지 않았습니다. 저는 아직도 그 물병을 갖고 싶어 합니다. 그러나 이렇게 힘이 같지 않기 때문에 저는 생각을 하게 되고... 그래서 저는 그에게 반을 줍니다. 그렇지 않으면 그는 힘이 세기 때문에 내게서 전부를 빼앗아 갈지도 모릅니다. 따라서 이러한 이익갈등을 해소하기 위한 기초는 힘입니다. 즉 더 이상 선한 동기가 아닌 힘입니다.

강의식 수업

이를 정치에서 비유로 적용한다면, 두 가지 상이한 정치타입이 있음을 알 수 있습니다. 하나는 토론하는 타입인데 이를 심사숙고의 정치로도 명명할 수 있습니다. 목표, 즉 최상의 이익, 최상으로 증명되어질 수 있는 이익이 있을 때 발생합니다. 따라서 이익교환, 심사숙고의 결국에는 최상으로 증명되어 질 수 있는 이익을 얻게 합니다.

다음은 소위 "이익정치"로 두 번째 예에서 보는 바와 같이 원칙적으로 힘을 기초로 하며, 또 다른 이익이 있든지 상관없이 힘으로 이익을 관철하고자 시도하는 것입니다. "이익정치"란 개념은 처음에는 매우 혼돈스럽게 생각합니다. 이 개념은 원칙적으로 정치가 이익만을 추구한다고 나타내기 때문에 원래는 아주 나쁘게 생각됩니다. 그러나 원칙적으로 모든 정치는 이익을 기초로 합니다. 단지 이익을 어떻게 취급하는가가 다를 뿐입니다. 첫 번째 예에서 나의 이익과 그의 이익은 하나였기 때문에 우리는 서로를 이해시키기를 원합니다. 우리는 서로 이해하기를 원하며 이유를 찾고 토론합니다. 반면에 두 번째 예에서는 다른 사람의 이익에는 상관없이 우리의 이익을 힘으로 관철하도록 되어 있습니다. 원칙적으로 정치는 이익을 대변 하는가 그렇지 않은가에 따라 구별되지 않고 본래는 이러한 이익을 어떻게 다루는가에 따라 구별됩니다.

본래 우리 사회의 환경이 어떤가, 사회가 어떻게 조직되어 있는가에 대해 생각해 보면서 이 강의를 마치고자 합니다. 정당, 협회등과 같이 이익을 대변하는 조직들 간에는 아주 커다란 권력의 불균형이 존재하며 이러한 권력불균형은, 즉 어떤 협회는 이전 보다 재정적으로 나아졌으며 또 어떤 협회는 그렇게 강력하지 못하는 등, 소위 "이익정치"로 설명되는, 이와 같은 정치에 유리하다는 것을 알 수 있습니다. 원칙적으로 힘을 가진 사람들은, 왜 다른 사람들은 다른 이해관계를 갖는지에 대해 생각할 필요가 없습니다. 그는 근본적으로 다른 사람들과 의논하도록 강요받지 않습니다. 만일 조직들 간에 권력이 균형적이라면, 최소한 토론하는 정치는 좀 더 바람직하게 촉진되었을 것입니다. 왜냐하면 근본적으로는 쌍방이 권력으로 조작할 수 없을 것이며 상대방에 어떤 이유가 있는지 살펴보아야 하기 때문이며 최소한 토론으로 서로의 의견을 나누고 자기 자신의 이익에 대해 숙고한 다음 아마도 다른 사람에게 양보하게 될 것이기 때문입니다. 자기 자신의 이익이 다른 사람보다 가치가 적다는 즉 첫 번째 예를 들면 그가 나보다 물병을 더욱 필요로 한다는 결론에 이른 것입니다. 자. 이제 강의를 마치겠습니다.(시간 약 7분)

이 강의에서는 나-화법으로 시작함으로써 신뢰성 있게 교사 자신이 한 역할을 감당하였다. 동시에 첫 번째 문장으로 "이익"이란 개념의 요소를 실례를 들어 소개하였다. 교사역할을 한 학생은 청취자에게 두 가지 잘못된 방법으로 접근하였다. 첫째는 직접적인 것("여러분")이요, 둘째는 간접적인 것("사람들")이다. 그 다음에 이익의 세 가지 특징을 설명하였다. 첫 번째 특징은 문장의 예와 연관시켜 목표지향성으로 규정지었다. 동의어로 여기서 일상개념인 "원하는 바"라고 표현하였다.

두 번째 특징은 이익을 위해 행동하도록 동기를 유발하는 것이다. 예에서 이는 조용히 하라는 경고와 관련지었다. 세 번째 특징은 이익의 주체("나")에 관련된 것이다.

그 다음 단계에서 이러한 특징을 형식화한 "공식"으로 칠판에 썼다. Z에 도달하기 위하여 Y는 X에 이익이 된다.

강의식 수업은 "이익"의 근본적인 구조를 시각화하기 위하여 사용된 칠판이란 매체를 통하여 확대되었다.

이러한 도입은 다음의 세 가지 단계로 구성되었다.

- 일상적인 언어로 공식화된 구체적인 문장
- 세 가지 개념의 구성요소의 구별
- 칠판에 특징을 공식화하여 쓰기

이러한 중간단계는 일반화할 수 있는 지식으로 넘어간다.("항상") 이익과 관련하여 항상 세 가지 질문이 있다. 누구에게 이익이 되느냐? 무엇이 이익이 되느냐? 왜 이익이 되느냐?

이제 부분적인 질문들이 해명되어야 한다. 발표자는 역시 일관성 있게 첫 번째 요소인 이익대변자를 X로 시작한다. 바로 이 자리에서 강의식 수업은 중요한 "비약단계"를 이끌어 낸다. 새로운 개념, 즉 공공의 이익, 소수이익, 개별적인 이익, 다수이익의 개념을 도입하는데 이 새로운 개념의 기능이 분명하게 설명되지 않았다. 강의는 계속해서 이익의 갈등에 대해 진행된다. 여기서 강의는 다시 전보다 명료해지는데, 무엇보다도 강의가 이해하기 쉬운 비유(물병)의 도움을 받아 진행되기 때문이다. 물병이야기는 이야기적인 요소로 강의에 구성되어 있다. 강의는 직접화법, 상황설명, 잠재적인 갈등의 적대자로서 학급친구의 요구 등으로 그 생생함이 더해졌다. "우리는 이제 무얼 할까?"라는 수사학적인 질문을 통해서도 더욱 일상생활에 가깝게 느껴졌다. 청취자는 가능한 다른 해결방안에 대해 깊이 생각하도록 격려되었다. 다음단계에서는 강의발표자가 그 예를 일반화하고 정치에 적용시키고자 시도하였다. 여기서는 추상적일 뿐 아니라 또한 강의의 구조가 다시 방향을 잃었다. 또 다시 새로운 개념이 도입되고 새로운 상황이 서술되었다.

이 준비된 강의의 중심문제는 강의가 백과사전식으로 전개되는 데 있다. 발표자

강의식 수업

는 빠듯한 7분 동안 정치학에서 "이익"이란 개념과 관련된 역할을 수행하는 모든 양상을 그의 강연에 포함시키려고 하였다.

이와 같은 사례에서 "바람직한" 강의식 수업에 대하여 어떤 결론을 끌어내야 할까? 강의식 수업이 어떻게 이해되는가? 또한 강의식 수업이 미시적 방법으로서 과목에 맞게 교수법적으로 어떻게 평가되는가? 후자의 2개의 질문부터 시작해보자.

1. 정치학에서 강의식 수업은 즉흥적이기도 하지만 일반적으로 5분에서 10분 동안 지속되도록 준비하여, 사회과학의 기본개념이나 관련성을 구두로 설명하는 것이다.

2. 강의식 수업은 수업의 모든 과정에 투입될 수 있다. 즉 도입, 수업의 시작, 반복, 수업을 종료할 때 요약정리, 전체적인 흐름을 알게 하기 위한 정보공급, 질문에 대한 답변 등등. 항상 강의식 수업은 어떤 상황을 빠르게 요약하고, 잘 구성하여 이해하기 쉽게 중요한 점을 설명하기 위하여, 효과가 분명한 방법이 될 수 있다. 강의식 수업은 반민주적이지 않으며 또한 시대에 뒤떨어지거나 활동지향성의 원칙에 맞지 않는다고 할 수 없으며 오히려 많은 경우에, 즉 신중히 선정된 경우에는 목적에 맞게 성공적으로 사용될 수 있다. 물론 강의식 수업이 유일한 수업형식일 수는 없음을 의미한다.

3. 말은 빠르고 돌이킬 수 없다. 따라서 강의식 수업은 전문적으로 구성되어야 한다. 그러한 강의식 수업의 특징은 무엇일까?

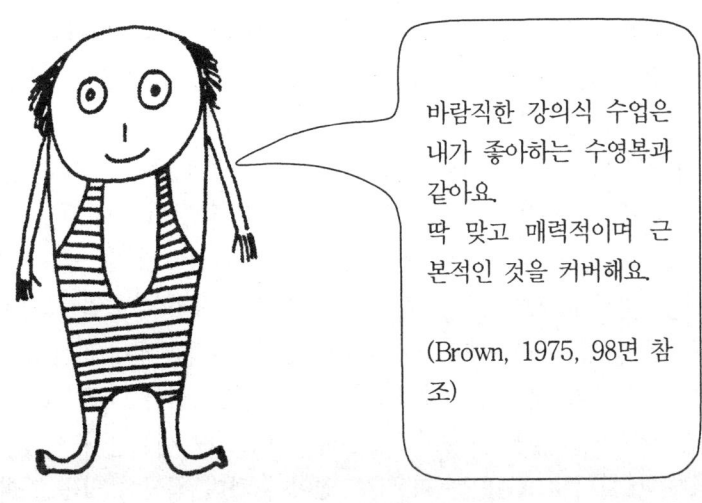

바람직한 강의식 수업은 내가 좋아하는 수영복과 같아요.
딱 맞고 매력적이며 근본적인 것을 커버해요.

(Brown, 1975, 98면 참조)

상기의 풍자그림은 강의식 수업의 세 개의 중요한 특징을 포함한다. 즉 딱 맞고, 매력적이며 근본적인 것을 포함해야 한다. 이와 같은 강의식 수업의 특징을 좀 더 자세하게 살펴보기 위하여, 다음과 같이 함부르크연구소의 이해력개념을 근거로 한 조사결과를 참고 할 수 있을 것이다.

이해력의 차원

단순성					복잡성
정리/정돈					정리되어 있지 않음/ 관련성 없음
간단/함축성					짜임새가 없음.
추가적인 자극					추가적인 자극 없음

강의식 수업을 위해서 전체적으로 다음과 같이 기준과 유의사항을 요약하였다.

〈강의식 수업 구성〉

1. 강의는 간단해야 한다. 5분에서 10분 이상 걸려서는 안 된다(시간개념).
2. 강의는 3 - 5개 이상의 사고의 과정을 포함해서는 안 된다(커뮤니케이션개념).
3. 자료는 "준비되어" 있어야 한다(상상개념). 사전에서 발췌한 개념을 말하는 것이 아니라, 다소 밋밋한 정보로부터 다채롭고 인상적이며, 흥미롭고 인기 있는 자료를 작성하는 것을 의미한다(Grell 1979, 212).
4. 강의는 일목요연하게 정리, 정돈되어 있어야 한다.
5. 강의의 길이와 함축성은 중간정도여야 한다. 즉 너무 짜임새가 없어서도 안 되지만 너무 간단명료해서도 안 된다. 반복과 약간의 추가적인 정보도 포함되어 있어야 한다. 강의끝부분에 간단한 요약은 중요할 수 있다.
6. 추가적인 자극에 있어서도 중간정도여야 한다. 강의식 수업은 생동감이 있으며 흥분을 유발시키고 재미있어야 하지만 이 모든 것이 자연스러워야 한다. 자유롭게 이야기 하거나 경우에 따라서 커닝페이퍼와 OHP 또는 칠판을 이용하면 생동감을 높일 수 있다. 그러나 이로 인해 새로운 문제가 발생해서는 안 된다. 예를 들어 OHP는 읽을 수 있어야 하며 색상이 있는 것이 바람직하

며 보기 좋게 작성되어야 한다.
7. 강의 발표자는 규칙적으로 청취자의 눈을 바라보도록 노력해야 하며 합당한 몸짓과 알맞은 흉내도 내야 한다.
8. 강의의 시작이 분명해야 하며 또한 끝도 분명하게 정리되어야 한다.
9. 강의 도중에 질문이 제기 되서는 안 된다. 강의가 정말로 짧게 이루어지면, 이해에 관한 문제도 허용되지 않는다. 물론 강의가 끝난 후에 질문은 가능하다.
10. 강의식 수업은 주의를 돌리는 수업대화와 혼합되어서는 안 된다.
11. 강의가 시작하기 이전에 학생들에게 그들이 해야 할 바를 분명하게 해야 한다. 단지 듣기만 할 것인지, 메모를 해야 하는지, 중심개념을 기입하는지, 질문을 적어두어야 하는지 등등.
12. 강의식 수업은 학생들이 리포트를 발표할 때의 본이 되고 모델이 되는 성격을 띤다.
따라서 상기에 언급한 요청사항에 따라 이루어져야 한다.

참고문헌

Castner, Hartmut und Thilo: Emanzipation im Unterricht. Bad Homburg 1976
Gisecke, Hermann: Methodik des politischen Unterrichts. München 1973
Grammes, Tilmann/Kuhn, Hansß Werner: Unpolitischer Politikunterricht.
    In:Gegenwartskunde, 4/1988 S.491-499
Grell, Jochen und Monika: Unterrichtsrezepte. München 1979
Kuhn, Hans-Werner: Lehrervortrag. In: ders./Massing, Peter(Hrsg.): Methoden und Arbeitstechniken. Band 3 des Lexikons der politischen Bilding. Schwalbach/Ts. 2000, S.94-96
Kuhn, Hans-Werner/Peter Massing: Lehrertraining im Hauptstudium - am Beispiel: Mikromethoden. In: Henkenborg, Peter/Kuhn, Hans-Werner(Hrsg.): Der alltägliche Politikunterricht. Opladen 1998, S.217-232
Rölke, Siegfried: Methodik der Betriebswirtschaftslehre. Bad Homburg 1979
von Thun, Friedemann: Aneignung von Kenntnissen im Unterricht durch verständliche Lehrtexte. In: Unterrichtswissenschaft, 2/1976

시민교육방법트레이닝

시사만평(풍자만화)

한스-베르너 쿤(Hans-Werner Kuhn)

개요

이장의 서두에서는 시사만평의 개념을 정치교육의 매체로서 제한하고, 이어서 시사만평의 역사에 대한 간단한 기술에서, 언론 자유의 획득과 함께 언론의 검열의 역사에 대하여 다루고자 한다. 정치적인 시사만평은 역사적인 시사만평과 연관성이 있지만 역사과목에서와 같이, 출처로 활용될 수 없기 때문에 그 교수법적인 기능에 대해서만 기술할 것이다.

시사만평의 수업에의 도입 및 활용에 대한 설명이 뒤따르는데, 여기서 소개된 해석의 예는 교사의 연수와 평생교육에서의 다양한 경험에서 비롯된 것이다. 예로 든, 여러 정치적 분야에 대한 일련의 시사만평과 관련하여 간단한 분석과 함께 대략적인 설명을 하고자 한다. 시사만평을 해석하는데 있어서 전형적인 실수와 더불어 매체의 한계에 관하여 논의할 것이다.

시사만평이 후에 어떻게 수업시간에 연결되어 구성될 수 있는지에 관하여 깊이 고려하고자 한다. 부록으로는 현재의 시사만평 중에서 몇 가지가 선택되어 제시될 것이다. 이는 스스로 연구하는데 도움이 될 수 있으며, 또한 시사만평을 수집하고자 할 때 근본적인 도움을 제공한다. 시사만평을 선정할 때는 정치교육계획의 여러 내용분야에 관해 숙고해야 한다.

시사만평(풍자만화)

개념상 접근

정의

> "시사만평(이태리어로 caricare는 '짐을 너무 많이 싣다'라는 뜻임)은 사람이나 사회상황을 풍자적으로(조롱하는) 표현한 것이다. 눈에 잘 띄게 하고 때때로 충격적인 영향을 주기 위해서 실제를 지나치게 표현하거나, 과장하고 모양을 변형시킨다. (...) 대부분의 시사만평은 사회 또는 정치적인 배경을 지닌다. 정치, 사회적인 시사만평은, 문제를 드러내지만 이에 대한 해결은 제시하지 않는 비판적인 매체로 이해되고 있다.(...) 시사만평은 선동적이고, 논쟁적이며, 해석이 첨가되지만 증오에 가득 차 있기도 하다. 작가의 관점에서 보면 시사만평은 주관적인 정치적 해석이다. 시사만평은 당파적인 것, 알려진 것, 신뢰하는 하는 것에 대하여 문제의식을 갖게 하고 새로운 관점을 얻게 한다. 익숙한 실제모습을 변형함으로써 거리감을 조성하고 정치, 사회적인 대안을 생각할 기회를 제공한다"(George 2000, 85이하).

"정치교육사전"에 나오는 지그프리드 게오르게(Siegfried George)가 규정한 이러한 특징이외에도 허버트 우펜달(Herbert Uppendahl)은 다음과 같이 정의를 내린다.

> 그는 정치적인 시사만평을 "그것을 받아들이는 사람의 의식 가운데 감정적이고 인지적인 과정을 동요시키는 것을 목적으로 하는, 참여적이며 비판적인 그래픽의 한 형식으로 정의하며, 이 동요는 근본적으로, 다시 공공의 영역을 겨냥한 독자의 행동성향에 영향을 미치며 독자로 하여금 이 영역에 참여 하게 하는데 기여한다."(Uppendahl 1978, 9).

디트리히 그뤼네발트(Dietrich Grünewald)에 의하면 시사만평은 "눈에 보이는 풍자로서 우리의 저널리즘을 접하는 대중을 위해 부분적으로 제공되는 것이다. 시사만평은 유머러스하게 작용하며 실제적으로 보이는 것을 망가뜨리거나/낯설게 하는 그림이다"(Grünewald 1999, 454이하).

시사만평의 특징

만평가들은 정치적인 사건에 대해 어떤 관점을 가질까? 그들은 비판적인 관찰자이지만 사건으로부터 거리를 유지한다. 그들은 도덕주의자이고 비판의 대부분은 내재적인 요구와 현실을 비교하는 것이다. 그들은 연단에서 내려보고, 거의 설교하지 않고 오히려 개구리관점, 즉 "아래로부터", 간접적으로 정치의 영향을 받는 자들, 즉 시민, 선거권자의 관점으로 정치를 관찰한다.

만평가: 유프 볼터(Jupp Wolter:1917-1993), 독일만평가의 원로

"만평가는 다른 사람들이 생산하는 잡동사니로 산다." 만평은 인류의 가장 오래된 예술이다. 만평가인 볼터는 끊임없이 다음과 같은 도식으로 생각하였다. "내가 어떻게 최근의 정치적인 사건을 상품화된 만평으로 변형시킬 수 있을까? 우스꽝스러운 그림이 아닌 냉정한 선으로 표현된 정치적 견해, 즉 일종의 코멘트를 엿볼 수 있는 변형이다. 우리 만평가들은 다른 사람들이 생산하는 잡동사니로 산다. 우리는 이 잡동사니를, 전혀 맛이 있어서는 안 되는 적당한 약으로 만든다. 약은 대부분 쓰다. 그러나 치료한다. "나는 도덕군자가 아니고 비판가이다. 나에게 속한 권한으로 과장하는 사람이다." 시사만평의 질에 대한 그의 기준에 대하여는 다음과 같이 말하였다. "만일 한 시사만평에 의해 아무도 공격당하거나 심지어 상처받았다고 느껴지지 않으면, 이는 좋은 시사만평이 아니며 빗나간 것이다. 해당자가 진심으로 웃는다는 것이 나에게는 별 의미가 없다. 오히려 그가 우는 것이 더욱 나에게 의미가 있다."

출처: 라인팔쯔지(Die Rheinpfalz) 1989년도에 게재된 한스 예르크 틴티(Hansjörg Tinti)의 기사

하나의 양식적인 재료는, 레오나르도 다 빈치에게로 거슬러 올라가는, 변화, 즉 변형이다. 그가 그린 일련의 그림은 그리스 조상의 균형 잡힌 소년얼굴에서 점차로 부푼 개구리로 변화한다. 이 전통으로부터 "배얼굴(Birnengesicht)"이 나온다. 프랑스의 잡지인 "라 까리까트르(La Caricature)"에서 1831년에 시민왕인 루이 필립의 얼굴이 네 단계로 그려졌다. 프랑스 군주의 머리 형태, 입, 눈, 코가 점차로 찌그러져서 몇 개의 선으로 표시된 배로 변형되었다.

시사만평(풍자만화)

출처: 샤를르 필리퐁: 배, 1835년 "라 까리까뜨르" 25호, 독일연방공화국의 역사의 집 (편): 독일형상, 외국의 시사만평에서의 통일된 독일, 뮌헨/뉴욕, 1994년 10면에서 인용.

이 석판은 1834년 다시 한 번 "샤리바리(Charivari)"에 복사되어 게재되었다. 그 이후로 배얼굴은 정치 시사만평의 확고한 초상화적인 구성요소가 되었으며 호노레 다우미어(Honore Daumier: 1808-1879)의 수많은 그림으로 인해 널리 퍼지게 되었다. 배의 잠재적인 항의력은 배얼굴의 창조자인 샤를르 필리퐁(1806-1862)뿐만 아니라 또한 다우미어도 왕권모독으로 여러 번 법정에 섰다는 사실에도 나타나있다. 배얼굴은 공화주의자들의 항의의 상징이었다.

시사만평과 (정치적) 메시지

만평가들은 문화적으로 역사, 문학, 일상생활로부터 사용되는, 광범위한 그림문자적인 요소들을 이용한다. 이러한 요소는 한계가 없는 것처럼 보인다. 그럼에도 불구하고 항상 거듭 사용되는 상징, 인물과 비유가 있다. 화가가 직접적으로 다시 알아볼 수 있기 때문에 그 개별적인 요소들은 관찰자에게 잘 알려져 있어야 한다. 몽타즈의 콤비네이션에서야 비로소 정치적인 생각을 필요로 한다. 이는 멋진 시사만평의 매력을 만들어낸다. 한눈에 알아 볼 수 있는, 분명한 그림에 나타나는 긴 장관계와 정치적 생각을 선동하는 자극적인 몽타즈 뒤에는 무엇이 숨겨져 있을까? 언뜻 보기에는 핵심이 분명한데, 배경을 보면 아마도 논쟁의 여지가 있는 상황을 제시하고 있다. 이로 부터 멋진 시사만평의 교수법적인 잠재력이 비롯된다. 멋있는 시사만평은 부득이 계속 생각할 수밖에 없도록 충격을 준다. 영화와 유사하게 전망을 통해 절망감, 압박감, 무력감이 표현된다.

시사만평은 상황을 극단화시키고(정치학 교사들의 교수법적인 능력이기도 함), 그 영향력을 높인다. 또한 이렇게 낯설게 만드는 것은 금기사항에 대하여 문제의식을 갖게 하는데 즉 정치적 정확성이라는 규범에 문제의식을 갖게 한다. 이 금기사항을 깨뜨림으로써 정치적 토론을 유발시킨다. 이태리에서 발생한 실제적인 예를 살펴보자.

> 로마. 이태리의 신문 '라 스탐파(La Stampa)'의 표지 면에 실린 반유대주의적인 것으로 여겨지는 시사만평이 유대인과 가톨릭 측의 거대한 항의를 유발시켰다. 자유주의 신문 수요일판에 이 그림이 게재되었는데 다비드의 별을 단 이스라엘의 탱크에 의해 위협되는 베들레헴에서 구유에 누인 아기예수를 그린 것이었다. 말풍선에는 '그들이 나를 또 다시 한 번 살해하지 않기를 원한다.'라고 써 있었다. 이탈리아의 유대인 단체의 회장인 아모스 루자티(Amos Luzatti)는 그 그림이 "머리카락을 곤두세운다"는 입장을 표명하였다. 그는 이에 대해 깊은 아픔을 느낀다고 했다. 그동안 가톨릭교회에 의해 철회되었던 견해, 즉 유대인을 예수의 살인자로 보았던 견해가 다시 제기된 셈이었던 것이다. 이 시사만평이 독자들의 깊은 도덕적이고 종교적인 신념을 손상하였기 때문에 '스탐파'지의 편집부는 시사만평에 대해 사과를 하였다(저자: 키파(kipa) 2002년,4월8일, 출처: 인터넷).

시사만평의 영향력을 과소평가하지 않는다면 정치, 권력과 예술가적인 자유 사이에는 상호연관성이 있다. 검열의 역사는 이를 인상적으로 알려준다. 시사만평과 풍자문(Satire)은 평행관계이므로, 인터넷에 리사 베스터만(Lisa Westermann)이 발표한 글("풍자문과 검열")중에서 몇 몇 개의 구절을 살펴보면, 개념상 설명과 법적인 규정을 알 수 있을 것이다.[4]

---

[4] 다음의 역사에 관한 언급은 근본적으로 허버트 우펜달(Herbert Uppendahl, 1978, 6-23면)의 도입 및 인터넷에 공개된 크리스티안 귄터(Christian Guenther)의 1995년도 시사만평과 검열의 관계에 대한 리포트를 기초로 한 것이다.

"풍자문(두덴 즉 독일어사전의 정의에 의하면)은, 인물이나 상황을 과장, 빈정거림, 조롱을 통하여 비판하거나, 인물을 우스꽝스럽게 만들고, 상황을 사람들의 웃음거리로 만들거나, 날카로운 우스개 소리로 채찍질하는 하나의 예술장르(문학, 시사만평, 영화)를 의미한다.

물론 이러한 정의가 논란의 여지가 없는 것은 아니다. 단순히 형식적으로 고려해보면, 풍자문은(두덴의 정의에 반하여) 본래 고유의 예술장르가 아니라 모든 장르와 문학적 형식에 이용되는 표현방식으로 간주된다. 또한 풍자문이 항상 예술작품인가 하는 문제는 상당한 논란의 소지가 있다. 그러나 바로 이 점이 법정에서는 결정적인 요인이 된다(...).

풍자문과 법 사이에는 갈등관계가 존재한다. 많은 법적인 풍자문 소송이 제소되는 독일헌법재판소는 풍자문 개념에 대하여 한 번도 고유의 정의를 제시한 적이 없다. 모든 법정은 70년 이상이 지난 제국법정의 오래된 결정을 고수한다. 그 제국법정은 당시 다음과 같은 정의를 내렸었다.

'풍자문 특유의 본질은, 많건 적건 강력하게 과장하고, 표현하고자 하는 생각에 눈에 보이는 내용을 부여하는 것이다. 그 내용은 실제로 의도한 바를 넘어서지만, 풍자의 존재가 알려지는 독자 또는 관찰자가 그 표현된 내용에서 실제로 의도한 것으로 돌이키는, 즉 실제로 이 보다 더 가벼운 내용만을 의미한 것임을 알게 하는 방식으로 표현한 것이다. 풍자문과 시사만평이 종종, 폐해를 비난하거나 질책하고자 한다면, 그 자체가 결코 그렇게 강력한 형태로 나타나지 않는다 할지라도, 정말로 알기 쉽고 감명 깊게 그 특색을 나타내기 위하여, 과장되고 왜곡된 방식으로, 그 폐해의 존재로부터 마지막 결론을 끄집어낸다.'

풍자문과 그 '자매격'인 시사만평은 법적으로 구별되지 않는다. 오히려 시사만평은 '조롱적인 묘사'의 한 형태로 간주되며 따라서 법적으로는 단순히 풍자문이 세분화된 것으로 여겨진다.

풍자문이 법정에 서게 되면, 두 가지 보호영역에 속할 수 있다. 첫째, 예술의 자유이다. 이러한 자유는 거의 법적인 제한이 없다. 형법(특히 대중선동관련법 13a조) 및 청소년유해물 유포에 관한 법에서 예술은 분명히 처벌대상에서 제외된다. 물론 이러한 자유는 단지 해당법정이 풍자문을 예술로서 인정해야만 보장된다. 예술의 개념은 법적으로 정의를 내릴 수 없다. 독일헌법재판소는 단지 '예술은 일반적으로 정의를 내릴 수 없으며' 따라서 개개의 소송에 관련하여 판결이 내려진다고 확정했을 뿐이다. 풍자문의 저자는 각 판사의 개인적인 예술관에 따라 판결이 다르기 때문에, 법정에서 어려울 수밖에 없다.

풍자문이 예술로 간주되지 않는다면 언론의 자유를 생각해 볼 수 있다. 이는 물론 여러 측면에서 법률적 제한이 따른다. 법정은 (방금 언급한 풍자문의 정의와 같이) 아직도 제국법정에서 유래된 절차에 따라 진행한다.

'풍자문에 관한한, 그것이 의미하는 차원에 도달하기 위해, 암호화한 외부적인 형식을 (...) 등한시해야한다. 이 차원에 아직도 처벌할 만한 내용의 표현이 있다면, 저자는 법적으로 처벌을 받을 수 있다.'

독일연방헌법재판소에서도 1987년 다음과 같이 인정하였다. 풍자문의 저자는 그 본래의 메시지를 항상 행간으로 전하기 때문에 풍자내용을 담은 글은 겉으로 제시된 진술에 근거하여 판결을 내려서는 안 된다. 직접적인 해명을 취하는 대신에 그 진정한 전달내용을 밝혀내야 한다. 기소된 글이 대체로 제3자의 권리를 침해하는지 여부에 대해 밝혀내어야 한다. 결론적으로 법정은 풍자적인 '겉옷'과 실제적으로 의미하는 '내용'을 분리하여야 한다. 풍자적인 표현과 전달된 진술핵심은 구별되게 판결되어야 한다.

표현방식에 대한 평가는 그 기준이 그리 엄격하지 않다. 풍자문은 정의에 따라 과장, 왜곡이 그 특성이므로 저자는 이에 대한 예술적인 자유를 주장할 수 있다. 객관적인 근거 없이 어떤 의미를 지나치게 과장되게 표현하여 그 표현방식이, 다른 사람을 모욕하는 바가 분명히 나타난다면 이 표현은 모욕적으로 다른 사람을 공격한다고 간주된다. 즉 풍자적인 표현의 자유는 보편적 인격권(Persönlichkeitsrecht)에 의해 제한될 수 있다. 진술의 핵심은 더욱 엄격한 제한을 받게 된다. 이로써 모든 정상적인 생각의 표현과 마찬가지로 처벌받게 할 수 있다.

풍자문은 해석을 필요로 하기 때문에, 항상 여러 가지 해석이 가능하며, 법적으로는 형법상으로 중요한 하나의 해석만으로 결정하는 것을 허용하지 않는다. 그럼에도 불구하고 현실에서는 판사들이 단지 하나의 해석만이 가능하다는 생각을 가진 경우가 많음을 알 수 있다.

결정적인 것은 또한 풍자문이 등장하는 매체이다. 누가 이의가 제기된 풍자문을 읽거나 그 풍자문에 대해 깊이 생각하는가 하는 문제는 판결에 중요한 역할을 한다. '같은 기사가 정치적으로 관심을 가진 사람들, 즉 일반적으로 평균이상의 교양을 지닌 성인들이 읽고 또한 돈을 주고 사야 하는 풍자 잡지에 게재된 경우와 학생신문에 게재된 경우는 아주 다른 의미와 영향력을 가질 수 있다.'

예를 들어, 풍자잡지인 '타이타닉'에 실린 많은 기사들은 원래 한 번도 재판관에 의해 번거롭게 된 적이 없었는데, 사소한 학생신문에 복제 인쇄되면 고소되는 경우가 많다. 이런 경우 법정의 의견에 따라, 독자가 대체로 그 풍자문을 인식할 수 있다고, 즉 조용히 그 내용을 제대로 다룰 수 있다고, 의심의 여지없이 받아들여질 수는 없다. 즉 풍자문의 식별능력은 판결을 내리는 데 중요한 요소이다.

'법은 이런 경우는 물론, 모든 풍자문을 인식하지 못하는 가장 우둔한 독자로부터 출발한다. 이는 대부분의 풍자문 소송이 대체로 기소되는 이유이기도 하다.'"

해석의 예

정치수업에서의 시사만평해석은 세 가지 단계 즉 이해, 해석, 적용으로 구분되는 해석학(Hermeneutik)의 고전적인 단계모델에 따른다. 이것이 시사만평과 관련하여 무엇을 의미하는 걸까?

"이해"하는 단계에서는 먼저 시사만평의 주제를 확정하며, 동기를 찾고, 정치 분야의 경계를 정하고 관련문제를 제기한다. 또한 시사만평에서 보이는 것들을 "자세하게 설명"한다. 비록 이 단계가 학생들의 능력에 비해 너무 쉽다고 해도 정확한 설명은, 추후의 오해와 실수를 막는데 도움이 된다. 이러한 설명의 대상은, 시사만평가가 사용한, 다음과 같은 모든 표현방식의 요소라고 할 수 있다.

- 글자(단어그대로의 말?, 기관, 정당표식 등등?)
- 활동가(정치가, 저명인사, 규격화)
- 상징(초상학적인 표식, 생략)
- 그래픽적인 요소(독자의 시선방향, 전망, 확대효과, 단색화, 입체화)
- 색의 상징(대부분의 시사만평은 흑백으로 그려지며 색은 거의 사용하지 않는다.)

이와 같이 정확하게 설명하면 이미 정치적 시사만평이 낯설다는 것이 드러난다. 시사만평은, 모순이 드러나게, 서로 다른 영역의 요소들을 혼합한다. 당연한 것에 새로운 자리가 매겨지며, 익숙지 않은 것들이 일상적인 상황에 자리 잡는다.

본래 설명해야 하는 "해석"의 단계에서는 만평가의 생각을 상술하고자 시도한다. 그의 동기가 무엇인가? 그는 무엇을 생각했었나? 정치적 시사만평의 언급된 요소들 모두가 문화적으로 특징지어져있어 정치적 독자에게 잘 알려져 있기 때문에, 학습과정은 이러한 특징에서 시작될 수 있다. 몸짓언어, 태도, 연관성과 행동은 모순적인 일치를 이룬다. 학생들이 각 요소의 문화적인 특징에 대하여 알 것이라고 전제될 수가 없기 때문에, 시사만평에 대한 체계적인 작업이 여기서 시작될 수 있다. 아직 설명되어져야 하는 특정한 요소들이 항상 다시 나타나기 때문에 이 단계에서 점증적인 학습과정이 일어난다.

이를테면, 정치적인 시사만평이 규칙적으로 게재되는, 신문을 재빠르게 읽는 것이, 정치수업에서 교수법적인 작업과 비교될 수 없다는 것에 주의해야 한다. 학생들이 규칙적으로 신문을 본다고 전제할 수도 없으며, 시사만평의 의미와 진술을 포괄적으로 인식하기 위하여 매일 아침 신문을 피상적으로 보는 것도 충분하다고 할 수 없다. 해석에서 이러한 지적 활동의 과정은 소위 "고속촬영"으로, 그 연상이 특히 이 두 번째 단계에서 상호 보충되는, 한 소집단이 감당한다.

세 번째 단계는 "적용"이다. 이는 교수법과 관련하여, 시사만평의 진술을 첨부자료에 근거하여 조사하기 위하여 그 진술이 분류되는 것을 의미한다. 결국에 시사만평은 이 과정에서 단지 체계적인 분석에 들어서기 위한 자극에 불과하다. 물론 우수한 시사만평은 (이탈리어인 caricare의 번역, 즉 과도하게 싣다. 또는 짐을 지우다와 같이) 지속적인 수업계획을 위하여 도움이 될 수 있는, 다음과 같은 분석을 위한 많은 실마리를 제공하는 장점을 가지고 있다.

> "화가와 같이 만평가는 실제를 단순히 그대로 그려내는 것이 아니고 마치 설교자처럼 주의하고 경고하는 것이다. 그 몇 개 안되는 선과 빠듯한 그림으로 그는 세계를 해석하고자 할 뿐 아니라 세계와 우리자신을 변화하도록 우리능력에 호소한다."
> (출처: 유프 볼터저(著) 시사만평책의 표지글, 1993년 7월 30일자 도이췌 알게마이네 존탁스블라트 지(Deutsches Allgemeines Sonntagsblatt) 31호의 유프 볼터의 애도사에서 인용)

검토의 필요성은 보이텔스바흐 합의(Beutelsbacher Konsens)에서 비롯된다. 정치교육을 위한 그 두 번째 최소규정은 "학문과 정치학에서 논쟁의 여지가 있는 것은 수업에서도 그 논제가 다루어져야 한다"는 것이다(Schiele/Schneider 1977). 왜냐하면 하나의 시사만평은 항상 그 시사만평을 그린 사람의 일방적인 정치적 판단이기 때문이다. 단지 그 입장을 조사할 뿐만 아니라 또한 반대주장을 상대적으로 보기 위해서 "반대읽기"하도록 유도한다. 따라서 시사만평은 학습과정에서 소외되어 있는 것이 아니라, 계속하여 자료와 관계된 분석을 하도록 암시적으로 지시한다.

시사만평(풍자만화)

학습방법 - 하나의 제안

선택

　교사가 어떻게 정치시사만평을 접하는가? 다른 신문의 기사와 마찬가지로(Kuhn 2001, 159-170 참조) 두 가지 가능성이 있다. 어떤 목적 때문에 일부러 찾거나 신문을 읽다가 우련히 발견하게 되는 경우이다. 이 두 가지 모두 정치학의 목적과 주제에 관한 교수법적인 의식과 지식이 전제된다.

　어떤 목적을 갖고 찾을 경우는 실제나 가상적으로 신문이 보관, 기록된 곳에서 찾아야 한다. 정치시사만평의 무한한 출처는 국제적인 시사만평도 찾을 수 있는 인터넷이다. 검색사이트(google.de)에서 "Karikatur+Politik"으로 찾을 경우, 약 21,000개가 "Karikatur+Zensur"일 경우, 약 11,000개의 해당목록이 나온다. 따라서 의미 있는 결과를 얻기 위해서는 문의하는 바를 제한하여 기입하여야 한다.

　개개의 시사만평가가 자기 그림들 중 최상의 작품을 묶어서 매년 책으로 편찬하기도 한다(예: Haitzinger 2001). 또한 독일연방정치교육원에서도 시사만평을 제본하여 편찬하였다(예: 독일통일에 관하여).

　우수한 시사만평을 모아 놓은 기록집을 사용하기 위하여 정치학 교사는 자체 수집을 해야 한다. 신문에서 읽을거리를 가위로 오려두는 것은 그렇게 많은 노력이 들지 않는다. (신문, 인터넷, 교과서, 수업자료, 전문잡지 등에서) 시사만평을 디지털화하여 학습계획주제에 따라 주제별로 컴퓨터에 저장시킨다. 이렇게 저장해둔 자료들은 OHP로 만들어 문제없이 사용할 수 있다.

준비

　시사만평관련 훈련 순서에 따르면 한 개의 시사만평에 대하여 세 개 내지는 다섯 개의 함축성 있는 자극을 사전에 명확히 표현해두면 충분하다. 이에 단계별 진행사항의 개요에 대하여 고려해야 한다. 다른 나머지는 모두, 즉 정치적 연관성 파악, 비평의 여과는 수업중의 대화에서 일어난다. 그러나 항상 해석을 제시하는 근거, 즉 그 자료가 무엇을 제시하는지에 대한 질문을 해야 한다. 동시에 내재적인 분석은 시사만평을 읽는 다른 방식으로 이끌어질 수 있는데, 이는 너무 서둘러 일치시키려고 해서는 안 되고 오히려 반대기 되어야 한다.

바로 시사만평을 해석하는 단계에서는 많은 학생들이 함께 참여하도록 해야 한다. 학생이 묘사된 인물들(즉 선거권자, 소비자등)과 동일시 할 경우("이는 우리 모두를 의미한다."), 자유로운 해석의 여지를 더욱 많이 줄 수 있음을 분명히 해야 한다.

즉 학습경로는 자발적인 반응으로부터 자극을 거쳐 개방된 연상으로(요소와 관련성의 "풀이"), 중심 메시지가 정치적으로 파악된(그리고 단지 비유적으로만 표현되진 않은) 진술을 포함한 압축으로까지 이어진다.

평가

파악된 정치적 메시지는, 시험으로 연결될 수업과정에서 하나의 중간성과이다. 따라서 여기서 다음 단계, 즉 무엇에 대한 시험을 봐야 할지에 대해 미리 생각하는 것은 중요하다고 할 수 있다.

학생들의 질문, 즉 지식문제, 이해문제, 또한 정치적 견해를 나타내는 잠재적인 질문을 염두에 둘 수 있다. 이에 각기 활동을 분담한 집단 또는 개개의 활동에서 문제의 명확화, 더 많은 자료의 수집 등을 위하여 이용될 수 있는 탐구전략을 준비하게 한다.

시사만평은 그날 화제가 된 정치적 사건을 평한다. 따라서 두개의 글로 된 자료를 이용할 수 있다. 즉 첫째는 그 시사만평에 관계된 기사이며 두 번째는 시사만평과 마찬가지로 언론가의 전문적인 논평이다.

기사는(배경에 관한 기사, 르포, "3면 역사(Seite-drei-Geschichten)"도 포함) 사건정보를 제공하고 논평은 -시사만평과 같이- 내재적인 정치적 기준과 관점으로 평가된다.

또한 하나의 테마에 대하여 여러 개의 신문을 비교할 수 있다. 한 특정한 날의 3개의 신문을 보면 정치적 학습과정을 위한 풍부한 자료를 얻을 수 있는데, 각 신문의 정치적 입장이 전달될 뿐만 아니라 또한 3개의 텍스트류, 즉 시사만평, 기사, 논평의 특수한 잠재력을 알 수도 있다.

"위로의 작은 반창고[5]" 시사만평에 대한 간단한 분석

---

[5] 출처: Kuhn, Hans-Werner: Fünf Unterrichtsstrategien. In:ders.:Urteilsbildung im Politikunterricht. Schwalbach/Ts.2003, 179면

시사만평(풍자만화)

하이칭어(Haitzinger)의 시사만평 "위로의 작은 반창고"는 - 1998년 12월 11일 한 지방신문인 바디쉐 짜이퉁(Badische Zeitung)에 게재되었음 - 피노체트(Pinochet) 사건을 인권 50주년(UN헌장)과 연관시켰다. 의인화된 인권은 바닥에 엎드려져 있고 위생병이 드러난 상처에 응급조치를 한다. "위로의 작은 반창고"위에 써있는 "피노체트 인도"라는 글자로, 주장하는 바를 바로 알 수 있다. 인권의 표장(表章), 저울과 평화의 가지는 그 기능을 상실했다.

이 시사만평의 해석은 자세한 설명에서 시작될 수 있다. 게다가 두 부분으로 나눠진 것과 이 시사만평가가 그림의 제목으로 의미하는 바가 눈에 뜨인다. 두 번째 단계에서는 연상적으로 그 상징들에 대해 조사한다. 다음과 같은 질문이 명백해진다. 누가 인권의 모습인가? 법(저울에 의해 상징됨) 또는 그리스도(평화의 가지로 상징됨)? 위생병은 누구를 대표하는가? 그가 무엇을 실현할 수 있는가?

또한 "작은 반창고"라고 한 점에 대해 학생들이 생각하게 된다. 만일 이 만평가의 중심적인 비판과 메시지가 파악되면, 사건과 인권사이의 관련성뿐만이 아니라, 만평가의 입장이나 비평에 반대되는 자신의 판단을 합리화하기위하여, 사건과 관련된 그의 입장을 조사할 수 있다.

인권 50주년

피노체트 인도

(위로의 작은 반창고, 하이칭어(Haitzinger)작, 1998년 12월 11일자 바디쉐 차이퉁(Badische Zeitung)

시사만평해석: 열 가지 전형적인 실수

1. 너무 많은 자극
우수한 시사만평은 "짐을 많이 실은" 것이기 때문에, 많은 견해를 한 번에 나타내려는 경향이 있다. 이에 자극이 잘못된 방향으로 가기도 한다.

2. 설명 뛰어넘기
첫 째로 필요한 설명 단계가 자주 지적으로 불필요한 것으로 간주된다. 본래 "처음 볼 때" 그 그림을 그린 화가의 중심적인 진술을 알 수 있다고 잘못 생각하기도 한다.

3. 연상의 제한
시사만평의 각각의 요소들을 묘사하는 단계에 이어서 상황, 상징, 회화적인 방법, 시사만평의 "언어"의 해석이 따른다.

이에 학생들에게 제한되지 않은 연상을 하도록 촉구한다면, 교사가 계획할 때 "사전에 생각"할 수 있었던 것보다 더욱 많은 연관성을 발견해낼 수 있다. 이러한 창조적 잠재력은 이용할 만하다. 여기서 후에 검토될 수 있는 "정치적인" 해석을 학습집단(또는 교사)에 의해 표현하도록 한다면 많은 도움이 될 것이다. 이 단계에서 해석은 학생들의 정치관에로의 귀납적 추론을 여러 번 허용한다. 또한 교사의 자극은 연상된 해석을 "정치화"하는데 영향을 미칠 수 있다.

4. 첨예화의 소홀
제한되지 않은 해석의 단계 후에는 집중 단계가 잇따른다. 추상화한 성과는 중심 진술 또는 메시지의 형태로 문자화하여 확고히 할 수 있다. 이는 근본적으로 나타나는 것을 받아들이게 한다. 생각에서는 연상과 반대되는 움직임을 다룬다. 즉 회화적인 표현을 하나의 진술로 변형함으로써 시사만평의 해석의 종료, 즉 최소한 잠정적인 종료를 하는 것이다. 그 다음 수업단계에서 그 진술이 검토되기 때문이다. 학생들이 이런 첨예화작업을 하도록 "강요"됨으로써, 동의한다고 분명하게 표현하지 않고도, 그 메시지에 대하여, "분명하게 보이는" (기본)동의를 피한다. 개개인이나 집단은 논쟁의 여지가 많은 주제도 표현할 수 있다. 또한 이는 계속적인 작업을 위한 성과가 많을 수 있다. 비로소 이러한 공통적인 "개념의 긴장

(Anstrengung des Begriffs)"으로(헤겔) 학습과정에서 동화를 보장한다.

5. 상징의 애매모호성의 과소평가

상징, 일상적인 상황, 정치적 인물들의 상투적이지 않은 연관은 해명을 필요로 한다. "비판적인 웃음"은 설명되어야 한다. 많은 상징들은 문화적으로 각인되어 있다. 지식의 수준, 정치적 경험과 연령에 따라 초상화적인 그림을 인식하기 위한 여러 가지 전제조건이 있다. 여기서 자료에 대한 문화적인 인식(색의 상징, 몸짓, 자세, 태도)이 습득될 수 있다. 비록 상징이 각각 비교적 분명하다 할지라도(독수리가 상징하는 바는..., 시체머리가 상징하는 바는..., 평화의 비둘기가 상징하는 바는..., 독일의 미셸6)이 상징하는 바는...,), 구성된 정치적 연관성에서 전적으로 "여러 의미" 즉 사실, 경고, 비판, 거부, 요구 등의 의미를 지닐 수 있다.

6. 반대모습으로의 왜곡을 이용하지 않는 것

시사만평이 어떤 정치적 사건을 비판적으로 논평하는, 인위적으로 구상된 작품이라면, 그 평가의 한 전략은, 생각의 실험에서 그 표현을 뒤집는 데에 있을 수 있다. 즉 시사만평의 "왜곡된 세계"를 다시 왜곡시키는 것이다. 시사만평이 상투적이지 않은 방식으로 이미 작업되었다면, 이러한 방법은 또한 교수법적으로 이용될 수 있다. 이중으로 왜곡하는 것은 단지 개개의 요소나 전체형상을 설명하는 데 도움이 될 수 있을 뿐 아니라, 또한 시사만평에 포함된 비판을 조직적으로 이용하기 위한 출발점을 제공하기도 한다.

시사만평이 비판 이외에도 "구체적인 이상향"(Ernst Bloch)을 포함한다면, 지나치게 요구되기 때문에, 최소한 이러한 생각실험을 통해 조직적인 비판에 대해 계속 생각할 수 있다. 물론 이러한 시도는 불합리한 결과로 이끌어질 수 있으나 이는 시사만평의 "시험"으로 이용될 수도 있다.

---

6) 독일의 미셸의 흔적은 훈즈뤽(Hunsrück),푸스텐부르크(스트롬부르크)에서 발견된다. 여기서 한스 미셸 엘리아스 폰 오벤트라우트는 1574년 태어났으며 그의 유년, 청소년 시절을 보냈다. 30년 전쟁 때, 스페인의 영주인 스피놀라가 부른 것처럼, "독일의 미구엘('Aleman Miguel")은 기병장군(Reitergeneral)으로서 친구들과 적군으로부터 존경과 인정을 받았다. 세월이 경과함에 따라 그는 그의 특별한 덕과 행동으로 인해 유명해져서 독일사람을 상징하는 인물이 되었다. 간략하게 설명하면 "미셸"은 상징적으로 대부분 나이트캡을 쓰고 반바지를 입은 독일사람으로 풍자된다. 16세기이래로, 이런 대조적인 모습으로, 기독교 군대와 독일인의 수호천사인, 천사장 미카엘에게로 국민을 정치적으로 흔들어 깨우기 위해, 이러한 표현이 사용된다. 출처: Ein schöner Tag, Band 5f, Hunsrück, Neuwied 2002, 31면.

7. 사고활동 과소평가

훌륭한 시사만평은 독자를 선동한다. 독자는 입장을 표명하도록 도전을 받는 것이다. 정치적인 사전정보가 없다면 정치적인 시사만평은 독자들에게 말할 것이 적다. 단지 고립된 상징, 상황 또는 인물들만이 인식되고 비판적으로 표현된 상황은 알아채지 못하게 된다. 또 여학생과 남학생사이의 차이도 있다. 어떤 학생은 바로 알아차리고 다른 학생들은 이를 찾아내지 못할 수도 있다. 여기서 의견이나 사전 지식을 진단하고 또한 학생간의 대화를 지원할 수 있는 이중적인 기회가 제공된다. 하나의 시사만평을 취급하는 여러 단계에서의 요구사항은 차별화된다. 기본요소는 구체적으로 묘사되어야 하고 자유로운 연상은 창조적인 심사숙고를 격려하고 하나의 중심 메시지로 결정을 내림으로써 영역별로 정치적인 생각이 촉구된다.

이로써 정치수업에서 시사만평을 다루는 것은 신속한 신문읽기와 근본적으로 구별된다. 시사만평가의 관점으로 변경되고, 그 비판을 실감 있게 체험하며 그 진술이 검토되고 자기 자신의 입장을 표명함으로써 하나의 상황이 해명된다.

8. 너무 성급하게 받아들이기

교사들의 틀에 박힌 눈길은 가능한 한 빨리 눈에 보이는 분명한 결과에 이르도록 잘못 지도할 수 있다. (교사: "우리가 보기에는...") 수업시간은 항상 시간적으로 빠듯하다. 5분후에 해석결과가 확정된다면 훌륭한 시사만평에서 정치적으로 배울 수 있는 바가 과소평가되는 것이다. 또한 어긋난 관점을 받아들이게 되면 배운 바를 피상적으로만 습득하게 된다.

9. 각각의 단계로 넘어가는 과도기를 사전에 계획하지 않음

한 시사만평을 제시할 때는 다음과 같은 문제가 관련이 있다. 시사만평 자체가 (조용한) 자극으로서, 해석하게 하는데 충분한가? 학생이 (훈련된) 교사의 자극을 필요로 하는가? 자발적인 반응이 중요하기 때문에 프리젠테이션은 OHP로 해야 한다. 이로써 단지 수업자료에 대하여 공동으로 집중하게 될 뿐만 아니라, 시사만평을 복사하여 나누어준다면, 필연적으로 발생하며 전체그룹을 혼란스럽게 하는, 웅성거림을 방지할 수 있게 된다.

학습지도자의 과제는 각 단계, 즉 자세한 묘사, 자유로운 해석 및 종합평가의 한계를 명확히 하는 것이다. 학생들의 방법적인 능력은 이러한 단계의 의식적인 구분을 통하여 강화된다. 비록 이러한 단계로부터 교리와 같은 처방이 나온다 하지 않을지라도 명백한 기본구성은 포함된다. 각 항목에서 이전 단계로 소급되는 것이 필요할 지라도, 그 분명한 구조는 그대로 남는다. 그러나 너무 성급하게 추정된 메시지를, 구성요소가 간과되어, 항상 다시 교정하고 상대화시켜야 한다면, 혼돈스러운 결과에만 연연하게 된다.

10. 묘사, 해석과 비판의 구분을 제거

수업계획과 긴밀하게 관련된 실수는 부족한 차별화가능성에 기인한다. 예를 들어 각 단계가 서로 구별이 되지 않는다면 자기 자신의 판단도 "임의적인 것으로" 남는다. 비판이나 대안이 명료하게 작업되지 않는다. 수업은 단지 의견, 즉 거리를 두고 책임감이 없으며 무의식적인 일상적인 의견에 머물게 된다. 이에 반해 각 단계를 분석적으로 구분하면 시사만평가의 비판을 분명히 알 수 있으며, 이에 따라 자기 자신의 정치적 판단기준을 발달시킬 수 있다.

해석학적으로 이루어진 정치적 시사만평의 취급은 영역별 정치적 사고뿐만 아니라 자기 자신의 정치적 판단을 위한 구성요소로 남는다.

대안적인 해석모델

여기서 소개된 해석모델의 대안으로 우펜달에 의해 발전된 분석모델(Uppendahl 1978, 23)이 고려될 수 있는데, 이는 매체기능연구의 핵심질문에서 비롯된 것이다(자료 1 참조).

이 해석모델은 소위 러스웰 공식(Lasswell-Formel)을 기초로 한다. 즉 "누가 누구에게 어떤 경로를 통하여 어떤 효과를 가지고 무엇을 이야기하는가?"("who says what in which channel to whom with what effect?")

참고문헌

Ein schöner Tag. Band 5 Hunsrück. Auf den Apuren des Schiefers. Neuwied 2002

George, Siegfried: Karikatur. In: Kuhn, Hans-Werner/Massing, Peter(Hrsg.): Methoden und Arbeitstechniken. Band 3 des Lexikons der politischen Bildung. Schwalbach/Ts. 2000, S.85-86

Grünewald, Dietrich: Die Karikatur. In: Mickel, Wolfgang W.(Hrsg.): Handbuch zur politischen Bildung. Schwalbach/Ts.1999. S.454-457

Grünewald, Dietrich(Hrsg.): Politische Karikatur. Zwischen Journalismus und Kunst.
    Weimar 2002
Haitzinger, Horst: Politische Karikaturen (Jahresbände 1982-2002). München 1982ff
Haus der Geschichte der Bundesrepublik Deutschland(Hrsg.): Deutschlandbilder.
    Das vereinigte Deutschland in der Karikatur des Auslands. München 1994
Kuhn, Hans-Werner: Unterrichtsstrategien. In: Hans-Werner Kuhn: Urteilsbildung
    im Politikunterricht. Schwalbach/Ts. 2003, S.170-197
Kuhn, Hans-Werner: Verschiedene Textsorten im Politikunterricht. In: Weißeno,
    Georg(Hrsg.): Politische Bildung im Medienzeitalter. Schwalbach/Ts. 2001,
    S.159-170
Marienfeld, Wolfgang: Die Geschichte des Deutschlandproblems im Spiegel der
    politischen Karikatur. Bundeszentrale für politische Bildung, Bonn 1991
Massing, Peter: Kategoriale politische Urteilsbildung. In: Kuhn, Hans-Werner:
    Urteilsbildung im Politikunterricht. Schwalbach/Ts. 2003, S.91-108
Meuerer, Dieter: Kunst und Recht im Konflikt. In: Nils Folckers/Wilhelm
    Solms(Hrsg.): Was kostet der Spaß? Wie Staat und Bürger die Satire
    bekämpfen. Marburg 1997, S.84-89
Meyn, Hermann: Massenmedien in der Bundesrepublik Deutschland. Berlin 1994
Schiele, Siegfried/Schneider, Herbert(Hrsg.): Das Konsensproblem in der politischen
    Bildung. Stuttgart 1977
Mohr, Burkhard: Spaß beiseite! Karikaturen zum Zeitgeschehen. Bonn 2001 und
    2002
Uppendahl, Herbert u.a.: Die Karikatur im historisch-politischen Unterricht. Eine
    Einführung mit Unterrichtsbeispielen. Freiburg 1978
Westermann, Lisa: Satire und Zensur (Internetadresse: http://www.uni-muenster.
    de/Soziologie/Seminare/Zensur/texte/satire.htm)
Wolf, Uwe: Spötter vor Gericht: eine vergleichende Studie zur Behandlung von
    Satire und Karikatur im Recht der Bundesrepublik, Frankreichs, Englands und
    der USA. Franfurt/M. 1996

시사만평(풍자만화)

자료 1

해석영역	중심질문	확인대상
주체자(Who?)	● 누가 주체자인가? ● 그는 어떤 목표를 추구하는가? ● 그는 어떤 정당에 가담하는가?	예: 선전원 예: 정당, 단체, 인물
진술(What?)	● 사람들은 무엇을 보는가? ● 무슨 내용을 진술하는가? ● 어떤 문제가 묘사되는가? ● 어떤 모순이 발견되는가?	예: 상황, 사건, 인물, 문제
양식/형식(How?)	● 특별히 눈에 뜨이는 것은? ● 어떤 방식이 사용되는가?	예: 과장법, 곡언법, 메타플랜(Metaplan) 흑백그림, 공간분배, 풍자
수신인/수취인(Whom?)	● 누구의 마음에 호소하는 건가? ● 시사만평을 이해하기 위해 수신인은 무엇을 알아야 하는가?	예: 정당동료, 이익단체, 기관, 시민단체 등
의도(Why?)	● 누가 공격받는가? ● 공격대상은 무엇인가? ● 시사만평가가 어떤 영향을 끼치고 싶어 하는가?	예: 정치가, 프로그램, 이념 등
영향(What effect?)	● 시사만평이 당신에게 어떤 영향을 끼치는가? ● 시사만평이 다른 이들에게는 어떤 영향을 끼치는가?	예: 자기 자신의 감정과 생각
매체 (What channel?)	● 시사만평이 어떻게 준비되는가? ● 매체가 소속된 곳은?	예: 신문, 전단지, 출판사, 기관 등

자료 2

체크리스트: 시사만평
1. 특정한 정치적 테마를 위한 시사만평을 찾아서 수집하라.
2. 묘사된 인물, 상황, 사건을 자세하게 묘사하라.
3. 시사만평의 비유, 상징, 양식수단을 해석하라.
4. 훌륭한 시사만평에서 "비판적 웃음"을 유발시키는 모순과 불합리를 규정하라.
5. 시사만평의 진술내지는 메시지를 하나의 핵심논제로 요약하라.
6. 핵심논제를 서로 교환하고 공동의 핵심논제를 표현하도록 시도하라.
7. 다른 자료(신문기사, 논평 등)에 근거하여 시사만평의 진술을 검토하라.
8. 그 핵심진술과 (그날의) 시사문제와 연관하여 2 개의 (또는 여러 개의) 시사만평을 비교하라.
9. 분석된 예(비판근거, 대안, 영향력)를 근거로 하여 시사만평의 가능성과 한계에 대하여 논의하라.
10. 시사만평의 진술에 대하여 근거가 있는 자기 자신의 판단(반대 입장 내지는 동의)을 표현하라.

자료 3 시사만평모음

여행사: 푸른 헬맷을 쓰고 전세계로!
젊은 이들을 위한 특별세일

사회복지국가

내일 우리 소비자들은 유로가 비싸서 데모를 할 겁니다.
그래서 오늘 좀 많이 사려고....

팀 구성원 : Kahn ....
Kahn: 우리는 해낼 수 있습....

시사만평(풍자만화)

자료 4 시사만평모음

2003년도 예산
경기

정당들
시민

(소)광우병,
(돼지)입과 발톱병(Maul. u. Klauens.)
(닭)기름흑사병(나만 이라도 괜찮을 줄 알았는데...)

핵관련법 수정안

시민교육방법트레이닝

자료 5 시사만평모음

Das Thema:
Es geht um die Landwirtschaft.
Wer hat den „Mist" produziert?

주제:
농업에 관한 것이다.
누가 "오물"을 생산했는가?

Akteurin:
Die Landwirtschafts- und Verbraucherministerin Künast.
Ob sie ausmistet?

여배우:
농업 소비부 장관 퀴나스트(Künast)
혹 그녀가 청소하는가?

„Ach, der Herr Sonnleitner war wieder da!"

„Jemandem etwas in die Schuhe schieben".
"누군가 신발에 뭔가를 넣었다"

Zeichnung: Haitzinger, in: Badische Zeitung vom 20.06.2002

Im Untertext erscheint
ein zweiter Akteur:
Der Vorsitzende des Bauernverbandes Sonnleitner.

비료스캔달
"아, 존라이트너씨도 다시 있었대!"
아래 글에서 두 번째 배우가 나타난다:
농부협회 회장인 존라이트너(Sonnleitner)

FRAGE:
WER TRÄGT DIE VERANTWORTUNG FÜR DEN SKANDAL?

문제:누가 이 스캔들의 책임을 지는가?

텍스트분석

페터 마씽(Peter Massing)

전제조건: 독해능력

텍스트분석은 정치학이란 과목을 수업하는 데 있어서 특유의 중요한 기능을 갖고 있지만 다른 여러 과목에서도 중요한 역할을 한다. 텍스트분석은 무엇보다도 독일어 수업에서 오랫동안 사용되고 있는 방법이다. 이를테면, 독일어 과목에서는 교육적인 표준과 관련하여 다음과 같이 말하고 있다. "독일어 과목은 학교활동의 테두리에서 (...) 근본적인 의미를 지닌다. 텍스트를 이해하고, 텍스트로부터 계속 이용할 수 있는 객관적인 정보를 얻는 것은 (...) 사회생활을 공유하기 위한 근본적인 주요 능력이다". 또한 "독해 – 텍스트와 매체의 취급"이라는 제목 하에 다음과 같이 씌어져 있다. "독서는 학생들이 사회생활을 공유하며 함께 영향을 미치며 특별한 방식으로 그 인격발달을 촉진할 수 있는 능력을 갖게 한다. 그래서 학생들이 인상적이고 흥미를 지속시키는, 독서에 대한 관심을 개발하는 것은 근본적으로 중요하다.

학생들은 자립적으로 텍스트에서 정보를 습득하고 이를 서로 연관시키며 그 사전지식과 결부시킨다. 이를 위해 여러 가지 독서기법을 발달시키고 독서전략을 목표에 맞게 세운다. 학생들은 텍스트, 즉 그 내용과 구조에 대한 기본지식을 갖고 있으며 텍스트에 대해 깊이 생각하고 이를 평가한다. 그들은 언어와 문헌에 있어서 상황을 파악할 수 있는 지식을 갖고 있으며, 정보를 얻고 비판적으로 판단하기위하여 여러 가지 매체를 이용한다. 능력부문의 내용과 연관하여, 그들은 텍스트 작업을 위해 전제되는 방법과 작업기법을 습득한다." (독어과목 교육표준: Bildungsstandards im Fach Deutsch, 2003년 7월 4일자 10).

텍스트를 다루고, 해석하며 이해하기 위하여 먼저 독해능력이 우선적으로 요구된다. 2000년도 PISA 연구에서, 독해능력은 글로 된 텍스트, 즉 설명, 지시, 이야기를, 부분적으로 도식, 도표, 그림 등과 결부하여 목적에 맞게 이용하는 능력이라고 정의하였다. PISA의 연구 범위에서 청소년들이 텍스트로부터

- 정보를 조사하고
- 텍스트에 대하여 일반적으로 이해하고 텍스트를 해석하고 또한
- 텍스트의 내용 또는 형식에 대해 생각하며 텍스트를 자기 자신의 경험, 사전지식, 이념과 연관시킬 수 있음을 의미한다.

PISA의 결과는 다른 국가와 비교하여 독일 청소년들의 독해능력이 상당한 부족하다고 지적하고 있다. 독일 청소년의 23 퍼센트가 텍스트를 이해하면서 읽지 못한다(PISA 2000, 64).

그러나 정치수업에서 텍스트를 사용할 때는 이러한 능력이 전제된다. 정치수업은 확실히 독해능력을 개선하는데 도움이 될 수 있지만 그것은 그 본연의 과제가 아니다. 다른 한편으로, 텍스트 없이 정치학 수업은 이루어지지 않는다. 텍스트는 일상적인 정치학 수업에서 가장 중요한 정보 제공처라고 할 수 있다. 또한 정치학 수업에서 행동주의 지향적인 방법이라고 해도 많은 영역에서 텍스트를 기본으로 한다.

게다가 정치 자체가 전자매체시대라 해도 아직도 상당한 정도가 신문, 공고, 서신, 통지, 서적을 통해 문자로 전달된다. "정치적인 것은 어찌되었든, 논평, 법률, 프로그램, 르포, 해당인물의 보고서, 회의록 등을 읽음으로 생겨나게 된다. 그러나 정치적 행위가 문자에 의존되어 있다면, 정치적인 텍스트가 구성한 실제에 집중적으로 몰두해야 할 필요성이 생긴다"(Weißeno 1993, 5).

청소년의 매체이용에 관한 연구를 살펴보면, "텍스트"가 그렇게 잘 이용되어지지 않는 것은 아니다. 그들이 어디서 정치적인 지식을 얻느냐는 질문에 조사대상인 14세 청소년의 43퍼센트는 지식과 정보를 신문에서 얻는다고 답변했다. 신문은 텔레비전(59퍼센트)의 뉴스와 정치적 프로그램에 이어 2위에 해당한다(Oesterreich 2002, 86). 독일 연방 신문발행사협회의 조사에 따르면 2002년도 마찬가지로 매일 14세부터 19세까지의 청소년의 55.4퍼센트가 신문을 본다. 이에 반해 다른 조사에서 청소년들에게 있어서 신문이 다른 매체보다 더욱 현저하게 그 의미가 감소되고 있음이 증명된다. 신문은 재미없고 볼 만한 것이 없는 것으로, 신문언어는 건조하고 복잡한 것으로 간주되고 정치와 경제는 그들이 가장 흥미를 느끼지 못하는 주제였다(JIM 2001참조).

텍스트와 정치수업

이런 견해는 종종 정치수업에도 드러난다. 12세 학생은 지금까지 정치수업에 대해 다음과 같이 표현한다. "텍스트를 읽고 토론하고, 다시 텍스트를 읽고 다시 토론하고, 그게 전부예요" 게오르그 바이쎄노(Georg Weißeno)가 정치수업의 체험에 대하여 19세 학생인 토마스 B.와 인터뷰한 내용을 다음과 같이 기록하였다.

교사: 자료가 주어진 다음 어떻게 진행되었습니까? 그러니까 자료는 텍스트로 되어 있었을 텐데, 주로 어떤 텍스트였나요?
학생: 그 여선생님이 대부분 신문에서 오린 것이었어요. 솔직히 이야기하자면, 너무 많았어요. 그러니까, 텍스트가 너무 많아서 거의 아무것도 찾아낼 수 없었어요. 지난번 선생님은 보통, 책에서 텍스트를 발췌했는데, 대부분 아주 흥미로운 사람들의 글이었어요.
교사: 그런 텍스트가 이해됐었나요?
학생: 대부분은요. 아주 복잡한 존 케인즈의 경제이론도 있었어요. 그 외에는 대부분 아주 이해하기 쉽게 써진 텍스트였어요.
교사: 복잡한 텍스트는 수업시간에 어떻게 공부하나요?
학생: 그 텍스트에서 진짜 기억나는 것은, (...) 케인즈의 책 한권이 있었는데요. 우리는 그 중에서 한 부분만 택하여 해석하고 설명을 했어요. 두 개의 주제가 있었는데, 하나는 승수이론(Multiplikatortheorie)이고 또 다른 것은 개념을 찾아서 우리가 이해할 수 있도록 하는 것이었고, 우리는 계속 작업하였어요.
교사: 어떻게 이해할 수 있게 했는데요?
학생: 예, 수업시간에 텍스트를 읽었어요. 어찌되었든 번역, 번역하고 비슷했어요, 번역해서 이해하려고 했어요.
교사: 예를 들어서?
학생: 그 예들은 케인즈책에 이미 있었어요.
교사: 수업시간에 많은 예를 들어 작업을 했습니까?
학생: 예, 아주 많은 예를 들었어요. 한 주제가 있었는데. 우리는 경기순환에 대해 이야기 하고 그 다음에 돼지 값 순환에 대해 이야기 했어요. 순환, 즉 언제 돼지 값이 비싸지고 언제 돼지 값이 싸지는지 대해서요. 그것은 좀 먼 이야기 같았지만 어찌되었든 그 주제에 대하여 분명히 이해가 갔어요.
교사: 그러니까 다시 말해서 학술적 텍스트와 사례가 섞어 있었군요?
학생: 예, 제 맘에 아주 들었어요.
교사: 그리고 그 수업시간이 전혀 학생 마음에 들지 않았나요?

> 학생: 그게 전혀 제 마음에 들지 않았냐고요? 예, 그 시간에는 선생님이 앞에 서서 이야기하구 학생들은 한마디도 못하게 했어요. 아니면 다른 어떤 선생님은 노력을 많이 들여 복사한 자료를 준비해 오셨어요. 단지 자리 잡고 앉아서 그 자료를 나누어주는데 벌써 30분이 지나갔어요. 그런 다음 단순히 한번 읽고, 그 다음엔 치워버렸어요.
> 교사: 그러니까 학생들이 자료를 작업하고 자료에 대해서 토론했습니까?
> 학생: 예.
> 교사: 거기 숨겨져 있는 문제들에 대해서는 공부를 했나요?
> 학생: 예.
> 교사: 텍스트 선택은 선생님과 협의한 것이었나요, 아니면 일방적으로 선생님이 선택했나요? 기본적인 경향을 알 수는 있었나요?
> 학생: 기본경향, 정치적 의견이요?
> 교사: 예.
> 학생: 이미 말씀드렸듯이 작년에는 주제에 관한 텍스트였으니까 정치적인 의견이 들어 있지는 않았어요.
> 교사: 정치적 의견이 있는 주제를 다룬 텍스트도 있을 수 있지요?
> 학생: 예, 마르크스에 관해서 지난번에 다루었어요. 물론 분명하지요. 그러나 텍스트는 하나인데, 선생님이 여러 신문에서 오려낸 많은 자료가 있었어요. 어찌되었든 그 과목과 관련되었던 거죠. 거기에 물론 모든 의견이 대변되었어요. 즉 경향이란 것은 찾아 볼 수 없었죠. 어찌되었거나 제 마음에 들지 않았어요.

바이쎄노는 이 진술에 대해 다음과 같이 해석하였다. 토마스가 경험한 선생님은 "대부분 신문을 오려서" 사용하였는데 *"그 양이 아주 많아서"* 제대로 알 수가 없었다. 그러니까 텍스트로 수업하는 것은 "단순히 읽고 나서 치워버리는" 것이었다. 텍스트는 *"어찌되었든 과목과 관련되었던 것"* 으로 선택되었다. 이런 수업은 토마스 마음에 들지 않았다(Weißeno 1993, 8). 이 학생은 다른 형식의 텍스트를 다루는 수업에 관해 이야기 하며, 여러 텍스트종류가 섞여 있는 것을 이상적으로 생각한다. 정치수업에서 텍스트를 다루는 것이 드물지 않다고 생각한다. 텍스트를 다루는 것은 오히려 정치적 현실을 이해하려는 모든 사람들이 사용하는 도구에 속한다고 할 수 있다(Weißeno 1993; 1999 참조).

텍스트분석

텍스트와 전공교수법

대학의 정치교사들을 위한 교육에서 텍스트로 하는 수업은 역시 중요한 역할을 한다. 리포트, 논문, 또한 세미나토론을 준비하기 위해서 일반적으로 학술적인 텍스트가 사용된다. 그러나 텍스트분석의 방법은 전공교수법 교육의 분명한 대상이 되지 못하고 있다. 텍스트분석이 전공교수법 교육의 확고한 구성부분인지 아닌지에 대해서는 확실히 이야기 할 수 없으며 회의가 느껴지기도 한다. 이에 반해 전공수업단계에서 텍스트분석은 종종 아주 중요한 역할을 한다.

다음은 전공수업지도자와의 인터뷰이다.

> 질문자: 리포트발표자와 텍스트작업에 관하여 상담하십니까?
> 전공수업지도자: 물론이죠. 심지어 그것은 제가 방법부분에서 상세하게 다루는 가장 중요한 점입니다. 주어진 자료에서 모든 구체적 내용을 실제로 상세하게 분석합니다. 해석 방법은 할 수 있는 한 정확하게 구체화하고 실습생들의 반응에서, 그들이 전 수업에서 그렇게 하지 않았고, 그런 방법을 그들이 사실상 새로 접하게 된 것이며, 반드시 절대적으로 연습해야 한다고 많은 학생들이 인식한다고 보고할 수 있습니다.

정치수업 현장에서 수많은 텍스트가 채택, 이용되며 학생들 및 교사들이 매일 텍스트를 취급함에도 불구하고 텍스트분석은 정치교수법의 방법 중 소홀히 취급되는 편이다. (헤르만 기젝케(Hermann Giesecke)는 거의 다루지 않으며 볼프강 미켈(Wolfgang Mickel)에는 아주 가끔 다루어진다). 또 다른 문제는 텍스트분석이 정치교수법적으로 관련되어 취급되는 곳에서, 너무 빨리 일반교수법적인 문제들과 텍스트 작업기법으로 비껴가는 데에서 발생한다.(Werder/Schulte 1999 참조). 이를 완전히 피할 수 없지만, 그럼에도 불구하고 정치교수법이 정치수업에서 텍스트분석의 특징이 무엇인지 파악해야 한다.

정치수업에서의 텍스트

교사들에게 있어서 일반적으로 텍스트분석의 첫 번째 단계는 텍스트의 선정이다. (물론 학생들도 수업시간에 다루어질 정치적 문제 내지는 정치적 갈등에 대하여 텍스트를 고를 수 있다.)

이에 일련의 문제들이 결부될 수 있다. 정치수업에서는 다음과 같이 수많은 텍스트종류가 적합하기 때문이다. "신문기사, 논평, 전단지, 인터뷰, 독자편지, 회의기록, 사건과 생활형편에 대한 보고서, 공개편지, 질문, 르포, 학술적 텍스트, 법조문, 연설문, 기고, 형식, 교과서 텍스트, 계약서, 규정, 선전문구, 전기, 소설텍스트 등."(Weißeno 1993, 17).

텍스트를 선정할 때 고려해야 할 첫 번째 문제는 *텍스트가 어떤 수업단계에서 도입되어야 하는가?* 이다. 원칙적으로 텍스트는 모든 수업단계에서 사용되지만 각각 상이한 기능을 수행한다.

*도입단계*에서 텍스트는 문제를 제시해야 할 과제가 있다. 텍스트는 학생들이 문제와 계속 직면하도록 동기를 부여해야 한다. 텍스트에 대한 토론에서는 그 수업시간의 주제가 다루어져야 한다. 이 단계에서는 간결하며, 선동적이고 논쟁의 여지가 많은 텍스트가 적당하다. 신문기사의 제목만으로도 충분할 때가 종종 있다.

"민주주의를 위한 선거의 의미"라는 수업시간에 사용한 텍스트의 한 예로, 2002년 4월 25일자 빌트짜이퉁(Bildzeitung)에 게재된 기사를 들 수 있다(슈미: 나는 아직 한 번도 선거하지 않았다는 제목의 기사.)

*정보제공단계*에서 텍스트는 그 주제를 다루기 위하여 필요한, 상황, 사건, 영역, 입장, 문제, 논쟁 등등을 조사하기 위해 이용된다. 이 단계에서 텍스트가 제일 많이 채택된다. 다음 장에 추가로 고려해야 될 사항에 대해 더욱 상세하게 다루게

될 것이다.

*적용단계*에서 텍스트는 지금까지 획득한 지식을 검토하고, 학생들이 비교할 수 있는 문제에 대하여 지식, 인식과 통찰력을 적용하며, 관련성을 알아낼 수 있는 능력을 검토하는데 기여한다. 이 단계의 텍스트는 일반화와 보편화하는 과정에서 도움을 줄 수 있다. 이 단계에서는 이를 테면 학술적인 텍스트가 이용된다.

*문제화단계*에서 텍스트는 학생들에게 스스로 판단을 하도록 부추겨야 한다. 이를 위한 하나의 가능성으로는 다른 사람의 판단, 즉 예를 들어 신문의 전문가의 판단에 대한 논쟁을 하게 할 수 있다. "한 수업전략이, '우회', 즉 다른 사람의 판단을 거쳐 학생들 스스로가 판단할 수 있는 능력을 갖도록 지원하는데 있다면 (…) 언론가는 중심적인 역할을 한다. 일간과 주간신문의 의견을 발표하는 지면에 실린 논평에서 그들은 어떻게 판단을 내리는가? 어떤 기준 내지는 영역을 기초로 하는가?"(Kuhn 2003, 161). 이 단계에서는, 도입단계와 유사하게, 논평 또는 선동적인 텍스트가 제공된다. 물론 이제 집중적인 텍스트분석은, 학생들이 자체적인 판단을 내리기 위한 전제조건이 된다.

교사가 어떤 특정한 단계를 위한 텍스트를 채택하기로 결정했으며, 이로써 특정한 텍스트종류를 정하였다면, 다음 단계에서 텍스트를 교수법적인 관점, 즉 수업의 중심의도, 학생들의 수행능력, 그들의 추상화수준, 그들의 관점 등을 고려해서 결정하는 것이 필요하다.

만일에 정치적 현실의 복잡성을 파악하는 것이 정치학 수업의 중심 목표중 하나라면, 텍스트 선정에서 그 텍스트가 이를 실제적으로도 얼마만큼 감당할 수 있느냐를 검토하는 것이 또 하나의 과제라고 할 수 있다. 정치 3차원(polity, politics, policy: 정치조직, 정치, 정책) 또는 정치순환에 대하여 고려하면 도움이 될 것이다. 이 두 가지 분석도구와 관련하여 보면, 수업에서 정치의 모든 면을 다루었는지 또는 수업이 처음부터 정치적인 것의 한 면으로 좁혀졌는지가 분명해진다. 이 3차원과 정치순환은 자료/텍스트를 선정하고 중요도를 평가하는데 도움이 된다. 이는 무엇보다도, 일간지의 텍스트에 대하여 보통 해명해주는, 정치적인 과정에 해당한다. 반면에 정치의 형식과 내용은 이를 테면 교과서나 학술적 텍스트에서도 분명해진다.

정보제공단계에서 텍스트사용

정보제공단계에서 텍스트를 사용하기 위해서는 몇 가지 사항이 추가적으로 고려되어야 한다. 여기서 특히 중요한 것은, 텍스트를 선정할 때에 보이텔스박흐 합의(Beutelsbacher Konsens)의 주입식 교육금지(Indoktrinationsverbot)와 논쟁여부 제공 지시에 유의해야 한다. 논쟁의 여지가 있는 주제는 텍스트의 선택을 통해 그 논쟁성이 드러나야 한다. 즉 텍스트자체에서 토론의 여지가 있는 입장이 나타나거나 아니면 여러 텍스트를 통해 그 입장들이 설명되어야 한다. 학생들이 원치 않게 압도당하거나 영향을 받지 않게 하기위하여, 각각의 입장은 선정된 텍스트를 통하여 "동일하게 잘" 그리고 설득력 있게 대변되어야 한다. 설명한 텍스트가·좀 더 설득력이 있다는 이유로, 종종 학생들에게 어떤 특정한 정치적 입장이 설득력이 있는 것으로 보이기도 한다.

무엇보다도 활동지향적인 방법을 실행할 때 이로써 불균형에 이르기도 한다. 그래서 특히 중요한 것은, 각각의 역할을 맡은 자가 그의 역할을 준비하기 위하여, 비교 가능한 자료 내지는 텍스트로 무장하는 것이다.

하나의 예로 좀 더 명확히 해보자. 13학년(우리나라 대학교 1년생)의 결정게임(Entscheidungsspiel)에서 "기독민주당(CDU)이 제218조에 대한(단체신청) 연방의회 결정이후에 연방헌법재판소에 제소해야 하는가?"라는 주제에 대하여 학생들이 기민당(CDU) 연방의회 의원의 역할을 각기 다른 입장을, 역할카드(그들의 입장이 묘사되어 있는)와 이 주제에 대한 신문기사를 근거로 준비하였다. 학생들은 그들의 입장을 증명하고 결정게임을 위한 토론전략을 개발해야 했다. 그들은 이미 사전에 준비하였고 이제 다시 짧게 준비한 다음 결정게임을 시작해야 한다. 이에 다음과 같은 장면이 연출된다.

교사: ... 여러분들은 지금 10분간 토론을 위해 준비해 주십시오. 여러분이 아시다시피, 상황은 다음과 같습니다. 기민/기사 계파 내에는 이 결정과정을 수행하고자하는, 6명의 국회의원이 있습니다. 찬반투표는 3대3입니다. 오늘 결정이 내려져야 합니다. 즉 여러분이 생각해야 할 문제는 다음과 같습니다. 어떻게 주장을 하고자 하는가? 어떻게 여러분이 그들의 입장이 다수표를 획득하게 할 수 있는가? 언제 여러분이 그들의 주장을 실용성이 있는 것으로 만드는가? 즉 어떤 토론전략을 개발하는가? 그리고 여러분이 어디서 협상을 할 수 있는가? 어디서 다른 사람의 의견에 찬성할 수 있는가?

텍스트분석

> (한 학생이 손을 든다.)
> 교사: 멜라니.
> 멜라니: 아직 질문이 있습니다. 제가 연방헌법재판소에 가고 싶어 하는, 한 국회의원 역할을 해야 하는데요. 저는 그 논쟁, 주장, 그리고 (수업자료에 있는) 모든 것을 읽었는데, 그것에 동의할 수가 없어요. 저는 그런 의견을 대변할 수 없습니다. 저는 제가 대변할 의견을 표현할 수 없고 그 때문에 이 국회의원역할을 하는 것이 아주 어렵습니다.
> 교사: 다른 사람들도 자기 자신의 입장을 포기해야 하는 점에서 마찬가지로 문제가 있을 것입니다. 다른 사람도 바로 이점에서 어렵습니까? 원래 이점은 예상되었습니다. 그러나 한번은 다른 사람의 역할로 몰두하는 것이 중요합니다. 그가 그의 의견을 어떻게 논쟁에서 펼쳐나가느냐를 보기위해서입니다. 여러분이 아주 다른 의견을 갖고 있다는 것은 분명합니다.
> 멜라니: 선생님이 반대할 것을 대비해서 몇 개의 주장을 펼쳐보고자 시도했었지만 항상 다시 그 반대, 즉 내가 사실상 그 의견을 반대하고 그래서 소위 처음부터 논쟁에 지게 될 것이고 결과가 ... (잘 이해되지 않음) 일 것이라는 생각이 들어요.
> 교사: 제가 도와드리죠. 아마도 다른 사람들도 한번은 준비했었을 거예요. 만일 다른 사람이 질문이 있다면 기꺼이 제가 도와드리겠습니다. 10분 안에 긍정적인 표결을 얻도록 노력해보십시오.

이 장면에서 이미 여러 가지 해석을 할 수 있는 소지가 있다(또한 성별차이의 관점에서도, Kroll 1999 참조). 교사는 그 여학생이 다른 사람의 역할과 자기와는 다른 입장으로 몰입하는데 어려움이 있는 것으로 이해하였다. "*다른 사람들도 자기 자신의 입장을 포기해야 하는 점에서 마찬가지로 문제가 있을 것입니다.*" 그는 이에 대해 도와주기로 한다. 다른 사람 역할을 받아들이는 데는 확실히 어려움이 따른다. 그러나 멜라니는 또 다른 것을 의미했다. 그녀는 주어진 입장을 받아들이고 교사가 준 자료에서 그 논쟁을 준비하고자 노력했지만 그대로 해낼 수가 없었다. "*항상 다시 그 반대, 즉 내가 사실상 그 의견을 반대하고*" 멜라니는 또한 이러한 이유로 토론 처음부터 불리한 것 같이 느끼기 때문에, 즉 "논쟁에 지게 될 것"이기 때문에 거부하였다. 멜라니는 선생님과의 상담을 통해서도 이 역할을 소화하기 어렵다고 하여 다른 여학생이 그 역할을 떠맡는다. 그녀는 결정게임의 평가에서 급우로부터, 항상 같은 논증을 했다는 즉 "그것은 어디서나 그리 옳지 않게 진행된 일반적인 주장이었다."라는 비난을 받았다.

이미 멜라니의 거부로부터, 교사가 준비한 자료가 그렇게 설득력이 있지 못하였음을 알 수 있다. 그 자료로부터는 설득력 있게 주장을 펼칠 수가 없으며 어떠한 설득전략도 준비할 수가 없었다. 사실상 주어진 자료는 역할카드와 더불어 제공된 신문기사텍스트였는데, 58명의 헌법전문가가 기한규정은 기본법과 일치하지 않는다는 의견이라고 보도하는 짧은 신문기사, 가톨릭 주교의 총회에서 태어나지 않은 생명을 형법으로 보호하도록 촉구한 내용의 또 다른 신문기사, 그리고 1975년도 연방헌법재판소의 판결, 즉 법정은 사회-자유 연립내각의 기한규정이 헌법에 저촉된다는 한 판결문에서 발췌한 텍스트였다. 이러한 텍스트에서 "낙태는 태어나지 않은 생명의 살인이며 헌법에 저촉된다"는 입장의 주장을 읽을 수 있으나 연방의회의 결정에도 불구하고 연방헌법재판소에 제소하는 것이 의미가 있다는 주장은 아니다. 텍스트가 빈약하여 "당신은 연방헌법재판소에 제소하는 것을 찬성한다"라는 본래의 입장이 결정게임에서는 설득력이 약하게 주장될 수밖에 없는 결론으로 치닫게 된다. 그 여학생이 첫째로 소견을 발표할 수는 있었지만, 텍스트에서 끌어 낸 입장은 게임에서 완전히 다른 방향으로 빗나갔다.

> 원내대표: 신사 숙녀 여러분, 오늘 우리가 여기에 모인 것은 앞으로 어떻게 할 것인가와 앞으로의 절차에 대해 의논하기 위해서입니다. 즉 우리가 이제 낙태법 제218조 사항을 연방헌법재판소에 규범통제안건으로 제소하느냐 하지 않느냐에 관한 것입니다. 하르트 박사님으로부터 시작해 볼 까 합니다.
> 하르트 박사: 저는 어찌되었거나, 연방헌법재판소에 제소하는 것에 분명히 찬성합니다. 왜냐하면 낙태는 태어나지 않는 생명에 대한 무조건적인 살인이기 때문입니다. 국가의 의무는 생명을 보호하는 것입니다. 태어나지 않은 생명도 보호되어야 합니다. 태아도 이미 생명임이 확실하기 때문입니다. 모든 기한규정은 상담을 받든, 안 받든, 모든 기한에 따른 결정은 헌법에 저촉합니다. 원칙을 살펴보면 바로 태어나지 않은 생명을 보호하는 것에 관한 것입니다. 또한 연방헌법재판소의 이전의 결정을 상고해봅시다. 헌법재판소는 기한에 따른 해결책에 대해 반대합니다. 그리고 바로, 여성의 자율적인 결정권보다는, 태어나지 않은 생명의 보호를 우선시하였습니다. 이외에도 교회가 있습니다. 교회가 우리 뒤에 있으며 우리는 이에 대해 바로 확신할 수 있습니다.

이러한 진술로부터 이 그룹은 낙태가 살인인지 아닌지에 대한 문제에 대하여 주로 토론하게 됨으로써 결정게임의 본래 주제는 사라지고 말았다. 학급자체의 평가에서, 바로 이점이 비판되었다.

텍스트분석

> 학생: 제 생각에는, 이제 칼스루헤(독일의 연방헌법재판소가 있는 도시: 역자주)에 가느냐 아니냐는 주제에 대해서는 별로 토론을 하지 않은 것 같습니다. 비록 그 주제는 이미 종결된 것임에도 불구하고, 오히려 내용적인 문제에 대해서 다시 토론을 했습니다. 그래서 앞으로의 전략과 그 과정에 대해서 의논하지 못하고 다시 기본적인 토론이 진행되었습니다.
> 교사: 가치에 관한 토론이 원칙적으로 되풀이 되었습니다. 다시 살인이냐 아니냐?

결정을 위한 토론이 이런 방향으로 간 이유는 물론 특별히 텍스트 선정에 기인한다. 따라서 텍스트가 실제적으로 감당해야 할 바를 감당하는지에 대한 문제가 바로 정치수업에서는 특히 중요하다.

텍스트로 수업할 때의 또 다른 어려움은 신문, 특히 주간지에서 발췌한 텍스트는 종종 수업시간에 사용하기에는 너무 길다는 것이다. 교사(또한 학생도)는 학생들이 그날 다 읽을 수 있도록 텍스트를 간략하게 해야 한다. 즉 한 텍스트에서 많지 않은 부분만을 선택하여야 한다. 동시에 텍스트는 수업시간에 다루어져야 될 개념이나 입장에 대한 "바위께기"와 같다. 이제 수업시간에 깊이 다루어야 할 중심에 있는, 텍스트는 정치, 사회적인 현실에 대한 진술을 만든다. 텍스트는 결코 그 자체가 현실이 아니다. 텍스트는 현실을 구성한다. "이를테면 저자는 그 자신의 언어, 그의 텍스트구조 그리고 자기의 순서 및 경과규칙에 따라 현실을 재현한다. 이는 항상 본래의 구체적인 것을 인식하는데 있어 손실을 의미한다."(Weißeno, 1993, 15) 이러한 여과효과는 테스트를 요약함으로 다시 배가 된다. 텍스트에 의한 실제의 구성은 요약에 의해(이제는 다른 규칙에 따라) 다시 구성된다. 이렇게 2배가 된 여과작용과 이와 관련된 왜곡을 피하기 위하여 수업에서는 가능하다면 텍스트가 원본대로 사용되어야 한다. 이것이 가능하지 않다면 진술의 일관성이 그대로 유지되도록 요약되어야 한다. "현실에 대한 진술을 얻고자 한다면 – 이는 정치수업에서 매우 중요하므로 – 그 현실의 내용과 관련하여 텍스트를 재구성해야 한다. 수업에서 의미하는 바는, 한 텍스트의 진술이 두 번째 단계에서는 현실로 다시 변경되어야만 한다는 것이다."(Weißeno 1993, 16) 텍스트를 요약할 경우에 두 배로 어렵게 감당해야 되는 과제이다.

텍스트분석과 내용분석

텍스트분석과 내용분석의 경계는 유동적이다. 그렇지만 내용분석은 무엇보다도 텍스트에 나타나는 언어적인 구성의 - 단어, 단어합성, 문장 또는 길어진 주장 - 내용 또는 의미를 인식하고 이를 그에 맞게 분류하는 것이다. 내용분석은 사회과학적인 방법으로서 40년대에 대중매체의 발달과 관련하여 그 의미를 갖게 되었고, 대중커뮤니케이션연구에서 중심적인 사회과학적 방식으로 발전되었다. 그 연구대상은 아직도 해롤드 러스웰(Harold Lasswell)에 의한 커뮤니케이션과정의 고전적인 표현인 "누가 무엇을 누구에게, 왜, 어떻게, 어떤 효과로?" 요약될 수 있다.

내용분석을 수행하는 데 있어서 각각의 단계는 경험적인 조사결과를 분석하는 통상적인 단계와 같다. 주된 가설의 자세한 설명, 관련된 텍스트자료의 결정, 분석의 언어적인 단위(예를 들면 단어, 문장부분, 전체문장, 전체 텍스트 등)의 확정. 그렇지만 내용분석의 가장 중요한 단계는, 텍스트자료의 언어적인 단위가 종속되어 있어야 하는, 상세한 내용분석적인 영역체계(Kategoriensystem)의 배열이다. 기준으로 유효한 것은, 획득된 자료가 평가할 때 제기된 문제에 대하여 명확한 답변을 가능하게 해야 한다는 것이다. 내용분석에서 제기되는 학술적인 요구사항은 명료한 규칙에 따라서 그리고 표준화된 방식에 근거하여 분석이 이루어져야 한다는 것이다. 사회과학적인 조사방식으로서 내용분석은 정치수업에서는 거의 사용되지 않는다. 그렇지만 이는 중등과정(Sekundarstufe II) 정치수업에서 다루어야 할 대상이 될 수 있다. 경험적인 사회연구의 근본적인 문제가 분명해지기 때문이다. 더구나 텍스트에서 정치적, 이념적 또는 가치관적인 내용을 인지하기 위하여 내용분석적 방식으로 간단한 연습을 할 수 있기 때문이다.

텍스트분석과 추론질문(Erschließungsfragen)

물론, 내용분석으로부터 알려진 러스웰의 W-질문은 그리 까다롭지 않은 텍스트분석을 위한 실마리가 될 수 있다. 파울 아커만(Paul Ackermann)은 다음과 같이 제안하였다. "다음의 질문으로 사실(a)은 물론 사건 자체(b)와 그 배경과 연관성(c)에 대한 보고서가 작성되고 분석되어 질 수 있다. 여러 매체의 보고서를 비교하고자 한다면, 이 질문형식(자료 1 참조)이 또한 도움이 될 것이다"(Ackermann 1998,

55이하).

　게오르그 바이쎄노(George Weißeno)는 수업 분석의 단계들이 그 유명한 해석학 3단계, 즉 이해, 해석, 판단의 단계를 따를 수 있다고 제안한다. 추론질문도 이에 따라 할 수 있다(Weißeno 1999, 192 참조).
　텍스트로 수업을 할 때는 작업기법상 추론질문 없이도 가능하다. 그러나 텍스트 분석은 학생들이 그런 질문의 도움을 받아 좀 더 쉽게 텍스트를 분석할 수 있을 것이다. 따라서 추론질문을 공식화하는 것은 매우 특별한 의미를 지닌다.
　중요한 텍스트부분에 표시를 하는 과제는 종종 다음과 같은 결과를 초래한다. 학생들이 너무 많은 표시를 한다. 왜냐하면 전체 텍스트를 다 읽어야 비로소 제대로 평가가 될 수 있는, 많은 부분이 중요한 것처럼 보이기 때문이다. 너무 많이 표시가 된 텍스트는 이로써 전체 내용을 쉽게 알아 볼 수 없게 만든다. 그런 곤란을 피하기 위하여 4단계 방법을 사용하여 텍스트를 공부하는 것이 바람직하다(자료 2 참조).

참고문헌

Ackermann, Paul: Bürgerhandbuch. Basisinformationen und 57 Tipps zum tun. Schwalbach/Ts. 1998

Giesecke, Hermann: Methodik des politischen Unterrichts. München 1973

Kroll, Karin: Das Dogma der Authentizität-Verhindert weibliche Identität den Perspektivenwechsel? In: Kuhn, Hans-Werner/Massing, Peter(Hrsg.): Politikunterricht kategorial + handlungsorientiert. Schwalbach/Ts. 1999, S.171-181

Kuhn, Hans-Werner: Urteilsbildung im Politikunterricht. Schwalbach/Ts. 2003

Medienpädagogischer Forschungsverbund Südwest(Hrsg.): JIM 2001. Jugend, Information, (Multi)Media. Basisuntersuchung zum Medienumgang 12-bis 19-Jähriger in Deutschland. Baden-Baden 2002. Sowie unter:
http://www.ipb.bwue.de/publikat/jim2001.htm

Mickel, Wolfgang W.: Methoden-Leitfaden durch die politische Bildung. Schwalbach/Ts. 1996

Oesterreich, Detlef: Politische Bildung von 14-Jährigen in Deutschland. Opladen

2002

Weißeno, Georg: Über den Umgang mit Texten im Politikunterricht. Didaktisch-
methodische Grundlegung. Schwalbach/Ts.1993

Weißeno, Georg: Textanalyse. In: Kuhn, Hans-Werner/Massing, Peter(Hrsg.): Methoden
und Arbeitstechniken. Band 3 des Lexikons der politischen Bildung. Schwalbach/
Ts. 2000, S. 190-192

Werder, Lutz von/Schulte, Brigitte: Lesen-Arbeit mit Texten. In: kursiv, 2/1999,
S.24-29

자료 1

추론 질문

보고서는 다음의 사항을 보고해야 한다.

A_____
● 무엇이 발생하였는가,
● 어디서,
● 언제,
● 어떻게,
● 무엇 때문에 발생하였는가,
● 누가 이 사건에 관련되는가.

B_____
● 그 사건은 어떻게 진행되는가,
● 그 사건의 개개의 양상이 어떻게 연관되는가,
● 그 사건은 어떤 결과를 낳는가,
● 무엇이 그 사건에 선행되었는가.

C.
그 어떤
● 사회적,
● 역사적,
● 정치적, 문화적 연관성을 그 사건이 갖고 있는가.

즉 배경에 관한 보고서 작성

또한 다음과 같은 비교적 복잡하지 않은 간단한 질문을 분석에 이용할 수 있다.

● 무엇이 발생했는가?
● 누가 관련되는가?
● 언제, 어디서 그 사건이 일어났는가?
● 그 사건의 어떻게 진행되었는가?
● 왜 발생하였는가?
● 내가 이 사건에 개인적으로 관심을 갖는 이유는?

자료 2

텍스트 작업을 위한 4단계 방법

1. 단계:
텍스트 전체를 훑어보기/ 전체내용 알아보기

2. 단계:
연필로 중요한 곳 표시하기 (처음에는 너무 많은 곳은 표시하기 때문임.)

3. 단계:
중요개념을 표시하고 빨간색 펜으로 설명하는 부가 정보를 가능하면 조금만 표시하기

4. 단계:
텍스트의 핵심정보를 간단한 형식으로 알아보기 쉽게 요약하기
(경우에 따라서 네모, 화살표와 기타 상징으로 그래픽과 같은 형식으로 요약하기)

보기: 기본법 제 5 조

과제:
1. 전체 내용을 알아보기 위하여 전체를 훑어보라.
2. 텍스트를 두 번 대략적으로 읽고 이에 중요한 단어에 줄을 쳐라.
3. 종이 중앙에 주제를 쓰고 몇 가지 중요한 가지에 한 개 또는 두 개의 중요한 단어를 연결하여 마인드맵을 완성하라.
4. 텍스트를 주의 깊게 읽고 마인드맵을 보충하라.

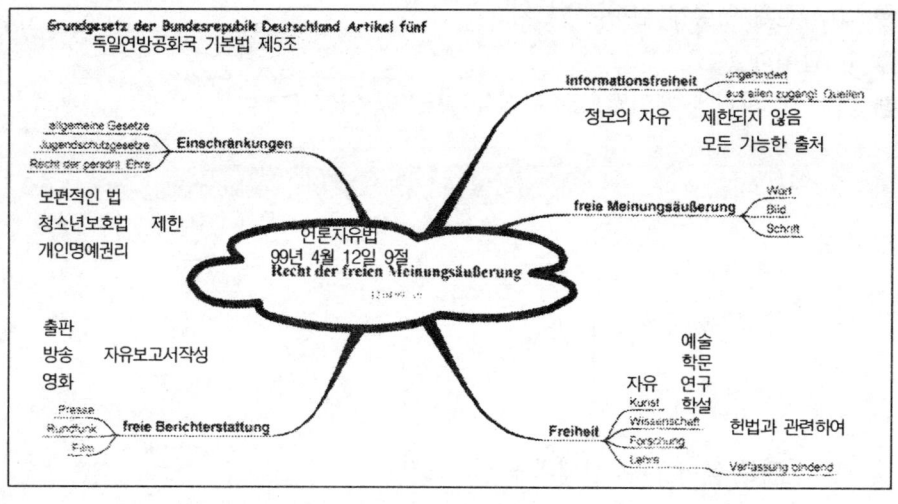

자료 3

텍스트분석 단계

텍스트 선정

● 어떤 수업단계에서 텍스트가 투입되는가?
● 어떤 텍스트 종류가 적당한가?
● 어떤 정치적 차원 내지는 정치순화의 어떤 단계가 텍스트에 나타나있는가?
● 텍스트가 수업에 감당해야 될 것을 감당하는가? 그 수업시간에 해당하는 교수법적인 관점에 맞는가?
● 텍스트가 그 학급의 수준에 맞는가?

텍스트 이해

● 첫 번째 읽기: 간략하게 중요한 단어로 사전에 이해한 것을 표현, 이해에 관련된 문제가 포함된 구절을 표시하기
● 텍스트가 어떤 대상영역에 속하는가(보기: 정치, 문화, 경제)?
● 텍스트 종류의 파악 (보기: 논평)
● 생성과 연관된 첫 정보: 누가 저자인가? 어디서 그리고 언제 그 텍스트가 쓰였는가? 누가 수신자인가? 상황이 어떠한가?
● 중심개념에 밑줄을 긋고 그 의미를 설명하기 (경우에 따라서 사전 찾기), 맥락 속에 분명히 하기
● 겉보기에 문제되지 않는 것처럼 보이는 개념을 실제로 본래 이해한 것으로 충분한지 검토하기 (보기: 민주주의, 자유 등)
● 단락 나누기
● 각 단락의 중심 진술에 밑줄 긋기
● 간 단락에 제목 찾기
● 저자의 질문에 대해 설명하기: 주제가 무엇인가, 그는 어떤 문제에 대해서 입장을 밝히는가? 내가 독자라면 이 질문에 대해 어떤 의견을 갖는가?
● 논제, 주장, 평가를 구별하기, 경우에 따라 평가되어야 할 표현을 표시하기

● 어느 곳에서 내가 독자로서 감정적으로 반응하게 되는가(동의 또는 거부)? 텍스트가 어느 정도 이에 대해 준비되어 있는가?
● 저자의 입장에 대해 깊이 생각하기, 자기 자신의 입장에 대해 어떤 자세를 취하는가?
● 사고과정의 논리를 설명하기, 전제, 논제, 결론 구별하기
● 제기된 질문에 대하여 텍스트가 어떤 답변을 하는가? 그의 요약은 무엇인가?
● 동의 또는 반대: 내가 독자로서 찬성하는가? 텍스트가 나에게 새로운 것을 이야기 하는가? 내 의견을 교정하는가, 그렇지 않은가? 그 근거는?
● 저자가 특정한 이념적, 정치적, 세계관적, 정당의 입장을 대표하는가?
● 저자가 가진 의도는?
● 일시적인 텍스트이해의 전체 이해로의 확대: 텍스트 작업동안에 나의 사전이해력이 얼마만큼 변했는가? 아직도 완전히 다른 텍스트이해의 가능성이 있는가?

상기에 언급된 단계는 한 텍스트작업을 정리, 요약한 것이다. 이는 추론질문을 위한 근거가 된다. 텍스트분석에서 구체적으로 공식화된 질문은 특히 수업목표에 근거하여 만들어진 것이다. 이에 일반적으로 4단계이상이 포함되어서는 안 된다.

정치수업시간에 대화하기

게오르그 바이쎄노(Georg Weißeno)

수업대화의 커뮤니케이션

커뮤니케이션의 공리

수업대화는 의사소통행위로 파악될 수 있는 커뮤니케이션의 행동이다. 교실에서는 언어행위로 인한 사회적 과정이 생겨난다. 그럼에도 불구하고 커뮤니케이션행위와 대화사이에 분명한 경계를 긋는 것은 어렵다. 모든 커뮤니케이션이 대화는 아니다. 만일 길거리에서 독일 연방의회로 가는 길에 대해 누군가에게 묻는다면 이는 대화라고 할 수 없다. 우리가 서로 건물의 건축 또는 의회의 사명에 대하여 의견을 교환하면 우리는 서로의 말에 귀를 기울이고, 질문하며 대화에서 공통차원을 발견한다. 그러나 대화에서 화제가 서로 빗겨나고 가끔 장애가 등장하게 된다면, 이러한 개념상의 구분은 문제점이 있다.

수업대화의 매체는 언어(구두와 구두가 아닌)이다. 언어는 문장론, 의미론과 화용론(구두로 하지 않은 표현)으로 구성되어 있다. 바츠라빅(Witzlawick) 등은 (1974, 2.장)은 커뮤니케이션의 5가지 공리를 다음과 같이 표현하였다.

1.) 사람은 의사소통을 하지 않을 수 없다. 모든 것은 전달하는 성격을 갖는다.
2.) 모든 커뮤니케이션은 내용측면과 관계측면을 나타낸다(후자가 전자에 영향을 준다.)
3.) 상호활동의 모든 사건은 동시에 자극, 반응, 강화되고, 행동은 조절된다.
4.) 디지털로 된 커뮤니케이션은 (복합, 논리적 문장론) 지식을 전달하는 데 사용되며 아날로그는(동반되는 흉내와 몸짓) 관계의 영역에 사용된다.
5.) 커뮤니케이션과정은, 참여자 사이의 관계가 동등한가, 불평등한가에 따라 대칭적 이거나 보충적이다.

학교에서 교사와 학생과의 관계는 대부분 보충적이다. 수업대화에는 특히 두 번째 원칙이 중심적이다. 교사와 학생사이의 관계가 분명하다면 대화는 가볍게, 그리고 장애 없이 이루어진다. 내용에 관한 의견교환이 우선시 되는데, 이때 관계에 관한 메시지(예를 들어 격려하는 미소, 동의를 나타내는 고개 끄덕임)는 격려하는 작용을 한다. 동료학생들이 교사와 모든 학생들 간의 관계적인 면을 관찰하고 분석한다. 스스로 비판적이며 깊이 생각하면서 장애를 극복하도록 전문가들에 의해 촉구되어야 한다고 할지라도, 분명하게 해명된 관계에서는 갈등이 많은 관계보다는 점수가 긍정적으로 나타난다. 관계가 동등하지 않기 때문에 항상 교사에게는 관계적인 면에서 더 많은 책임이 따른다.

갈등이 많은 관계

교사와 학생간의 갈등이 많은 관계에서는 내용차원이 거의 완전히 그 의미를 상실할 수 있다. 즉 이런 관계에서 학생들이 교사로부터 배우는데 방해를 받는다. 말싸움에서 이기기 위한 권력투쟁, 즉 마지막 말을 하고 올바른 정의를 내릴 권리를 갖기 위한 권력투쟁이 수업을 지배하게 되고, 학생과 학생 또는 교사와 학생사이의 본래의 문제가 먼저 해명되어야 한다는 것을 암시한다. 전문적으로 행동하는 교사는, 장애를 해결하기 위하여, 대화의 분위기를 올바로 분석하고 평가한다. 이러한 분석과 평가는 교육학적인 행동의 중심에 있으며 모든 시간, 모든 과목, 모든 학교상황에서 발생할 수 있다. 이에 대한 수많은 교육학적 문헌이 있으나, 이 자리에서 더 이상은 설명하지 않고자 한다. 여기서는 많거나 적거나 수업에서 이루어진 대화의 다양한 특징을 우선시하고자 한다.

또한 장애로 인해, 누가 어떻게 누구와 의사소통을 하는지 사회적인 면이 결정되는 것을 알 수 있다. 학습자에 대한 기대와는 다른 기대가 교사에게 향해진다. 교사와 학습자는 상이한 입장을 취한다. 일반적으로, 수업대화가 성공적으로 이루어질 수 있기 위해서, 학습자가 좀 더 "적응"하도록 기대된다. 그러나 이러한 역할은 대체로 비판적으로 문제시되며 결코 확정되지 않고 항상 새로운 해석 하에 놓이게 된다. 상대적인 역할에 대한 기대는 모든 참여자에게 서로를 대하는 데 안전감을 준다. 그러나 최근에는 교사와 학습자가 가능한 한, 좌절경험을 최소화하도록 합의해야 한다. 이는 대화상황에 몰입할 수 있는 능력을 필요로 한다. 커뮤니케이션능력에는 주어진 역할에 거리를 두는 것과(Rollendistanz: 예를 들면, 주어진 역할을 비판적으로 검토할 수 있는 능력) 불명료함에 대한 인내(Ambiguitätstoleranz: 예를 들면, 불명료한 상황에서 균형을 유지할 수 있는 능력)가 요구된다. 이는 평가회의에서 연습하고 실행할 수 있다.

성(性)특성적인 측면

수업대화에서 중요한 것은 커뮤니케이션의 성적인 특성에 따른 측면이다. 어린 남성과 여성은 수업대화에서 말을 하는 것이 서로 다르다. 남학생은 종종 여학생보다 자기 자신이 말한 바에만 관심을 갖기 때문에 앞서 말한 사람에 대해서는 거의 관심이 없다. 자기와 맞지 않은 입장이나 의견은 (자기 자신의) 올바른 관점으로부터 벗어난 것으로 인식한다(Werner 1983, 235이하). 말로 발표한 내용의 관계에 따른 영향은 거의 고려하지 않는다. 여학생은 오히려 다른 사람의 발표내용에 더욱 관심을 기울인다. 특히 내용적인 차이에 여학생들은 주의하는데, 이는 그 자신의 발표내용에서 한 번 더 생각해보고 거부하는 편에서 논평을 하며 자기 자신의 입장을 변호하면서, 또 경우에 따라서 변명하면서 이에 맞서기위해서이다. 여학생들은 회의와 감정을 나타내고 관계에 따른 영향력에 좀 더 주의를 기울인다(Werner 1983, 253이하).

교사들은 지금까지 이런 성별에 따른 행동을 거의 인식하지 못하였다. "성의 차이는 교사들이 사고방식이나 의사소통 및 대인관계활동의 스타일에서도 거의 의식하지 못하였다(...) 결과는 잠재의식적으로 드러나지 않는 학습계획이 관철된 것이다. 남성과 여성의 이상에 따라 여학생들은 정치학수업에서 활동범위가 열려지거나 제한받게 된다(...) 한 학급의 대부분 여학생들이 정치수업에 참여하지 않는다면 교사는 이에 대해 의문점을 갖지 않는다. 정치적인 문제에 대한 여성적인 관점을 포기하는 것은 의례적이며 눈에 띄지 않는다."(Kroll 2001, 252). 따라서 수업대화는 교사에 의해 바로 남녀간의 특성적인 측면을 고려하여 진행시켜야 되며 조절되어야 한다. 수업대화는 언어가 중성적이 아니라는 사실을 인식해야 될 필요가 있다. 언어는 성장하고 현실을 구성한다.

관계차원과 주제차원

사람들 사이의 관계의 특성에 대해서는 이미 간접적으로 언급되었다(Rogers 1977, Kap. 2.1.2과 2.1.3). 로저스(Rogers)는 참여자의 인격적인 견해에 좌우되는 이러한 특성이 대화가 성공하기 위하여 이론과 기술보다는 장기적으로 더욱 중요하다고 본다. 이를 위해 교사는 일관성(자기 자신과의 일치), 감정이입(다른 사람의 입장에 동감), 존중(긍정적으로 대하기), 조건 없이 받아들일 수 있는 능력을 필요로 한다. 대화의 태도가 이런 입장으로 각인된다면 대인관계활동은 많은 결실을 맺는 대화로 이어지게 될 것이다. 이를 위해, 25명의 학습자가 있는 학급에서는 교사에게 너무 많은 것이 요구된다고 할 수 있다.

이제 수업대화를 관계차원뿐만 아니라 주제차원으로 살펴보기로 하자. 볼노프(Bollnow)는 한 주제를 다룰 경우에 "진정한 대화"라고 말하였다(1980, 113이하). 가장 중요한 전제조건으로서 그는 이중능력, 즉 주제를 말하고 주제에 대해 듣는 능력이라고 하였다. 개방된 대화를 위해서는 용기가 필요하다. 즉 사람들은 자신을 은폐하는 것을 포기해야 한다. 그럴 때에야 비로소 진실을 발견하는 것이 가능해진다. 대화의 참여자는 동등한 자격을 지녔음을 인정한다. "대화에서 생겨나는 진실은 하나 또는 다른 측면에 놓여있는 것이 아니라 어느 정도 확실하게 말하는 사람들 사이에서 이다"(Bollnow 1980, 115). 이러한 주장은 특히 정치적인 의견교환에서 놓치지 말아야 한다. 정치적인 의견은 받아들여져야 하고 대화에서 동등하게 표현될 수 있어야 하는데, 이는 정치적 결정을 형성하는 과정을 가능하게 하기 위해서이다.

역할, 선입견, 연령, 지식, 성별을 근거로 한 불균형이 다른 사람에게 권력을 행사하기 위하여 악용된다면 앞에서 수업대화에 요구된 바는 방해받게 되는 것이다. 의사소통을 하는 사람들 사이에서의 차이는 이득으로 이해되어져야 한다. 이를 위해 참여자의 측면, 특히 교사의 격려와 긍정적인 인격이 요구된다. 커뮤니케이션의 모든 부분을 메타커뮤니케이션적으로 작업하여 실용적으로 이용하고자 노력한다면 서로 함께, 그리고 서로로부터 배울 수 있다. 정치적 인격의 개발은 외적, 내적 자유의 분위기 속에서만 이루어진다. 다른 사람과 수업대화, 주장과 반론, 제안과 비판에서 적극적인 관계를 가질 때, 학습과정은 질적으로 향상된다. 다음은 대화에 관한 분명하게 제한된, 좁은 의미의 개념에 대해 논하고자 한다.

담론적이며 대화적인 의사소통

정치적인 주제에 관련된다면 담론의 이념은 수업대화에서 기초가 되어야 한다. 지식양의 확대는 단지, 조직적인 동시에 개방된 커뮤니케이션으로 서로 정보를 주고받음으로써만이 이루어질 수 있다. 정치적 상황에 대한 토론은 대화체적인 대화의 형태를 필요로 한다. 자기 자신의 편견을 통제하고 다른 사람의 주장에 대해 개방적이 되기 위하여 그렇게 많은 해석학적인 능력을 학습자들이 갖고 있다면, 처음에는 분리되었던 그들의 견해가 좁혀질 수 있다. 일상생활의 문제는 또한 일반적인 정치적 개념으로 파악되어야 한다. 이념은 작업되고 그 위치적 가치에서 정치적으로 사고하기 위해 개방되어야 한다. 이에 전문지식의 전달이 필요하다. 한편 수업대화에서는 주관적인 견해에 대해 토론하고, 또 다른 한편으로는 정치적 지식이 전달된다. 따라서 수업대화는 더 이상 훈련, 교훈, 조작, 조정과 관련되어서는 안 된다. 공통적인 영역이 발견되지 않기 때문이다. 정치수업에서는 정치적인 분쟁거리를 상호 인정하면서 다루어지고 동시에 세밀하게 분류된 지식의 영역에서 체계적인 학습이 가능해진다. 이에 부응하여 다양한 대화형태가 가능하다. 그러나 현장에서 대화라고 불려지는 모든 대화가 하나는 아니다.

> 우리는, 정치적 대상을 주제로 한 대화체적이고 담론적인 의사소통이 자유와 인정의 분위기에 기여하며, 주장하는 입장 뒤에 놓인 이해관계에 대해 체계적으로 알아볼 수 있는 경우에만, 수업대화라고 할 것이다.

정치수업에서 전형적인 대화형태

대화의 진행가능성이 소개되기 전에 대화 형태에 대한 체계적인 개요는 많은 도움이 될 것이다. 대화 형태는 수업에서 커뮤니케이션에 대한 여러 가지 요구사항을 나타낸다. 교사와 학교상황은 모든 대화식 수업에 질서, 규칙, 조직이 있도록 보살핀다. 발언신청, 대화에서의 행동양식, 공통적인 질문과 연구, 토론 등은 결론적으로 담론에서 정치적 내용을 설명하는데 영향을 끼쳐야 한다. 담론으로서 수업대화는 그 대상을 본래의미의 언어로 나타낸다. 가르침과 학습은 양측에서 담론능력이 있고 개발되어 있어야 만이 성공적이 될 수 있다.

수업대화와 토론

대화체적인 언어행위는 사회상황인 수업이라는 테두리에서 행하여진다. 참가자는 수업대화에서 서로 다른 담화이익을 추구한다. 따라서 모든 대화형태는 자연적이 아니라 인위적이다. 이는 수업목표에 도움이 된다. 언어행위는 상당부분 구성되고 규칙과 방식, 의례적인 순서와 의식을 따른다. 정치적 일상생활에서와 같이 정치수업시간에는 언어와 대화가 중심에 있다. 민주주의는 시민들에게 대화의 능력을 요구한다. 정치적 대화는 특별한 규칙 하에 놓여있다. 전략적이고 책략적인 심사숙고가 중요한 역할을 한다. 이념을 전달하기와 이론적인 무장도 촉구된다. 이는 또한 공개적인 정치 커뮤니케이션을 모방하는 정치수업의 모든 대화 형태에도 해당한다.

"언어적인 능력 외에도 자율적인 결정, 정치참여를 추구하는 민주시민교육에서의 수업대화는 무엇보다도 함께 문제를 해결하고 대화로 의사소통을 하는 장소가 되도록 구성되게 하여야 한다. 이러한 기능에 있어서 수업대화가 이미 매우 정치적인 대화와 가깝게 작용한다."(Massing 1999, 33). 수업대화가 지식전달과 마찬가지로 다른 사람과의 의사소통에도 도움이 된다면, 정치적인 능력이 수업대화에서 길러질 수 있다.

일반적으로, 조종된 수업대화가 지배적인 대화 형태라고 주장된다. 하게(Hage u.a.: 1985, 47)는 수업에서 58퍼센트가 대화의 형식으로 결정되며 이에 조종된 수업대화는 거의 49퍼센트에 달한다고 밝혀냈다. 사회과학분야의 과목에서 토론은 3.34퍼센트를 차지하여 전체의 1.99퍼센트에 비해 통계적으로 평균을 훨씬 넘었다. 그럼에도 불구하고 수업은 매우 교사 중심적이고 그 형태가 대부분 일정하게 진행된다. 학생중심의 학교 민주화는 이론상으로 별로 중요하게 다루어지지 않는다(Hage외 1985, 151). 확실하게 조종된 수업대화 형태는, 모두 약간 다르게 이해하는 "실용적인 개념의 껍데기"에 불과하다(앞의 책 146). 그러나 일상적인 수업에서 그 모든 형태의 대화에 어떤 의미가 부과되는지 분명해진다.

정치수업이 사실 일방적으로 진행되는지에 대해 질적인 경험적 연구를 통해 검토해 보기로 하겠다. 토론은, 다른 과목과 비교해 볼 때, 학습자의 눈에는 중요한 특징이며 구분기준이다. 토론은 비록 그 여러 가지 기능이 추가된다 할지라도 이에 속한다. 랄프(Ralf.) S.는 이를 그의 학습자교수법에서 다음과 같이 기술하고 있다.

> 교사: 여러분의 수업시간에는 토론을 많이 합니까?
> 학생: 예, 아주 많은 토론을 합니다. 부분적으로 서로 연관되어 있는, 언론가가 쓴 텍스트와 학술적인 텍스트를 읽고 난 다음, 이와 연결해서 토론을 해요. 저는 그것이 정치수업의 의미와 목적이라고 생각해요.
> 교사: 왜?
> 학생: 정치학은 한사람의 의견이 아닌 많은 사람의 의견에 바탕을 두고 있다고 생각하기 때문이죠. 그래서 동조하지 않더라도 다른 사람의견을 듣고 서로 의논하고자 노력하는 것이 아주 중요하다고 생각해요.
> 교사: 토론에서 의견일치와 갈등 중 어느 것이 더 강조된다고 생각하나요?
> 학생: 예, 제 생각은요, 의견일치나 갈등보다는 공통점을 찾고자 모두 노력해야 되요. 결국에 남는 것은 공통점이예요. 아마도 이 공통점이나 의견일치에서 서로 다른 관점을 일반적으로 사람들이 합의한다면 말이죠. 토론을 하고 제공되는 것을 조사한 다음에야 비로소 공통에 관련된 갈등이 파악될 수가 있죠.

정치과목 특유의 구조는 (논쟁의 여지가 많은) 토론과 함께 의견형성을 목적으로 하는 정보와 관련되어 얻어진다. 학습자가 계속 갈등을 인내하고 인식의 불일치를 인내하는 것은 민주시민교육과 결부된다. 수적인 분포가 조사되지 않았다할지라도 정치수업에서는 더욱 자주 토론되며 이로 인해 자주 대화를 하게 된다. *학습자교수법*에 대한 연구에서 다음과 같은 결론이 내려진다. "학습자에게 토론 없는 정치수업은 생각할 수 없다. 토론은 주장할 수 있는 능력을 학습하게 할 뿐 아니라 갈등을 인내할 수 있는 민주적인 방식을 습득할 수 있게 한다. 의견의 담론적인 교환은 토론에서 알려진(정당의) 정치적 입장의 교환과 같이 발생할 수 있다. 담론적인 방법이 의미하는 토론이 분명하게 요구되지는 않지만 이는 학교와 정치에서 학습자의 의견 교환에 따라 대상에 속하며 논쟁의 여지가 많은 사고를 위해 필수적이다"(Weißeno, 1989, 368).

수업대화와 교수법

전통적인 교수법의 관점에서 기젝케(Giesecke)는 수업대화를 통해 교재의 내용이 심화된다고 여긴다. 교사는 강의로 앞서가고 학생들은 이어서 대화를 통해 교재에 대해 깊게 생각하게 해야 한다(Giesecke 1973, 128이하). 대화는 교사에 의해 조직적으로 유도되고 교사는 대략 그 결과를 알게 된다. 피켈(Fickel)은 대화를 문제지향적으로 본다. "언어적인 절차"는 전망 있는 학습의 길을 만든다. 또한 연습되어져야 하는 언어적 능력은 전달되어져야 하는 정치적 능력의 한 부분이라고 할 수 있다(Fickel 1982, 249). 가겔(Gagel)은 메타커뮤니케이션(Metakommunikation)을 통해 관계를 나타내는 메시지를 제거하고자 하였다(Gagel 1988, 147이하). 결국은 수업을 성공적으로 진행하기 위해서는 많은 시간을 필요로 하는 의사소통을 지향해야 한다고 할 수 있다.

전통적인 방법론에서는 수업대화를 가능한 수업형식 또는 사회형식으로 취급하는 반면에, 최근의 정치학교수법적인 토론에서는 오히려 간단하게 보편적으로 언급되어 있을 뿐이다. 그라메스(Grammes)는 "담론을 교수법적인 맥락에서 사용할 때, 결코 의사소통적인 눈길이 교사와 학생간의 관계구조로 축소되게 해서는 안된다(...) 갈등과 불합의는 문명사회의 "삶의 요소"로서 간주되어 정치교육은 "불협의의 문화"를 필요로 한다."라고 주장했다(Grammes 1998, 764). 산더(Sander)는 내용설명 없이 "서로 이야기"하는 형태로 "조절방법, 아쿠아리움/피시-보울, 자유토론, 조직된 논쟁, 찬반토론, 소크라테스식 대화, 패널토론, 소그룹활동"(Sander 2001, 133이하)을 예로 들었다. 그는 학습상황을 구성하는 학습환경에만 관심이 있었으며 교사의 역할을 학습동반자로 축소하였기 때문에, 수업대화라는 개념이 그에게는 더 이상 나타나지 않는다. 마씽(Massing)은 결론적으로 대화의 한계를 다음과 같이 기술한다. "정치교육의 일상적인 학습과정에서는 수업대화의 여러 가지 변수가 열려져 있거나 좁게 이용될 수 있다. 수업대화의 어떤 일정한 형태를 위한 분명한 결정규칙은 존재하지 않는다." (Massing 1999, 35)

분류의 문제

대화의 형태를 몇 가지 전형적인 형태로 분류하는 데는 여러 가지 문제점이 있다. 여러 차원에서 혼돈될 수 있어 오히려 불규칙적으로 보이기도 한다. 또한 형식 없는 대화와 조종된 대화사이를 분명하게 구별하기가 매우 어렵다. 더군다나 평가(긍정적일 수록 학생의 참여도가 많음)에서 질적인 면을 고려하여 분류하는 것은 쉽지 않다. 어떤 경우에는 이와 같은 분류조건이 분명치 않기 때문에 여러 가지 대화 형태를 구분하는 것이 불가능하다. 더욱 중요한 것은 목표, 대상, 방법과 수업조건이 포괄되는 관계성이 정치학의 규범적인 실행보다 더욱 정확하게는 개념설명에 포함된다는 것이다.

대화는 모든 교과목에서 실행된다. 과목에 따른 방법론에서 대화 형태에 대한 수많은 명칭이 동일하지만, 교사가 그들의 과목에서 종종 다른 명칭을 발견하게 될 때 혼돈스럽게 된다. 그러나 대화 형태를 과목에 따라 구분할 때, 대상과 반드시 관련되어 있어 다른 과목에서 사용되는 명칭을 단순히 받아들이는 것은 불가능하다.

비록 일반교육학적으로는 의미가 있다하더라도, 일련의 대화 형태는 더 이상 상기에 언급된 개념의 기준을 맞출 수가 없다(52참조). 가르치기 위한 대화 또는 질문하면서 발전시키는(fragend-entwickelnd) 수업의 모든 형태가 이에 속한다. 이러한 수업형태에서는 결코 상호간의 정보를 교환하거나 정치적 견해를 나눌 수가 없다. 커뮤니케이션의 양상이 아닌 오히려 통제수업의 순간부터 훈육까지가 중요시된다. 따라서 정치수업에서 그렇게 가르치기 위한 대화의 필요여부가 논쟁이 되지 않지만(예를 들어 개념을 정의하거나 전달하기 위해), 이러한 대화형태가 정치적 지식을 이해시키기 위한 요구조건을 충족시키지 않는다. 이는 학생들이 가르침을 받는 사람들이며 커뮤니케이션의 과정이 "일방통행도로"이기 때문이다.

정치학 특유의 교수법적인 대화 형태를 분류하기 위하여 대상으로 허용되지 않는 것을 다시 한 번 생각해보자. 민주주의에서 *시민의 역할*을 하기 위해서는 언어적인 능력과, 추가적으로 공적인 생활에 관계가 있는 의사소통능력이 필요하다. 통계학적이고 전술적인 의미에서 감정적인 참여와 이성적인 계산은 정치에 대한 대화의 특징이다. 민주주의는 목표의 개념이며(Sartori) 정치 수업은 그 상태와 계속적인 발전에 대한 담론과 관계가 있다. 따라서 정치와 관련된 대화를 나누는 것은 또한 자유 민주주의의 정치를 이해하는 것을 배운다는 것을 의미한다. "주관적인 경험으로 짜인 정치적 차원을 추가적, 체계적, 확정적인 정보를 통하여 통찰할 수 있게 된다."(Weißeno 2002, 98) 일상적인 정치대화를 임의로 해석하지 않도록, 정치수업에서 그 의견 뒤에 숨겨져 있는 이해관계상황과 다시 연결시켜야 한다. 그러한 대화를 규범적으로 실행함으로써 결국엔 모든 학생과 교사들이 설득력 있는 진술을 할 수 있게 된다.

정치수업에서의 대화식 수업

정치에 관한 수업에서 대화는 정보교환, 의견교환, 체계적인 학습, 이념비판, 감정적인 대립, 대중 앞에서의 토론자세의 연습에 기여한다. 대화는 상호 의사소통을 필요로 하기 때문에 논증훈련이나 웅변코스를 방문하는 것 보다 더욱 의미가 있다. 동시에 정치적 수사학에 관한 대화도 생각해 볼만한데, 이는 정치수업의 목표에 절대적으로 도움이 되기 때문이다. 그와 같은 수업대화의 결과가 수많은 의견을 엮어 만든 화환과 같지 않을 지라도 모든 의견교환은 쓸모가 있다. 특히 정치적인 대화에서는 더욱 그렇다. 교사와 학생이 보충적인 관계라 할지라도 다음과 같기 때문이다. "교사는 학생들을 성숙한 인간으로 간주하여 그들이 자립적이 되도록 격려할 수 있다. (...) 정치학 교사는 한 학생이 자기와 다른 입장을 대변할 때도 그의 정치적 판단을 받아들일 수 있다"(Breit 2002, 150). 정치수업에서 대화가 이와 같이 필요로 하기 때문에 수많은 대화의 형태를 생각해 볼 수 있다. 대화가 성립될 수 있는 상황은 예를 들어 남학생-여학생간의 대화, 교사-학생간의 대화, 제3자와의 대화일 수 있다.

남학생-여학생간의 대화에는 수업의 맥락에서 그러한 대화의 결과가 활동지향적인 방법과 작업기법의 틀에서 교사-학생간의 대화와 연결하여 정리되고 평가되는 것이 타당하다.

- 수업대화에는 다음과 같이 확고한 규칙에 의해 진행되는 중요하게 여겨지는 방법, 즉 찬반토론, 토크쇼, 미국식 토론, 토의, 협상 또는 회합게임. 전문가 초청질의, 피시바울(Fish- bowl), 컴퓨터 시뮬레이션, 계획게임, 역할게임, 정치교육을 위한 학생경시대회, 논쟁, 미래연구소, 패널토론이 속한다.
- 다음과 같은 작업 기법은 학생들이 소집단 또는 교실에서 정치에 대한 대화를 가능하게 한다. "벌집", 견학, 각종 수업자료 또는 문제제기에 대한 소집단 또는 파트너 대화.

모두 서로에게 배울 수 있는 **교사-학생간의 대화**는

● 정치적으로 파악되고 설명되어져야 하는 문제에 대해 생각하며 토론하는데 유효한, 문제를 설명하기 위한 대화,
● 기사와 글로 된 정보를 그 내용, 의미와 이념상 성격에 대해 질문하고 설명하며 해석하는, 해석하기 위한 대화,
● 다양한 사태에 대한 여러 견해, 의견, 평가 및 판단에 대하여 의견을 형성하는 대화,
● 함께 한 대화의 성공과 경과를 평가하기 위한 평가회(Metagespräch)를 말한다.
(vgl. Thiele 1981, 94이하).

비록 교사가 이와 같은 대화의 형태에서 학생들보다 높은 위치에 있다 할지라도, 이로 인해 일방적으로 가르치는 대화가 되서는 안 된다. 주장과 반박, 경험, 관점과 의견의 교환, 질문제기, 반론, 비판, 보충, 확대라는 상호간의 정보를 교환하는 대화의 구조가 수업대화에서 생기고 지켜져야 한다. 이는, 학생들이 참여하도록 개방되어 있고 설득하거나 납득시키지 않는 학습과정이 된다. 교사도 학생들이 하는 정치에 관련된 질문에서 배울 수 있다.

마지막으로 제3자와의 대화의 형태가 다음과 같이 있다.

체험학습, 조사, 법정견학, 의회견학, 전문가 초청 질의, 청문회, 증인 질의, 대집회, 거리인터뷰. 이러한 형태는 주체자들이 함께 하고 대부분 학교 밖의 장소에서 집단으로 새로운 경험을 하게 된다. 학생들이 적극적인 역할을 하고 여러 가지 작업 기법을 사용하여 내용의 중점에 직접적이고 경험에 관련된 접근을 할 수 있다. 동시에 학생들은 여러 가지 대화를 전망하고 대화를 시작하는 법을 습득한다.

교사는 대화에 스스로 대부분 나서지 않아, 이 형태가 무엇보다도 학생들이 여러 주체자들과 의사소통을 하게 한다. 물론 상황에 따라 교사도 대화에 참여할 수 있다.

앞서 설명한 대화의 분류는 내용적인 관점에 따른 것이며 그 경계가 확실하다. 과목과 관련된 요건을 고려하여, 일상생활에서 많은 시간구상이나 일반교육학적인

문헌에서 찾게 되는 대화 형태는 고려되지 않았다. 담론적인 의사소통에 초점을 맞춘다면 몇 개의 대화 형태로 구분할 수 있다. 여기에 일반 교육학적인 다음과 같은 분류는 고려되지 않는다.

- 수업단계에 따른 분류 (획득-, 통제-, 연상-, 연역-, 반복-, 병렬-, 접근-, 학습-, 종결 대화)
- 공간적이 배열에 따른 분류 (원형-, 그룹-, 2인-, 파트너-, 원탁대화)
- 조종활동에 따른 분류 (열린 대화, 자유대화, 무조종 대화, 강력조종대화, 담소, 질의-발전 방식, 동기유발 방식, 산파식 대화)

이와 같은 분류는 과목의 목표를 지향하는 커뮤니케이션이론에 근거를 둔 개념과는 다른 근거에 바탕을 두고 있다. 앞서 기술한 개념에 의하면, 이러한 분류는 수업대화가 아니라 이미 확정된 결과가 있는 일방적으로 가르치는 대화의 여러 가지 특색이라고 할 수 있다. 이에 반하여 *수업대화*는 시대경향에 맞는, 활동지향적인 정치수업에서 자립적인 학습을 가능하게 한다.

대화의 과제

교사 및 학생의 대화방식에는 일정한 능력과 태도를 필요로 한다. 모든 관계자는 자신과 대상을 진지하고 중요하게 받아들여야 한다. 대화를 위한 대상과 장소(공공 기관의 교실)는 수업대화가 실제적인 대화의 상황과는 다른 법칙 하에 놓이도록 영향을 준다. 상황은 내용적으로 구상되어 있으며 논쟁의 여지가 있는 입장들이 전문적으로 대표되는 연속선 안에서 개방되어 있지만 임의적이 아닌 학습효과로 이끌어져야 한다. 그 점에 있어서는 대부분 특별히 교사의 책임 하에 놓여있는 특정한 사명이 중시되어져야 한다.

대화주도

대화를 주도하는 데는 모든 요구사항에 맞도록 많은 기량을 필요로 한다. 한 그룹 내에서의 대화는 조종과 규칙 없이는 전개되지 않는다. 대화는 목적이 없이 진행되지 않는다. 수업상의 대화를 나누고 의사소통을 하는데 있어서 목적차원의 검토는 특별한 의미가 있다. 불공정을 인식하고 견디어 내며 정당에 가담하며 그룹 내에서 권력과 영향력을 발휘하며 반성하는 것을 배우는 것이 중요하다.

교실에서의 대화를 주도할 때 교사의 의무는 다음과 같다.

> 교사의 의무에 해당하는 것은, 대화의 경과와 규칙에 대해 설명하고, 내용과 관계, 진행차원을 평가하며, 경우에 따라 개입하는 것이다. 또한 교사는 주제와 목표설정을 상기시키고, 참여와 의견발표를 촉구하며, 목표의 의미에서 발표가 계속되게 하고, 주장의 근거를 요청하며, 발표내용을 정리하고 중요도에 따라 강조하며, 칭찬과 격려, 또는 비판을 불러일으켜야 한다. 그리고 중간결과를 요약하고, 전체내용을 알아볼 수 있도록 정리하며, 말없이 목표에 맞게 반응하고, 여학생과 남학생들이 서로 대화에 참여하게 해야 한다. 반대 입장에 대해 개방하고, 일방적인 합의를 피하며 공통점을 확정하고 문제를 제기하도록 촉구하는 것도 또한 교사의 의무이다.

다양한 관점

정치와 관련된 수업대화에서는 원칙적으로 한 대상에 대한 다양한 관점이 촉구된다. "여러 가지 질문에 대하여 상이한 견해, 가치 또는 해결에 대한 의견으로 차별화될 수 있는 '정치적 질문'을 찾을 수 있다. (...) 교직원은 관점을 변경하기 위해 보이는 특별한 연결점을 인식하고 표시를 하거나 잘못을 제시하고자 노력한다"(Richter 2003, 16). 다양한 관점은 참석자들에게 질문을 하게 한다. 정치에 관련된 대화에 대한 다양한 전망은 교사로 하여금, 학생들에게 관점을 갖고 다시 질문하며 거리를 두어 대조하고 구별하도록 촉구하게 한다. 이는 늘 같은 수준의 대화를 피하게 한다.

따라서 수업대화는 모든 방법과 같이 이중성격을 갖는다. 이는 "내용의 선택(무엇을? 왜? 무엇 때문에?)과 학습기구(어떻게?)에 대한 질문을 제시한다. 대화가 수업의 내용적인 안건을 전달하면서 학습과정과 맞물린다"(Weißeno 2001, 26). 그 다양한 형태의 대화는 또한 학생들의 자립적인 활동성을 높여주는데 기여한다. 학습그룹에서 사회적인 관계를 북돋아주며 역할을 자립적으로 습득하게끔 촉구하며 학습과정의 자립적인 조정과 조직을 가능하게 한다. 대화는 단지 학습자와 학습대상사이에 전달수단이며 일상적인 확신이 두 배가 되게 한다. 경험과 지식의 교환이 대화에서 연출되어야 한다. 여기에 교실에서의 학생대화와 교사에 의한 조정에 합당한 학습준비가 도움이 된다.

대화를 격려하는 능력과 태도

대화의 목표가 달성되기 위하여 모든 대화참여자에게는 일련의 능력과 태도가 필요하다. 특히 학생들에게 이러한 능력을 키워주워야 하는 교사들에게 더욱 중요하다. 이는 정치수업뿐만 아니라 모든 과목의 대화에서도 마찬가지다. 팔라쉬(Pallasch)는 이러한 능력에 대해 다음과 같이 기술하였다(1987, 37이하).

- 경청하기 위해서는 자신을 억제하고 다른 사람에게 집중할 수 있어야 한다.
- 비언어적인 표현을 들여다보고 주의해야 한다.
- 침묵을 인내하는 능력이 이와 긴밀하게 결부되어 있다. 침묵을 부담스럽게 느끼지 말아야 하며 이를 깊이 생각하는 표시로 파악해야 한다.
- "올바르게" 대응하는 질문은 단순히 '예' 또는 '아니요'를 선동하는 질문과 같이 직접적이고 노골적이지 않고, 오히려 학생들에게 상세하게 설명하고자 하는 동기를 부여하는 질문이다.
- 요구하는 양상을 청취한 경우, 그 의도에 대해 이야기할 수 있다.
- 교사는, 신뢰성 있고, 학생들이 그 인격을 인지할 수 있도록, 자기의 정치적 의견을 통제하여 제시해야 한다.
- 교사는 내용에 완전히 집중하고 이를 객관적으로 다시 반복 내지는 요약할 수 있어야 한다.
- 사람들은 의사가 소통되는 관계가 받아들여지고 이에 가치와 인정을 경험하기를 기본적으로 원한다.
- 학생들이 아직 적당하게 표현하는 능력이 부족하다면, 산만한 내용을 구체화시키도록 제안해야 한다.
- 따라서 거리감을 잘 조절하는 것이 특히 중요하다. 교사는 학생들의 일부분이 되지 않고 그들과 함께 할 수 있어야 한다. 많은 학습자들을 인식할 수 있고 비교적 중립적이 되기 위해서는 거리가 필요하기 때문이다.
- 이 모든 것은 자기인식과 자기통제능력이 없이는 불가능하다.

담론과 진행(Diskurs versus Moderation)

태도와 능력에 대한 설명을 보면, 수업대화가 교사에 의한 '진행'으로 거의 파악될 수 없음이 분명해진다. 어떤 대화전문가(Talkmaster) 또는 언론가가 전문적인 진행을 한다하더라도 교실에서는 별로 만족스럽지 않은 결과가 생길 수 있다. 진행자 내지는 학습동반자역할을 위해서는 이에 알맞은 학습 환경을 준비해야 할 필요가 있다. 학습 환경이 준비되어 있다면, 학생들은 자신들의 태도를 교사의 조종 내지는 인도 없이 스스로를 조절할 수 있다. "학습은 단지 개인의 적극적이고 조직적인 성과로 이해되어진다. 학습은 '외부로부터', 다른 사람에 의해 그리고 의도적인 학습제공을 통해 자극되어지지만 결국에는 조절되거나 강요될 수 없다" (Sander 2001, 81). 이러한 포스트모더니즘적인 학습내지는 대화에 관한 견해에 따라 목표도달이 더 이상 우선시되지는 않는다. 교사는 단지 학습동반자일 뿐이며 적극적으로 지도하면서 끼어들거나 개입하지 않고 어떤 일이 일어나는지 관망해야 한다. 학습자들은 교사보다는 끼리끼리 대화를 나누어야 한다.

포스트모더니즘적인 담론이 정치교수학에서 요구하는 바와 같이(Weißeno 2002) 수업대화를 우연한 구성에 맡겨둘 수 있느냐에 대해서는 의문의 여지가 있다. 수업대화에서 목표 지향적이며 공통적인 의견교환에는, 상호 존중하면서 분명한 결과를 도출하고자 하는 파트너가 필요하다. 대상에 대한 논쟁을 통한 지식전달은, 대화의 참여자가 모든 사람에게 구속력 있는 정치적 사태를 찾을 경우에만 성공할 수 있다. 민주주의는 교사가 주시해야만 하는, 일련의 다양한 해석을 허용한다. 그러나 결과는 결코 개방되거나 임의적이지 않다. 학교에서 대화의 주제 관련성은 단순한 진행과 마찬가지로 지시의 가능성을 제한한다. 소재 전달과 자율성(Autonomie) 사이의 딜레마는 지양되어서는 안 되며, 대화진행에 있어서 주제와 관련하여 취급되고 적극적으로 구성되어져야 한다.

조정기법

적극적으로 대화를 구성하기 위해서는 일련의 조정기술이 필요한데(Seifert 1999, 85이하) 이는 대부분의 교사들과 학생들이 대화를 진행시키기 위해 터득해야 하는 것이다.

- 목적 상기시키기(Ziel-Review)는 대화당사자들이 목적을 향한 길에 있는지 아니면 다른 길로 빠져버렸는지를 검토하는데 도움이 된다. "제가 제대로 보았다면 우리는 이제 문제를 분명히 해야 하는데...." 또는 "우리가 주제를 깊게 다루어야 할까요? 아니면 다루지 말까요?" 등의 자극을 통해 그만두거나 경우에 따라 코스를 교정하기가 쉬워진다.
- 질문기법은 대화의 동기를 만들어 낼 수 있고 대화를 계속 진행시킨다. "다른 사람들은 어떻게 생각하나요?"라며 응수하는 질문은 내용적인 담론의 깊이를 더하게 할 수 있다. "나는 할 수 없어요", "그것은 불가능해요", "그것은 너무 부정확해요", "제가 보기에는 관련성이 없는 데요"와 같은 남의 기를 꺾는 말이 아닌 대응질문을 통해 함께 하는 대화를 조직적이며 효과적으로 유지하게 하며 장애를 해체시킬 수 있다. 또한 개념을 구체화하고 일반화를 상대화시키며 가정을 검토할 수 있게 한다.
- 번개토론기법(Blitzlicht-Technik)은 그 방에 존재하는 사람들의 대화주제에 대한 입장, 견해, 느낌을 투명하게 하여 이에 대해 논의할 수 있게 한다.

대화를 나누는 것은 한 대상의 다양한 면에 초점을 맞추고 개방할 많은 가능성을 여는 것이다. 여러 견해는 수업대화에서 지적인 논쟁을 가능하게 한다. 대화는 어떤 상황을 파악하는 것뿐 만 아니라 학습자와 교사의 동화에도 기여한다. "개개의 대화참여자가 서로 관련되는 의견을 교환함으로써 학습대상에 대하여 정보와 지식수준을 꾸준히 확대시킨다. 발표된 추측, 이의와 비판을 평가하고 대응질문을 함으로써 계속 사고하게 하며 또한 혼자서는 결코 도달할 수 없었을 새로운 사상을 도출한다"(Ritz-Fröhlich 1981, 32). 정치적 대상에 대한 여러 관점과 다양성이 보일 뿐 아니라 동시에 학습이 생산적인 토론을 통하여 가능하게 되고 지원된다. 이는 학급에서 대두되는 커뮤니케이션의 장애를 차단하고 방지한 대화의 경우에만 가능하다.

한 수업의 사례

다음의 대화 장면은 "어떻게 독일이 코소보내란에서 군사적인 역할을 할 것인가?"라는 주제로 토크쇼의 형태로 진행되었던 수업을 평가하는 대화이다. 이 수업은 1999년 5월 5일, 뒤셀도르프의 한 김나지움(인문계 고등학교)의 12학년, 6명의 여학생과 8명의 남학생이 참석한 정치/사회시간이었다. 이전에 역할게임에서 5명의 역할을 담당하는 학생들(4명의 남성, 1명의 여성)의 첫 번째 발표가 있었다.

| 정치수업시간에 대화하기 |

이제 그 내용과 태도를 주시하였던 관찰자들이 말을 해야 할 차례였다.

> 발표과제는 다음과 같았다. "어떤 주장이 있었는가? 게임태도, 몸짓, 흉내 등을 판단하고 그/그녀가 다른 역할담당자들에게 말을 하도록 했는가? 어떤 주장이 가장 설득력이 있다고 생각하는가?"

시간이 짧은 장면은 성공한 대화의 모델이 아니다. 아마도 성공, 방해 단계가 통상적인 일상의 수업시간도 마찬가지일 것이다. 정치수업시간의 대화는 상기에 언급한 비판의 의미에서는 결코 완벽할 수가 없다. 왜냐하면 대화의 참여자는 항상 다시 새롭게 맞추어야 하고 연극과는 반대로 상황이 계획되어지거나 연습될 수 없기 때문이다. 참여자들의 능력은 근본적으로 다양하여서 일상생활에서 마찰 없는 진행이 있을 수 없다. 이 대화는 아마도 토크쇼를 평가하려는 목표를 지향하면서 진행되고 대부분이 평가대화이지만 동시에 주제를 설명하면서 때때로 의견을 형성하는 대화이다. 이런 점에서 전형적인 혼합 형태이다. 이는 교사-학생간의 대화이지만 확실히 일방적으로 교사가 가르치는 식의 대화는 아니다. 대화라는 구조는 분명히 인식될 만하다. 이런 의미에서 대화는 전반적으로 성공하였다고 볼 수 있다.

> 교사: 음. 예, 좋아요. 그럼 관찰자는? 누가 포와트를 관찰했나요?
> 여학생 A: 그가 말하길 NATO는 단지 자기의 이익만을 쫓아서 행동하고, 정치적인 방법에서 갈등을 해결할 만큼 충분히 정치적이지는 않다고 했어요. 그래서 그는 제안하기를 아마도 푸른 투구(독일군인을 지칭함)를 보내서 새로운 (...) 정치적 해결에 이르도록 해야 할 것이라고 했어요.
> 교사: 그럼 그의 말하는 태도는 어떠했나요?
> 여학생 A: 예, 그러니까, 그는 많은 몸짓을 했고 항상 손을 움직였어요. 때때로 손으로 위협하는 행동까지도 했어요. 이제 네가 조용하지 않으면, 그러면 (...), 예, 그러니까 저는 그가 다른 사람의 의견을 어쨌든 도무지 수용하지 않았다고 생각해요. 그는 어찌되었든 무례하게 반응하였습니다. 이제 제가 말하고 싶은 것은...
> 포와트: 그런데, 그것은 보통이예요.
> 여학생 A: 그래, 하지만 다르게 말할 수도 있었어요.

포와트: 그래, 그러나 내가 더욱 예의바르게 이야기해야 한다고. (...) 이는 문제가 되지 않았어요.
여학생 A: 그래도 그렇지요. 그것은 다른 사람에 대해 그가 자기 의견을 말하는 것처럼 영향을 줍니다. 그의 방식은 이미 그래...
포와트: 그것이 내 과제였습니다.
여학생 A: 그래, 그러나 그것은 상당히 극단적이었어요...
교사: 마르셀은 어떻게 생각하나요?
마르셀: 저도 말 하려고 했는데요, 그러니까 제 생각에는 원래 그전의 토론보다 근본적으로는 나아졌어요. 그러니까 그전에는 정말 극단적이었거든요. 왜냐하면 그는 단순하게 주장해서 설득력이 있어 보였어요. 그는 단순하게 해냈어요. 그리고 그는 항상 "그 점을 자세히 생각해 보세요"라고 반복하여 말함으로 그의 주장을 오히려 더욱 강하게 했거든요. 그는 상대자를 궁지에 몰아넣었어요. 이런 의미에서 그는 목표에 도달한 셈이에요. 바로 이점을 고려하면 그 주장이 옳은가 그렇지 않은가는 이제 중요하지 않아요. 그러니까 내 생각에는 나쁘다기 보다는 오히려 좋았던 것 같아요. 그것이 좀 무례하거나 불손하다고 이제는 생각되지 않아요.
여학생 A: 예, 그러나 그가 이야기 했던 것은 그가 다른 사람의 주장을 전혀 올바르게 고려하지 않았음을 의미할 수도 있어요.
마르쿠스: 잠깐. 저도 할 말이 있어요. 문제는 그들이 다른 사람의 주장을 실제로 서로 평가하지 않는다는 것입니다. 주어진 입장을 주장한 것뿐이어서 중간에 혼돈스러웠어요. 그러나 모든 주장에 대해 서로 대답할 수 있도록 정해져 있었다면, 그건 문제가 아니죠. 그러면 다른 사람의 주장을 고려할 수도 있었을 거예요. 그러나 그런 규정이 없었어요. 논쟁을 자기 마음대로 할 수 있는 게 아니니까요.
여학생 A: 그러나 그는 항상 같은 주장만 되풀이 했어요.
포와트: 그럼 예를 들어봐요.
여학생 A: 그가 말하길 NATO는 단지 그 자체의 이익만을 따라 행동한다는 게 대체로 주된 주장이었어요.
포와트: 그러니까 그 가운데는, 즉 자체 이익에는 또한 많은 주장이 있어요. 사람들은 정치적으로 행동해야 하며 (...) 사람들이 목적을 이루지 못한 때는...
교사: 그는 토론 중에 너무 많이 이야기 했어요. 다른 사람보다 더 많이. 아마도 몇 가지가 반복되었기 때문일 거예요. 아니? 아직도 부분적으로 완성할 것이 있나요? 흉내는?
마르셀: 예, 그러니까 주장할 때는 원래 그렇지 않았어요. 그러니까 제 생각에는 게임태도가 상당히 설득력이 있었어요. 흉내와 몸짓도요. 그런데 말할 때는 항상 그런 것이 아니었어요. 그러나 두 사람, 즉 마르쿠스와 포와트는 대부분 중간에 이야기 했어요. 그런데 제 눈에 띈 것은 그가 마르쿠스에게 질문을 했고 그 다음에 자기 스스로 대답을 했어요. 그러니까 마르쿠스에게 전혀 대답할 기회를 주지 않고 자기 스스로 대답을 해버린 것 이예요.

| 정치수업시간에 대화하기 |

> 남학생 A: 맞아요, 딱 맞아요.
> 마르셀: 예, 부정적이지도 않았어요. 단지 제 눈에 띄었을 뿐 이예요. 그래요 마르쿠스가 이야기한 것처럼, 그들은 항상 다른 사람들에게 이야기하게 두지 않았어요. 그들은 서로 점점 더 분리되었고 언젠가부터 같은 주장을 하게 되었기 때문예요. 그리고 마지막 문제점, 어떤 주장이 가장 설득력이 있는가에 대해서 제 생각에는 원래 쿠르드족에 관한 주장이었어요. 그러니까 NATO가 단지 자기 이익을 위해서만 행동을 한다는 것이에요. 사람들이 거기에 개입하지 않는다면 코소보에도 개입할 이유가 없다고 말할 수 있어요. 그러나 그럼에도 불구하고, 깊이 생각을 해야 하는데, NATO는 회원국으로 구성되어있고, 비록 끔찍한 일들이 벌어지고 있어서 원래는 개입해야 하는 데도 불구하고 개입하지 않기 때문이에요. 그래서 저는 그 주장이 원래 상당히 설득력이 있다고 생각합니다.
> 교사: 확실히 그 주장은 바로 반대편에 해당됩니다. 다음으로 넘어갈까요? 누가 P. 아르덴, 아르덴여사(헌법재판관, G.W.)를 관찰했나요? 예?
> 남학생 B: 그러니까 그녀는 헌법재판관이죠. 전반적인 주장에서 대부분 항상 UN-전권(Mandat)에 대해 거론하였습니다. 즉 그녀는 UN-전권을 가진 NATO투입에만 찬성이지요. UN-전권이 없는 국제법적 추방은 재판을 받아야 합니다. UN-전권만 있다면 주둔군은 문제가 되지 않아요. 이는 보호전쟁이 아니라 침략입니다. 토론에 임하는 태도는 조용하고 객관적이었어요.
> 교사: 그리고 가장 중요한 주장, 그것이 가장 설득력이 있었다고 생각합니까?
> 남학생 B: 예, 잘 모르겠어요. 모든 주장이 다 똑같다고 생각해요.
> 교사: 눈에 띈 것이 그거예요. 누가 P. 아르덴을 또 관찰했나요? 보충할 말은? 좋아요. 그렇다면 다음으로 넘어가죠.

교사는 관찰을 한 집단에게 질문을 함으로 대화를 시작한다. 터어키 출신의 학생으로 짐작되는 포와트는 토크쇼에서 상당히 열정적으로 쿠르트 지역에의 외부의 병력투입을 반대했다. 여학생A와 마르셀이 그를 관찰했다. 여학생 A는 먼저 그녀의 의도 ("*정치적인 길*") 내지는 입장을 묘사하였다. 주장에 대해서는 자세하게 메모하지 않았다. 그의 몸짓에 대한 묘사("*부분적인 위협*", "*다른 사람의 의견을 수용하지 않았다*", "*무례하다*")는 강하게 평가되고 낮은 평가가 주어졌다. 포와트는 즉시 개입하고("*그것은 보통이예요*") 비판에 맞서지는 않는 것 같다("*이는 문제가 되지 않았어요*"). 그는 계속해서 자신을 변호하려는 여학생A("*상당히 극단적*")를 강력한 표현("*그것이 내 과제였어요*")을 사용하여 궁지에 몰아넣으려고 했다. 두 사람 사이의 갈등은 한편으로는 남녀 성별차이에 의한 것이고 다른 한편으로는 주제에 관한 차원이었다. 전문적인 관점에서 보면 정치적 해결에 대한 대화가 방해받은 관계로 인해 진행되지 않는다. 수업의 주제에 관련된 주장은 언급되지 않는다. 두 사람은 제대로 깊이 질문하지 않았으며 또한 그들의 의견을 통제하여 발표하지도 않았다. 포와트는 다른 의견을 "남성적으로" 자기 견해와 어긋난 것으로 인식한다. 여학생A는 "여성적으로" 그녀의 입장을 변명하듯("또한 다르다", "어 참", "이미") 이에 대항하며 관계의 갈등을 항목별로 상대화시키고자 한다.

교사는 관계의 갈등을 인식하고 제3자를 끌어들여("마르셀은 어떻게 생각하나요?") 그 상황을 정화시키려고 하였다. 그러나 이렇게 관심을 다른 데로 옮김으로서 평가단계에서 갈등의 원인을 다루지는 못한다. 목적 상기시키기나 번개토론기법은 사용되지 않았다. 아마도 교사는 남녀 성별 차이로 인한 배경은 의식하지 못한 것 같다(Kroll 2001 참조). 공동의 목적을 상기시키는 의미의 대응질문을 통하여 두 사람간의 대화를 다시 내용차원으로 돌이킬 기회가 교사의 단순한 진행태도에 의해 활용되지 못하였다. 대화주도는 형식적인 진행선언으로 축소되었다.

마르셀은 두 번째 관찰자로 대화에 두 번 끼어든다. 그는 분위기를 좋게 바꾸거나 포와트를 변호하기 위하여, 시인하는 서두("저도 말할려고 했는데요")로 칭찬하는 도입에("그러니까 제 생각에는 원래") 유리하게 시작하였다. ("그는 설득력있게 단순히 주장을 했기때문에" 그는 포와트를 칭찬한다. 수사학-언변에 능한 대화의 본보기가 부각된다("그는 상대자를 궁지에 몰아넣었어요. 이런 의미에서 그는 목표에 도달한 셈이어요.") 그는 그 여학생과 다른 입장을 취하였는데, 이는 그가 이를 "무례하거나 불손하다고" 할 수 없는 유용한 언변이라고 느끼기 때문이다. 마르셀은 토크쇼에서 오히려 정치적 공격을 서로 하는 것으로 이해한 반면 그 여학생은 아마도 담론의 교환이라는 의미의 대화를 기대하였다("그가 다른 사람의 의견을 어쨌든 도무지 수용하지 않았다고 생각해요"). 여기에서 공개적인 정치토론의 태도의 요소가 인식된다.

이때에 마르쿠스가 새로운 역할을 함께 감당한 사람으로 개입한다. 여학생에 의해 은연중에 촉구된 공동 해결책을 거부하는데 이는 "의견주장"은 협상할 수 있는 게 아니기 때문이다. 그래서 서로의 의견을 다룰 수 없다("모든 주장이 서로 답변을 할 수 있도록 정해져 있었다면") 이로써 평가대화는 다시 주제를 설명하는 대화가 되어버린다. 여학생 A는 "*항상 되풀이한 같은 주장*"으로 "*NATO가 단지 자기이익만을 쫓아 행동한다*'는 것을 언급한다. 포와트는 다시 한 번 자신을 변호하고 이 맥락에서 언급한 다른 주장들을("자체이익","정치적 행동" "목적을 이루지 못한다") 열거한다. 관계로 인한 갈등에서 두 당사자간에 다시 주제를 설명하는 대화가 되었다. 갈등은 극복된 것으로 보인다.

이제 교사가 대화에 참여하고 상대화시키는 입장을 취하게 된다("단순히 너무 많이 이야기 했어요", "몇 가지가 반복되었기 때문일 거예요"). 그녀는 여학생 A의 비판을 합당한 것으로 간주하고 동시에 포와트에 대한 이해심을 보인다. 그녀는 그들의 의도에 대해 이야기 하면서, 둘 다를 인정한다는 것을 보여주고 싶었다. 반면에 어떤 주장이 옳은지 내지는 어떤 주장이 빠졌는지에 대해서는 설명하지 않는다. 그녀는 이전에 언급된 주제차원에 대해서는 매듭을 짓고 객관적으로 요약하면서 설명하지 않고 관계적인 차원에 답변을 하였다. 이를 통해 토론대상에 대한 다양한 견해에 대한 작업은 이루어지지 않았다. 주장된 의견에 대해서 다시 질문하거나 대조, 구별하지도 않았다. 대신에 그녀는 "*아직도 부분적으로 더 말할 것이 있나요?*"라며 으로 앞서 말한 내용을 상기할 수 있게 하였다.

마르셀은 이제 "*그런데 말할 때는 항상 그런 것이 아니었어요*'라고 함으로 주제에서 관계차원으로 전환한다. 그는 토크쇼의 두 상대자, 즉 포와트와 마르쿠스에게 책임을 전가한다. 이외에도, 포와트는 마르쿠스에게 질문을 했고 그 질문에 포와트가 "*자기 스스로 대답했다*". 그러나 이 두 사람은 "*항상 다른 사람들에게 이야기하게 두지 않았고*' 그리고 "*언젠가부터 같은 주장을 하게 되었다*'. 마르셀이 가장 설득력이 있다고 여긴 것은 "*쿠르드족에 관한 주장*'이었다. 터어키내의 갈등과 코소보를 비교함으로써 마르셀은 "*깊이 생각하게 되었다.*" "*NATO가 원래 어디에 개입해야만 하는 걸까?*" 마르셀은 그의 의견을 다듬어 이야기 하였고 많은 국면을 알아차렸으며, NATO의 이익에 대하여 논쟁함으로 제대로 질문을 하였다. 그는 토크쇼의 결과를 계속 이끌어 내었으며 간접적으로 다른 사람을 통해 의견발표를 촉구하였다.

교사는 당황하였고("음") "*확실히 그 주장은 바로 반대편에 해당됩니다*'라고 선언해버렸다. 마르셀의 상세한 문제에 대한 생각에의 내용적 관련성은 (누가 반대편인가?) 불분명한 채로 남는다. 그녀는 입장을 이야기 하지도 않고 중립적으로 상대화 시키는 발언으로 비켜나간다. 그녀는 또한 다른 대화참여자에게 담론에 참여하도록 촉구하지도 않는다. 그녀는 주제에 대한 주장의 내용을 깊어지는 데도 아무런 기회를 만들지 않는다. 그녀는 자기 의견을 숨기기 때문에 신뢰할 만한 영향을 주지 않는다. 마르셀의 의도는 바로 대상을 설명하고 체계적인 학습을 주도할 기회와 같이 파묻혔다. 교사는 진행기법 즉 "*다음으로 넘어갈까요?*"라는 말로 계속한다. 학생B는 이어서 발표하나 마찬가지로 이에 대한 대응질문이 별로 없다.

이러한 일상적인 수업대화의 분석은 대상을 체계적으로 설명하는 목표를 눈 밖에 벗어나지 않게 하는 것이 얼마나 어려운가를 분명하게 보여준다. 교사는 내용적인 입장에 관계하지 않고 학습동반자로서 결과를 학생들에게 맡긴다. 그녀는 공개적으로 말하지 않고 정확한 정치적 판단력을 형성하도록 촉구하지 않는다. 학생들은 서로를 통해 배우고 - 교사는 이에 반해 관계에 관련된 질문에서만 엄호를 포기한다. 정치적인 것을 다루는 것은 오직 학생들에게 맡겨져 있다. 이에 몇 몇 학생들은 아주 숙련되게 대처한다. 그들은 담론에서 정치적인 내용이 해명되는데 기여한다. 그들은 대화를 항상 다시 주제로 돌이킨다. 비록 토크쇼를 평가하라는 지시에 의해 발표활동이 계획되더라도 그들은 충분히 자발적이며 적극적이다. 이에 의견교환, 즉 그날 정치 뒤에 숨겨져 있는 사례에 대한 토론이 있게 되지만 대화를 위해 필수적인 준비가 되어 않으면 학습자들 스스로 할 말을 찾을 수 없기 때문에 체계적인 학습은 이루어지지 않는다. 교사에게는 학습결과를 위해 필요한 준비와 커뮤니케이션의 촉진 사이의 균형을 찾는 것이 쉽지 않다.

활동지향적인 방법을 평가하는 데 있어서 교사는 학습자와 같이 책임이 있다. 방법에 있어 결코 결과를 스스로 도출해내고 교사가 물어서 있을 수 있게 하지는 않아야 한다. 방법은 목표설정과 대상범위와 다시 연관되어야 한다. 방법이 교사가 학습결과에 대한 책임을 전가할 목적자체는 아닌 것이다. 쿤(Kuhn)은 "토크쇼 단계에서는 서면으로 작성된 기획의 목적에 대해 고려하고 평가에 관한 질문이 시작된다"라고 밝혔다(Kuhn 1995, 169). "바로 활동지향적인 수업에서는 그 평가가 단순한 부록, 단순한 인지적인 의무이행에 머무르게 되는 위험성이 있다"(Kuhn 1995, 198). 따라서 평가를 위한 대화에서는 주제를 학생들에게 지속시키는 고도의 전문성과 능력이 요구된다(Weißeno 1998, 286). 이 사례는 이것이 가능하며, 다시 계획할 수 없는 상황, 즉 교사의 침착한 마음가짐과 능력이 요구되는 상황이 발생한다는 것을 보여준다.

참고문헌

Bollnow. Otto F.: Das Gespräch als Ort der Wahrheit: In: Universitas, 2/1980, S.113-122

Breit, Gotthard: Mündigkeit als Ziel des Demokratie-Lernens. Konsequenzen aus der Geschichte des deutschen Obrigkeitsstaates für den Schul- und Politikunterricht. In: Breit, Gotthard/Schiele, Siegfried(Hrsg.): Demokratie-Lernen als Aufgabe der politischen Bildung. Schwalbach/Ts. 2002, S.133-159

Fickel, Johanna: Ausgewählte Lernformen im politischen Unterricht. In: Nitzschke, Volker/Sandmann, Fritz(Hrsg.): Neue Ansätze zur Methodik des politischen Unterrichts. Stuttgart 1982, S.246-300

Gagel, Walter: Politikunterricht. Zur Gestaltung der Unterrichtskommunikation. In: Gagel, Walter u.a.(Hrsg.): Handbuch zu den Richtlinien NRW. Opladen 1988, S.141-154

Giesecke, Hermann: Methodik des politischen Unterrichts. München 1973

Grammes, Tilman: Kommunikative Fachdidaktik. Politik-Geschichte-Recht-Wirtschaft. Opladen 1998

Hage, Klaus u.a.(Hrsg.): Das Methoden-Repertoire von Lehrern. Eine Untersuchung zum Schulalltag der Sekundarstufe I. Opladen 1985

Kroll, Karin: Die unsichtbare Schülerin. Kommunikation zwischen Geschlechtern im Politikunterricht. Schwalbach/Ts. 2001

Kuhn, Hans-Werner: Politischer oder unpolitischer Unterricht? Rekonstruktion einer Talkshow im Politikunterricht. In: Massing, Peter/Weißeno, Georg(Hrsg.): Politik als Kern der politischen Bildung. Opladen 1995, S.161-204

Massing, Peter: Reden-Formen des Gesprächs. In: kursiv. 2/1999, S.30-35

Pallasch, Waldemar: Pädagogische Gesprächsführung. Weinheim/München 1987

Richter, Dagmar: Lehrer von Mehrperspektivität-Lernen an Differenzen. In GPJE(Hrsg.): Lehren und Lernen in der politischen Bildung. Schwalbach/Ts.2003, S.9-20

Ritz-Fröhlich, Gertrud: Das Gespräch im Unterricht. Bad Heilbrunn, 2.Auflage 1982

Rogers, Carl R.: Therapeut und Klient. Grundlagen der Gesprächspsychotherapie. München 1977

Sander, Wolfgan: Politik entdecken-Freiheit leben. Schwalbach/Ts. 2001

Seifert, Josef W.: Moderation und Kommunikation. Offenbach, 2.Auflage 1999

Thiele, Hartmut: Lehren und Lernen im Gespräch. Gesprächsführung im Unterricht. Bad Heilbrunn 1981

Watzlawick, Paul u.a.: Menschliche Kommunikation. Formen, Störungen und Paradoxien. Stuttgart. 4.Auflage 1974

Weißeno, Georg: Lernertypen und Lernerdidaktiken im Politikunterricht. Frankfurt/M. 1989

Weißeno, Georg: Chancen und Risiken handlungsorientierter Methoden. Bericht über eine Talkshow. In: Breit, Gotthard/Schiele, Siegfried(Hrsg.): Handlungsorientierung im Politikunterricht. Schwalbach/Ts.1998, S.278-287

Weißeno, Georg: Medien im Politikunterricht. In: ders.(Hrsg.): Politikunterricht im Informationszeitalter. Schwalbach/Ts.2001, S.21-38

Weißeno, Georg: Demokatie besser verstehen-Politischesf Lernen im Politikunterricht. In: Breit, Gotthard/Schiele, Siegfried(Hrsg.): Demokratie-Lernen als Aufgabe der politischen Bildung. Schwalbach/Ts.2002, S.95-116

Werner, Fritjof: Gesprächsverhalten von Frauen und Männern. Frankfurt/M. 1983

인터넷 - 조사 및 정보수집

지그프리드 프레히(Siegfried Frech)

서문

인터넷은 방법이 아니고 매체이다(Langner 2002, 2참조). 인터넷은 신중하게 선택된 목표, 의미 있는 교수법적, 방법적 기준에 근거한 매체도 아니다. 마찬가지로 그것은 전문분야에 맞게 준비된 자료나 사실들이 조사나 정보수집의 목적으로 알기 쉽고 이해하기 쉬운 견본에 따라 분류되어 있는 백과사전도 아니다(Kegler 2002, 42이하). 그렇다면 마법으로 불러낸 이상적인 교육매체인가?

초기의 네트워크-쾌감과 부분적으로 운명적인 기분의 네트워크-비관주의는 그 동안에 냉철한 현실주의에 굴복했다. 그럼에도 불구하고 인터넷과 그 내용이 정치수업에서 어떻게 구조적으로 연관되며 사용될 수 있는지에 대한 문제는 연구대상이다. 인터넷상의 그리고 인터넷을 이용한 정치교육은 아직 미숙한 단계에 있다(Ruprecht 2003, 5참조). 이 장에서는 취급과 적용분야에 대해 대략적으로 살펴보기로 한다. 그러나 정치교육의 대상으로서 적합하게 생각되는, 상세한 전문적인, 방법적인 분석은 제외하고자 한다. 비록 인터넷이 본래의 학습매체는 아니더라도, 앞으로 거론할 수업제안, 수업아이디어, 수업현장을 위한 실습보고서와 제안에서 때때로, "인터넷을 방법적으로 마치 전형적인 수업매체와 같이 취급하고자" 한다(Kegler 2002, 42). 가끔 정치학 교사들이 이 새로운 매체에, "학생들의 정치수업에 대한 관심을 일깨울 수 있는" 소망을 두고 있다는 인상이 강하게 느껴진다(Breit/Weißeno 2003, 69). 매체의 단순한 매력과 흡인력이 정치수업에서 사용하기 위한 전문적 교수법적인 근거로 충분한 것은 아니다.

정치수업에서 인터넷을 의미 있게 사용하기 위해서는 전문 교수법적인 근거를 찾아야한다(Hedtke 1999, 497). 어떻게 정치라는 과목에 전문적인 목표와 방법을 인터넷 사용과 연결시킬 수 있는가가 논의될 수 있다(Weißeno 2001, 21이하;

Breit/Weißeno 2003, 69이하). 인터넷 사용이 정치수업에 합당한 목표를 성취할 수 있는지 또 있다면 어떻게 성취할 수 있는지에 대해 질문하고 평가한다. 여기서 이에 대한 준비로 인터넷과 그 내용을 - 정치수업에서 사용되는 대부분의 매체와 같이 - 선택하고 작업하여야 한다(Weißeno 2001, 30 이하 참조).

인터넷과 학교

신기술과 새로운 매체로 인하여 교육학적인 활동구조가 꾸준히 발전되고 있다. 학교의 매체역사와 매체이용에 관하여 간단하게 살펴보면, 모든 새로운 매체와 신기술에 많은 기대를 했고 아직도 기대하고 있음을 알 수 있다. 새로운 매체의 발달과 보급으로 꾸준히 논의되고 진단되고 있는 바는, 학교가 교육학적으로 혁신되어, 매체 없는 수업은 더 이상 생각할 수도, 상상할 수도 없으며 "학교는 이 분야에서 기술적, 교수법적으로 보충하고 발전하도록 요구된다"(Becker 2001, 23)는 것이다.

교육학적인 진단과 조사결과

오래 전부터 학교에 "통신망열풍"이 불고 있다. 독일연방교육연구부와 독일 통신회사에 의해 1996년에 창설된 "학교와 통신망(Schulen ans Netz)"이란 단체는 1996년부터 일반 및 직업학교의 통신망 연결을 가능하게 하였다. 지역사회의 후원사와 협력하여 현재 독일의 약 20,000개의 학교에 통신망이 연결되어 있다(Drabe/Garbe 2000, 2 이하). 이러한 수치로는 우선 학교의 학습문화가 변화하는지 또는 컴퓨터가 어떻게, 어떤 목적으로 사용되는지에 대해 잘 알 수 없다.

고전적인 학습상황

"고전적인 학습상황"은 소위 '학습을 위한 섬'이라고 할 수 있는데, 그곳에서는 바깥사람들과 의사소통 또는 협력을 할 수 없다. 한사람의 교사가 교실 또는 그 과정에서 지식전달과 학습구조에 대한 책임을 진다. 학습은 시간적, 공간적으로 제한되어 있다. 교과서와 학습 자료는 교사에 의해 선정되고 수업에 결정적이다"(Schulz-Zander 1997,9).

학생들이 통신망을 접한다면 무엇이 근본적으로 새로워지는가? 또 "고전적인"

학습상황과 통신망에서의 잠정적인 "새로운" 학습과의 관계가 원래 어떻게 정리되었는가? 앞서 설명한 비교에서 파악되었었던, 문헌에 자주 사용되는 이분법으로 보면, 나무토막을 자르는 것과 유사하게, 학습상황이 서로 다른 것이 분명하다.

이에 반해 제한되지 않은 정보를 얻을 수 있다는 것은 무엇을 의미할까?

> "새로운" 학습
> "이와는 반대로, 학습자는 통신망을 이용하면서 비로소 무제한으로, 종종 교사도 알 수 없는, 자료들을 접할 수 있다. 교사들은, 장기적으로 보면 더 이상 정보와 지식의 주요공급자가 아니다. 외부의 전문가들에게 질문할 수 있다. 학생들은 다양한 관점을 접하게 되고 이를 평가해야 한다. (...) 가르치는 사람과 배우는 사람의 경계에 구멍이 뚫린다. (...) 학교에서 학습의 새로운 제2의 형태가 학교라는 학습장소를 넘어서는 통신망을 통한 의사소통과 협력가능성에 의해 생겨난다. (...) 인터넷으로 말미암아, 커뮤니케이션, 작업결과의 공동개발, 아이디어의 공동 생산으로 도전하고, 지금까지 상상하지도 못할 정도로 지원될 수 있는 커뮤니케이션의 공간이 생겨났다. 커뮤니케이션은 장소와 시간에 제약을 받지 않으며 전 세계의 사람들을 대상으로 할 수 있게 되었다. (...) 참여자는 그들의 생각을 기입하고, 커뮤니케이션의 상대방의 반응과 관심을 얻으며, 이 과정에서 그들의 지식을 구별해내면서 그들 자신의 지식을 구성 한다" (상기참조)

이와 같이 자주 인용되는 비교에서, "매체와 함께하는 교육"(Harth 2000, 197)의 장점이 우선시되고 있음이 눈에 띈다. 매체교수법의 전통에서는 교수 및 학습과정에로의 매체투입의 의미와 작용에 대한 질문이 제기된다. 두 번째 인용에서, 새로운 매체가 얼마나 많은 기여를 할 것 인가에 대한 생생한 기대감이 분명하다(Langner 2002,3). 이 비교에는 무의식적으로 수업을 학생들에게 특정한, 사전에 계획된 자료가 전달되는 학습상황으로 이해하는 교수모형(Instruktions-Paradigma)과 수업참여자에게 적극적인 행동가의 역할을 부여하는 문제해결모형(Problemlösungs- Paradigma)이 대조적으로 "반영"되어있다. 단지 2개의 "교수법적인 세계상"만으로는 수업현실이 제대로 반영되는지에 대해서 의문의 여지가 있다.

"새로운 학습"을 옹호하는 사람들은 세 가지 "매체함정"(Mandl/Reinmann-Rothmeier 1998, 112이하 참조)에 빠질 위험이 있다. 새로운 매체를 사용함으로 학습을 재미있게 할 수 있으며 교육오락(Edutainment)이 될 수 있다고 주장한다.

이 "재미-함정"은 애를 쓰고 긴장을 해야 학습이 이루어진다는 사실을 은폐한다. "신속-함정"은, 학습은 새로운 매체로 더욱 빠르게 이루어질 수 있다고 주장한다. 이 또한 궤변이다. 바로 학습은 때때로 힘이 들고 시간을 필요로 한다. 마지막으로 "효율성-함정"은 학습이 새로운 매체로 더욱 효율적이 될 것이라고 주장한다. 교수법적으로 일방통행도로를 선호하지 않는다면, 학습은 종종 "시행착오와 '비생산적인 활동성'과 연관되어 있다"(앞의 책 참조). 그렇지만 이는 (경우에 따라) 좀 더 깊은 관점으로 이끈다. 일반적인 교수법적 관점 하에서 단순히 교육학적으로 "전형적인" 다음과 같은 질문이 생긴다. "주제, 매체와 관련하여 어떤 가능성이 제공되는가? 새로운 매체가 사람(교사)이나 다른 매체(예를 들어 교과서와 같은)가 할 수 없거나 또는 잘 할 수 없는 무엇을 할 수 있는가?"(Frech/Langer 1995, 392).

학생, 교사 또는 교수법에 관심을 가진 사람으로서 이미 다양한 매체로 인한 불쾌감을 체험했다면(그리고 학생으로서 어학연습실에서 고통스러웠다면), 학교와 수업현장의 교수법적, 방법론적인 레퍼토리를 실제로 채택해야 할 때 오히려 신중하게 될 것이다.

학교의 컴퓨터와 인터넷 사용

앞서 설명한 "학교와 통신망"이란 단체의 활동을 믿고 처음에 인용된 수를 믿는다면, 컴퓨터는 독일 전역의 학교와 교실에서 점점 더 많이 설치되고 있다. 독일의 12세부터 19세까지의 청소년들을 대상으로 한 매체사용에 대한 기본조사 중 1092명을 대상으로 한 설문조사에 따르면 다음과 같은 냉정한 결과가 나왔다.

> 질문 받은 청소년들의 64%(698명)는 학교에서 컴퓨터를 거의 사용하지 않는다고 대답했다. 청소년들의 판단에 의하면 학교에서 컴퓨터는 거의 사용되지 않는다. 10명중 8명이 학교에서 좀 더 컴퓨터를 많이 사용하기를 희망했다. 컴퓨터는 학생들의 답변에 따르면 많은 과목에서 일반적으로 사용되지 않으며 오히려 통상적으로 특정과목(75%)에 제한되어 사용된다. 이는 학교의 컴퓨터장비의 설치상황이 분명한 그 원인이다. 학생들의 답변에 따르면 겨우 15%만이 교실에서 컴퓨터를 접할 수 있다. 직접 컴퓨터를 취급하는 경우도 드물다. 청소년의 71퍼센트는 컴퓨터작업이 일반적으로 교사의 주도하에 이루어진다고 답변했다. 학생들의 대부분은 한 대의 컴퓨터를 여럿이 공유한다(67%).

> (...) 12세에서 19세 사이의 청소년 중 63%는 다소 규칙적으로 인터넷을 사용하며 학교에서 극히 드물게 이메일을 보내고 받는다. 학습프로그램의 이용은 조사대상의 반(51%)정도가 한다고 대답했다. 전체 청소년의 2/3가 현존하는 학교컴퓨터가 좋은 기술장비라고 증거 하였다. (...) 주요학교(Hauptschüler)학생의 31퍼센트가 교실에 한 대의 컴퓨터를 갖고 있지만 실업학교(Realschule)는 14%뿐이며 인문계 중 고등학교(Gymnasium)는 8퍼센트이다. 학교수업에의 학습프로그램의 통합은 63퍼센트의 주요학교(Hauptschule) 학생들이 인정을 했지만 인문계 중 고등학교는 41퍼센트에 불과하다(실업학교는 58%). (시청각교육 연구협회 2002, 39이하)

이와 같은 컴퓨터 장비 이용에 관한 조사는 먼저, 어떤 과목에서 컴퓨터가 사용되는지, 어떤 내용과 어떤 방법이 수업의 중심에 있는가 하는 질문에 귀납적으로는 거의 답을 주지 못한다. 교육부가 시행한 일반학교와 직업학교의 정보통신장비에 관한 최근연구에서 특정한 과목에서의 컴퓨터사용에 관한 질문을 하였다. 평가등급은, 전혀 사용하지 않음 0에서 자주 사용함 5까지였다. 제1중등과정(우리나라의 초등학교 5학년부터 고등학교 1학년까지)와 제2중등과정(고등학교 2학년부터 4학년까지)(우리나라보다 중고등부과정이 1년 더 김)를 대상으로 한 조사의 평가는 다음과 같다.

> "컴퓨터설비가 되어있는 제1, 2중등과정에서 가장 빈번하게 컴퓨터를 사용하는 과목은 전산학(3.4), 협력수업활동(2.5), 노동론, 경제, 기술(2.2), 수학(2.0)이다. 또한 컴퓨터는 독일어(1.8), 자연과학(1.7), 외국어(1.6), 사회학(1.5), 가정(1.2), 미술과 음악(1.2)에도 사용된다.
> 인터넷은 주로 전산학(2.7), 특별활동(2.4)에 사용되지만 또한 노동론, 경제, 기술(2.0) 사회학(1.7), 자연과학(1.5), 외국어(1.4)와 독일어(1.4)에도 사용된다."(교육부 2002,25)

이 연구의 결과가 오히려 검소하게 느껴진다. 소위 "사회학"에서의 컴퓨터사용과 인터넷이용은 아주 드물다고 할 수 있다.
상기에 언급한 수치로 인해 다음과 같은 결론을 유추해볼 수 있다.

● 멀티미디어의 내용이 아직까지 내용적으로는 결정적으로 그렇게 발전되지는 않은 것으로 추측된다. 즉 학습 자료와 인터넷내용의 질적인 문제가 아직 해결되지 않았다. 수많은 학습프로그램과 새로운 소프트웨어는 "교수법적으로

효율적인 학습"을 보장한다고 자칭 약속하지만 학습심리학적인 관점에서 보면 행동주의적 개념에 분명히 근거하고 있음을 알 수 있다(Langer/Frech 1995, 391이하 참조). 또한 정치교육에도 요구하는 바가 많은 상호작용적인 학습 환경은 아직까지 거의 발전되지 않았다(Sander 2001, 125 참조)
- 정치수업에 인터넷을 사용하는 것은 먼저 성과가 많은 적용분야에 대해 문의해야 한다. 인터넷을 정치수업에 매체로 사용하기를 원한다면 이는 교수법적으로 심사숙고한 학습방도와 방법론적으로 의미 있는 탐구와 제시의 가능성을 필요로 한다. 소위 "WebQuests", 즉 학생들이 찾아 연결한 사이트의 도움을 받아 주어진 과제를 인터넷에서 해결할 수 있는, 상호작용적인 학습 환경은, 정치수업에서 주제에 적합하며 정치학 특유의 교수법적으로 적절한 목표에 도달할 수 있는 길이다.
- 인터넷을 취급하려면 "전략적인" 학습과정이 필요하다. 자료와 정보를 적극적으로 찾고, 결과지향적으로 작업하며 자기 자신의 학습과정에 책임을 질 수 있기 위해서 학생들은 (또한 교사들도) 특정한 능력을 필요로 한다.

인터넷의 적용분야

인터넷을 사용하거나 인터넷상의 학습을 위한 포괄적인 교수법에 대한 저술은 아직까지 없다(Ruprecht 2003, 33 참조). 또한 적용분야에 대해 언급해본다면, 정치학수업에서의 인터넷사용은 아직까지 실험단계에 불과하다.

인터넷을 사용하거나 인터넷상의 학습에는 다양한 적용분야 즉 정보찾기, 상호작용, 프리젠테이션 등이 있다(Baacke/Ruprecht 2000, 47이하). 정치수업을 위해 방법론적으로 의미 있는 취급을 고려하면 "조사하고 정보찾기"라는 영역이 중요하다고 할 수 있다. 이 적용분야로 제한하는 것은 정치수업이 통상적으로 매우 시간상 여유가 없기 때문이다. 상호작용과 프리젠테이션의 두 적용분야로 간략하게 요약할 수도 있는데, 이는 정상적인 시간을 훨씬 넘어서는 많은 시간을 필요로 한다.

적용분야 정보수집: 수업준비

인터넷은 정치학 교사가 정보를 찾고 수업을 준비하는 수단으로 정착되어왔다. 교육관련서버(Gugel 2002, 238이하 참조), 교육기관 등의 관련 사이트는 (많거나 적건 간에) 빠른 시간 안에 목표에 이르게 한다(Ruprecht 2002, 88 이하 참조). 그렇지만 사이트가 너무 많아 소수의 "좋은 사이트"를 선정하는 문제가 있게 된다. 전자도구, 수업을 위한 내용작업과 준비, 자료와 정보의 올바른 기술적 관리에는 아주 많은 시간이 든다(Hedtke 2002, 2 이하 참조). 인터넷을 통해 도달할 수 있는 내용이 교사들을 위해 작성된 경우는 드물며, 대부분 "방법론적으로 조직화되지 않은" 상황으로 인해 검색프로그램(예를 들어 연결목록의 형태로)과 인터넷이 제공하는 정보에 대한 판단기준을 필요로 한다(자료1, 83 참조).

오프라인-검색프로그램

Ruprecht, Gisela: Politische Bildung im Internet. Mit Tipps und Tricks. Unter Mitarbeit von Tessa Debus und Frank Langner, Schwalbach/Ts., 3. Auflage 2002

87-148면에 여러 표제어(검색프로그램, 지식저장/편람, 도서관, 방송국, 기사, 교육관련서버, 정치, 정치교육, 청소년교육, 교육방송, 선거, 협회, 지방정치, 지역사회, 유럽연합, 유럽연합회원국평론, 유럽(유럽연합이외의), 제3세계, 국제기구, 인터넷과 정치, 정당, 극우주의, 법/법률, 경제/사회, 환경/영향, 여성, 문화, 교회/세계종교, 역사, 박물관, 기념비/유대인대학살)에 대하여 해석을 달아놓은 링크목록이 있다.

Wimmers, Ralf: Lehrer-Kursbuch Internet. Einführung, Tipps, kommentierte Addressen. Unter Mitarbeit von Margit Fishbach, Berlin 2000

132-160면에 정치수업에 대해 40개의 해석을 달아놓은 인터넷주소가 있다. 주제영역, 각 인터넷사이트의 내용, 취급, 마지막으로 수업사용의 합당성에 대하여 설명하고 평가되었다.

Kührt, Peter: Computer, Internet & Co. im Politik- und Sozialkundeunterricht. Berlin 2002

79-232면에는 표제어(국가기관, 정치적 의사형성, 독일과 그 지역, 독일과 그 역사, 법과 범죄, 유럽과 그 경제, 우리 환경과 하나의 세계, 교육과 직업, 매체)에 따라 정리된 인터넷주소가 있다. 저자는 먼저 그 인터넷주소에 대해 주석을 달고 평가한다. 이외에도 수업단위, 수업아이디어, 수업순서가 부분적으로는 아주 상세하게(구체적인 과제설정과 검색지시와 함께) 소개된다.

> Fieberg, Klaus: Internetwegweiser für den Politikunterricht. CD-ROM. Bestandteil der Publikation: Georg Weißeno(Hrsg.): Politikunterricht im Informationszeitalter. Medien und neue Lernumgebung. Schwalbach/Ts. 2001
>
> CD-ROM은 중요한 인터넷자원을 위한 보고이다. 인터넷과 그 기능에 대한 일반적인 개요이외에도 소위 "Web-자격증"을 포함하며 "인터넷에서 찾고 구하기"란 주제의 한 단락을 포함하고 있다. 계속하여 정치학과 과목특유의 링크색인과 정치학수업을 위한 포털 및 웹사이트가 있다. 수업자료(예를 들어 인쇄물, OHP 필름)는 CD-ROM을 통해 작성될 수 있다.

사용가능한 인터넷주소와 웹사이트를 찾아도 별로 도움이 되지 않는다. 수많은 추천주소는 자세히 살펴보고 평가해보면 내용적으로 그리고 교수법적으로 가치가 없는 것으로 드러난다.

또한 국가 기관의 인터넷주소의 상당수는 그 기관을 나타내고 스스로를 광고하도록 구성되어 있다(Gugel 2002, 242참조). 이에 반해 준비가 잘되고 교수법적으로 쓸모 있는 정보는 찾기가 어렵다(Kührt 2002, 47이하 참조).

원하는 주제에 대하여 사이트를 찾게 되면 무엇이 중요하고 진지한 정보인지 아닌지에 대한 의문이 생긴다. 정치학교사들과 특히 학생들은 온라인상의 서류가 대체적으로 정보출처로 수업에 사용하는데 합당한 지 판단할 기준이 필요하다(자료 1 참조). 인터넷사이트를 방문할 때 모든 기준이 필요한 것은 아니다. 교수법적인 관점에서 먼저 제안된 기준의 한 부분만을 평가하기 위해 선택하는 것이 중요하다(예를 들어 내용적인 기준). 다음의 질문(Baacke/Ruprecht 2000, 7참조)은, 어떻게 인터넷에서 찾은 텍스트를 몇 개의 질문으로 평가할 수 있는 지에 관한 하나의 예이다.

> ● 그 사이트가 중요한, 전문적인 가치가 있는 정보를 포함하고 있는가?
> ● 그 정보가 주제와 관련하여 정확하고 진지한 것인가?
> ● 정보가 현실적인가? 최신정보로 교체한 날짜가 기입되어 있는가?
> ● 내용의 구조가 투명하고 논리적이며 주제에 맞는가?

인터넷 - 조사 및 정보수집

● 제공자에 대한 정보가 주어졌는가? 누가, 어떤 기관이 그 사이트에 대하여 책임이 있다고 명시되어 있는가?
● 정보출처와 인용이 정확하게 주어지는가?

교사가 수업을 시작하기 전에 스스로를 위해 먼저 방법론적으로 정돈된 텍스트분석(본서의 Peter Massing저 텍스트분석방법 참조)을 시행하는 것은 수업준비에 있어 필수적인 단계이다(Weißeno 2000, 192참조). 결정적인 문제는 발견된 정보가 대체로 정치의 핵심에 해당하는지에 관한 것이다.

적용분야 정보수집: 수업시간에 조사하기

수업에 인터넷을 투입하기 전에 적합한 사용을 위한 일반적인 전제조건은 다음과 같다.

"인터넷이 대체로 수업에 이용될 수 있는지 또는 불가능한지에 대해서는 먼저 질적(예: 컴퓨터, 브라우저, 인터넷, 통신망에 관한 지식, 일반적인 정보수집능력), 기술적(예: 하드웨어장비, 접속능력), 조직적(예: PC 작업장 접근, 주어진 수업시간), 법적(예: 저작권, 청소년보호), 그리고 경제적(예: 공급처, 통신, 데이터뱅크 요금에 대한 예산)인 전제조건에 달려있다(Hedtke 2002.4).

수업에서 조사를 목적으로 인터넷을 사용하게 하기 위한 준비비용은 상당하다(실제적인 사용에 대한 안내 참조). 먼저 인터넷사용이 목표 없이 모든 동기가 사라지게 하는 '찾아 헤매기'로 변질되지 않게 하려면 교사가 미리 조사해야 한다. 그렇게 해서 해당주소를 사전에 알려주는 것이 의미가 있으며 동시에 학생들의 주제와 인터넷경험에 따라 구체적인 질문을 하며 정확한 작업안내와 단계를 구상하여 사전에 알려주어야 한다(정치수업에서의 WebQuests 참조). 이와 같이 심사숙고하여 준비한 작업이 인터넷 이용을 위해 적절한지 평가를 하는 것은 중요하다. 왜냐하면 단순한 인터넷사용만으로는 결코 좋은 수업을 보장할 수 없기 때문이다(Ruprecht 2003, 33이하 참조).

시민교육방법트레이닝

수업에서 조사하기: 경비와 결과

다음의 사례로 이를 분명하게 살펴보자. 정치학의 전문 교수법적인 참고문헌에 발표되었던(Prechtl 1998, 71 이하) "유럽"이란 주제에 대한 첫 수업시간(Einführungsstunde)에 학생들은 특히 다음과 같은 학습과제를 받아 파트너와 같이 수행해야 하였다.

> 학습과제: 다음 주어진 주소를 이용하여 공동으로 작업하라 -
> http://europa.eu.int/en/eu/states.htm - 질문: 어떤 국가가 유럽연합에 속하는가? 중요한 웹 사이트 내지 텍스트, 그래픽 등은 교사와 협의하여 인쇄될 수 있다.
>
> 학습과제: 다음 주어진 주소를 이용하여 공동으로 작업하라 -
> http://europa.eu.int/en/eu/emblem.htm - 질문: 유럽연합기는 어떻게 구성되었는가? 중요한 웹 사이트 내지 텍스트, 그래픽 등은 교사와 협의하여 인쇄될 수 있다.
>
> 학습과제: 다음 주어진 주소를 이용하여 공동으로 작업하라.
> http://europa.eu.int/abc/9-may/index-de.htm - 질문: 언제 그리고 왜 유럽연합은 유럽의 날(Europatag)을 개최하는가? 중요한 웹 사이트 내지 텍스트, 그래픽 등은 교사와 협의하여 인쇄될 수 있다.
>
> 학습과제: 야후 - http://www.yahoo.de - 의 검색프로그램을 이용하여 관련정보 내지는 "유럽"이란 주제의 웹 사이트를 찾아라! 중요한 웹 사이트 내지 텍스트, 그래픽 등은 교사와 협의하여 인쇄될 수 있다.
>
> (이 학습과제는 모든 학생들이 받았다.)

첫 번째 학습과제에 주어진 주소(1998년에 출판물에서 비롯된 것임)를 찾아보면, 이 인터넷주소의 일부분이 변경되었다는 것을 쉽게 알 수 있다. 첫 번째 사이트의 앞부분 주소(http://europa.eu.int)는 변화되지 않았지만 다른 3개의 주소에서 뒷부분은 변경되었다. 수업 중에 링크주소를 사전에 검토하지 않고 사용하는 경우에는 항상 주소가 시간이 지남에 따라 변경됨을 고려해야 한다. 학습과제에서 주어진 주소를 찾게 되면 화면에 오류통지("사이트를 찾을 수 없음")가 뜨는데,

이에는 무엇보다 "europa.eu.int 의 출발사이트를 열고 그다음에 링크를 찾으라" 선택사항이 포함되어 있다. 학생들과의 세미나에서 이러한 오류통지는 종종 첫 번째 장애물로 등장한다. "사이트를 찾지 못함"이란 안내는 숙련되지 못한 세미나참석자들을 먼저 혼돈스럽게 하는데, 이는 그 다음에 작은 글자로 적힌 텍스트와 거기에 포함된 선택사항을 더 이상 읽을 수 없기 때문이다. 한 학생이 이 절망스러운 경험을 다음과 같은 문장으로 표현하였다. "나는 벌써 더 이상 마우스를 클릭할 수가 없었어요!"

이제 선택사항을 클릭하여 올바른 사이트에 연결되면 학습과제를 수행할 수 있기 위해서 먼저 목록을 제대로 찾아야 한다. 목록에 있는 표제어 "회원국"을 선택하면, 15개의 회원국 국기만 있고 각각 해당국가의 링크를 보이는, 사이트가 열린다. 이 링크 뒤에 해당국가의 정치적 체제에 대한 간단한 정보가 숨겨져 있다. 이 사이트의 다른 링크들이 상세한 정보로 이어진다(예를 들어 준비되지 않은 통계적인 숫자 등). 찾은 사이트의 빈약한 정보와 시간소요를 고려해보면 학습과제를 해결하기 위하여 간단한 지도를 사용하는 것이 더욱 적합하지 않았는가 하는 의문이 떠오른다.

학생들이 주어진 목록의 도움으로 두 번째 학습과제를 해결한다면 학생들이 선택한 사이트(http://europa.eu.int/abc/symbols/emblen/index_de.htm)에서 2개의 그림과 반 페이지의 텍스트를 발견할 것이다. 국기의 상징과 "국기의 역사"가 몇 줄로 요약 설명되어 있다. 마지막 세 번째 학습과제로 한 사이트를 (http://europa.eu.int/abc/symbols/9-may) 찾고 그곳에서 포스터가 나와 유럽의 날의 의미와 목적에 대한 3개의 간단한 테스트 단락을 찾을 수 있다. 세 개의 링크는 이 짧은 텍스트와 연결되어 있다. 여기에 계속 정보(특히 EGKS(유럽석탄철강공동체)의 창립을 기념하여 1950년 5월 9일에 한 로버트 슈만의 선언)가 제공된다. 학생들이 두 개의 과제를 의무로만 해결했다면 그들은 주어진 사이트에서 화려하고 단번에 감명을 주는 그림들을 보게 되지만 빈곤한, 별로 내용이 없는 정보, 즉 아직도 잘 알려진 반짝 반짝 윤이 나는 안내책자의 서식에서나 볼 수 있는 정보만을 접할 뿐이다. 매체의 명백한 우세와 그 개방으로 인하여 테마의 본질적인 내용적 구성요소로 눈길을 돌리지 못한다.

이 세 개의 인터넷 주소의 내용적인 선택은, 수업의 복잡성을 줄이고 학생들에게 "인터넷에서 구체적인 자료영역으로 처음으로 정보찾기를 사용하고 연습할"(Prech시 1998, 36) 기회를 준다는 것에 근거한다. 주제는 단지 "단서"일 뿐이고 내용적 테두리로서 사용되며 매체가 중심이 되어있다.

마지막 과제를 해결하기 위하여 결국은 검색기관(http://www.yahoo.de)에 표제어 "유럽"을 기입하면, 226,000개의 해당사이트가 제공된다. 소위 "TOP 20 WEB-SITES"앞에 먼저 스폰서와 여행상품안내로 연결되는 4개의 링크가 발견된다. "TOP 20 WEB-SITES"밑에 있는 세 번째 주소가 비로소 전문적으로 중요한 정보로 연결해준다(즉 "유럽의회사이트"로). 다섯 번째의 주소는 "유럽 보험(Europa-Versicherung)의 업무로 인도한다. 이 수업단계의 학습목표는 학생들이 "인터넷주소가 미리 주어지지 않은 경우 효율적인 정보를 찾는 것이 얼마나 어려운가 (...), 이러한 종류의 시도가 얼마나 많은 시간과 비용을 소모할 수 있나"를 아는 것이다(Prechtl 1998, 72). 조사를 위해 특정한 능력과 전략이 필요하다는 것을 나타내기 위하여 이런 (우회적인)방법이 의미가 있을 수도 있다. 분명한 것은 학생들에게 최소한의 학습도 이루어지지 않았고 내용에 대한 토론도 불가능했다는 것이다.

> "인터넷에 관하여 구별되지 않은 교수법적 열광이 얼마나 정도를 벗어났는지는 다음에 제시된 일례로서 분명해질 것이다. 학습자(...)가 정치수업에서 주어진 과제를 수행하기위하여 국립도서관 또는 모든 대학도서관의 모든 소장된 자료와 마주치게 된다. 사전에 체계, 체계적인 목록, 표제어 목록, 사전이 없어지고 책제목의 위치가 임의대로 완전히 섞여 있으며 그리고 최소한 그 절반의 책들이 없어져 있다. 그 대신에, 책모조품, 잡지, 탐정소설, 통신판매업체의 카탈로그, 광고안내책자와 유사한 것들로 채워져 있고, 모든 사용자에게 인쇄된 형태의 임의의 자료를 마음대로 세워놓을 자격을 주고 이러한 "도서관"의 '모든 소장품'을 표제어에 따라 어떤 사용자가 임의로 작성한 독서목록으로 찾을 수 있게 하는 상황이 인터넷으로 조사하는 것과 유사하다고 할 수 있다." (Hedtke 2002,8)

정보찾기는 이용자의 네비게이션 능력과 프로그램구조에 따라 더욱 빨라지고 쉬워질 수 있다. 인터넷에서 목적에 맞는 정보를 찾는 것은 정말 어렵다. 과연 검색기계가 있다지만 "유럽"에 해당하는 웹 사이트를 찾을 때 226,000개나 되면 별 소용이 없다고 할 수 있다. 비록 "시행착오"를 반복한 뒤에 찾은 한 사이트가 가치 있는 것으로 보인다하더라도 그 내용의 신뢰성에 대한 의문이 제기된다. 따라서 그 정보의 출처와 이해관계에 대한 질문은 그 사이트의 정보를 올바로 이용하기 위해 필수적이다. 정보가 어디서 비롯되는가, 이 정보는 얼마나 현실적인가, 어떤 기준에 의거하여 정보가 작성되었는가, 저자가 어떤 배경을 갖고 있는가 - 이 모든 질문을 인터넷사용에 있어서 항상 염두에 두어야 한다(Döring 1997 참조).

자발적인 조사탐구와는 반대로 학생들이 참조하는 모든 사이트는 그 시대에 맞추어 검토하고 내용적인 문제제기로 준비하는 것이 바람직하다. 다음의 사례는 이와 같이 목적에 맞는 진행방식을 분명하게 해 준다. (실업학교 9학년) 학생들을 대상으로 그 주제가 "독일의 정치체재"인 3일간의 세미나에서 정치학교사와 사전에 협의하여 "정치가와 그들의 소득"에 대해서 작업을 하였다. 정치학 교사는 정치가와 정당에 대한 불쾌한 관점을 갖고 인터넷상에 나타난 "다이어트"란 개념 뒤에 정치가들이 거액의 소득을 얻는다고 추측하는 사람들의 공개적인 시기심을 파악코자 하였다. 학생들은 학습과제를 나누어 연구하도록, 간단한 도입텍스트와 단지 소수의 인터넷주소 및 이에 해당하는 학습지시 및 과제가 적힌 인쇄물을 받았다(자료 2 참조). 다음은 전체 4개의 과제 중 한 개의 과제에 대한 설명이다.

학습그룹 1
● 다음의 인터넷주소를 선택하라: http://lange-spd.de
● 이제 이 사이트에서 "Service"란 표제어를 선택하라. 거기서 여러분은 한 목록(표제어목록)을 발견할 것입니다.
● 여기서 "유리 주머니(Gläserne Tasche)"란 표제어를 클릭하라. 먼저 상당히 긴 텍스트를 건너뛰고 계속 "개방"이란 표제어에서 링크 "2002"를 선택하라.
● 다음의 과제에 답하라
  - 국회의원인 Lange의 소득은 어떤 내역으로 구성되는가?
  - 국회의원 Lange의 소득은 총 얼마인가?
  - 국회의원의 총 지출은 얼마인가?
  - 어떤 개개의 내역으로 지출되는가?
● 모니터 화면을 읽는 것은 힘이 드니까, 그 페이지를 인쇄해서 읽는다.
● 누가 어떻게 해결책을 제시하는지 숙고하라.

인터넷상에서의 자료조사는 수업계획의 범주 내에서, 어떤 특정한 내용적 문제제기에 답변하기 위해서 효율적이고 효과적인 하나의 가능성으로만 간주되었다. 인터넷은 신속하고 목표지향적인 조사를 위한 보조수단으로서 사용되었다. 프리젠테이션과 연결되는 평가, 다른 소득집단과 직업과의 비교, 그리고 인터넷을 통해

해결해야하는 과제는(자료 2 참조) 대화식 수업으로 행하여졌다. 약 45분이 필요한 정보조사는 의례적인 도입으로 구성되었다. 동기유발을 위한 자극으로서 "베를린과 본의 송곳니"란 제목의 짧은 독자편지가 소리 내어 읽혀졌다. 이와 연결하여 토론과 세미나그룹에서 게시판이 축약된 형태로 시각화되었다. 벽보에 학생들은 색상이 있는 스티커로 찬성 내지는 반대를 표시하였다. 이 벽보는 세미나실에 "학습을 위한 전제(Arbeitshypothese)"로 걸려 있었고 약 2시간의 수업으로 세미나가 종료될 때 새롭게 의견을 나타내는 게시판으로 사용되었다. 인터넷이란 매체는 전체 수업에서 단지 "도움이 되는" 기능만을 했다. 최신 자료와 정보가 주어졌는데, 이는 조사에 이어 처음으로 제시되었으며 결과로서 평가되고, 구성되며, 평가되었던 것이었다.

세미나에 앞서 시행되었던 연방의회 의원과의 서신교환은 준비와 계획의 범주 내에서 지루하게 생각되었다. 이 사례를 보면 인터넷의 사용은 수업 내지는 세미나를 위한 "부가가치"가 생겼을 때에야 가치가 있다고 할 수 있다. 또 다른 가능성으로는 전문가초청질의(본서의 페터 마씽(Peter Massing)저 기고 참조)의 범주 내에서 근본적으로 높은 수준의 신뢰성을 갖춘 정보에 이를 수 있다.

수업시간에 조사하기: 방법론적인 순서

어떠한 개별적인 방법론의 단계에 대해 구체적인 수업계획에서 주의해야 하는가? 인터넷으로 조사하기위하여 각각 교수법적 방법론적인 맥락과 목표그룹의 지식에 의거하여 살펴보아야하는 순서를 다음과 같이 요약하였다(Hildebrandt 2000, 114이하, Langner 2002, 5이하 참조). 시간적인 면에서 보면 총 다섯 단계에 최소한 4시간의 수업이 필요하다. 순서는 주어진 여건에 따라 변경될 수 있다. 예를 들어 네 번째 단계(계속적인 조사)에서는 완전히 또는 특히 많은 비용이나 노력이 드는 형태의 프리젠테이션을 생략해도 된다. 학생들로 하여금 "그들의 조사결과를 짧게 발표하게 하거나 단지 간단하게 칠판에 종합하게 하는 것도 괜찮다(Hildebrand 2000, 118).

제1단계: 계획

대상영역을 알려주고 정치학 교수법적인 기준의 도움을 받아 분석하거나(Breit/

Weißeno 2003, 13 이하 참조) "관용적인" 매체로 비교한 후에는, 대체로 쓸모 있는 온라인 서류를 얻을 수 있는지 검토해야 한다. 정치학 교사는 자기가 먼저 조사하고 자료와 텍스트자료를 분석한 후에 인터넷주소의 목록을 종합한다. 인터넷주소가 대체로 수업에 적당한지에 대해 준거목록으로 확정한다(자료 1 참조). 조건 분석에서 조사될 학급의 방법론적인 능력에 따라 교사는, 단지 주제별 영역에 속하는 링크목록에 간단한 해석을 달거나 아니면 자세한 탐구과제가 있는 소수의 주소를 열거하도록 결정을 한다("Web-Quest" 참조).

제2단계: 수업에서의 조사

시간적인 압박으로 인하여, 학생들은 인터넷을 다루고 작업할 수 있는 기본능력과 지식을 갖추고 있어야 한다(학생들의 필요한 능력에 관한 부분참조). 대부분 조사의 근거는 분명히 학습과제이다. 학습과제의 순서를 소개하거나 설명해야할 필요가 있다. 학습과제가 요구하는 바는 다음과 같다.

- 주어진 인터넷주소 내지는 사이트를 방문할 것
- 경우에 따라 목록안내 또는 링크에 유의할 것
- 찾은 자료와 정보를 선택할 것
- 찾은 자료를 저장하여 확실하게 할 것
- 오래 조사할 경우 그 길을 정확하게 확정해 놓을 것
- 프리젠테이션을 위해 심사숙고 할 것.

제3단계: 평가

조사결과는 다음 단계에서 평가된다. 인쇄된 자료, 데이터, 그리고 대부분의 텍스트는 한 번 더 선택, 평가되고 그 효과적인 면에서 검토된다. 형편에 따라 또 다른 조사 내지는 "통상적인" 수업자료(교과서, 사전 등)를 사용하는 것이 필요하다. 물론 이 단계는 학생들에게 많은 것을 요구하지만, 찾은 자료와 정보가 수업을 계속 진행하는 데 중요하게 될 수 있는지를 결정하는 단계이다. 구체적으로 평가에는 다음과 같은 까다로운 능력이 필요하다.

● 학생들은 다음과 같은 점에 관하여 인식하고 인터넷으로 얻은 정보를 비판적으로 조회 할 능력이 있어야 한다.
  - 정보의 종류
  - 출처(문헌? 저자?)
  - 제작시점
  - 전달사항의 완전성(완전한가? 발췌인가? 알아차릴 수 있는 변경사항은?)
  - 텍스트, 그래픽, 그림부분의 기능
  - 재질문과 통제의 가능성
  - 내용의 객관적인 진실성과 정확성
  - 자립적인 문제 해결을 위한 중요성
● 정보의 환경을 검사할 수 있는 능력이 있어야 하고 준비가 되어 있어야 한다.(...)
● 형식과 제시된 모양이 주제에 적당하며 서로 균형이 맞는가, 맞다면 어느 정도까지인 가에 대해 판단을 내릴 수 있어야 한다.
● 제시된 내용의 정당성과 "진실성", 그리고 기술적인 전달성에 있어서 완전하다는 인상에 대하여 비판적인 거리를 둘 능력이 있어야 한다. (...)
● 어떤 사용가능성, 언제, 어떤 목적으로 의미가 있는지, 즉 다음과 같은 가능성에 대해 판단을 내릴 수 있는 능력이 있어야 한다.
  - 각각의 질문의 답변
  - 전체적인 통찰력의 습득 (...)
  - 심화된 이해와 추가 지식의 획득
  - 지금까지 접근하지 못했던 주제 영역으로부터의 지식과 문제의 획득

이 각각의 단계는 상기에 언급한 분리도와 정확성에 있어서 아마도 고등학교 수준에서만 현실화 될 수 있다. 일반적으로, 발견한 정보, 자료와 텍스트의 내용을 어찌되었든 설명할 수 있기 위해서, 무엇보다도 정치수업에서 중학교 수준의 학생들에게는 시작을 위한 질문이 학습목적으로 필요하게 된다.

학생들이 인쇄된 텍스트를 가지고 학습하는 것이 전제된다.

방법과 텍스트분석의 긴밀한 관계는 인식될 수 있다(본서의 페터 마씽(Peter Massing)저 기고 참조). 인터넷상의 텍스트분석에는 텍스트분석에 요구되는 동일한 단계가 필요하다.

인터넷사용의 중심 문제를 살펴보자. 컴퓨터와 인터넷은 본격적인 "자료펌프"이며 수많은 정보를 제공하여서 일반적으로 학생들에게 자료가 넘치게 된다. 자료는

경험의 일관성과 인식적인 견본에 접합되어야 지식을 생성해낸다. 인터넷에서 발견되는 자료는, 교수법적인 관점에 따라 구성된 교과서의 텍스트와 비교될 수 없다. 따라서 인터넷으로 학습하는 것은 "새로운 형태, 즉 자료로부터 정보를, 정보에서 지식을 구성하고자 하는 시도로, 가르침-배움-작업의 예부터 잘 알려진 힘이 드는 작업임이 드러난다"(Hedtke 2002,2).

제4단계: 계속적인 조사

상황에 따라서 조사를 계속해야 한다. 계속적인 조사의 의미는 "획득된 정보의 수준을 깊이하고 검색전략을 최적화"하는 데 있다(Langner 2002, 12). 자료와 시간적인 압박 때문에, 항상 그 과목에 제한된 시간을 염두에 두어야 하는 교사들은 대부분 이 단계를 생략한다.

제5단계: 프리젠테이션의 준비

바로 전 단계에서 인터넷조사의 결과가 평가되고 학급에서 프리젠테이션(OHP, 칠판, 강의, 자료철, 벽보, 화면 또는 빔장치를 통한 인터넷사이트의 프리젠테이션)을 하기 위한 준비를 해야 한다.
멀티미디어적인 프리젠테이션을 실행하기 위하여 학생들이 지침사항에 유의하여 작업해야 한다(자료 6 참조). 이 단계에는 또한 조사방법의 서류화 및 이용된 검색도구와 검색전략의 설명과 평가가 포함된다(Hildebrand 2000, 117 참조).

제6단계: 프리젠테이션과 토론

앞의 단계의 준비에 의거하여 그 결과가 제시된다. 이 단계에서 생략해서는 안될 부분은 정보가치, 조작가능성, 현실성과 관련하여 이용된 매체의 비판적인 전체판단(...)이다(앞의 책, 117).

적용분야 상호작용

시각화된 상호작용의 가능성은 학교와 학교이외의 교육에서 새로운 (또한 아직 많이 행하여지지 않은) 방법이다. 시각화된 커뮤니케이션의 모든 가능성은 근본적으로 정치학수업에서도 이용될 수 있다.

> 학습자들은 예를 들어 현실적인 정치적 주제에 대하여 뉴스그룹에 참여할 수 있다. 장점은 명백하다. 학습자들은 어떤 특정한 정치적 주제에 대한 다양한 의견을 대략 훑어 볼 수 있는데, 이는 준비된 것이라기보다는 매우 직접적이다. 또한 그들끼리 서로 토론할 수 도 있다. 긴장하면서 누가 어떻게 그 자신의 의견에 반응하는지를 알 수 있다. 학습자들은 또한 정치가나 다른 지도층 인사와 이메일 통신을 할 수 있는데 직접 메일로 질문을 제기할 수도 있다"(Baacke/Ruprecht 2000, 47이하 참조).

새로운 매체가 점점 정치적 참여의 도구로 발전하기 때문에 학생들은 "디지털 미디어 세계에서 공개적인 정치적 커뮤니케이션에 적극적으로 참여할 능력을 갖추어야 한다. 그러나 간단하게 말하면, 민주적이고 상호작용적인 참여 가능성은 인터넷상에서 지금까지 거의 실현되지 못하였다. 참여요구와 담론지향적인 시민상을 고려해야 한다면 정치적 기구 편에서 인터넷상에 좀 더 상호작용적인 제안을 제시해야만 한다.

상호작용의 두 번째 양상은 이메일을 통해 다른 학교와 협력하는 것이다. 이 영역에서는 수업에 실용적이고 무엇보다도 프로젝트지향적인 학습가능성의 광범위한 스펙트럼을 개방한다. 인터넷을 통해 증가추세에 있고 집약적이며, 다른 문화와의 교류를 가능케 하는 국제적인 학교와의 파트너쉽은 잘 알려져서, 그간 연구자들에 의해 자세하게 보고되었고 평가되었다(Donath/Volkmer 1997 참조). 물론 이메일을 통한 협력에 문제가 있기도 하다. 독일, 미국학교의 온라인 프로젝트인 "횡대서양 교실(Das transatlantische Klassenzimmer)"이란 프로젝트를 살펴보면 반대의 여지가 없는 장점 외에, 다음과 같은 단점이 있음을 알 수 있다.

- 수신된 전자우편의 양이 막대하게 증가했다. 프로젝트에 참여한 많은 교사들은 "어떤 것은 독일어로, 어떤 것은 영어로 매주 메일을 100 통까지 받았다"(Donath/Volkmer 1997,17). 수신된 전자메일을 보고 수업에 맞는 것을 선택하기 위해 시간을 소요하는 것은 시간을 도둑맞는 것 이상이다.
- 두 국가의 커리큘럼의 차이로 인해 일상적인 수업과 이 프로젝트지향적인 모델프로젝트의 통합이 어려워졌다.

인터넷 - 조사 및 정보수집

- 들어온 보고서의 질은 종종 문제가 있었다. "청소년의 수다"가 많았다. 그런 이메일텍스트를 근거로 수업을 준비하면 "대답의 구속력이 미미하고 그 질을 예견하기 힘들어서 모험이 되어 버렸다.
- 종종 일상적인 학교생활로 인해 수신된 이메일에 바로 답장하는 것이 어려웠다. "테스트나 시험이 연기될 수가 없었고 컴퓨터실사용이 항상 가능한 것이 아니었으며 모든 교사가 그 전체 수업시간을 온라인시간으로 계획할 수도 없었다"(앞의 책 18).

이와 같은 "이메일 프로젝트"의 방법론적인 단계순서는 랑너의 저서에 기술되어 있다(Langner 2002 참조).

적용분야 프리젠테이션

프리젠테이션은 인터넷에 자기 특유의 내용을 표현하는 것이다. 인터넷-프리젠테이션은 일반적으로 프로젝트 범주 내에서 작성된다.

> 학습자는 먼저 내용을 준비함으로써 조사, 선택과 비판적 채택과 같은 영역에 대한 능력을 습득한다. 다음 단계 즉 내용의 요약과 매체에 적당한 프리젠테이션은 표현능력과 동시에 매체비판적인 의식을 강화시킨다. 결국에 학습자는 인터넷에 적당한 표현 및 이에 상응하는 인터넷사이트의 프로그램작성을 통하여 매체작성 능력을 습득한다. 그 사이트가 통신망에 한번 뜨게 되면, 방문자들의 비판적인 댓글로 인해, 표현된 내용 및 그 프리젠테이션에 대해 새롭게 검토하게 된다. 특히 이 피드백가능성은 프리젠테이션의 매력을 만들어내는데 다른 프리젠테이션종류로는 그렇게 많은 잠정적인 수령자에게 거의 도달할 수 없기 때문이다"(Ruprecht 2003, 35).

이에 비판적으로 알아야만 할 것은 홈페이지 접속자수를 미리 알 수 없다고 해서 거대한 접속자의 반응을 기대해서는 안 된다는 것이다.

학생들의 필요한 능력

인터넷을 사용하기 위해서는 학생들의 새로운 숙련된 능력이 필요하다. 매체와 방법론적인 능력을 획득하기 위하여 오로지 엄청난 학습과 시간이 소요된다. 정치수업에서는 시간적으로 빠듯한 계획으로 인해 교사들이 " 기본적인 정보 및 통신 능력을 습득하게 하는 데 그 수업시간을 내주어서는 결코 안 된다"(Hedtke 2002, 6). 인터넷을 정치수업시간에 활용하기 전에 학생들은 기본적인 능력과 지식을 갖고 있어야 한다는 결론이 나온다.

부설(EXKURS): 미디어취급능력이란?

미디어취급능력의 개념에 대한 일련의 정의를 발견할 수 있는 곳은 최근에 발간된 매체교수법적인 문헌이 처음이 아니다. 이와 관련된 수많은 정의는 (이미 오래전부터 잘 알려진) 상황, 즉 아동과 청소년은 "최신" 또는 "오래된" 매체가 통용되는 세계에서 상황에 맞고 자율적이며, 창조적이고 사회적으로 책임 있는 행동을 할 수 있는 능력이 있어야 한다고 시작된다. 장황하게 설명되는 정의의 본질을 들여다보면, 매체(시청각)교육에서 잘 알려진 정리임을 알 수 있다(Frech 2002, 149 이하 참조).

미디어취급능력이란 용어의 기원은 디터 바케(Dieter Baacke)에서 찾아볼 수 있다. 유르겐 하버마스(Jürgen Habermas)의 통신능력 개념을 적용하여 바커는 주로 인용되는 개념을 발전시켰다. 그에 의하면 미디어취급능력의 4개의 중심영역은 다음과 같이 구별될 수 있다:

- 매체비판: 이 능력은 분석적, 윤리적, 성찰적으로 매체를 사용할 수 있는 능력이다. 따라서 매체비판은 세 가지 양상을 지닌다. "(a) 분석적으로 문제가 되는 사회과정(예: 집중현상)이 적절하게 파악될 수 있어야 한다. (b) 성찰적으로 모든 사람이 분석적인 지식을 자기 자신과 자기의 행동에 적용할 수 있어야 한다. (c) 마지막은 윤리적으로 분석적인 사고와 성찰적 피드백을 사회적으로 책임지고 결정하고 정의하는 차원이다"(Baacke 1998, 26).
- 매체지식: 매체에 관한 지식, 즉 매체시스템에 대하여 알고 있음을 뜻한다. 이에는 필요한 장비를 다룰 수 있는 능력도 포함된다. 매체비판과 함께, 오늘날 매체시스템에 대한 지식을 다음과 같이 두 가지의 의미로 볼 수 있다. "(a) 정보의 차원은 고전적인 지식의 구성성분('이중 라디오방송시스템'은 무엇인가, 어떻게 언론가는 일하는

가, 어떤 프로그램이 있는가, 내가 어떻게 선택할 수 있는가, 내가 나의 목적을 위해 컴퓨터를 어떻게 효율적으로 이용할 수 있는가 등)을 포함한다. (b) 이에 반해 기구를 다루는 자격의 차원은 새로운 기구를 다룰 수 있는 능력, 즉 예를 들어 컴퓨터 소프트웨어를 취급하는 것, 인터넷사이트에 로그인 하는 것 등"을 의미한다 (앞의 책 26이하).

● 수동적인 매체이용과 제공자로서 적극적인 이용. 매체이용은 바케(Baacke)에 의하면 이중적인 방식으로 발전된다. (a) 수동적으로, 즉 실제적으로 사용할 수 있음을 의미한다(프로그램-이용능력). 그러나 이는 또한 (b) 상호작용적으로, 제공할 수 있다(답변할 수 있는 것, 텔레뱅킹에서부터 텔레쇼핑까지, 원거리토론)"(앞의 책).

● 마지막으로 매체구성은 네 번째 차원이다. 매체구성은 "(a) 개혁적(매체시스템의 변화, 개발) (b) 창조적(미학적 변형, 경계를 넘는 커뮤니케이션의 경로)"(앞의 책)인 것으로 이해된다.

기술적, 실용적, 의미론적, 성찰적인 부분능력으로 풍성해진 미디어취급능력은 결코 빈공식이 아니다. 이는 일상적인 생활을 위해 현재 그리고 미래에 필수적이 될 기본자격에 관한 것이다. 또한 능력의 개념은 사람들이 매체에 수동적으로 노출되는 것이 아니라 능력 있게 주권적으로 매체를 다룰 수 있는 것을 암시한다. 미디어취급능력은 먼저 매체의 존재와 확대에 대한 유일한 이성적인 대답이다. 왜냐하면 이는 매체의 "마법을 없애기" 때문이다.

따라서 미디어취급능력은, 비판적으로 성찰하면서 자율적으로 그리고 무엇보다도 책임을 의식하면서 "디지탈의 건초더미"에서 활동하는 능력을 의미한다.

정치수업에서의 웹퀘스트(WebQuests)

웹퀘스트란 무엇인가?

자유롭게 번역하면 WebQuest는 "인터넷상의 모험적인 단서추적"을 의미한다. WebQuests는 컴퓨터가 지원하는 교수, 학습프로그램이다.

> WebQuest는 부분 또는 모든 정보가 인터넷에서 제공되는 프로그램으로, 질문을 기초로 하는 조사프로젝트이다. 질문은 학습그룹의 수준에 맞추어지고 사전에 주어진 구조에 의해 지원된다. 이 구조는 수업시간에 학습자들이 계획 없이, 목표 없이, 그리고 질적으로 만족스러운 결과 없는 조사를 하지 않도록 예방한다(...). 또한 이런 방식으로 시간을 절약하고 경우에 따라서 학습자와 교사에게 절망적인 결과가 나오지 않게 한다. 목적은 지식을 자립적으로 획득하며 준비하게 하는 것이다. 이 방식에서 교사의 역할은 지원하는 진행자의 역할이며 내용적, 조직적, 사회적 의사소통의 차원에서 그 역할이 수행 된다"(Mai/Meeh 2002,2).

웹퀘스트 방법의 교수법적인 개념은 본래 미국에서 비롯되었다. 이 방법은 샌디에고 주립대학에서 버니 더쥐(Bernie Dodge, 1995참조)에 의해서 교수방법으로 개발되었기 때문에 오늘날까지 영어권 웹퀘스트의 비중이 매우 높다(Mai/Meeh 2002, 3이하 참조). 버니 더쥐는 웹퀘스트를 다음과 같이 정의를 내린다. "웹퀘스트는 질문지향적인 활동으로 학습자가 상호작용으로 얻는 약간의 또는 모든 정보는 인터넷상의 자원에서 나온다"(Dodge 1995,1).

몇 년 전부터 웹퀘스트 방식은 스위스, 즉 하인즈 모저(Heinz Moser, 2000참조)에 의해 계속 개발되었다. 그러나 모저의 이론은 더쥐 이론과는 다르게, 인터넷의 지배적인 위치가 다른 매체(서적, 잡지, CD-Roms)에 유리하게 상대화된다는 점에서 구별된다. 컴퓨터와 인터넷은 단지 도구로서 사용될 뿐이며 수업에서는 오히려 "도움이 되는" 기능을 지닌다.

웹퀘스트의 교수법적인 개념은 학생들이 인터넷에 능통하기 위하여 분명하게 한계가 명시된 범주를 필요로 한다는 것에서 비롯된다. 교사가 사전에 조사한 관심 있는 링크를 근거로 학생들에게 소위 "모듈"로 구성된 학습환경이 제공된다. 이 모듈은 학생들에게 "그들이 과제를 수행하는 데 있어 그들을 '조종하지 않고', 표제어의 "실마리"를 제공한다(Kegler 2002, 42). 웹퀘스트는 일반적으로 활동을 분담하거나 과제가 동일한 집단학습에서 시행된다(Gugel 2004 참조).

그 구조에 의거하여 웹퀘스트는 학생들의 다양한 능력단계에 맞추어져 수업에 사용될 수 있다. 초보자나 미숙련자에게는 범위가 좁게 제한되어있는 학습이 필요하다. 능력이 있는 학생들에게는 – 그 내용과 웹퀘스트의 구조에 따라 – 자립적으로 조사할 수 있게 하기 위하여, 충분한 활동여지가 주어진다.

인터넷을 사용하면 정치학 교사들에게는 데이터, 정보와 자료를 조사하고 만들어 내는 데 소요되는 시간이 달라진다. 마찬가지로 학생들이 발견한 자료를 적절하고 합당한 형태로 만들기 위해서 많은 노력이 든다. 이외에도 자료의 질이 높아진다. 상황에 따라 자료들은 신뢰성이 있으며 현실적이 된다. 그렇지만 교수법적인 관점 하에서는 선별 되지 않는다.

웹케스트 - 방법적인 단계순서

웹케스트 방법이 버니 더쥐에 의해 개발되고 독일어권에 채택된 이래로 각6개의 단계로 구성된 단계가 정착되었다(Mai/Meeh 2002, Moser 2000참조).

제1단계: 도입/시작

첫 번째 단계에서는 학생들에게 웹케스트의 주제가 시각적인 방법으로 소개 내지는 제시된다(자료 3 참조). 학생들에게는 확실한 질문제기, 문제상황 또는 사례가 이상적이다(본서의 Gotthard Breit의 기고 참조). 정치수업에서는 바로 "그 자리에서 눈에 보이며, 현실적이고 실제에 가까운 사례가 보장된다"(Mai/Meeh 2002, 2).

제2단계: 구체적인 과제설정과 학습프로그램

도입단계에 이어 과제설정이 이어지는데(자료 3 참조), 그 구조는 학생들의 학습전제조건에 따른다. 학생들이 조사하고 작업해야할 정보의 양으로 인해 부담을 갖지 않도록, 여기서 "교사에 의한 기존의 자료 선별, 교수법적인 평가와 분류가 필요하다"(앞의 책).

제3단계: 자료제공 소개

제시된 과제를 수행하기 위하여 자료제공이 필요하다(자료 4 참조). 이 단계에서는 질문과 과제를 해결하는 데 도움이 되는 자료와 출처를 제공한다. 링크외에도 다른 학습자료와 정보출처(책, 신문기사, 지도, 사전, CD-Rom 등)가 제시된다. 이에 인터넷출처만 제공되어서는 안 된다.

제4단계: 작업과정의 설명

이제 이어지는 작업과정에 대한 설명은 학생들에게 구체적인 활동지침사항과 작업단계(자료 5 참조)를 알려주는데, 즉 이 단계에서는 "학습그룹의 방법적인 진행방식의 범주가 확정된다"(Mai/Meeh 2002,2). 작업 단계를 근거로 학생집단은 학습과제의 상세한 부분, 실행과 진행방식 및 분업과 시간계획에 대하여 이해한다.

교사는 학생들을 개개인 또는 그룹별로 도와주면서 전체 작업과정에서 감독자 또는 진행자의 기능을 수행한다. 능력과 숙련도에 따라 정보를 찾는 과정에서 그리고 무엇보다도 찾은 정보를 작업하는데 있어서 상담은 중요한 기능을 한다. 교사는 일반적으로 이 단계에서 구체적인 도움을 준다.

제5단계: 결과의 프리젠테이션

웹퀘스트의 없어서는 안 될 단계가 결과의 프리젠테이션이다(자료 6 참조). 전문 교수법적인 문헌에서는 가능한, 학교의 수업결과를 공개하여 제시할 수 있기 위해서 웹사이트에서 완성하도록 조언한다. 이에 반해 현장에서는 프리젠테이션의 "전통적인" 형태(발표, OHP, 벽보, 또는 간단한 텍스트 또는 자료수집)도 실행되고 있다. 정치수업에서는 프리젠테이션의 끝에 항상 자기 소견을 발표하도록 한다(Westphal 2002, 25 참조).

제6단계: 평가

웹퀘스트의 결말에 학생들은 학습과정을 비판적으로 깊이 숙고하고 평가할 기회를 갖는다. 이러한 평가는 한편으로는 내용적인 결과를 주제화하지만, 또한 방법론적인 경과와 각 개개의 집단 활동도 테마로 한다(Mai/Meeh 2002, 3 참조). 평가는 설문지(자료 7 참조), 토론형식이나 다른 피드백 방식으로 이루어진다.

웹퀘스트 "미성년자 노동" – 수업사례

다음에 요약된 웹퀘스트는 앞에 설명한 방법론적인 단계의 순서에 따른다. "미성년자 노동"이란 주제(예: http://www.webquests.de)로 인터넷에서 문서화된 웹퀘스트와 인터넷상의 자체조사를 근거로 작업이 이루어진다. 이번 사례에서 광범위한 링크목록은 포기되었다. 중, 고등학생들을 대상으로 여러 번 실제적인 시도를 하여, 소수의 그러나 근본적이고 풍부한 내용이 발견되는 장소에 집중하는 것이 전체 수업 내지는 세미나진행에 도움이 된다는 것을 알 수 있었다. 최소한 시간으로 5시간의 수업이 배정될 수 있다. 또한 상황의 특수형편에 따라 다른 자료들을 사용하는 것도 의미가 있다. 다음의 사례는 주로 중학교 학생들을 대상으로 실행되었던 것이다. 고등학생들을 위해서는 자료의 확대 및 자료와 체크리스트의 수정이 필요하다.

자료는 상기에 설명된 순서에 의한 것이며 다음과 같이 분류된다.

제1단계: 도입/시작	자료 3
제2단계: 구체적인 과제설정	자료 3
제3단계: 자료제공 소개	자료 4
제4단계: 작업과정의 설명	자료 5
제5단계: 프리젠테이션	자료 6
제6단계: 평가	자료 7

인터넷에 접속하여 작업할 때, 모든 자료는 Word로 작업될 수도 있었다. 색상으로 표시된 링크에 의거한 모든 관련 주소를 선택하지 못하게 했다.

참고문헌

Baacke, Dieter: Meidnkompetenz - Herkunft, Reichweite und strategische Bedeutung eines Begriffs. In: Kubicek, Herbert u.a.(Hrsg.): Lernort Multimedia. Jahrbuch Telekommunikation und Gesellschaft 1998. heidelberg 1998, S.22-27

Baacke, Eugen/Ruprecht. Gisela: Poilitische Bildung@Netz. In: CD-ROM zu Global@home. In: Kubicek, Herbert u.a.(Hrsg.): Jahrbuch für Telekommunikation und Gesellschaft 2000. Heidelberg 2000

Baacke, Eugen/Frech, Siegfried/Ruprecht, Gisela(Hrsg.): Virtuelle (Lern)Welten. Herausforderungen für die politische Bildung. Schwalbach/Ts.2002

Breit, Gotthard/Lesske, Frank: Politikunterricht mit Zeitungstexten aus dem Internet-ein Experiment. In: Georg Weißeno(Hrsg.): Politikunterricht im Informationszeitalter. Schwalbach/Ts.2001 S.145-158

Breit, Gotthard/Weißeno, Georg: Planung des Politikunterrichts. Eine Einführung. Schwalbach/Ts. 2003

Bundesministerium für Bildung und Forschung(Hrsg.): IT-Ausstattung der allgemeinbildenden und berufsbildenden Schulen. Bonn 2002, Sowie unter: http://www.bmbf.de/pub/it-ausstattung_der_schulen_2002.pdf

Dodge, Bernie: Some Thoughts About WebQuests. San Diego 1995. Unter: http://webquest.sdsu.edu/about-webquests.html

Donath, Reinhard/Volkmer, Ingrid(Hrsg.): Das Transatlantische Klassenzimmer. Tips und Ideen für Online-Projekte in der Schule. Hamburg 1997

Döring, Nicola: Das WWW im Unterricht. Organisatorischer Rahmen, didaktische Grundlagen und praktische Beispiele. Freiburg 1997 Unter: http://nicoladoering.net/publications/cawdoe.htm

Drabe, Michael/Garbe, Detlef(Hrsg.): Schulen ans Netz. Berichte aus der Praxis. Berlin, 2.Auflage 2000

Frech, Siegfried/Langer, Wolfgang: Europa im Aufbau-ein interaktives Lern- und Informationssystem. In: Beck Uwe/Sommer, Winfried(Hrsg.): Learn Tec 94. Europäischer Kongreß für Bildungstechnologie und betriebliche Ausbildung. Tagunsband. Karlsruhe 1995, S.392-400

Frech, Siegfried: medienkompetenz - nur ein Hochwert-Wort? In: Baacke, Eugen/Frech, Siegfried/Ruprecht, Gisela(Hrsg.): Virtuelle (Lern)Welten, Herausforderungen für die politische Bildung. Schwalbach/Ts.2002, S.149-170

Gugel, Günther: Bildungsserver - Anmerkungen zu einem Bildungsangebot. In: Baacke, Eugen/Frech, Siegfried/Ruprecht, Gisela(Hrsg.):Virtuelle (Lern)Welten, Herausforderungen für die politische Bildung. Schwalbach/Ts.2002, S.238-253

Gugel, Günther: Politische Bildungsarbiet. Praktische Seminarmodelle und Materialien zu den Themen: Fremdenfeindlichkeit, Zukunftsfähigkeit, Neue Medien, Konfliktbearbeitung. Tübingen 2002 (2002a)

Gugel, Günther: Zivilcourage lernen - Arbeitsmaterialien unter dem Aspekt von Kruzzeitpädagogik. In: Meyer, Gerd/Dovermann, Ulrich/Frech, Siegfried/Gugel, Günther(Hrsg.): Zivilcourage lernen. Analysen-Modelle-Arbeitshilfen. Bonn 2004 (in Erscheinung)

Harth, Thilo: Das Internet als Herausforderung für die politische Bildung. Schwalbach/Ts.2000

Hedtke, Reinhold: Fahr'n, fahr'n, fahr'n auf der Autobahn? Kleine Didaktik der

Internetnutzung für sozialwissenschaftliches Lernen. In: Gegenwartskunde, 4/1999, S.497-507 sowie unter:

http://www.sowie-online.de/methoden/dokument/dautobahn.de

Hildebrand, Jens: Internet: Ratgeber für Lehrer, Köln, 6. Auflage 2000

Kegler, Normen: Lernen mit WebQuests. Kommt das Medium nicht zur Methode, muss die Methode zum Medium kommen. In: kursiv, 4/2002, S.42-45

Kührt, Peter: Computer, Internet&Co. im Politik- und Sozialkunde-Unterricht. Berlin2002

Langner, Frank: Internet: Methodische Hinweise zum Medieneinsatz. Sowie-online -Methodenlexikon. Soest 2002. Sowie unter: http://www.sowie-online.de/methoden/lexikon/internet-langner.htm

Lautzas, Peter: Kompetenzen im Umgang mit dem Internet. Auf: Fieberg, Klaus: Internetwegweiser für den Politikunterricht. CD-ROM. Bestandteil der Publikation: Georg Weißeno(Hrsg.): Politikunterricht im Informationszeitalter, Schwalbach/Ts.2001

Mai, Martin/Meeh, Holger: WebQuest. Heidelberg 2002. Unter: http://sowi-online.de/methode /lexikon/webquests-meeh.htm

Mandl, Heinz/Reinmann-Rothmeier, Gabi: Lernen mit Multimedia in der Schule. In: Kubicek, Herbert u.a.(Hrsg.): Lernort Multimedia. Jahrbuch Telekommunikation und Gesellschaft 1998. Heidelberg 1998, S.109-119

Massing, Peter/Weißeno, Georg(Hrsg.): Politik als Kern der politischen Bildung. Wege zur Überwindung unpolitischen Politikunterrichts. Opladen 1995

Massing, Peter: Lassen sich durch handlungsorientierten Politikunterricht Einsichten in das Politische gewinnen? In: Breit, Gotthard/Schiele, Siegfried (Hrsg.): Handlungsorientierung im Politikunterricht. Schwalbach/Ts.1998, S.144-160

Medienpädagogischer Forschungsverbund Südwest(Hrsg.): JIM 2002. Jugend. Information, (Multi-)Media. Basisuntersuchung zum Medienumgang 12-bis 19jähriger in Deutschland. Baden-Baden 2003

Meyer, Hilbert L.: UnterrichtsMethoden. In: Theorieband. Frankfurt-M., 5.Aufl. 1987

Moser, Heinz: Abenteuer Internet, Lernen mit WebQuests. Zürich 2000

Prechtl, Christof: Das Internet. Kritische Reflexion und Nutzung des Mediums im Politikunterricht. Schwalbach/Ts. 1998

Ruprecht. Gisela: Politische Bildung im Internet. Mit Tipps und Tricks. Unter Mitarbeit von Tessa Debus und Frank langner. Schwalbach/Ts., 3.Auflage 2002

Ruprecht, Gisela: Lernen mit und im Internt. In: Die Unterrichtspraxis. Beilage zu "bildung und wissenschaft" der GEW Baden-Württemberg, 5/2003, S.33-35

Sander, Wolfgang: Neue Medien in der politischen Bildung - Herausforderungen für Schule und Lehrerbildung. In: Georg Weißeno(Hrsg.): Politikunterricht im Informationszeitalter. Schwalbach/Ts.2001, S.118-129

Schmitz, Hermann-Josef/Frech, Siegfried(Hrsg.): Politik populär machen. Politische Bildung durch Massenmedien. Hohenheimer Medientage 1992. Stuttgart 1993

Schulz-Zander, Renate: Lernen in der Informationsgesellschaft. In: Pädagogik 3/1997, S.8-13

Weißeno, Georg: Textanalyse. In: Kuhn, Hans-Werner/Massing, Peter(Hrsg.): Methoden und Arbeitstechniken. Band 3 des Lexikons der politischen Bildung. Schwalbach/Ts. 2000 S.190-192

Weißeno, Georg: Medien im Politikunterricht. In: ders.(Hrsg.): Politikunterricht im Informationszeitalter. Schwalbach/Ts.2001, S.21-38

Westphal, Jürgen: Abenteuerliche Spurensuche im Internet - WebQuests. In: polis, 2/2003, S.25

자료 1

인터넷에서 제공한 정보의 기준

그래픽 구성과 네비게이션
- 이용자의 독해, 인지습관이 고려되는가?
- 정보를 제공하는 사이트의 도입부분은 어떻게 구성되는가? 도입요점이 제시되는가?
- 명백하고 쉽게 습득될 수 있는 네비게이션시스템이 있는가?
- 하이퍼 링크가 알아볼 수 있게 되었으며 목표주소를 알 수 있는가?
- 네비게이션이 (커뮤니케이션의) 논리적으로 구성되어 있는가?
- 그림의 로딩시간과 화면의 질은 어떠한가?
- 재미있게 만든 그림은 인식 가능한 기능이 있는가 아니면 "단지" 오락일 뿐인가?
- 사이트윤곽은 인쇄나 복사할 때 어떤 결과를 갖는가?
- 제공자와의 간단한 커뮤니케이션이 가능한가? 우편주소를 쉽게 찾을 수 있는가?

인터넷 사이트의 내용에 대하여
- 자립적인 내용의 개요가 인식되는가?
- 제공된 내용이 편집상으로 교정되었는가?
- 저자와 출처에 대하여 기재되어 있는가?
- 그 내용이 정치적, 학문적 토론을 반영하는가 아니면 임의적인가?
- 내용이 어떻게 표현되었는가?
- 제공의 이용가치는 어디에 있는가?
- 내용에 관하여 질문할 수 있는 담당자는 있는가?
- 질적인 수준을 인식할 수 있는가?
- 새로운 내용을 알 수 있게 만들었는가?
- 링크가 관리되는가?
- 왜 누군가 바로 이 인터넷 사이트를 방문해야 하는가?

교육활동을 위한 인터넷 사이트
- 분명한 교수법적인 개념이 있는가?
- 내용이 교수법적으로 작업되어 있는가?
- 그림에 설명이 있는가? 또는 교수법적인 기능을 갖고 있는가?
- 현실성과 구조적인 정보의 관계가 어떠한가?
- 어떻게 다양한 인터넷 사이트가 연결되어 있는가?
  (WWW, Mailing-List, Chats, Videokonferenzen, Offline-Medien, 등)
- 구조와 체계성이 인식되는가?
- 회신과 현장보고서가 포함되어 있는가?
- 다양한 이용집단을 위해 특별히 제공하는 게 있는가?

프로그램기술/구조
- 로딩시간이 얼마나 빠른가?
- 도메인 명칭이 전체서버에서 얼마나 간단하며 이해하기 쉬운가?
- 서버의 자료와 그림이 분명하게 구성되어 있는가?
- 일관적이고 분명한 데이터명칭이 사용되는가?
- 인터넷 사이트가 또한 오프라인 버전으로도 가동가능한가?
- 프로그래밍이 문서로서 명시되어 있는가?
- 검색기기를 위해 다중데이터(Meta-Daten)가 사용되는가?
- 서버내부적으로 링크가 절대적으로 아니면 상대적으로 제한이 되어 있는가?
- 어떤 HTML-편집기(Editoren)가 프로그래밍에 사용되는가?
- 프레임이 사용되는가? 이는 프로그램기술적이고 이용구조상 필요한가?
  (프레임으로는 북마킹과 점자지원이 불가능하다)
- 자바스크립트가 사용되는가? 이는 모든 브라우저에서 작동이 되는가? 이는 그 기능상 필요한가?
- 다양한 시스템플랫폼과 다양한 브라우저타입에도 이 사이트는 작동이 되는가?
- 도움기능이 존재하는가?

(출처: Gugel 2002a, 101)

자료 2

정치가의 소득이 너무 많은가?

　연방국회의 국회의원은 그들의 활동에 대해서 보수를 받는다(다이어트). 그들은 하루 종일 일을 하고 합당한 보수를 받을 권리가 있는 직업정치가이다. 국회의원의 소득은 공개적으로 항상 비판을 받는다. 문제가 되는 것은 그 액수이다.

학습모둠 1:
- 다음의 인터넷주소를 선택하라: http://lange-spd.de
- 이제 이 사이트에서 "Service"란 표제어를 선택하라. 거기서 여러분은 한 목록(주제목록)을 발견할 것이다.
- 여기서 "유리주머니(Gläserne Tasche)"란 표제어를 클릭하라. 먼저 상당히 긴 텍스트를 건너뛰고 계속 "공개(Offenlegungen)"란 표제어에서 링크 "2002"를 선택하라.
- 다음의 과제에 답변하라.
    - 국회의원인 Lange의 소득은 어떤 내역으로 구성되는가?
    - 국회의원 Lange의 소득은 전체 얼마인가?
    - 국회의원의 총 지출은 얼마인가?
    - 어떤 개개의 내역으로 지출이 구성되는가?
- 모니터 화면을 읽는 것은 쉽지 않으므로 그 페이지를 인쇄해야 한다.
- 누가 어떻게 해결책을 제시하는지 숙지하라.

학습모둠 2:
- 다음의 인터넷주소를 선택하라: http://www.kelber.de
- 시작 페이지에서 "다음"을 클릭하라. 두 번째 페이지에서 "Kategorie: HOME"에서 "투명 MdB(연방국회의원)"란 표제어를 선택하라.
- 다음의 질문에 답변하라.
    - 국회의원 Kelber의 매월 수입은 얼마인가?
    - 국회의원 Kelber는 어떤 다른 수입이 있는가?
    - 국회의원 Kelber는 그의 의료보험을 어떻게 조정할 수 있는가?

- Kelber씨의 노후보장은 어떻게 조정되는가?
(네 번째 질문에 답변하기 위해서는 계산기가 필요함!)
● 모니터 화면을 읽는 것은 쉽지 않으므로, 그 페이지를 인쇄해야 한다.
● 누가 어떻게 해결책을 제시하는지 숙지하라.

학습모둠 3:
● 다음의 인터넷주소를 선택하라: http://www.kelber.de
● 시작 페이지에서 "다음"을 클릭하라. 두 번째 페이지에서 "Kategorie: HOME"에서 "투명 MdB(연방국회의원)"란 표제어를 선택하라. "투명 MdB"의 영역에서 표제어 "FAQ"를 클릭하라.
● "자주하는 질문(FAQ)"의 도움으로 다음의 과제에 대해 답변하라.
  - 국회의원 Kelber는 그의 수입을 왜 공개하는가?
  - 모든 정치가가 그들의 수입을 공개해야만 하는가?
  - 왜 정치가들이 감독위원회를 차지하는가?
  - 다른 "투명한 국회의원"이 있는가?
● 모니터 화면을 읽는 것은 쉽지 않으므로, 그 페이지를 인쇄해야 한다.
● 누가 어떻게 해결책을 제시하는지 숙지하라.

학습모둠 4:
● 다음의 인터넷주소를 선택하라: http://www.destatis.de
● 시작페이지에서 링크목록에서 표제어 "급료와 보수"를 선택하라. 여기서 다섯 개의 링크를 발견할 것이다.
● 세 개의 링크의 도움으로 다음의 질문에 답변하라.
  - 제조업 종사자들의 총수입은 얼마인가?
  - 수공업 종사자들의 총수입은 얼마인가? 이 표에는 시간당 보수가 기입되어있음에 유의하라.
  - 신용과 보험업계 종사자들의 총수입은 얼마인가?
● 모니터 화면을 읽는 것은 쉽지 않으므로, 그 페이지를 인쇄해야 한다.
● 누가 어떻게 해결책을 제시하는지 숙지하라.

자료 3
웹퀘스트 "미성년자 노동"

여러분은 쇼핑할 때 한번쯤은, 여러분의 옷에 어떤 "이야기"가 있는지 생각해본 적이 있는가?

링크목록을 근거로 의류의 제작에 대하여 알아보고 다음의 질문에 대답하라

● 어느 국가의 의류제작에서 아동들이 작업하는가?
● 이 아이들의 연령은?
● 어떤 상황에서 아동들이 일을 하는가?
● 그들이 투입되는 데는 어떤 동기와 이유가 있는가?
● 미성년자 노동을 막기 위하여 어떤 조처, 캠페인, 프로젝트가 있는가?
● 미성년자 노동을 반대하기 위하여 여러분은 본래 구체적으로 무엇을 할 수 있는가?

작업한 결과와 정보를 알려주면서 흥미를 유발시키도록 (예를 들어 벽보나 마인드 맵의 형식으로) 이를 제시하라

자료 4
자료제공
아래의 링크에 학습과제를 수행하기 위한 정보와 자료가 있다.

학습모둠 1 과 2: 다음의 인터넷주소를 선택하라: http://www.unicef.de	1. 기능 "서비스"의 목록으로 가라. 2. "서비스"페이지에서 다운로드의 기능을 선택하라. 3. 이 페이지에서 다시 목록을 발견할 것이다. 거기서 링크 미성년자 노동/미성년자상업을 선택하라. 4. "아동노동-한계 없는 착취"라는 데이터를 다운로드 하라. 5. 텍스트를 한 번 인쇄하고 이를 과제에 맞게 나누어라.
학습모둠 3: 다음의 인터넷주소를 선택하라: http://ag2100net.de/kinderarbeit.htm	1. 텍스트를 인쇄하라.
학습모둠 1-4: 다음의 인터넷주소를 선택하라: http://www.epo.de/jugend3w/index.html	1. 주어신 인터넷주소에서 20개의 그림이 전시된 것을 발견한다. 2. 프리젠테이션을 위하 한 개의 특별한 그림 또는 의미하는 바가 많은 여러 개의 그림을 선택하라.
학습모둠 4: 다음의 인터넷주소를 선택하라: http://www.kindernet.at/strassenkinder/sitemap.htm	1. 링크의 목록, <u>거리의 아이들-미성년자노동</u> 및 링크: <u>미성년자노동이 없어졌나?</u>로 가라? 2. 또한 링크: <u>사회적/경제적 이유</u>에도 주목하라. 3. 짧은 텍스트는 인쇄하라.
학습모둠 5: 다음의 인터넷주소를 선택하라. http://www.cleanclothes.ch/d/	1. 이 페이지에서 파란 글씨가 포함된 링크: Das Pilotprojekt를 발견한다. 2. 텍스트 "Ein Riss in der Mauer der Schweigens(침묵의 벽에 간 금)"을 선택하라. 이제 이 글을 복사하여 워드문서로 저장하라. 3. 워드문서를 인쇄하라.

인터넷 - 조사 및 정보수집

자료 5
학습모둠 1의 과제:
다음의 질문에 답하라:
● 전세계적으로 발생하는 미성년자노동을 수치와 사실로 설명하라.
● "보이지 않는" 미성년자노동에 대해 사람들은 어떻게 이해하는가?
● 미성년자노동이 왜 해로운가?
● 미성년자노동의 결과는 어떠한가?
● 미성년자노동이 왜 교육의 기회를 유린하는가?

학습모둠 2의 과제:
다음의 질문에 답하라:
● 미성년자노동이 어디에 일반적으로 퍼져 있는가?
● 어떤 원인이 언급되는가?
● 왜 보이코트가 문제를 더욱 첨예하게만 만드는가?
● 미성년자노동을 방지하기 위한 정치적 조처가 있는가?
● 왜 교육이 다른 하나의 탈출구인가?

학습모둠 3의 과제:
다음의 질문에 답하라:
● 미성년자노동을 어떻게 정의할 수 있는가?
● 어떤 국가에서 미성년자노동이 증가하는가?
● 미성년자 노동에는 어떤 이유가 있으며 "그 뒤에 누가" 숨었나?
● 미성년자 노동을 방지하기 위하여 어떤 정치적 가능성이 있는가?

학습모둠 4의 과제:
다음의 질문에 답하라.
● 미성년자노동의 사례로 어떤 것이 언급되는가?
● 미성년자노동의 경제적, 사회적 원인은 무엇인가?
● 미성년자노동을 없애는 것이 왜 그렇게 간단하지 않은가?
● 텍스트에서 요구된 조처에 대한 자기 의견을 표명하라.

학습모둠 5의 과제:
다음의 질문에 답하라.
- 전문 축구선수인 마씨모 세싸로니(Massimo Ceccaroni)가 무어라고 비판하는가?
- 스포츠의류가 어디서 어떤 조건하에서 제작되는가?
- 마씨모 세싸로니는 미성년자노동에 반대하여 어떤 조치로 항의하는가?
- FIFA(세계축구연맹)은 지금까지 어떻게 반응하였는가?

자료 6
(다중매체적인) 프리젠테이션의 체크리스트

다음에 대해 명백하게 하라.

다음 질문에 대해 간단한 글을 작성하라.
- 어떤 텍스트나 그림에 대하여 하고 싶은 말은?
- 관찰자 스스로 무엇을 읽어야 하는가?
- '어떤' 인터넷사이트가 발표의 '어떤 순서'에 들어가야 하는가?
- 프리젠테이션의 끝에 발표내용을 한 번 간단하게 요약하고자 하는가?

프리젠테이션의 준비
- 벽이나 스크린에 투영할 수 있는 컴퓨터가 필요하다.
- 컴퓨터에서 작성한 자료를 복사하라. 발표하기 전에 다시 한번 모든 사이트와 링크를 테스트한다.
- 사이트의 빛의 상태, 밝기, 읽기정도와 무엇보다 글자크기와 글자타입을 테스트한다.

프리젠테이션의 주의사항
- 인터넷사이트가 아닌 발표가 근본적인 것이다!
- 다음 세 개의 질문을 생각하라.
  - 청취자에게 전달하고 제시하고 하는 바가 무엇인가?
  - 선택한 사이트에서 여러분이 관심을 갖는 것은 무엇인가?

- 중심적인 보고내용이 무엇인가?

프리젠테이션의 실행
● 발표할 방의 앞쪽으로 가서 청중과 필요시 스크린을 볼 수 있는 곳에 자리를 잡아라.
● 중심적인 보고내용으로 시작하라. 동시에 첫 번째 페이지가 나타나야 한다.
● 바로 발표하는 내용이 스크린에서 항상 보이도록 주의하라.
● 너무 빨리 이야기하지마라.
● 관찰자가 제시된 사이트를 정신적으로 받아들일 수 있는 충분한 시간을 갖게 하라.

자료 7

프리젠테이션의 평가

그룹 보고서의 프리젠테이션을 위해 다음의 표를 이용할 수 있다.

모든 그룹을 위해 다음의 평가근거표를 사용하라.

	예	아니오
1. 모두 납득할 만하게 목표지향적으로 내용이 조사 되었는가		
2. 중요하고 검토가능한 정보가 제공 되었는가		
2. 텍스트/그림의 결정적인 진술이 인식 되었는가		
3. 주제의 모든 본질적인 면이 인식 되었는가		
4. 다양한 관점이 인식되고 설명 되었는가		
5. 결론이 내려지고 설명 되었는가		
5. 자기 자신의 근거 있는 의견표명이 분명 했는가		
6. 설득력이 있고 모두 납득할 만한 프리젠테이션인가		
7. 조사할 때의 어려움이 언급 되었는가		

정치수업에서의 사례분석

고트하르트 브라이트/데트레프 아이히너(Gotthard Breit/Detlef Eichner)

도입

1960년은 교수법적인 전환점, 즉 "정치적인 교육학이 정치(일반)교육의 교수법으로(von der politischen Pädagogik zur Didaktik der politischen Bildung)"(Gagel 1995, 134) 변화된 해라고 할 수 있다. 이와 같은 전환에는 기관에 대한 가르침에서 사례분석으로 넘어가는 것과도 결부된다. 쿠르트 게하르트 피셔(Kurt Gerhard Fisher, 1960; Gegel 1995, 138 참조)는 한 정치적 사건을 정치수업에서 학습과정의 출발점으로 선택한다. 이 "사례"에서 학생들은, 최근의 정치적인 갈등에 대하여 쉽게 이해하게 해줄, 보편적인 무언가를 찾아내야 한다. 피셔는, 모범 수업을 일반적인 교수법에 도입한(Klafki 1964), 볼프강 클라프키(Klafki)의 방향을 따른다. 볼프강 힐리겐(Wolfgang Hilligen)은 이를 다음과 같이 표현했다. "일반적인 것이 반영되어 있는 특별한 것으로부터 그 일반적인 것이 분명해져서 – 중요개념으로서, 규칙으로서, 문제로서 – 다른 특이한 것이 다시 인식되어질 수 있다면 이는 학습하는 것이다. (...) 추상화와 재구체화가 이와 같이 반복되는 것은 교수법적인 (모든 학문적인) 사고의 특색을 나타낸다. 이는 인지적인 (사고)구조의 구성을 가능하게 한다!"(Hilligen 1985, 38이하)

정치수업사례: 개념설명과 분류

정치수업에서 특이한 것은, 일반적인 사회적 상황 또는 "정치"(한 정치적 차원 또는 정치순환의 한 단계)가 사회적 또는 정치적인 학습으로 작업되는 사례라고 할 수 있다.

개념설명

하나의 사례는, 개개인이 반응하고 갈등하거나 문제를 해결하고자 노력하는 하나의 사건이다(Gagel 2000, 81이하). 이는 시간적으로 그리고 대부분 공간적으로 제한되어 있다. 청소년들은 사례에서 개개인의 생활환경을 알게 된다. 엄격한 의미에서 사례는 활동성격을 지닌 과정에 관한 것이다(Gagel 2000, 81). 좀 더 광범위하게 해석해 본다면 생활상황에 관한 보고(예: 사회보조금 수령자인 실비아 C의 생활환경에 대한 진술, Breit 1989)와 사회르포(예: 실업위기에 처한 선반공, 요셉 프로샤우어의 생활환경과 견해, Breit/Massing 2002, 217이하)도 정치수업에서 사례로 사용될 수 있다.

사례의 중요한 특징 중 하나는 그 내용이 일반화될 수 있다는 것이다. 사례에 등장한 개개인의 특성, 그들의 행동과 문제가, 많은 사람들 내지는 사회집단들이 당면할 수 있는 사회적, 정치적 상황으로 일반화될 수 있다. 하나의 사례는 복잡하며, 대부분 항상 다양한 일반화를 허용한다.

수업에서는 마찬가지로 그 선택된 일반적인 사회적 또는 정치적 상황도 분석한다. 따라서 수업에서 다음과 같이 두 가지의 차원의 학습이 이루어진다(Breit/Weißeno 2003, 81이하).

- 구체적인 차원에서는 개개인의 사례가 조사된다.
- 일반적 또는 정치적 차원에서는, 사례에서 반영된 정치적 상황 (문제, 과정, 구조의 관련성)을 분석, 평가하여, 각자가 어떤 행위를 정치적으로 해야 할지에 대해 결정을 한다.
- 이와 같은 결정은 결과적으로 사례에 해당하는 사람들을 위하여 조사(구체적인 학습차원/재구체화) 될 수 있다.

사례의 내용이 일반화되어야만 비로소 그 사례가 정치적 학습에서 의미를 지닌다. 또한 사례는 방법의 일반화를 위하여도 이용될 수 있다.

사례와 분류

분석되는 사례는 다음과 같이 구별된다(Breit/Weißeno 2003, 78).

● 청소년의 생각 또는 삶의 세계로부터의 사례
● 정치세계로부터의 사례
● 두 개의 영역이 접하는 사례

청소년의 생각 또는 삶의 세계로부터의 사례. 청소년들은 수업을 통해 일상적인 세계가 반영되어 있는 한 사건을 알게 된다. 그 과정을 알기위해 정치적인 사전지식은 그들에게 필요하지 않다. 수업시간에서 전달되는 경험으로 학생들은 그 사례를 조사할 수 있다. 어렵지 않게 그들은 사례에서 행동하는 사람들의 상황과 입장에 몰입할 수 있다. 사례분석 자체가 별로 어렵지 않다면, 대부분 사회적 또는 정치적 상황에로의 일반화는 어려운 과정이 된다.

정치세계로부터의 사례. 이런 종류의 사례에서는 정치가가 주요 행위자로 등장한다. 청소년들의 일상생활 경험으로는 그들에게 접근할 수 없다. 따라서 정치가들의 생각과 감정을 이해하는 것이 그들에게는 어렵다. 청소년들의 일상생활과 상상세계의 사례를 다루는 것과 비교하여 그 조사가 어려운 반면, 일반화하는 과정은 쉽게 구성될 수 있다. 학생들이 정치적 차원에 이미 도달했기 때문이다.

두 개의 영역을 접하는 사례. 상기에 언급한 양 영역에 접하는 사례도 있다. 예를 들어 교사들이 그 지방의 학교정책에 반대하는 시위에 참여한다면, 청소년들은 한편으로는 교사들의 점점 증가하는 업무부담에 대한 비판과 급료상승에 대한 희망을 그들의 일상적인 지식으로 이해할 수 있다. 그러나 장관이나 주정부가 그 요구에 대해 반응할 때, 정치적 연관성과 영향에 대한 통찰은 학생들에게 어렵다.

중요한 개념

사건, 사례	정치수업에서 내용과 방법적인 면에서 일반화하기에 적합한 사건
사례원칙	하나의 사례에 한 수업시간을 배정하는 결정
사례연구	광범위한 정치적 과정에 대한, 시간이 소모되는 조사
사례분석	하나의 사건 내지는 사례의 분석
사례방법	구체적인 예를 근거로 한 체계적인 연관성에 관한 설명
(출처: Grammes/Tandler 1991, 214이하; Reinhardt 2000, 47; Gagel 2000, 85; Breit/Weißeno 2003, 77이하)	

조사방법

사례분석에서 학생들은 다음과 같이 학습하게 된다.
● 사건과 생활상태("사례")를 조사하기 위하여 질문하기
● 한 사건에서 일반적인 사회적 또는 정치적 상황으로 일반화하는 단계
● 일반적인 사회적 또는 정치적 상황과 이에 당면한 개개인의 생활형편에 대한 관계성을 작성하기

구체적인 사건과 생활상태("사례")에 대하여 조사하기 위한 질문: 하나의 사례는 외부적 관점과 내부적 관점으로 분석될 수 있다. 외부적 관점으로부터 청소년들은 질문 한다: 누가 관련되어 있는가? 무엇에 관한 것인가? 그 사람들은 어떤 상황에 처해있는가? 그들은 어떻게 그 상황에 처하게 되었는가? 그들은 어떤 목적을 추구하는가? 이를 위해 어떤 방법을 강구하는가? 그 사건의 경과는 어떠한가? 누가 관철하는가? 내적인 관점의 분석에서는 청소년들이 사례에 등장하는 사람들의 생각과 감정에 몰입한다(사회적 관점수용, Selman 1982, Breit 1992, Garz 1998 참조). 즉 학생들은 그들의 눈으로 과정을 보고자 노력한다. 그들이 낯선 사람들의 형편에 근본적으로 몰입하면 할수록, 좀 더 잘, 그들의 생활형편을 간접적으로 경험할 수 있다.

사례분석을 위한 질문

외부적 관점	내부적 관점
누가 관련되어 있는가? 무엇에 관한 것인가? 그들은 어떤 상황에 처해있는가? 그들은 어떻게 그 상황에 처하게 되었는가? 그들은 어떤 목표를 추구하는가? 그들이 이를 위해 어떤 방법을 강구하는가? 사건의 경로는 어떠한가? 누가 행동을 취하는가?	사건에 관여한 사람들이 어떻게 그 사건을 보는가(과정, 그들의/어떤 낯선 생활상태)? 여러분은 그 낯선 생각과 감정을 이해할 수 있는가 여러분이 사례에 등장하는 그 사람이라면, 어떻게 생각하고 느끼겠는가? 여러분은 그들과 다르게 행동했겠는가?

한 사건에서 일반적인 사회적 또는 정치적 상황으로 일반화하는 단계. 사례를 분석하는 정치수업은 다음의 두 가지 차원에서 학습이 이루어진다.

● 사례의 개개인에 관한 구체적인 차원
● 사회/정치적인 학습내용에 관한 추상적인 차원.

그 사례와 조사에서 벗어나서, 청소년들은 사례의 사람들로부터 자신을 분리하고 일반적인, 즉 많은 사람들이 당면하는 문제/상황에 몰두해야 한다. 그들은 직접 체험하거나 매체를 통해 전달된 현실을 인식하는 것을 넘어서서, 그에 반영된 사회적 정치적 문제들을 발견하며, 가능한 문제해결방법에 대해 문의하고, 문제해결을 관철 또는 방해하기 위한 과정을 좇는 것을 배운다. 이러한 능력을 획득함으로 그들은 일상생활에서 정치의 의미를 알게 된다.

> 예: 막데부르크의 정치학연구소 앞에는, 1994년까지 사람들이 거주했지만 그 이후로는 비어있으며 점차 낡아가는 두 개의 높은 건물이 있다. 그 건물들을 보면 동독지역에서 거주공간과잉 결과와 이와 결부된 정치적 문제를 생생하게 알 수 있다.

일반적인 사회적 또는 정치적 상황과 이에 당면한 개인의 생활형편과의 관계 작성(재구체화): 청소년들이 정치적 문제와 문제해결의 결과를, 그 사례에서 알게 된 사람들에게 적용시킨다면, 그들은 매일 신문을 읽는 가운데 비판적인 독자를 구별해내는 사고운동을 연습한 것이다. 비판적인 독자는 한 정치적 사건이 이에 당면한 사람들에게 어떤 영향력을 갖고 있는지 깊이 생각한다.

> 예: 2002/2003년도 해가 바뀌는 마지막 주와 마지막 달에, 미국의 전쟁준비에 대한 보고가 일간 및 주간신문에 자주 등장했다. 텔레비전에서는 그 때 바그다드의 거리와 시장에서의 르포를 볼 수 있었다. 거기서 보여준 사람들이 얼마 안 있으면 전쟁에 시달리거나 죽을 지도 모른다는 것을 생각한 사람은 미국대통령이나 다른 정치가들의 연설을 아무런 감정 없이는 들을 수가 없었을 것이다. 그러나 다른 한편으로 비판적인 신문독자는 동시에 이라크에서 비롯되는 위험도 인식하고 이스라엘 주민들의 이라크의 공격에 대한 두려움을 진지하게 생각하여야 한다.

사례분석의 경험

정치수업에서의 사례분석이 청소년에게 미치는 영향에 관한 경험적인 연구는 없다. 본문에서는 단지 저자 자신의 경험만이 인용될 수 있으며 이 경험은 거의 예외 없이 긍정적으로 드러난다.

영향: 청소년들의 생각과 삶의 세계와 연관되는 사례에서는 학생들이 그 수업내용에 대하여 자주 관심을 갖는다. 정치는 사적인 영역에서는 별 인기가 없다. 이런 사적인 삶의 세계가 청소년들에게는 "정치"보다 훨씬 가깝다. 청소년들이 사회적인 관점을 받아들여 생각하게 되면(사고조작), 그 입장으로 생각하고 느끼는 데 있어서 공통부분이 생기거나 그들이 정의롭게 느끼게 되는 감정에 호소할 수 있다. 이러한 "당면성"은 청소년들에게 스스로 변화하도록 촉구하고 또한 정치적인 가능성에 대해 문의할 만큼 강력해 질 수 있다.

청소년들이 정치수업에서 종종 사례분석을 실행하고 이에 정치와 그에 당면한 사람들과의 관련성을 찾게 되면, 그들은 정치를 "국가나 체제의 존립, 하물며 사상이나 이상국가가 아닌 인간의 실존에 대한 것"(Gagel 1995, 120)으로 평가하는 데에 익숙하게 된다. 그들은 민주주의에서 국가의 정치가 사람을 위한 것이어야 한다는 것을 마음으로 받아들인다.

사례에의 접근: 청소년들은 외적인, 내적인 관점의 질문들을 대부분 가볍게 다룬다. 학생들이 특히 내적인 관점의 질문들에 있어서 어떤 대답을 하고 결과에 이르게 되는지를 살펴보면, 교사들에게는 시사하는 바가 많고 종종 매우 놀랄 만하다. 수업참여자(교사와 학생들)은 사례의 인물들에 대해 여러 편으로 나누게 되며, 보이텔스박흐 합의원칙이 잘 지켜질 수 있는 토론이 활발해진다.

예(Brigitte 11/1982; Gagel/Menne 1988, 47이하 참조; Breit 1990, 232이하): 울리는 고등학교 졸업시험에 합격한 후에 대학의 그래픽과에 합격하지 못하였다. 그는 택시운전사로 일하며 시간제 아르바이트를 한다. 그는 아직도 그의 어머니와 함께 살고 있다. 이 두 사람은 신경이 아주 예민해져 있다. 이 사례를 취급하면서 학생들은 자발적으로 울리편을 들었다. 점차 그들은 어머니의 생각과 감정도 이해하기 시작하였다. 반대로 교사들은 울리의 형편을 그의 눈으로 보기 시작했다. 상반적인 편을 들게 되면서 항상 활발한 토론이 일어났다. 교사와 학생은 서로 다른 관점을 이해할 수 있었다.

> 이는 사회적인 학습을 위해 가치 있는, 수업의 한 순간이다. 이제 청소년들과 교사들도 그들이 그들과 다른 의견을 대변할 수 있는지, 또한 그들이 경청할 수 있는지, 다른 상대방의 입장을 최소한 이해할 준비가 되어있는지 증명을 할 수 있어야 한다.

이 사례는 오늘날까지 그 영향력을 상실하지 않았다. 아직까지도 한 학습그룹에서 자발적인 토론이 일어난다.

학습과정에서 장애로서의 일반화 일반화의 단계는 학생들이 종종 완전히 자립적으로 할 수 있다. 예를 들어 그들이 오랫동안 사회보조금 수령자인 마리온(Breit 1992, 449이하)의 생활여건에 몰두하였다면 그들이 마리온이 아닌 모든 사회보조금 수령자에 대해서 이야기하게 되는 순간은 저절로 온다. 이로써 그들은 스스로 일반화시킨 것이다.

사례에서 일깨워진 공감이나 옳지 못하다고 느끼는 감정은, 청소년들이 일반화한 이후에도, 그 사례에서 반영된 일반적인 정치적 상황을 조사하면서 함께 열심히 활동할 정도로 강해질 수 있다.

사례는 학생들에게 항상 텍스트형태로 전달된다. 신문기사가 길어질수록, 청소년들은 쉽게 그 사건 내지는 그 낯선 생활 상태로 몰입하게 되지만, 사례를 다루는데 더욱 많은 시간을 필요로 하게 된다. 사례분석의 단점은 수업에서 조사를 위한 시간의 소요가 많고 몇몇 학생들이 종종 정말로 긴 텍스트를 읽을 흥미와 능력이 없을 경우에 나타난다. 후자는 사례의 응용성을 제한한다. 사례는 긴 텍스트를, 그 의미를 이해하면서 읽을 수 있는 학생들로 구성된 학습집단에서만 사용될 수 있다.

사례분석의 예

> 2002년 6월 27일에 막데부르거 폴크스스팀메(국민의 소리)에는 주민등록관청에서의 한 돌발사건에 대한 기사가 기재되었다. "36세의 젊은 여인이, 화요일, 11년 전부터 막데부르크에서 살고 있는 러시아 여인에게 주민등록관청에서 폭력을 가했으며 "더러운 외국인"이라며 욕하였다. 이 사건의 많은 증인들은 개입하지 않았다. 그 여인은 목에 손톱으로 긁힌 자국이, 눈에는 혈종이 있었고 여러 줌의 머리카락이 뽑혔다. 한 경찰관이 바닥에 팽개쳐진 자기 물건들을 줍는 엘레나 라이쓰를 돕자, 공격한 여인은 "언제부터 외국인을 더 좋아하게 되었나?"라며 경찰관을 비난했다."

이 사건에 대해 관심을 갖았던 대학생들이 매우 흥분했다. 그들은 이와 같은 일이 작센-안할트, 막데부르크, 그들의 대학도시와 고향에서도 일어날 수 있다는 데에 부끄러워했으며 분노에 찼다. 이 사건에서 본보기로 보여준, 독일인의 외국인에 대한 증오는 학생들에게 파괴적으로 작용했다.

그 대학생들은 이 사건을 오로지 사회적인 학습만을 위해 이용하고자 했다. 수업에서는 중, 고등학생들이 독일인의 태도에 대해 토론해야 했다. 그들은 왜 행위적인 공격이 재판을 받아야 하는지 증명을 해야 했다. 해당 정치학 교사들에게 중요한 것은 의견이었다.

엘레나 라이쓰도 독일에 있는 다른 모든 사람들처럼 인권존중과 보호에 대한 권리를 갖고 있다. 그녀에게도 "자유, 평등, 단결"등의 기본가치가 보장되어야 한다.

대학생들은 15명 증인들의 태도를 조사하는데 큰 가치를 두었다. 왜 아무도 개입하여 도와주지 않았는가? 수업에서 그들의 역할을 다룸으로써 청소년들이 유사한 상황에서 아무런 행동을 취하지 않고 그냥 서있는 것이 아니라 도와주게끔 해야 한다.

그 사건에는 단점이 있다. 대학생들은 최소한 쉽게 판결을 내렸다. 공격자에게 내린 판결에 대하여 세미나에서는 회의가 없었다. 논쟁의 여지가 있는 토론은 일어나지 않았다. 그리고 판결에 대한 근거도 기본법 제1조를 참조하여 수고하지 않아도 되었다. 대학생들은 자신들이 편견을 가지고 있음을 시인하였다. 자기의 사고습관에 대해 깊이 생각하고 검토하기 위한 아무런 자극도 없었다.

수업참여자가 다양한 의견을 갖고 서로 논쟁한다면, 근본적으로 토론의 여지가 있고 이로 인해 좀 덜 지루할 것이다. 니더작센의 김나지움의 12학년(우리나라 고등학교 3학년)에서는 사회보조금 수령자에 대하여 압도적으로 비판적인 의견이 지배적이었다. 열심히 일하고 수입이 좋으며, 세금을 내고, 오히려 보수적인 가정 출신의 학생들은 그 대다수가 사회보조금수령자에 대해서 좀 더 엄격한 절차가 필요하다고 생각한다. 교사는 그들에게는 낯선 사회보조금 수령자들의 생활여건을 알 수 있는(Breit 1989), 두 개의 사례를 제시하였다. 특히 실비아의 일상생활에 관한 사례는 다양한 반응을 불러 일으켰다. 몇몇 학생들은 그 비참한 생활형편에 놀랐으며, 다른 학생들은 실비아가 일하는 대신 사회보조금을 받고 사는 것을 이해하지 못했다. 한 학생이 그녀가 다시 일하기 시작할 때까지 사회보조금을 줄이자고 제안했다. 20세인 실비아의 생각과 감정에 대해 깊이 생각하라는 요청을, 그 젊은 학생들은 다음과 같은 주장으로 거절했다. "우리 아버지는 치과의사예요. 저

혼자서 졸업시험을 준비하고 공부할 거예요. 내 생애의 한 번도 저는 실비아의 수준까지는 내려가지는 않을 거예요. 왜 내가 그렇게 그녀의 입장에 몰두해야 하나요? 그 모든 것이 싫어요. 저는 거절하겠어요." 이 대답은 그 청소년이 실비아가 근본적으로 자기와 동등하다고 인정할 준비가 되어 있지 않음을 드러낸다. 그에게는 그녀가 한참 그 밑에 있어서 그는 실비아와는 아무런 상관이 없다. 이 의식적인 선동적 해명은, 이 학생과 그를 지지하는 다른 학생들이 평등의 기본가치와 인권존중과 보호에 대한 계명을 받아들이고 내면화하지 않았거나 최소한 이 순간에는 - 아마도 교사 또는 일정한 학생들을 괴롭히기 위해 - 이렇게 이야기했다고 교사는 여긴다. 수업시간에 이 발언은 행운이었다. 특히 여학생들의 분노에 찬 항의는 격렬한 토론을 야기 시켰다. 모든 참가자들은, 평등과 연대책임과 같은 가치에 관한 자기 자신의 견해에 대해 다시 한 번 생각하고, 기본법의 사회복지국가원칙을 생각하게 되었다. 교사는 진행자의 역할만 해도 되었다.

더욱 성과가 좋은 사례는 청소년이 옳다는 느낌 또는 공감덕분에 그들의 익숙한 사고방식, 보는 방식, 판단방식과의 갈등에 빠지게 하는 사례이다. 이러한 인지적인 부조화를 해결하는 과제는 그들로 하여금 자기의 선입견과 편견에 대해 깊이 생각하게 할 수 있다.

일하지 않고 또 확고한 주거지 없이 정거장 앞 공원에서 함께 지내는, 브라운쉬바이크 도시에 커다란 문제를 일으키고 있는 구 동독지역출신의 청소년들에 대한 브라운쉬바이거 신문의 2000년 11월 2일자 기사가 이와 같은 영향력을 발휘했다(Breit 2001). 많은 사람들이 그 청소년들을 도와주고자 노력했다. 청소년상담국 BIB의 노베르트 콘즈 왈: "우리 중 하나가 공원에서 동상에 걸리면 그것은 운명이다." 도시의 사회복지전담자는 "지원해주고 요구해야 한다"라고 말한다. 거리청소년선도원인 미샤엘 휘데폴은 일관성있게 찾아내는 사회봉사활동에 전념하였다. "사회에 복귀하는 데는 시간이 필요하다." 11월에 제2시장과 녹색당 시의원인 지그리드 프롭스트와 그의 계파동료인 라이하르트 짜벨이 참석한 가운데 조정회담이 있을 예정이다.

이 사례는 세미나에서 격렬한 토론을 유발시켰다. 특히 젊은 학생들은, 역전공원의 청소년들이 그들의 삶의 방식을 고수할 수 있다고 주장했다. 기본법 제 1, 2조를 진지하게 받아들이는 사람은 재교육을 하고자 하는 노력을 포기해야만 한다.

| 정치수업에서의 사례분석 |

이에 반해 좀 더 나이가 든 학생들과 세미나진행자는 흥분했다. 젊은 사람들은 최소한 일자리를 찾도록 노력해야 한다. 사람은 그의 삶을 대중의 비용으로 이어갈 수는 없다. 강사가 그 사례와 관련하여 수업의 목표를 "학생들은 그들이 그 자신의 삶에 대해 자립적이어야 하고 책임을 져야한다는 것을 인식해야 한다"고 설정하였을 때, 젊은 학생들은 보이텔스박흐 합의에 위배된다고 주장했다. 학생들은 학교 졸업이후의 시간을 위한 선택가능성을 제시하는 것을 목표로, 이 사례에서 다양한 삶의 방식을 생각할 수 있었다. 보이텔스박흐 합의를 위반했다는 꼬투리를 잡힌 교사는 웃음을 터뜨렸지만, 청소년들의 태도와 책임회피에 대한 비판으로 야기된 긴장상태를 완전히 완화시킬 수는 않았다.

일반화의 한 단계에서 사회보조금과 헌법에서의 사회복지국가 원칙을 다루고자 계획되었다. 그러나 성공하지는 못하였다. 세미나 참석자들은 학생들이 자유에 대해 깊이 생각하도록 고무하고 그들에게 자유와 성숙/자기책임사이의 관련성을 의식하게 하는 목표를 설정하도록 합의하였다(Breit 2000).

정치세계로부터의 사례는 청소년들의 생각과 삶의 세계로부터의 사례보다, 당면성을 유발시키기에는 훨씬 부적당하다. 정치수업시간조차 정치의 세계로부터의 사건을 조사하면 관심을 보이지 않는 반응부터 아예 참석을 하지 않는 학생들도 있다. 세미나강사가 학생들이 사건에 대한 적극적인 관심을 갖게 할 수 있는 사례가 제일 바람직할 것이다.

> 예: 오랜, 그리고 녹초가 된 투쟁 끝에 기민당-총수(CDU-Vorsitzende)인 안젤라 메르켈은 2002년 1월 수상후보를 포기하였다. 막데부르크에서 그녀는 기사당 총수 스토이버가 2002년 국회선거에서 최고의 정부요직의 후보로 나서도록 지원할 것이라고 발표하였다. 스스로 포기함으로써 메르켈여사는 당총수로서 그녀의 위치를 강화하는데 성공하였다. 기사당 총수로서 결코 수상후보가 될 수 없는, 스토이버는 그녀와의 협력에 의존되어있음을 알았다. 그에게서 그녀는 아무런 경쟁도 두려워할 필요가 없었다. 그녀가 자의로 수상후보를 포기한 덕분에 그녀는 오히려 그로부터 지원을 기대할 수 있었다. 이 분석이 맞았음을 국회의원선거가 보여주었다. 스토이버의 동의를 얻어 안젤라 메르켈은 지금까지 그 직위를 갖고 있었던 메르츠에 대하여 원내대표(Fraktionsvorsitz)자리를 넘겨받을 수 있었다. 그녀의 포기는 그녀로 하여금 기민당내에서 결코 부인할 수 없는 넘버원이 되게 하였다. 기민당-총수의 상황을 조사하는 사람은 거대한 민족정당내부의 권력투쟁의 냉혹성을 감지한다. 그 조사는 일반화를 허용한다. 정치에서는 항상 권력이 중요하다. 권력획득에서의 성공은 수완과 지구력을 전제로 한다.

어려움

사례분석을 이행하는 데는 항상 다음과 같은 어려움이 나타난다.

추상화단계

비록 청소년들이 수업시간에 종종 자립적으로 개인에 관한 사례로부터 정치의 일반적인 질문과 문제로 일반화할 수 있다 해도, 추상화의 단계는 정치학 교사들에게 커다란 도전이다. 학생들이 이 사고움직임을 이해하고 의식적으로 실행하는 것은 어렵다. 구체적인 것에서 추상적인 것으로의 단계를 명료화하는 것이 도움이 된다. 먼저 청소년들은 사례에 나오는 사람을 알게 되고 그 다음에 그들이 처한 문제로 인한 절박함을 알게 된다. 그들이 그 낯선 사람들의 생각과 감정에 집중적으로 몰입하면 할수록, 그들 자신은 어려움을 더욱 더 느끼게 된다. 사례의 그 사람을 대변하면서 그들은 고통을 느낀다. 이러한 경험은 공감을 불러일으키거나 그들의 의협심을 일깨운다. 사례를 학습하면서 생성된 당면성으로부터 청소년들은 그 낯선 생활형편의 개선을 위한 해결책 내지는 가능성을 찾고자 노력한다. 먼저 사회보조금수령자 실비아와 같은, 사례에 등장하는 개인에 관한 것이다. 그 다음은 청소년들이 자신을 개인적인 사례인 실비아로부터 분리하고 그들의 관심은 그녀의 운명으로부터 독일의 사회보조금수령자들의 형편으로 옮겨진다.

> 두 개의 사례를 통하여 일반화의 단계가 분명해질 수 있다. 잡지인 "브리기테(Brigitte)"에 감동적이며 비판적으로 쓴 사회르포에서 집 없는 사람들의 이주촌인 "베르첼리우스 거리"에 사는 크로네 가족의 생활형편에 대한 기사가 게재되었다(Breit/Massing 2002, 200이하). 그 기사는 많은 사람들에게 돕고 싶다는 마음을 불러 일으켰다. 크로네가족은 새로운 집은 물론 확고한 일자리도 찾지 못하였다. "그들이 죽지 않았다면, 그들은 오늘도 살고 있다. 그것은 동화 속과 같은 아름다운 끝이다. 이에 가장 아름다운 것은 그 모든 것이 사실이라는 것이다. 크로네가족은 현재 잘 지내고 있다. 끝이 좋으면 모든 것이 좋지 않은가!?"

이러한 문장 뒤에 정치학 교사들은 그저 기다리기만 하면 된다. 사례가 주어진 학급에서는 먼저 침묵이 흐르고 그 다음에는 얼마나 공감되게 기사가 씌어졌는지에 대해 수줍은 항의가 일어난다. 그렇지만 해결책은 없다. 크로네 가족을 위한 아름다운 끝이 그렇다니, 사회보조금수령자들을 위해서 이로써 이룩할 수 있는 것은 아무것도 없다. 여기서 학생들이 정치의 과제를 찾는 것은 간단했다. 그와 같은 사회의 참을 수 없는 비인간적인 상태는 몇몇 사람들이 도움을 받는다고 해서 없어지지 않는다. 정치는 개인이 아닌 집단을 위한 문제해결책을 개발해야 한다.

> 이는 선거경쟁의 사례로도 분명하게 할 수 있다(출처: Breit/Massing 2002, 206이하). 장기간 실업자인 아킴 필거는, 그의 지역에 출마하는 정치가들에게 자기가 일자리를 구하는데 개인적으로 지원해달라고 부탁하기 위해, 선거경쟁을 이용했다. 처음에는 그에게 희망적인 대답이 주어졌으나 결과는 비통하게도 실망스러운 것이었다. "쉬테른(Stern)"지는 약속을 지키지 않은 정치가에 대한 비난을 불러일으키고 그들에 대한 부정적인 선입견을 강화시키고자 그에 관한 르포를 이용했다.

수업시간에서는 이와 달리 그 사례로부터, 정치가의 사명이 아킴 폴거에게 일자리를 구해주는 것이 아니라고 학습하게 한다. 정치가들은 사회의 일반적인 문제해결을 위해 노력해야 한다. 아킴 폴거가 아닌 실업자들을 위한 해결책을 찾아야 한다.

정치적인 문제는 무엇인가?

학생들은 정치적인 문제가 무엇인지를 아는 경우에만 일반화의 사고단계를 이해할 수 있다.

사람들이 어떤 이유로 항상 감당하기 힘들거나 인권이 존중되지 않는 상태에서 살게 되면 문제가 있다. 그러나 이러한 상태는 아직 정치적 문제라고 할 수 없다. 다음의 사례는 이를 분명하게 한다(Breit 2002, 199).

> 한 소녀는 춤추러 가기를 원하는 자신을 전혀 이해하지 못하는 그녀의 어머니에 대해 화를 낸다. 독자가 이 기사를 깊이 읽게 되면 될 수록, 바로 이 단계에서 그 모녀가 삶을 서로 지옥으로 만든다는 것을 점점 깨닫게 된다. 많은 가정에서 부모와 성장하는 자녀들 간에 이와 유사한 긴장된 관계가 지배적이다. 모든 가족구성원에게 이 상태가 감당하기 힘이 들 수 있다.

그렇지만 여기서 정치적인 문제는 나타나지 않는다. 단지 가족구성원들 자체만이 이 어려운 상황으로부터 빠져 나올 수 있다. 국가가 청소년 담당관청의 대표자의 모습으로 개입한다면, 문제되는 상황을 개선하기는커녕 오히려 극적으로 악화시킬 것이다. 가정폭력의 경우에는 상황이 다르다. 가정의 갈등이 한 구성원에 의해 폭력적으로 해결되고 남은 가족들이 이러한 현장에 대해 방어할 수 없다면, 외부의 도움 없이 그 문제를 해결할 수 없는, 감당하기 어려운, 비인간적인 상태에 도달했다고 할 수 있다. 많은 가정이 이러한 폭력에 시달린다면 정치적인 차원에서 도움을 줄 수 있는지, 어떻게 도와야 하는지에 대해 심사숙고해야 한다.

제압의 위험

교사가 사례로써 학생들은 "제압"할 수 있다. 그가 청소년들의 선입견을 인정하는 한 사례를 선정한다면, 그는 자립적인 사고를 방해하는 것이다. 청소년들이 그들의 세계관과 그들의 편견을 시인하기 때문에, 깊이 생각하는 것이 불필요하게 되어 버린다.

> 예: 튜빙엔에 아프리카출신 흑인들이 그들의 망명신청자숙소로부터 활발한 마약거래를 해왔다. 그들은 노련하게 그 지역의 김나지움의 몇몇 학생들을 마약에 중독 되게 만들었다. 특히 비극적인 예는 교수가정의 딸이 그 친구들에게 뒤떨어지지 않고자, 잘 알고 있음에도 불구하고 마약을 복용했다. 마약을 사려고 돈을 구하기 위해 그녀는 나쁜 길로 들어섰다. 그녀가 범죄를 저지르게 된 것이 알려지자 그때까지 행복했던 가정이 깨어졌다.

이 사건은 쉽게 일반화된다. 아프리카출신 망명신청자들은 종종 장사를 한다. 청소년들을 마약의 위험으로부터 보호하기위하여, 망명권리의 오용에 대해 매우 엄격하게 대처해야 한다. 간단하게 "망명신청자들은 떠나라"고 할 수 있다.

학생들의 익숙한 사고방식이 강화되는 위험을 막기 위하여 교사는 의식적으로, 청소년들이 지금까지의 선입견과 일치되기 힘든 사례를 선정해야 한다.

> "베르첼리우스가(街)"의 크로네가족의 사례는(Breit 2002, 187이하) 사회적인 성향의 학생들과 정치학을 공부하는 학생들로 하여금 깊이 생각하게 하는 데 매우 적합하다. 크로네씨는 농업에서 행복을 찾기 위해 확고한 일자리를 포기한다. 그는 작업조건이 그에게 맞지 않음을 빠르게 판단했다. 그 이후로 그는 실업자가 되었다. 크로네 부부는 학교를 마치지 못하였다. 그러나 이미 자녀는 셋이다.

바로 사회적으로 관심이 있는 대학생들은 그들이 보기에 크로네부부의 끝도 없이 경박하고 무분별한 생활태도에 대해 화를 낸다. 노숙자집단촌에 가게된 것은 크로네부부가 "자초"한 게 아닌가? 다른 한편으로, 그들에게 기회가 있었는가? 둘 다 "사회보조금수령"가족 출신이다. 그들의 부모와 할머니, 할아버지도 사회보조금으로 살았다. 둘 다 온전한 가정이 아닌 공공수용시설에서 자랐고 그곳에서 둘이 만났다. 그들이 빈곤, 문란한 가정, 시설양육, 학교를 제대로 다니지 못함, 그리고 본래의 가난이라는 악순환에서 벗어날 수 없다는 것은 너무나 분명하지 않았는가? 크로네씨의 자녀들에게도 그들의 부모들과 유사한 운명이 벌써부터 예견될 수 있다는 것은 당연한가?

사례 찾기

좋은 사례는 일간신문에서 매일 발견되지 않는다. 따라서 정치학 교사들이 사례를 수집하는 것이 바람직하다. 여러 개의 신문을 구독하는 것도 의미가 있다. 지역을 초월하는 일간신문에서 종종 뛰어난 사회적인 르포가 발견된다(예: 돈과 일자리가 불충분하다면, 숙련공은 어려움을 극복할 수 있는가? 1996년 3월 13일자 SZ 기사: Breit/Massing, 2002, 217이하에서 분석됨). 또한 "쉬테른(Stern)"이나 여성잡지인 "브리기테(Brigitte)"와 같은 화보에서도 좋은 사례가 발견된다. 화제의 인물들 사진과 생활환경도 보여줄 수 있는 장점이 있어 독자가 그 사건을 더 잘 이해할 수 있다.

지역을 초월한 일간지와 주간지에 게재된 정치적 사건들의 배경에 대한 기사는 대부분 탁월하다. 정치세계로부터의 사례로 이를 학습하면 학생들은 정치적 과정에 대하여 통찰할 수 있게 된다(예: 답답한 시대. 더 이상 협상이 없는 - 그리고 기부자의 이름이 바로 중요하지 않게 된 한 주간의 연대기. Hans-Jörg Heims와

Stefan Kornelius기자. SZ 2000년 1월 22일 3기사. Breit 2000, 79이하에서 연구됨).

사례 - 도입 아니면 수업내용?

사례분석에 관하여 연구하는 대부분의 교수법 학자들은, 수업시간에 사례가 부수적인 것으로 간주되어서는 안 되며 도입으로 "잘못 사용"되어서도 안 된다고 강조한다. 사례는 수업내용이다. 사례에는 청소년들이 추상적인 학습차원에 몰두하며 정치적 행동방향을 목적으로 자기 자신의 판단을 내려야 하는, 사회적 또는 정치적 상황이 반영되어 있다. 사례에서 학생들은 정치의 사명을 알게 된다. 사례를 통해 정치가들의 생활에 미치는 영향력을 감지할 수 있다. 사례 없이는 학습과정에 그렇게 중요한, 구체화, 추상화, 재구체화의 "반복"(Hilligen)이 불가능하다.

유감스럽게도 수업현장에서는 단지 도입으로서만 사례가 이용되는 것이 종종 목격되고 있다. 수업시작에 사례가 제시된다. 학생들은 그들의 인상을 발표한다. 대략 10분에서 15분후에 교사들은 사례를 그만두고 추상적인, 사회적 또는 정치적 내용을 다루기 위해 넘어간다. 이러한 과정에 대한 해명으로서 특히 대학생들과 실습교원들은, 학생들이 모든 것을 이야기 했으며 그래서 자세하게 다루기 위한 근거가 더 이상 없다고 인정한다. 이것 말고도 그들은 수업시간에 시간적인 압박을 심하게 느끼고 있다고 한다. 그들은 무조건 계획된 학습자료를 다루고자 했다. 그런 과정에서 사례분석의 모든 장점은 없어진다. 학생들에게 개개인의 사례에서 문제에 직면한 사람들을 대변하여 문제되는 상황을 감지할 기회가 주어지지 않는다. 그런 수업에서는, 다른 사람에게 적용되며, 청소년들이 민주주의 존재에 그렇게 중요한 기본가치, 인권, 평등, 단결, 자유를 추구할 가치가 있는 것으로 여기도록 배려하는 감정이 생길 수 없다.

사례 없이는 청소년들이 사람들의 삶을 위한 정치의 중요성에 대하여 생각할 수 없다. 그들에게 정치는 추상적이며, 근본적으로는 전혀 관계가 없는 것에 불과하다.

함축관련성에 있어서 사례분석

정치교사들이 사용할 수 있는 좋은 사례는 그리 많지 않다. 수업을 목적 또는 정치적 내용으로부터 계획하여 이에 맞는 사례를 찾기란 쉽지 않다. 사례를 이용하는 수업을 계획하기위해서 그는 주어진 사례에서 출발하여 이에 속하는 조건과 결정에 대해 곰곰이 생각해야 한다(Breit/Weißeno 2003, 13-88).

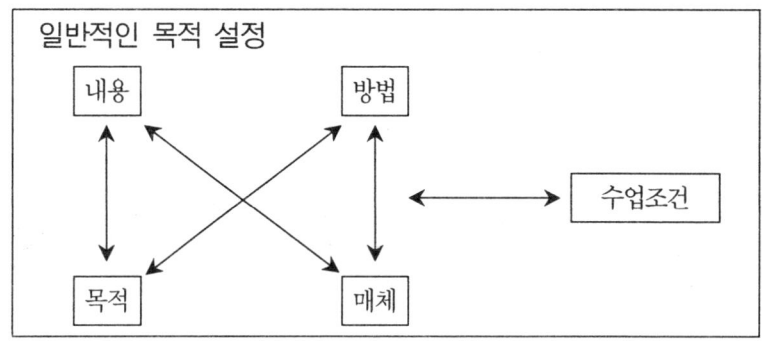

수업조건으로부터의 계획수립

교사는
● 사례가 청소년들의 기존 선입견과 편견을 강화시키거나 문제 삼는지,
● 학생들이 사례에 접근하고, 최소한 그 사건을 외부적 관점에서 이해하고 조사할 수 있는지,
● 청소년들이 그 사례를, 행동하는 인물의 내적인 관점에서 보고, 사회적인 관점을 받아들일 수 있는지,
● 교사와 학생들의 일깨워진 감정이 수업참가자에 의해 상처받지 않도록 보장할 수 있는지 점검해야 한다.

수업내용으로부터의 계획수립

사례의 특성중 하나는 그 복잡성이다. 하나의 사례는 여러 가지의 사회적 또는 정치적 내용을 거의 일반화시킬 수 있다. 그러나 이는 하나의 사례를 필요로 하는 정치적 내용으로 "어떻게든" 일반화시킨다는 것을 의미하지 않는다. 따라서 교사는 수업계획 작성초기에 다음과 같은 일반적인 사회적 또는 정치적 내용을 찾아야 한다.

● 그 사례에 반영되어 있고
● 교사가 방침, 교과서 내용 또는 학생들의 사전지식과 일치될 수 있어야 한다.
동시에 그는 학생들이 계획된 일반화를 받아들이는지 또는 다른 일반적인 내용을 선호하는지 검토해야 한다.

> 예(Gagel/Grammes/Unger 1992): 망명지원자에 관한 예에서, 교사는 망명신청자의 증가를 정치적인 문제로서 수업에서 다루기 위해 이용하고자 하였다. 그의 학생들은 이에 반해 수업시간 전체에, 이 사례를 근거로 사회적인 학습의 문제와 내용(외국인에 대한 생각, 외국인을 국내에서 만날 때 어려움)을 조사하고자 시도하였다. 다양한 목표설정으로 인해 교사, 학생들이 서로 엇갈리며 이야기 하게 된다.

목표로부터의 계획수립

사례를 사용하는 정치수업은 항상 여러 가지 목표를 이루도록 노력한다.

● 사회적인 학습

학생들의 상상과 생활세계로부터 사례를 조사하는 것은 사회적인 학습에 도움이 된다. 청소년들은 다른 사람들의 생활형편을 알게 되고 그들의 문제에 대해 깊이 생각하며, 서로 토론하는 것을 배운다. 사례의 사람들을 대변하면서 문제의 절박함을 인식하면, 그들이 해야 할일을 깨닫게 되고 그들의 의협심이 발동한다. 그러면 그들은 스스로, 변화가 이루어져야 하는지 질문한다. 청소년들에게는, 다른 사람의 상황을 인식하고 그들에 대해 책임을 느끼는 성향이 시작된다.

● 정치적인 학습

사례는 일반화하면서 대부분 정치적인 내용이 된다. 청소년들의 생각과 생활세계에서 사례가 정착되면, 그 사례는 추상적인 학습차원에서 항상 하나의 문제로 이끈다. 먼저 청소년들은 그 범위, 원인 및 결과와 같은 영역의 도움을 받아 그 문제를 조사한다. 분석한 후에 청소년들은 그 문제가 정치의 과제로 간주되는지 검토해야 한다. 정치적인 문제해결은 항상 돈이 들고 그 돈은 납세자가 내야 한다. 따라서 청소년들은 그 문제와 가능한 문제해결책을 당사자들의 관점은 물론 기부자와 납세자의 눈으로도 봐야 한다. 이 양측의 관점으로부터 그들은 문제와 문제해결책을 판단근거의 도움을 받아 검토하며(Breit/Weißeno 2003, 20이하, 25이하), 이에 따라 각자 결정한다. 결론적으로 그들은 행동방향으로, "그들이 관심을 가진, 사전에 발견한 정치적 상황에 영향을 주는 방법과 길"을 찾을 수 있다 (제3의 보이텔스박흐 합의).

일반적인 목표설정

 정치수업은 정치에 대한 청소년의 관심을 일깨우는 것이 목적이다. 또한 그들은 자립적, 정치적으로 보고, 판단하며 행동할 수 있기 위하여("보고, 판단하고, 행동하라" - Wolfgang Hilligen), 지식 및 분석, 판단능력을 습득해야 한다. 정치수업은, 그로부터 "비판적인 이해력을 지닌 신문독자를 길러낸다면, 위대한 일을 해낸 것이다. 비판 없는 이해력도 안 되며, 이해력 없는 비판도 안 된다"(Theodor Eschenburg).

 사례는 교사가 학생들에게서 정치에 대한 관심을 불러일으키는데 도움이 된다. 사례로부터 청소년들은 추상적이고 그들이 접근하기 어려운 "정치"에 관심을 가질 수 있다. 사례를 학습함으로써 청소년들이 신문을 읽고 라디오, TV 기사를 받아들이는 데에 있어 그들 자신의 생활과 직접적으로 이에 당면하는 사람들을 위한 정치적 결정의 영향에 대해 질문을 제기하도록 영향을 받을 수 있다. 이러한 능력은 자기 자신의 관심은 물론, 다른 사람의 필요를 위해 나설 수 있는 준비와도 관계가 있다. 정치에 대한 관심은 책임의식과 결부된다.

사례분석을 이용하는 수업계획을 위한 하나의 실례

사례

뮬러-슈타이드너씨의 어처구니없는 하루

무엇 때문에 튜링엔의 지방공무원은 지난 1년 반 동안 독일정부를 방어해야 했는가?

시민교육방법트레이닝

베르하르트 호니히포르트(노르트하우젠)기자보고

뮬러-슈타이드너씨가 원하는 대로 딱 한번만 할 수 있다면, 무슨 일을?
"그러면 저는 그 모든" 그는 말하길, "저는 당장에 그..." 그는 의자에서 잠시 일어나, 한 순간 있다가 그다음에 다시 주저 앉았다. "아, 그만둡시다."

클라우스 뮬러-슈타이드너, 52세. 튜링엔주의 노르트하우젠지방관청의 건축법규관리국장인 그는 원하는 데로 할 수 없었다. 그는 법을 지켜야 했다. 그는 그의 사무실, 464호에 앉아 있다. 청색 카페트, 밝은 회색 캐비넷, 회색 서류철 책장, 그 위에 다섯 개의 오렌지색의 튜링엔의 건축법규전집이 있으며 그 앞 벽에는 달력이, 그 뒤에는 지도가 걸려 있다.

그는 고상한 모습으로 아주 친절해 보이며 제대로 된 옷을 입고 있다. 회색털실로 뜬 자켓, 밝은 파란색의 와이셔츠, 짙은 파란색의 넥타이, 은빛 넥타이 핀, 안정되어 보이는 안경. 11년 동안 그는 모든 건축법규관련업무를 감당했다. 때로는 건축청부업자와 말썽이 있었지만 이는 일상적인 문제였다. 그러나 1년 반 전부터 그는 그의 생애동안 겪지 않던 말썽을 겪고 있다. "그런 사람들에 대해 무엇을 할 수 있는지 골똘히 생각하고 또 골똘히 생각하고 있습니다"라고 그는 말했다. "그러나 그렇게 많은 바보 같은 사람들을 입법가들은 아마도 고려하지 못했을 거예요."

뮬러-슈타이드너씨가 지난해 4월 4일에 쥐드하르쯔에 위치한 작은 마을인 소핀엔호프에서, 어떻게 누군가가 그의 가족유원지를 커다란 방갈로로 개조하는 것을 발견했을 때부터, 그의 직장생활이 돌발적으로 변하였다.

그는 이전에 노르트하우젠의 SED소속 부시장이었던 그 남자에게 편지를 써서, 즉시 건축을 그만두라고 촉구하였다. 며칠 후 그 남자는 그에게 자기는 2000년 3월 23일자로 받은 합법적인 건축허가를 갖고 있으며 이를 첨부한다고 통보했다. 법률가인 뮬러-슈타이드너씨는 깜짝 놀랐다. 위에는 문장이 있고 그 옆에 "프로이센 제국 자유국가, 상공부 위임장관, 장관, 잠정적 직위 보유, 베를린-첼렌도르프 1, 쾨니히스벡 1번지"라는 제목이 있었다. 이에는 장관 볼프강 게르하르트 귄터 에벨은 개축을 허가한다고 정중하게 써있으며 서명, 직인이 있었다.

뮬러-슈타이드너씨가 소피엔호프에서 조금 더 돌아보았을 때, 그는 더욱 커다란 건축현장을 발견했다. 그 바로 옆에서 누군가가 압축공기망치를 가지고 그의 정자에 지하실을 파고 있었다. 땅위 문에는 다음과 같은 문패가 걸려 있었다. "독일 제국, 국가공무원 안드레아스 트라우만의 집무관".

이제 1년 반이 지났다. 그 사이에 그 정신 나간 사람은 지방관청에 서류를 보냈고 클라우스 뮬러-슈타이드너씨는 독일제국과의 격렬한 서신전쟁에 휘말렸다. 그 이후로 관청이 개입했다. 첫 사건에는 4개의 건축서식, 트라우만에 대한 9개의 편지를 계속 보냈다. 개축금지처분, 이용중단, 지하실을 판 정자를 비우고 파기하라는 지시에 관한 것이다. 11번 뮬러-슈타이드너씨는 건축현장을 봉쇄했고 11번 그 봉쇄는 파괴되었다.

정치수업에서의 사례분석

대략 80번, 그 지방공무원은 동료와 경찰관과, 열쇠수리공과 함께 견인차나 로트바일러(도사견)를 잡기위한 수의사를 동반하여 트라우만의 정자에 갔었다. 18 킬로미터를 갔다 왔다. 그는 건축용 차량을 압류하였고, 모욕과 창피를 당했다. 상대방 힘이 너무 세서, 때때로 아무 조치도 취하지 못한 채 철수해야 했고 때때로 방탄조끼를 입기도 했다. 그러나 그는 아무것도 해내지 못했다. 안드레아스 트라우만은 독일연방공화국, 헌법, 국민대표자, 관청, 관인, 국가 그리고 지방공무원인 뮬러-슈타이드너씨를 인정하지 않았다.

그 지방관청에서 알아본 바에 의하면 "중간정도의 지성"을 지니고 감옥에 수감된 적이 있는 금속공인 40세의 트라우만은 허위세계에 빠져 버렸다. 그는 "프로이센"에 속하였다. 노르트호이져 관청의 직원이 말한 바에 의하면, 약 120명에서 350명의 정신 나간 회원들이 "독일제국의 경찰정부"라고 명명하며 자체 증명서, 운전면허증과 차량번호를 인쇄하고 건축허가서를 발부하고 독일연방공화국을 유령국가로 여긴다.

헌법보호를 위한 연방관청에 의하면 그런 사람들을 어떻게 해야 할지 정말로 모르겠다고 한다. 법의학적인 정신병학 베를린 연구소는 1985년 지방형사당국에 한 평가서에서, 베를린에 사는 62세이며 이전에 동독의 철도 직원이었던, 자칭 장관이라는 에벨을 일종의 특수 정신분열증이라고 진단하여, 그를 처벌할 수 없게 만들었다.

뮬러-슈타이드너씨가 그 모든 것을 알게 되었을 때, 한 순간 이 사건이 어느 정도는 우습게 느껴지기도 하였다. 그러나 2000년 5월 12일 12시 30분쯤, 두 명의 엄숙하게 옷을 입은 남자가 그의 사무실에 나타났을 때 상황은 바뀌었다. 며칠 전에 그는 "베를린의 헌법상 특별직을 위한 원수의 전권대리자"가 나타나 대역죄로 사형을 위협하는 영장을 보냈다. 지방관청 앞 아래에서 그 국가공무원인 트라우만이 시동을 걸고 기다리고 있었다.

그 신사들은 뮬러-슈타이드너를 체포하려고 했다 "우리는 독일제국의 집행기관입니다"라며 그들은 그를 위협했다. 그 기습한 경관들은 결국은 그 자신들이 하루 동안 창살 뒤에 갇혔다. 왜냐하면 뮬러-슈타이드너가 두 명의 진짜 경찰에게 도움을 요청했기 때문이다.

그 법률가가 말하기를, 한창일 때는 그 "프로이센"들이 그의 업무시간의 90 퍼센트를 차지했다고 한다. 그는 이를 계산해 보았다. 주행거리에 대한 비용, 작업시간을. "지금까지 족히 100,000마르크는 될 겁니다." 그의 지시에 이의가 따르고 그는 이를 물리치고 결국은 법정에서 끝이 났다. 이렇게 1년 반이 그렇게 지나갔다. 서신, 전화, 경찰출동요청, 지시, 공무방해죄(인신모독죄)까지 왔다 갔다 했다. 약 20명의 "프로이센"이 노르트하우젠에 있다고 한다. 그동안 1/3이 그의 책상에 상륙했다. 또 한 사람이 베를린에서 건축허가를 받았다고 했다.

이외에도 그의 정식 운전면허증을 "음주운전으로 빼앗기고" 이젠 "제국의 운전면허증"으로 지역을 돌아다니는 기업가도 있다고 한다. "내가 조금 덧붙인다면, 그들은 땅의 버섯처럼 무럭무럭 자라나요"라고 뮬러-슈타이드너씨는 말했다.

145

한 달 전에 그는 이겼다고 생각했다. 수백 명의 경찰, 견인차, 수의사 그리고 열쇠수리공과 함께 그는 아침 8시에 돌진해서 자동차로 막아놓은 토지를 깨끗이 하고 그 국가공무원을 두 명의 경찰관으로 하여금 그 주말농장에서 끌어내게 하였다.

다시 그는 그 침입위험에 놓인 집을 봉쇄하게 하였다. 그는 가구들을 치워버렸으며 트라우만과 그의 부인, 아들에게 이웃마을에 있는 방이 5개인 집으로 가게 하였다. 그렇지만 그 국가공무원은 다시 돌아왔고 그 이후로 그의 새로운 집무관, 즉 가족유원지안의 캠핑차안에서 쪼그리고 앉자 있다.

안드레아스 트라우만은 유원지 입구의 문 앞에 서 있다. 거의 깜깜해졌다. 문 뒤에는 그의 로트바일러(도사견)인 티나가 으르렁거리고 있다. 그 앞의 숲길에는 거의 망가지기 직전의 봉고버스가 서있다. "여기서 커다란 불의가 행해졌습니다."라고 그는 말한다. 그의 겨드랑이 밑에는 한 신사가방이 끼어있다. 이야기 할 때 그는 볼펜으로 공중을 이리저리 찔렀다. 법은 소위 독일연방에 의해 발로 밟혔다. 그는 어두움을 응시하며 로봇처럼 말했다. 소위 통일조약에 대하여, 연합국에 대하여, 그리고 독일연방공화국은 전혀 존재하지 않고 아직도 1937년의 국경의 독일제국이 있다고.

"제국에 대해 너무 많이 이야기하지 마시오"라고 그 뒤에 한 남자가 투덜거렸다. 그는 자기이름이 밝혀지길 원하지 않았다. "우리는 여기서 이길 것이다. 우리는 혼자가 아니다. 우리는 외국에서 자금을 받는다." 나중에 퀴프호이져구역의 기업가라고 자신을 밝힌, 그 남자는 입을 비죽이며 말했다. "우리는 그들을 끝장낼 것입니다. 제대로 끝장을 낼 겁니다." 그는 지방관청과 그 용감한 뮬러-슈타이드너씨를 의미한 것이다.

늦어도 내년 초에는 그 불법 건물을 철거하게 할 것이다. "이제는 관철될 것입니다." 그는 독일연방공화국을 방어하고 소피엔호프의 가족유원지시설에서 독일연방법을 관철하기로 결단했다. 그는 더 이상 의욕이 없으며 이 모든 것이 더 이상 우습게 느끼지 않는다. 그는 그의 부인에게 이 테마에 대해서 더 이상 이야기하지 못하게 했다.

그가 원하는 데로 할 수 있다면, 단지 하루만이라도? "오" 그의 눈은 위험하게 반짝거린다. "저는 그 모두를 의사에게 데리고 가서 가두어 두게 하고 싶습니다. 정신병원으로요." 그러나 그는 건축규정관리국장과 같이 정확하게 '이는 당연히 그의 개인적인 생각이라'고 덧붙였다.

출처: 2001년 10월 31일자 프랑크푸르터 룬트샤우(Frankfurter Rundschau) 6면 기사

교수법적인 관점

정치교사가 이 사례를 수업시간에 사용하려고 결정했다면 그는 교수법적인 관점 또는 사례의 잠정적인 주제(Breit/Weißeno 2003, 29-37)를 결정하고 시작해야 한다. 이 사례의 한 특징은 그 복잡성이라고 할 수 있다. 이 사례는 정치수업에서

| 정치수업에서의 사례분석 |

사회적이고 정치적인 학습에 중요한, 여러 가지의 양상을 포함하고 있다. 이 사례에서 여러 가지 다양한 내용과 목적을 다룰 수 있고 따라서 여러 수업시간으로 계획을 할 수 있다. 그 의미하는 바를 분명히 하기 위해, 여기서는 단지 세 가지의 교수법적인 관점만을 다루고자 한다(Breit/Weißeno 2003, 97-105 참조). 교수법적 관점의 수는 더욱 많아질 수도 있을 것이다.

| 제안 1:
| 독일제국의 종말과 독일연방공화국 수립 |

건축규정관리국장의 인생을 그렇게 힘들게 만든, 그 "프로이센"들은 "독일제국의 경찰정부"로 소환되었다. 그 "독일제국"은 멸망했는가 아니면 아직도 존재하는가? 독일연방공화국이 합법적인 국가인가? 그 프로이센 자유국가 제국이 경우에 따라서 그 자체를 위해 합법성을 요구할 수 있는가?

이 사례에서 시작하여 학생들은 1945년 5월 8일 이후부터 1949년 5월 독일연방공화국 수립 때까지의 사건들을 알아야 하며 동시에 그 합법적인 근거를 조사해야 한다.

| 한 수업단원의 주제:
| 독일제국이 아직도 있는가? 1945년 조건 없는 항복에서 독일연방공화국 수립까지 |

| 제안 2:
| 개인적인 자유와 국가적인 법규사이의 긴장관계 |

민주주의에서는 자유가 인간적인 가치에 대한 기본요구를 형성한다(기본법 제1조). 국가는 이 자유를 제한한다. 자유시민이 원래 국가를 필요로 한 것인가? 국가가 그들의 자유를 비인간적인 방법으로 제한하지는 않는가? 자유시민에게는 자기 국가를 수립하고 기존 국가의, 그들의 자유를 제한하는 법과 규정을 무효로 만들 권리가 없는가? 학생들은 사례에 근거하여 개인적인 자유의 전제조건으로서의 국가적인 법규의 필요성과 개인적인 자유와 국가적인 법규사이의 긴장관계에 대

해 깊이 생각해야 한다.

제안 3:
국가의 권력독점

민주적인 국가에서 국가가 권력을 독점하지만 권력의 행사는 법과 규칙에 결부되어 있다. 학생들은 사례에 근거하여 민주적인 법치국가에서 권력독점의 행사가 법과 규칙에 결부되어 있음을 배워야 한다. 그들은 실행현장이 적절하게 보이는지 아니면 좀 더 단호한 조처를 취해야 하는지 검토해야 한다.

한 수업단원의 주제:
우리는 국가를 건설하고 운전면허증을 발급한다! 민주 법치국가의 국가와 시민과의 관계에 대하여

여기서는 제안2를 선택하기로 한다. 수업에서는 그 사건을 국가 내지는 건축규정관리국장의 관점은 물론 "프로이센"의 시각으로도 보아야 한다. 그러나 다른 두 가지 제안의 전개가 무익하지는 않다. 사례를 조사할 때 교사는 독일연방공화국의 법적인 근거에 따라 질문하도록 고려해야 한다. 또한 학생들이 국가의 권력독점에 관심을 갖고 더욱 엄격하게 이행하도록 변호할 수 도 있다. 교사가 여러 가지 교수법적인 관점에 대해 근본적으로 생각했다면, 그는 대부분 학생들의 기대치 않았던 요구에 대해서 융통성 있고 주관적으로 반응할 수 있다.

주제분석

국가는 국민의 정치적 기관이다. 국가의 공통적인 특징인 3대 구성요소는 영토, 국민, 주권(국가권력)이다(Ackermann 1998, 16; Massing 2001, 5). 국가는 분명하게 경계가 지워진 영토에 그 세력을 발휘한다. 개개의 시민은 국민에 속한다. 민주주의 국가에서 국민들은 자유, 참여와 사회적인 권리를 지닌다. 국가는, 그 국민들에게 자유와 가치 있는 삶을 살게 하기 위하여, 헌법에 명시되어 있는 일정한 기능을 완수한다(1948년도 헤렌킴제(Herrenchiemsee)의 헌법초안 제1조 제1항

"국가가 사람을 위해 존재하는 것이지 사람이 국가를 위해 존재하는 것이 아니다."). 그러나 질서 없이는 국민의 자유와 안전이 보장될 수 없기 때문에, 시민들은 이 질서를 받아들여야 한다. 개개의 국민은 국가권력, "즉 특정한 정부(행정부), 특정한 입법기관(의회), 그리고 특정한 법률기관"에 종속되어있다(Himmelmann 2001, 59이하). 한 국가에서 법의 단일성과 그 법의 안전은, 필요한 경우에는, 자 국민에 대한 국가적인 처벌을 통하여서라도 보장되어야 한다(Himmelmann 2001, 62). 국가의 영토 내에서는 국가이외에 다른 기관이 권력을 행사해서는 안 된다(Bogumil 2001, 30). 국가는 권력을 독점하지만, 국민에게서 비롯된 국가 권력의 행사는 법과 규정(인권과 기본권)에 구속된다.

국가와 국민간의 관계에 대하여 대부분의 성인들은 깊이 생각하지 않는다. 많은 사람들에게 "국가"는 당연한 것이다. 그 핵심과제는 대외적으로(방어) 그리고 국내적으로 (국내의 법적 평화의 유지) 안전을 보장하는 것이다. "이러한 법적 평화는 국민이 자유로운 가운데 자립적인 삶을 구성할 수 있도록 노력할 수 있기 위해 꼭 필요한 전제조건이다(Himmelmann 2001, 62). 국가는 시민에게 그 자유와 안전을 보장한다.

앞의 사례는 이를 효과적으로 보여준다. 물론 시민이 스스로 국가를 건립할 수 있다는 가능성이 유혹적으로 보일 수도 잇다. 누가 기꺼이 자기 자신에게 운전면허증을 발급하여 운전학교에 다니는 그 시간과 돈을 절약하지 않겠는가? 그렇지만 모두가 그 반대도 생각해 볼 수 있다. 운전경험이 없는 "프로이센"의 운전면허증을 가진 모든 운전자는 다른 사람들에게 위험이 된다. 국가가 권력독점을 포기한다면 이는 교통질서에서 바로 나타나는데 개개인의 운전자든 보행자든 모두에 대한 위험이 극단적으로 높아지게 되는 것이다.

국가가 그 사명을 수행하기 위하여, 국민은 의무를 이행해야 한다(기본법 제33조). 그는 법을 준수(법에 순종)하고 의무(세금, 수수료)를 감당해야 한다. 비록 기본법에 국민의 권리에 대하여 많이 기술되고 국민의 의무에 대하여 적게 기술되어 있다고 하더라도 국가규정과 납세의무를 통하여 개인의 자유를 제한하는 것은 많은 국민들에게 심한 부담을 의미한다. 하지만 그들이 국가적인 질서와 개인적인 삶의 개발의 가능성에 대한 관계를 알게 되면, 그 부담을 받아들인다.

조건분석

청소년들도 성인과 마찬가지로 "국가"에 대해 별로 깊은 생각을 하지 않는다. 국가는 그저 존재하고 완전히 자립적으로 그의 과제를 수행한다. 정치수업에서 "국가"는 헌법과 정부체제로서의 주제가 된다. 기관에 관한 수업에서 학생들은 국가와 그 많은 기관이 국가권력을 어떻게 행사하는지 경험한다. 이러한 학습은 종종 추상적이고 청소년들의 일상생활과 관련이 없이 이행되기 때문에, "별로 관심이 없게" 된다. 또한 청소년들은, 항상 국가에게 자신을 위한 성과를 요구하는 데 익숙한 환경에서 성장한다.

국가의 권력독점은 어찌되었든 의식하게 된다면, 자유와 안전 가운데 삶을 위한 전제조건보다는 오히려 개인적인 자유의 제한으로 느껴진다. 따라서 학생들이 그 "프로이센"을 바보나 야비한 사기꾼으로 간주하지만 그들의 행동에 대해 어떤 공감마저 느끼게 된다. 독일연방공화국의 국가권력은 근본적으로 국민에게서, 즉 독일연방공화국에 사는 8천만의 국민의 개개인으로부터 나온다는 사실은 겨우 소수에게만 의식된다. 거의 아무도 "그 존재의 '주권적인' 중요성"을 느끼지 못한다 (Himmelmann 2001, 59).

목표

사회적인 학습:

학생들은
- 뮐러-슈타이드너씨의 생각과 감정에 몰입하여 느껴야 하고,
- 국가의 대표자와 앞으로 갈등이 있을 경우에 그들의 관점도 이해할 준비와 능력을 개발 하며,
- 행정당국의 대표자들은 그 업무를 수행할 때, 자기 자신의 편애나 혐오 또는 감정에 의해 이끌리지 않는다는 것을 인식해야 하고,
- "프로이센"의 생각과 감정을 깊이 이해하며,
- 그들의 교활한 행동을 이해하면서도, 다른 사람들을 위한 자신의 행동이 어떤 결과를 가져올지 생각하면서, 자기 이익을 관철하는 데 있어서 경계가 있음에 대하여 깊이 생각해야 한다.

정치적인 학습

학생들은
● 국가의 권력독점과 그 법과 규정의 구속력을 알아야 하고,
● 그 사례에 근거하여(뮬러-슈타이드너씨의 어려움과 "프로이센"의 전반적으로 당당한 불손함), 그 사례에서 보이는, 국가권력독점의 법적인 제한에 대한 자체적인 판단력을 형성해야 하며,
● 개인적인 자유와, 국가의 강요에 복종해야 할 필요성의 관계에 대하여 깊이 생각해야 한다.

수업의 진행계획

도표상의 진행계획에 주어진 시간은 의도적으로 대략 정한 것이다. 교사는 자기 학급의 상황에 따라 좀 더 정확하게 시간을 분배할 수 있을 것이다. 여기서 개발된 수업단원은 실업학교 9 또는 10학년(우리나라의 중3, 고1)을 위해 계획된 것이다. 약간의 수정을 하면 주요학교(우리나라 실업중학교에 해당)의 9 내지 10학년과 인문계 고등학교 상급반을 위해 사용할 수 있다. 인문계 고등학교의 상급반의 경우, 조사하는데 시간이 많이 걸리지 않을 것이다. 참가자들이 사상적인 역사에 대한 텍스트를 학습할 경우 시간이 더욱 많이 걸린다(7번째 시간). 이 수업단계를 위한 기초적인 텍스트는 이에 상응하여 확대하여 사용될 수 있다(M7, M8). 주요학교에서는 이 시간을 차라리 제외시키는 것이 나을 수도 있음에 숙지해야 한다. 또한 텍스트-퍼즐(M2 참조)을 간략히 하고 해답을 제시하여 보충해야 한다.

학습순서

학습순서는 구체적인 것(1-4번째 시간)에서 추상적인 것(5-6번째 시간)으로, 그리고 다시 구체적인 것으로(7-8번째 시간) 진행된다. 출발점은 사실상 전달된 사례이다. 사례는 재미있지만 당사자인 뮬러-슈타이드너씨에게는 부담스러운 사건이라, 청소년들의 관심을 불러일으키고 추상적이고 그들 중 대부분이 지루해하는 권력독점의 개념을 학습할 자세를 촉구하는데 적합해야 한다. 추상적 또는 정치적

학습차원에서는 국가와 개인의 관계가 주제화된다. 학습자들은 여기서 배우게 된 관점을 사례에 다시 적용(재구체화)하면서 재검토할 수 있다(학습차원에 대하여 Breit/Weißeno 2003, 79-83참조).

시간	주 제	교수법적-방법론적 구조	자료
1	국가: 필요한가 아니면 필요 없는가?	국가에 대한 학생들의 선입견 조사	M 1
2	누가 뮬러-슈타이드너씨의 어처구니없는 하루를 조사 하는가?	텍스트-퍼즐의 도움을 받은 사례의 내용적인 작업	M 2
3	뮬러-슈타이드너씨의 어처구니없는 하루 뒤에 숨겨진 것은 무엇인가?	외적인 관점에서의 사례분석	M 3, M 4.1 M 4.2, M 4.3
4	뮬러-슈타이드너와 트라우만의 눈으로 보다	내적인 관점 하에서 사례를 분석하기위해 소그룹으로 나누어 작업.	M 5
5	건축관청 대 "프로이센" - 누가 자기 뜻을 관철하는가?	행동을 유발하는 근거를 설득하는 작업을 통한 추상화 제1단계	M 6
6	한계 없는 자유 또는 제한을 통한 자유	국가의 존재, 그 권력독점과 개인의 보호를 위한 보편타당한 법의 필요성에 대한 근거 작업	M 7, M 8, M 9
7	국가: 자유를 보장하는 보호용 테두리 또는 자유를 졸라매는 코르셋?	사례에서 나타난 갈등에 대한 판단형성	M 1 - M 9
8	누가 벌써 운전면허증이 필요한가?	전문가초청질의(경찰, 청소년법정보조, 보험회사대표자)를 통한, 운전면허 없이 운전할 경우 발생할 수 있는 결과에 대한 구체적인 안내	

수업경험

이 단원은 2002/2003년도에 선택의무과정의 정치과목에서 이행되었다. 참석자들은 실업학교 9, 10학년 학생들로 이 코스를 제1희망으로 선택했었던 학생들은 일부분뿐이었다.
　이미 첫째 시간(M 1 참조)에 국가의 필요성에 관련하여 청소년들의 체계적인 지식의 수준이 아주 다르다는 사실에 놀라게 되었다. 다음은 학생들의 답변에서 발췌한 것이다.

　국가가 필요한 이유는
● 법으로 질서가 유지되게 한다.
● 국민을 전쟁으로부터 보호해야 한다.
● 사회적 약자를 돌본다.
● 다른 나라와의 관계를 구축한다.
● 국가가 없으면 경제가 무너진다.
● 어디에 돈을 얼마나 써야 할지(예를 들어 학교 등) 조정한다.
● 모든 사람은 국가에 소속되어야 한다.
● 종교, 문화, 관심이 그 자리를 잡는다.

교사는 이 답변을 근거로 청소년들이 국가의 의미와 그 과제수행에 대해서 의식하게 되었다는 것을 확신할 수 있다. 물어서 알 수 있는 지식과 청소년들의 생활세계에서 알고 있는 지식사이에 틈이 있는 것 같다는 사실은(Gagel 1995, 295참조) 다음의 진술에서 알 수 있다.

　국가가 불필요한 이유는
● 어찌되었든 아무도 법을 지키지 않는다(이 진술의 반응: 웃음, "맞아, 생각해 봐, 누구도 모든 법은 지키지 않을 거야. 아무도 그렇지는 않아").
● 독일은 원하면 누구나 왔다 갔다 한다.
● 모든 사람은 그렇지 않아도 동등해야 한다.

이 진술들을 비교해 보면, 학생들이 한편으로는 국가의 질서기능을 알고 있었으며 예를 들 수도 있음을 교사들이 분명히 알 수 있다. 다른 한편으로는 수업이 끝날 때에 그 진술에서, 청소년들의 생활세계에서는 개개인의 개인적인 자유가 더욱 커다란 가치를 갖게 된다는 것을 알 수 있다. 이러한 틈은 교사의 의견에 의하면 그 사례를 분석하기 위한 좋은 출발점이 된다.

사례 자체는 청소년들에게서 사전에 기대되었던 반응만을 끌어낸다. "우리가 다시 또 읽어야만 하나요?" 퍼즐(M 2)을 짜 맞춤으로써 텍스트를 놀이식으로 다루게 되면 즉시 흥미가 유발된 학습태도를 지니게 된다.

사례의 내용에 대한 첫 번째 반응은 학생들이 그 사건을 의심하는 것이다. 교사가 그들에게 그 사건이 사실이라고 확신시킨 후에야 그들은 관심을 가졌다. 그들 스스로 기술된 사건에 대해 토론했다. "프로이센"의 태도는 그들이 믿을 수 없다고 고개를 흔들고 낄낄거리게 했다. 청소년들은 그들을 "완전한 멍청이"로 여기며 끝내버리려고 하여서 이에 대해 무언가 조치가 취해져야 했다. "뮬러-슈타이드너씨는 단순하게 더욱 더 강경하게 제재를 했어야 했어요. 그들은 그들이 원하는 것을 하니까요." 한 학생이 왜 그 "프로이센"에 대하여 제재가 가해져야 하는지, 그들은 결국 아무에게도 심각한 일을 하지 않았다고 물었을 때, 학생들은 내용과 그 사례의 배경에 대해 집중적으로 알아볼 필요가 생겼다(M 3 - M 4.3).

이어서 내적인 관점에서의 분석(M5)을 통해 청소년들이 안드레아스 트라우만의 역할에 몰입하여 그의 눈으로 보는 것이 전혀 어려운 것이 아님을 알게 되었다. 학생들이 트라우만의 입장에서 그들이 해야 할 것과 하지 말아야 할 것에 대해 자유롭게 결정할 수 있도록 격렬하게 요구했다. 건축규정관리국장인 뮬러-슈타이드너씨의 조처는 책략으로 간주되었다. 뮬러-슈타이드너의 상황을 대변해야 했던 학생들은 몇 가지 어려움을 겪었다. 그들은 문제없이 그 지역의 대표자로서 보편타당한 법의 엄수를 위한 책임이 있다고 설명할 수 있었던 반면에, 그들의 개인적인 의견과 뮬러-슈타이드씨의 감정을 분리하고 그들이 이해할 수 없는 공무원의 "맥 빠진" 조처를 이해하는데 어려움이 많았다. 결국에는 모든 그룹이 "프로이센"들이 이 대결에서 지게 될 것이라는 예측했다(M 6 참조). 학생들이 댄 근거는, 건축규정관리국장은 국가의 권력을 배경으로 하고 있는 반면에 "프로이센"은 수적으로 주의할 만큼의 크기는 아니기 때문이었다. 오로지 한 단체의 크기나 힘만이 그들의 권리에 대해 결정을 하는 것이냐는 교사의 질문에 토론이 활발해졌다. 수업참가자들은 그 사례의 구체적인 차원을 바로 그만두고 대신, 일반적인 질문, 즉 누가 언제, 어떤 조건하에서 어떤 행동을 해도 되는지에 대해 토론하였다. 학생들은 그들의 주장을 각각 그들 주변 환경에서 경험한 사례로 분명히 하고자 노력하였다. 청소년들은 그들의 목표를 관철하기 위하여 여러 번 그들의 육체적인 힘을 사용했을 거라고 고백했다. 그러나 이는 학교지도부 또는 경찰과 문제가 되었을 것이다. 한 여학생은 이 사례를 파악하고, 강한 자뿐만 아니라 약한 자도 권리를 가져야 한다고 주장했다. 교사는 이를 이용하여 이념사의 기본텍스트인 M 7과 M 8로 넘어갔다.

미리 선택하여 읽어서 부분적으로는 상당한 문제가 있었음에도 불구하고 청소년들은 흥미롭게도 텍스트의 내용에 대해 아주 흥분하여 토론했다. 학생들의 관심은, 그의 이익을 관철하기 위한 힘과 영향력이 있는 한 사람이 자발적으로 그 가능성을 제한하는데 굴복하는 이유에 대한 것이었다. 학생들이 약자들도 그들의 이익을 보호하고 관철하기위한 권리를 갖고 있음을 알고 있기 때문에 질서와 보호를 위한 권력으로서의 국가의 역할이 결국은 분명해졌다.

이어서 판단을 내릴 때, 한 학생이 다음과 같이 요약했다. "내가 제대로 이해했다면, 언제 누가 얼마나 많은 자유를 가져도 되는가 하는 문제에 대해서는 필요한 만큼 좁게, 가능한 만큼 자유롭게 라고 대답할 수 있습니다." 물론 계속하여 왜 국가와 뮬러-슈타이드너씨가 치안권의 이행을 위해 그렇게 "맥 빠지게" 조처하였는지에 대하여 토론을 하였다. 청소년들은 전문가를 초청한 질의에서, 최소한 부분적으로는 믿을 수 없다는 느낌을 갖게 되었다. 전문가로 질의에 응답하던 경찰관은 청소년들에게, 국가가 지나치게 개인적인 자유를 요구하는 데 있어서 사례의 운전면허증과 관련하여 어떤 처벌로 대처하는지에 대해 인상적으로 분명하게 설명했다. 이에 한 학생이 덧붙여 말했다. "저도 감옥에 가고 싶지 않아요. 저는 차라리 규정을 잘 지키겠어요. 운전면허증을 얻은 후에야 차를 운전하겠어요."

참고문헌

Ackermann, Paul: Bürgerhandbuch. Basisinformationen und 57 Tipps zum Tun. Schwalbach/Ts.1998

Bogumil, Jörg: Staatsaufgaben im Wandel. In: Politische Bildung. 3/2001, S.28-40

Breit, Gotthard: „Sozialhilfe„-Aus der Sicht der Betroffenen. In: SOWI, 1/1989, S.47-57

Breit, Gotthard: Soziale Perspektivenübernahmen im politischen Unterricht. In: Bundeszentrale für politische Bildung(Hrsg.): Zur Theorie und Praxis der politischen Bildung. Bonn 1990, S.228-246

Breit, Gotthard: „Sozialhilfe„-Didatische Planung von politischem Unterricht für die

Sekundarstufen I und II. In: Breit, Gotthard/Massing, Peter(Hrsg.): Grundfragen und Praxisprobleme der politischen Bildung. Schriftenreihe der Bundeszentrale für politische Bildung. Bd. 305. Bonn 1992, S.444-463

Breit, Gotthard: Betroffenheit im Politikunterricht. In: Politik unterrichten, 2/1995, S.3-13

Breit, Gotthard: Der „Parteispendenskandal„ im Politikunterricht. In: Politische Bildung, 2/2000. S.79-108

Breit, Gotthard: Globales Lernen im Politikunterricht. In: Polis, 4/2001, S.13-15

Breit, Gotthard/Massing, Peter(Hrsg.): Die Rückkehr des Bürgers in die politische Bildung. Schwalbach/Ts.2002

Breit, Gotthard: Mündigkeit als Ziel des Demokratie-Lernens. In: Breit, Gotthard/ Schiele, Siegfried(Hrsg.): Demokratie-Lernen als Aufgabe der politischen Bildung. Schwalbach/Ts.2002, S.133-159

Breit, Gotthard/Weißeno, Georg: Planung des Politikunterrichts. Eine Einführung. Schwalbach/Ts. 2003

Gagel, Walter/Menne, Dieter(Hrsg.): Politikunterricht. Handbuch zu den Richtlinien NRW. Düsseldorf 1988

Gagel, Waler/Grammes, Tilman/Unger, Andreas(Hrsg.): Politikdidaktik praktisch. Mehrperspektivische Unterrichtsanalysen. Ein Bideobuch. Schwalbach/Ts. 1992

Gagel, Walter: Geschichte der politischen Bildung in der Bundesrepublik Deutschland 1945-1989. Opladen, 2.Aufl. 1995

Gagel, Walter: Einführung in die Didatik des politischen Unterrichts. Opladen, 2.Aufl.2000

Graz Detlef: Moral, Erziehung und Gesellschaft. Bad Heilbrunn 1988

Geulen, Dieter: Das vergesellschaftete Subjekte. Zur Grundlegung der Sozialisationstheorie. Frankfurt/M. 1989

Grammes, Tilman/Tandler, Agnes: Die Fallstudie(Case study). In: Bundeszentrale für politische Bildung(Hrsg.): Methoden der politischen Bildung - Handlungsorientierung. Bonn 1991, S.213-247

Hilligen, Wolfgang: Zur Didaktik des politischen Unterrichts. Opladen, 4.Aufl. 1985

Himmelmann, Gerhard: Was bedeutet der Staat für den Bürger und der Bürger für den Staat? In: Politische Bildung. 3/2001, S.57-71

Klafki, Wolfgang: Didaktische Analyse als Kern der Unterrichtsvorbereitung. In: Roth, Heinrich/Blumethal, Alfred(Hrsg.): Auswahl. Grundlegende Aufsätze aus der Zeitschrift Die Deutsche Schule. Hannover, 7.Aufl. 1964

Massing, Peter: Einführung: Der Staat. In: Politische Bildung, 3/2001, S.5-8

Müller, Jürgen: Moralentwicklung und politische Bildung. Idstein 1998

Reinhardt, Sibylle: Fallstudie. In: Kuhn, Hans-Werner/Massing, Peter(Hrsg.): Methoden und Arbeitstechniken. Band 3 des Lexikons der politischen Bildung. Schwalbach/Ts. 2000, S.47

Schader Stiftung(Hrsg.): Darmstädter Appel. Aufruf zur Reform der 'Politische Bildung' in der Schuld. Darmstadt 1995

Selman, Robert L.: Sozial-kognitives Verständnis. Ein Weg zu pädagogischer und klinischer Praxis. In: Geulen, Dieter(Hrsg.): Perspektivenübernahme und soziales Handeln. Frankfurt/M. 1982, S.223-256

자료 1

M 1: "준비작업"-학생들의 답변을 수집하여 정리할 때 플랜카드로 확대할 것

학습과제: 국가의 존재는 우리들에게 일상적이다. 그래서 우리는 이에 대해 보통 깊이 생각하지 않는다. 하지만 지금은 깊이 생각하여 국가가 필요한 이유에 대해 적으시오. 또한 국가가 불필요하다고 생각될 수 있는 이유를 찾아 쓰시오.

국가가 필요한 이유는 ...
_____
_____
_____
_____
_____
_____

국가가 불필요한 이유는 .....
_____
_____
_____
_____
_____
_____
_____

정치수업에서의 사례분석

자료 2a

M 2: 사례

학습과제:
다음의 단락을 올바른 순서대로 놓아라. 다음 단락의 왼쪽에 있는 단어나 음절은 올바른 순서를 암시해 주는 해결암시이다. 이에 따라 정리하면 신문기사의 원래 순서가 될 것이다.

봉사	이외에도 그의 정식 운전면허증을 "음주운전으로 빼앗기고" 이젠 "제국의 운전면허증"으로 지역을 돌아다니는 한 기업가도 있다고 한다. "내가 조금 덧붙인다면, 그들은 땅의 버섯처럼 무럭무럭 자라나요"라고 뮬러-슈타이드너씨는 말했다. 한 달 전에 그는 이겼다고 생각했다. 수백 명의 경찰, 견인차, 수의사 그리고 열쇠수리공과 함께 그는 아침 8시에 돌진해서 자동차로 막아놓은 토지를 깨끗이 하고 그 국가공무원을 두 명의 경찰관으로 하여금 그 주말농장에서 끌어내게 하였다.
국가	**뮬러-슈타이드너씨의 어처구니없는 하루** 무엇 때문에 튜링엔의 지방공무원은 지난 1년 반 동안 독일정부를 방어해야 했는가? *베르하르트 호닝포르트(노르트하우젠)기자보고*
다	그가 원하는 데로 할 수 있다면, 단지 하루만이라도? "오" 그의 눈은 위험하게 반짝거린다. "저는 그 모두를 의사에게 데리고 가서 가두어 두게 하고 싶습니다. 정신병원으로요." 그러나 그는 건축규정관리국장과 같이 정확하게 '이는 당연히 그의 개인생각이라'고 덧붙였다. 출처: 2001년 10월 31일자 Frankfurter Rundschau 6면 기사
는	뮬러-슈타이드너씨가 원하는 대로 딱 한번만 할 수 있다면, 무슨 일을? "그러면 저는 그 모든" 그는 말하길, "저는 당장에 그..." 그는 의자에서 잠시 일어나, 한 순간 있다가 그다음에 다시 주저 않았다. "아, 그만둡시다."
자체	그는 고상한 모습으로 아주 친절해 보이며 정장을 하고 있었다. 회색털실로 뜬 자켓, 밝은 파란색의 와이셔츠, 짙은 파란색의 넥타이, 은빛 넥타이 핀, 튼튼한 안경. 11년 동안 그는 모든 건축법규관련업무를 감당했다. 때로는 건축청부업자와 말썽이 있었지만 이는 일상적인 문제였다. 그러나 1년 반 전부터 그는 그의 생애동안 겪지 않던 말썽을 겪고 있다. "그런 사람들에 대해 무엇을 할 수 있는지 골똘히 생각하고 또 골똘히 생각하고 있어요"라고 그는 말했다. "그러나 그렇게 많은 바보같은 사람들을 입법가들은 아마도 고려하지 못했을 거예요." 뮬러-슈타이드너씨가 지난해 4월 4일에 쿼드하르쯔에 위치한 작은 마을인 소핀엔호프에서, 어떻게 누군가가 그의 가족유원지를 커다란 방갈로로 개조하는 것을 발견했을 때부터, 그의 직장생활이 돌발적으로 변하였다.
가	그는 이전에 노르트하우젠의 SED소속 부시장이었던 그 남자에게 편지를 써서, 즉시 건축을 그만두라고 촉구하였다. 며칠 후 그 남자는 그에게 자기는 2000년 3월 23일자로 받은 합법적인 건축허가를 갖고 있으며 이에 첨부한다고 통보했다. 법률가인 뮬러-슈타이드너씨는 깜짝 놀랐다. 위에는 문장이 있고 그 옆에 "프로이센 제국 자유국가, 상공부 위임장관, 장관, 잠정적 직위 보유, 베를린-첼렌도르프 1, 쾨니히스벡 1번지"라는 제목이 있었다. 이에는 장관 볼프강 게르하르트 귄터 에벨은 개축을 허가한다고 정중하게 써있으며 서명, 직인이 있었다.

시민교육방법트레이닝

목적	뮬러-슈타이드너씨가 소피엔호프에서 조금 더 돌아보았을 때, 그는 더욱 커다란 건축현장을 발견했다. 그 바로 옆에서 누군가가 압축공기망치를 가지고 그의 정자에 지하실을 파고 있었다. 땅위 문에는 다음과 같은 문패가 걸려 있었다. "독일 제국, 국가공무원 안드레아스 트라우만의 집무관".
이	이제 1년 반이 지났다. 그 사이에 그 정신 나간 사람은 지방관청에 서류를 보냈고 클라우스 뮬러-슈타이드너씨는 독일제국과의 격렬한 서신전쟁에 휘말렸다. 그 이후로 관청이 개입했다. 첫 사건에는 4개의 건축서식, 트라우만에 대한 9개의 편지를 계속 보냈다. 개축금지처분, 이용중단, 지하실을 판 정자를 비우고 파기하라는 지시에 관한 것이다. 11번 뮬러-슈타이드너씨는 건축현장을 봉쇄했고 11번 그 봉쇄는 파괴되었다.
그	클라우스 뮬러-슈타이드너, 52세, 튜링엔주의 노르트하우젠지방관청의 건축법규관리국장인 그는 기꺼이 원하는 데로 할 수 없었다. 그는 법을 지키고 있어야 했다. 그는 그의 사무실, 방 번호 464번에 앉아 있다. 청색 카페트, 밝은 회색 캐비넷, 회색 서류철 책장, 그 위에 다섯 개의 오렌지색의 튜링엔의 건축법규전집이 있으며 그 앞에 벽에는 달력이, 그 뒤에는 지도가 걸려있다.
아니	약 80번 그 지방공무원은 동료와 경찰관과, 열쇠수리공과 함께 견인차나 로트바일러(도사견)를 잡기위한 수의사를 동반하여 트라우만의 정자에 갔다. 18 킬로를 갔었고 돌아왔다. 그는 건축용 차량을 압류하였고, 모욕과 창피를 당했다. 상대방 힘이 너무 세서, 때때로 그는 아무 조치도 취하지 못한 채 철수해야 했고 때때로 방탄조끼를 입기도 했다. 그러나 그는 아무것도 해내지 못했다. 안드레아스 트라우만은 독일연방공화국, 헌법, 국민대표자, 관청, 관인, 국기 그리고 지방공무원인 뮬러-슈타이드너씨를 인정하지 않았다.
라	그 지방관청에서 알아본 바에 의하면 "중간정도의 지성"을 지니고 감옥에 수감된 적이 있는 금속공인 40세의 트라우만은 허위세계에 빠져 버렸다. 그는 "프로이센"에 속하였다. 노르트호이져 관청의 직원이 말한 바에 의하면, 약 120명에서 350명의 정신나간 회원들이 "독일제국의 경찰정부"라고 명명하며 자체 증명서, 운전면허증과 차량번호를 인쇄하고 건축허가서를 발부하고 독일연방공화국을 유령국가로 여긴다.
들	뮬러-슈타이드너씨가 그 모든 것을 알게 되었을 때 그는 한 순간 이 사건이 어느 정도는 우습게 느껴지기도 하였다. 그러나 2000년 5월 12일 12시 30분쯤, 두 명의 엄숙하게 옷을 입은 남자가 그의 사무실에 나타났을 때 상황은 바뀌었다. 며칠 전에 그는 "베를린의 헌법상 특별직을 위한 원수의 전권대리자"가 나타나 대역죄로 사형을 위협하는 영장을 보냈다. 지방관청 앞 아래에서 그 국가공무원인 트라우만이 시동을 걸고 기다리고 있었다. 그 신사들은 뮬러-슈타이드너를 체포하려고 했다 "우리는 독일제국의 집행기관입니다"라며 그들은 그를 위협했다. 그 기습한 경관은 결국은 그 자신이 하루 동안 창살 뒤로 사라졌다. 왜냐하면 뮬러-슈타이드너가 두 명의 진짜 경찰에게 도움을 요청했기 때문이다.
해	다시 그는 그 침입위험에 놓인 집을 봉쇄하게 하였다. 그는 가구들을 치워버렸으며 트라우만과 그의 부인, 아들에게 이웃마을에 있는 방이 5개인 집으로 가게 하였다. 그렇지만 그 국가공무원은 다시 돌아왔고 그 이후로 그의 새로운 집무관, 즉 가족유원지안의 캠핑차안에서 쪼그리고 앉자 있다. 안드레아스 트라우만은 유원지 입구의 문 앞에 서 있다. 거의 깜깜해졌다. 문 뒤에는 그의 로트바일러(도사견)인 티나가 으르렁거리고 있다. 그 앞의 숲길에는 거의 망가지기 직전의 봉고버스가 서있다. "여기서 커다란 불의가 행해졌습니다."라고 그는 말한다. 그의 겨드랑이 밑에는 한 신사가방이 껴 있다. 이야기 할 때 그는 볼펜으로 공중을 이리저리 찔렀다. 법은 소위 독일연방에 의해 발로 밟혔다. 그는 어두움을 응시하며 로봇처럼 말했다. 소위 통일조약, 연합국에 대해서, 독일연방공화국은 전혀 존재하지 않고 아직도 1937년의 국경의 독일제국이 있다고.

자료 2b

국민	헌법보호를 위한 연방관청에 의하면 그런 사람들을 어떻게 해야 할지 정말로 모르겠다고 한다. 법의학적인 정신병학 베를린 연구소는 1985년 지방형사당국에 한 평가서를 보내어, 베를린에 사는 62세이며 이전에 동독의 철도 직원이었던, 자칭 장관이라는 에벨은 일종의 특수 정신분열증이라고 확정하여 그를 처벌할 수 없게 만들었다
에게	그 법률가가 말하기를, 한창일 때는 그 "프로이센"들이 그의 업무시간의 90 퍼센트를 차지했다고 한다. 그는 이를 계산해 보았다. 주행거리에 대한 비용, 작업시간을. "지금까지 족히 100,000마르크는 될 겁니다." 그의 지시에 이의가 따르고 그는 이를 물리치고 결국은 법정에서 끝이 났다. 이렇게 지난 1년 반이 그렇게 지나갔다. 서신, 전화, 경찰출동요청, 지시, 공무방해죄(인신모독죄)까지 왔다 갔다 했다. 약 20명의 "프로이센"이 노르트하우젠에 있다고 한다. 그동안 1/3이 그의 책상에 상륙했다. 또 한 사람이 베를린에서 건축허가를 받았다고 했다.
야	제국에 대해 너무 많이 이야기하지 마시오"라고 그 뒤에 한 남자가 투덜거렸다. 그는 자기이름이 밝혀지길 원하지 않았다. "우리는 여기서 이길 것이다. 우리는 혼자가 아니다. 우리는 외국에서 자금을 받는다." 나중에 퀴프호이져구역의 기업가라고 자신을 밝힌, 그 남자는 입을 비죽이며 말했다. "우리는 그들을 끝장낼 것입니다. 제대로 끝장을 낼 겁니다." 그는 지방관청과 그 용감한 뮬러-슈타이드 너씨를 의미한 것이다.
한	늦어도 내년 초에는 그 불법 건물을 철거하게 할 것이다. "이제는 관철될 것입니다." 그는 독일연방공화국을 방어하고 소피엔호프의 가족위원지시설에서 독일연방법을 관철하기로 결단했다. 그는 더 이상 의욕이 없으며 이 모든 것이 더 이상 우습게 느껴지지 않는다. 그는 그의 부인에게 이 테마에 대해서 더 이상 이야기하지 못하게 했다.

답 :
_____ __ ____ _____ _____ _____ ____ __.

M 3: 해답

국가는 그 자체가 목적이 아니라 국민들에게 봉사해야 한다.

칠판이나 OHP 필름에 기재
M 4.1: 외적인 관점의 질문
● 신문기사는 무엇에 관한 것입니까?
● 이에 관계된 사람은 누구입니까?
● 사건이 어떻게 진행되었습니까?
● 관계자들은 어떤 상황에 처해있습니까?

칠판이나 OHP 필름에 기재
M 4.2: 주요 관계자들에 관한 신상명세

관계된 사람	직업	인적사항
클라우스 뮬러-슈타이드너	법률가, 건축규정관리국장	52세
안드레아스 트라우만	전직 금속공	중간정도 지성, 전과 있음, "프로이센" 속함. 40세
귄터 에벨	전직 동독의 철도직원	정신분열증 환자, 따라서 처벌불가, 62세

칠판이나 OHP 비닐판에 기재
M 4.3: 사건 경과에 대한 도표

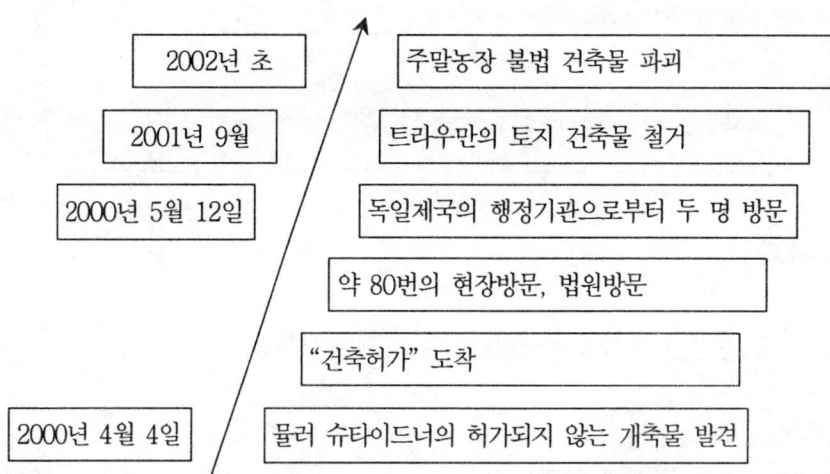

2002년 초 — 주말농장 불법 건축물 파괴
2001년 9월 — 트라우만의 토지 건축물 철거
2000년 5월 12일 — 독일제국의 행정기관으로부터 두 명 방문
약 80번의 현장방문, 법원방문
"건축허가" 도착
2000년 4월 4일 — 뮬러 슈타이드너의 허가되지 않는 개축물 발견

자료 4

M 5: 내적인 관점의 사례분석을 위한 자료

그룹 1과 2
클라우스 뮬러-슈타이드너의 입장을 생각하고 다음의 질문에 답하라.

1) 여러분이 안드레아스 트라우만과 소위 "프로이센"과의 갈등에 대해서 깊이 생각한다면 뮬러-슈타이드너의 입장에서 어떤 느낌을 갖겠는가?

2) 여러분이 뮬러-슈타이드너라면 친구에게 이 사건을 어떻게 설명하겠는가?

3) 클라우스 뮬러-슈타이드너로서 여러분의 행동에는 어떤 근거가 있다고 설득하겠는가?
이에 그의 직업, 그 당시의 그의 업무, 그가 안드레아스 트라우만 및 소위 프로이센과의 갈등에서 조치를 취하였던 방식과 방법에 대하여 생각하라.

그룹 3과 4
안드레아스 트라우만의 입장을 생각하고 다음의 질문에 답하라.

1) 여러분이 건축규정담당관청과 뮬러-슈타이드너씨와의 갈등에 대해 깊이 생각한다면 트라우만의 입장에서 어떤 느낌을 갖겠는가?

2) 여러분이 안드레아스 트라우만이라면 친구에게 이 사건을 어떻게 설명하겠는가?

3) 안드레아스 트라우만으로서 여러분의 행동에는 어떤 근거가 있다고 설득하겠는가? 이에 트라우만씨에 대하여 지방관청이 알고 있는바, 신문기사에서 기자에게 한 그의 진술, 그가 뮬러-슈타이드너씨와의 갈등에서 한 행동의 방식과 방법에 대하여 생각하라.

4) 여러분은 트라우만씨와 똑같은 행동을 취하게 될 것인가? 다른 행동을 하게 될 것인가?

시민교육방법트레이닝

M 6: 실행가능성 분석을 위한 자료

그룹 1 - 4
2년 후에 뮬러-슈타이드너씨와 트라우만씨가 그들의 친구에게 이미 종결된 사건에 대해 설명하고 있다. 그들이 뭐라고 설명하는가?

질문
1) 왜 여러분은 그 사건의 출발점에 관한 여러분의 설명이 맞다고 확신하는가?
2) 여러분의 가정에 대한 근거를 어떻게 증명할 수 있는가?
3) 그 사건의 출발점에 대한 여러분의 추측이 맞지 않는다면 무엇이 맞는가?
메모:_____
_____
_____

자료 5

M 7: 토마스 홉스: 리바이어단 – 행복과 불행의 관점에서 본 인류의 자연적인 상태에 대하여

자연상태에서 인간은 육체적인 면에서나 정신적인 면에서 동등하게 창조되었다. 때때로 어떤 사람은 육체적으로 다른 사람보다 강하거나 정신적으로 유능하다는 사실에도 불구하고, 그 사람이 이를 근거로 다른 사람이 자기를 위해 요구해서는 안 되는 유익을 요구할 만큼, 사람들 사이에서의 차이가 그렇게 현저하지는 않다. 왜냐하면 육체적인 힘에서 강자가 있을 수 있지만, 약자는 음모나, 자기와 같이 비슷한 위험에 처한 다사람과 동맹을 맺음으로써 강자를 죽일 수 있을 만큼 강할 수 있다. [....]

여기서 다음과 같은 결론이 도출된다. 즉 제어해주는 권력이 없는 상태에서 사는 인간들은 투쟁상태에 놓이게 되는데 즉 만인의 만인에 대한 투쟁상태에 놓이는 것이다.

출처: Thomas Hobbes, Ausgewählt und interpretiert von Rudolf Speth. In: Peter Massing/Gotthard Breit(Hrsg.): Demokratietheorien. Von der Antike bis zur Gegenwart. Texte und Interpretationen. Schwalbach/Ts. 2001. 94면

질문:
1) 홉스에 의하면 자연상태의 인간은 어떤 상황에 처하게 되는가?
2) 이 상태에서 홉스의 관점에 의하면 어떤 결과가 발생하는가?
3) 홉스에 의하면 어떤 수단과 방법으로 인류가 평화롭게 함께 살아갈 수 있는가?

메모: _____
_____
_____
_____
_____
_____

자료 6
M 8: 존 로크 – 제 2 정부론
§ 87
[...] 사유재산을 보호하고 이를 위해 그 사회구성원의 범죄를 처벌할 수 있는 권력을 갖지 않고서는 정치적인 사회가 존재할 수 없기 때문에, 그 사회의 구성원 중 각 개인이 그의 자연적인 권리를 포기하고, 그들에 의해 만들어진 법을 자신의 보호를 위해 청구할 수 있는 경우에, 그 공동체를 위해 권리를 포기하였던 곳에만 정치적인 사회가 발생하였다. 이런 방식으로 각 구성원의 개인적인 형사재판소는 제거되며 그 공동체는 확고한, 고정된 규칙에 따라 모두를 위해 유일한 공정한 중재자가 된다. 이 사회의 구성원들 가운데 등장할 수 있는 모든 법적인 문제들은 공동체에 의해 규칙을 이행할 수 있는 권위가 부여된 남자들에 의해 결정되며 그 사회에 반하여 어떤 구성원에 의해 행해진 모든 범죄는 법에 의해 규정된 데로 처벌된다. [...]

§ 88
그렇게 국가제도는 그 사회의 구성원 가운데 행해지고 처벌받아야 한다고 여겨지는 개개인의 범죄행위에 대하여, 적당하다고 여겨지는 정도의 처벌을 확정하는 권력(즉 법률을 반포하는 권력)을 획득한다.

출처: John Locke. Ausgewählt und interpretiert von Rudolf Speth. In: Peter Massing/Gotthard Breit(Hrsg.): Demokratietheorien. Von der Antike bis zur Gegenwart. Texte und Interpretationen. Schwalbach/Ts. 2001, 99면 이하

질문:
1) 로크에 의하면 정치사회에서 각 개개의 국민은 어떤 제한을 받게 되는가?
2) 로크의 의견에 따르면. 정치적 사회에서 누가 권력을 행사할 수 있는가?
3) 로크에 따르면, 정치적 사회에서 어떤 근거에 의해 규칙을 어기는 행위가 판단되어야 하는가?
4) 홉스뿐만 아니라 로크의 학설은 어떤 목적을 추구하는가?
5) 한편으로 홉스와 로크의 학설과 또 다른 한편으로 뮬러-슈타이너와 트라우의 사례 사이에 어떤 관계를 인식할 수 있는가?

정치수업에서의 사례분석

M 9: 도표

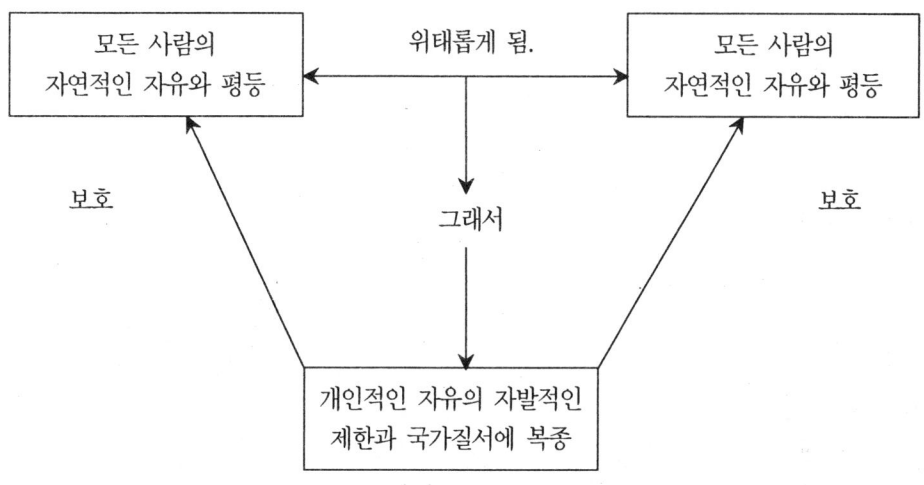

시민교육방법트레이닝

토크쇼

한스-베르너 쿤(Hans-Werner Kuhn)

개요

토크쇼는 정치교육의 거시적 방법이지만 (아직) 정치수업의 고전적인 방법에는 속하지 않는다. 교사교육과 연수에서 이 방법이 활동지향적인 방법의 범주에서 더욱 자주 이용되고 있다는 사례가 보고되지만 또 다른 한편으로는 정치수업의 목표가 이 방법으로 적절하게 실현될 수 있는지에 대한 회의가 드는 것은 당연하다.

이러한 양면성 때문에 다음과 같은 사항이 고려되어야 한다. 먼저 본서의 맥락상 토크쇼에 대한 이해를 개념적으로 제한해야 한다는 것이다. 또한 텔레비전의 토크쇼와 수업에서의 토크쇼의 성격을 비교하여 공통점과 차이점을 찾아야 한다.

진행한 그대로 기록해 둔 자료에 따라 두 개의 수업을 사례로서 인용하였다. 같은 계획초안에 기초를 둔 두 개의 수업의 차이를 살펴보면 이 방법의 양면성을 분명하게 알 수 있기 때문이다. 이 두 개의 토크쇼의 장점과 단점을 교수법적인 분석을 통해 찾아냈다.

이어서 정치수업에서 토크쇼란 방법을 사용하는데, 이 거시방법의 구성적인 잠재력을 이용하기위하여 고려될 수 있는 지침에 대해서 살펴보았다.

개념상 접근

정의

토크쇼는 정치교육에서 조금은 보급된 거시적 방법으로, 그 방송주의적 제작방식에 있어서 정치적 상황을 알리는 기구(Mechanismen)에 연계되어 있다. 정치수업에서 토크쇼는 방송매체적 장면이란 인상이 남는다. 즉 시청자들에게 흥미를 불러일으키며 건조한 정치적 정보가 아닌 출연자의 공격적인 의견교환, (가장된) TV-영역에서의 수사학적인 연기싸움을 보여주는데 종종 그 내용보다 출발점이 더욱 흥미롭다"(Kuhn 2000, 186).

토크쇼는 정치수업의 거시적 방법으로, 정치적 주제에 대해 여러 사람으로 하여금 발표하게 하여 재미있는 방식으로 논쟁할 수 있도록 제시된다. 진행자가 말을 하도록 자극하고 출연자(정치가, 이익집단대표자, 당사자, 전문가)들은 그의 입장을 대중에게 함축적으로 전달한다. 토크쇼에서는 정치적 입장에 감정이 이입되며, 특정한 인물로 정치적 견해가 표현되고 그 장면이 연출된다. 이는 시청자와 국민들이 의견을 형성하는데 기여하기도 하지만 주장하는 주체 없이 단지 자체표현("쇼")으로 전락해버릴 수도 있다.

"텔레비전에 토크쇼는 없다. 오히려, 비평가와 프로그램제작자에 의해 여러 가지 프로그램에 사용되는 "토크쇼"란 개념 뒤에는 부분적으로 대화요소만이 공통인 아주 다른 방송형태가 숨어있다"(Steinbrecher/Weiske 1992, 19이하). 이와 같은 정의에 관한 문제에도 불구하고 다음과 같이 특징을 확정할 수 있다(Tenscher/Schicha 2002, 10참조).

- 방송의 내용적이고 형식적인 경과를 결정하는 구성요소인 "대화"가 매우 중요하다.
- 진행자, 초대자의 역할이 중요하다.
- 최소한 한 명이상의 게스트가 참여한다. (여러 명의 게스트가 참여하는 경우가 많음.)
- 계속성, 즉 일정하게 연속되는 방송이다.
- 종종 스튜디오에 방청객이 있다.

텔레비전의 토크쇼 – 정치학수업의 토크쇼

토크쇼의 특징

본 단락의 기초는 진행자("제작자")의 진술, 토크쇼 프로그램의 관찰 및 시사잡지의 조사이다. 정치교육의 거시적 방법인 토크쇼의 특징을 규명하는 데 있어서 수업과 텔레비전사이의 공통점과 차이점을 찾아내는 것이 중요하다. 공통점에 있어서는 특징, 형태와 역할이 우선시된다. 차이점에 있어서는 이 방법이 교육과정을 위해 적당하게 되는 특별한 순간에 대해 언급하기로 한다.

토크쇼의 특징을 나타내는 중심개념은 그 "사이(Zwischen)", 즉 "Talk"(=말하기)와 "Show"(=보이기)의 사이이라고 할 수 있다. "무언가가 보인다, 또는 정확히 말하면, 보일 수 있게 한다, '시각화 한다'는 것이다. 보이는 것은 한편으로는 출연자, 다른 한편으로는, 그 사회 내에 존재하는, 갈등노선(Konfliktlinien)과 담론적인 입장이다. 이런 의미에서 텔레비전은 또한 대중을 위해 주목할 만한 방향을 제시하는 기회를 갖고 있다"(Dörner/Vogt 2002, 31). 토크쇼는 "오랜 기간 상반되는 개념으로 이해된 오락과 정보 사이를 헤엄친다"(Steinbrecher/Weiske 1992, 13). 헤엄친다는 비유는 그 장르를 구별하는데 불분명함을 나타낸다. 그리고 "토크쇼는 허튼소리와 사업, 오락과 토론프로그램을 왔다 갔다 한다"(Krotz 2002, 39). "사이"의 긍정적인 면에는 항상 중재가 있다. 물론 이는 무엇 내지는 누구사이에 "중재"가 되는지에 달려있다.

토크쇼는 미국에서 이미 50년대에 정착되었고 독일에서는 70년대부터 붐을 이루었다. 현재 붐과 쇠퇴가 동시에 일어나고 있다. 90년대에 독일 텔레비전은 약 30여개의 토크쇼를 방영했다. 1991년 이래로 이런 형식의 방송시간은 10배나 증가되었다. 즉 매일 평균 38분에서 매일 398분으로 증가되었다. 1999년에는 독일 텔레비전에서 약 65개의 토크쇼가 있었다(Tagesspiegel 1999년 1월 6일자 기사).

텔레비전에서는 분명하게 구별되는 방송형태(즉 뉴스, 르포, 스포츠뉴스, 영화)가 있다. 토크쇼를 특별한 장르로 규정하는 것은 어렵게 보인다. 그럼에도 불구하고 시청자들이 토크쇼프로그램에 빠져들게 되는 무언가 있음에 틀림이 없다. "토크쇼에서는 그들에 관한 테마가 토론되고 누구나 함께 이야기 할 수 있다"(Seinbrecher/Weiske 1992, 11).

아나로그와 차이

일상적인 세계와 관련된 토크쇼의 매력은, 이를 학생들에게 방법으로 제시하는데 도움이 된다. 누구나 토크쇼가 무언지 안다. 한편으로는 동기가 부여되어 낮은 문지방으로 부를 수 있으며, 또 다른 한편으로 아주 커다란 낭떠러지가 될 수 있다. 학생이 TV-방송에 대한 그의 생각을 수업에서 그대로 전달한다면, 교수법적인 의미는 곧 사라진다. 물론 방법이 너무 "교수법적" 또는 "교육학적"이 되어 버리면, 필요에 의해 매력의 일부분이 희생이 된다. 텔레비전과는 다르게 수업방법으로서의 토크쇼는 아마도 거의 "연속되는(시리즈) 성격"이 없게 된다. 그렇지만 토크쇼를 반복하여 사용하게 되면 학습효과는 높아질 수 있다. 텔레비전을 위한 토크쇼는 대부분 녹화하여 방송되지만 수업시간의 토크쇼는 항상 생방송이다, 즉

"질질 끌기", 휴식, 잘못 이야기하기, 시청자들의 반응은 "잘라낼 수"가 없다. 이 방법은 출연자의 화술, 침착한 마음가짐, 그 주제에 대한 지식에 의하여 그 효과가 좌우된다.

토크쇼의 다른 기본적인 특징은 출연자와 시청자들과의 관계이다. 시청자의 참여는 또한 말없는 반응일 수 있다.

수업에서는 한 명의 출연자 내지는 한 입장의 분업적인 준비로부터, 자동적으로 다른 입장들과 구별되는 하나의 - 최소한 잠시 동안 - 신분이 된다. 출연자와 시청자를 구분하면 평가단계에서 여론측정계로서 시청자를 이용할 수 있다.

정치교육의 방법으로서 토크쇼에서는 역할게임과 계획게임, 찬-반-토론, 인터뷰와 모의법정의 요소들이 집중된다.

토크쇼는 계획게임, 역할게임과는 구별된다. 역할게임에 속하기 위해서는 사회의 작은 세계와의 관련성이 제외되며, 역할게임은 정치과정의 근본적인 특징으로서의 결정압력이 제외된다(Kuhn 2000, 186-189참조). 교사는 계획하기 위해 토크쇼에 어떤 주제가 적합한지 질문해야 한다. 시대에 맞는 반대질문으로는 "토크쇼에 적합하지 않은 주제가 있기나 한가?"라고 할 수 있을 것이다. 결론적으로 모든 것이 그 주제가 될 수 있다.

계획수립

교사는 준비작업에서 "방송컨셉"을 기획하기 위하여, 연출, 제작, 방송지도와 진행자의 역할을 떠맡아야 한다. 이러한 구조는 이 방법의 특수한 장애를 극복하는데 도움을 줄 뿐 아니라, 또한 "역할을 맡는" 사고과정을 지원해준다. 내가 이 새로운 역할에서 누구인가? 나는 어떤 맥락에서 그 역할을 맡아 행동하는가?

방송초안의 외부적인 윤곽은 교실에서 최소한으로 지시될 수 있다. 그렇지만 게스트와 시청자와의 좌석배치(Koopmann 2000, 166참조)가 중요하지 않은 것은 아니다. 새로운 좌석배치는 새로운 상황이 시작될 때와 일상적인 정치수업으로부터의 벗어나는 방법으로 의식하게 하는데 도움이 된다.[7] 좌석배치는 어떻게 방송 내지는 정치수업의 토크쇼가 진행되는지 그리고 진행자가 얼마나 강력하게 조직

---

[7] TV에서는 측면, 쇼, 입장부분, 동반정보, 생방송제작, 연출과 카메라, 스튜디오청중 및 좌석배치가 외적 윤관의 요소를 구성한다. 학교에서는 최소한 자석배치를 제한적으로 변경하거나 한 지점에서 카메라(또는 녹음기)가 돌아가게 할 수 있는 가능성이 있다. 카메라나 녹음기는 또한 근거 있게 평가하는데 도움을 준다.

적으로 개입할 수 있는 지에 커다란 영향을 미친다. 또한 논쟁적인 입장의 대변자와 잘 "맞서기" 위해서는 마주 앉아야 하는데, 거리가 가까우면 차이가 없어진다. 좌석배치는 시각적으로는 물론 내용적으로도 대화의 진행에 맞아야 한다.

토크쇼의 시작상황과 진행은 텔레비전과 수업에서 각각 다르다. 학생들은 주어진 테마를 다루어야 하고 낯선 역할내지는 입장을 습득해야 한다. 그룹은 그들의 대표자를 결정하고 낯선 상황의 낯선 역할을 해야 한다. TV-시청자들은 이와는 반대로 오히려 혼합적인 목표집단이다. 그들은 게스트 또는 주제에 관심을 갖고 있다. 한편으로는 게스트와, 다른 한편으로는 진행자와 시청자사이의 "업무분담"이 확정되고 기능적으로 분리된다.

TV-토크쇼와 수업-토크쇼와의 차이점은 연출과 카메라에 있다. 시청자는 청각적인 전달사항을 거의 완벽하게 획득하는 반면에, 텔레비전의 화면연출은 시각적인 중계를 결정한다. 수업에서는 드라마와 같은 순간이 완전히 배제된다. TV-시청자는 대부분 화면에 각각 이야기 하는 사람만을 본다. 이에 반해 학생들은 항상 전체를 다 본다.

*출발상황*은 논박하는 대화에 이르기 위해 먼저 극복되어야 하는 심리적인 장애가 되기도 한다. 이 장애는, 정치수업시간에 첫째 각 참가자가 짧게 자신을 소개함으로써(또는 진행자와 그 사람들에 대한 대화가 진행됨으로써), 둘째로 주제에 대해 준비된, 글로 확정된 출발소견발표를 통해 극복될 수 있다. 이와 같이 다양한 입장이 분명해지면 진행자는 공개단계에서 다시 반영하고 심화할 수 있다. 대화를 주도하기 위해 실마리를 준비하면 진행자가 수월하게 진행할 수 있다.

다른 거시적 방법에서와 같이, 소집단에서 출연자의 역할을 받아들이는 집단역동적인 과정을 스스로 조직하고 구성하는 데에 문제가 있을 수 있다. 정치에 정통하고, 화술이 "좋은" 학생들이 "주목을 받는" 것이 당연하다. 교사 편에서는 소집단으로 나눌 때 학생들의 다양한 능력이 어느 정도 균일하게 분배되게 하여 도움을 줄 수 있다. 더 이상 영향력을 미치고자 한다면 방해하는 것으로 느껴질 수 있다. 모든 것, 모든 경험을 "무대"에서 하도록 약속을 하는 것도 배제되지 않는다. 이는 시민역할을 준비하는 한 부분이다.

구분

독일연방 토크쇼의 방송컨셉에서는 다음의 4개의 기본형으로 구분된다. 그러나 대부분 텔레비전에서는 혼합형태로 나타난다.

> ● "유명인사-토크": 가장 전통적인 토크쇼 부류로, 여러 명의 대부분 유명인사인 게스트와의 인물중심적인 대화이다. 그러나 게스트 상태에 근거하여 주제의 중점에 이르는 것도 제외되지는 않는다. 오락적인 요소가 있지만 정보도 제공해야 한다.
> ● 주제-토크: 이 토크쇼 부류는 사전에 주어진, 종종 현실적인 주제가 대화의 중심에 있다. 대부분 유명인사인 게스트는, 그들의 경력 때문만이 아닌 먼저 그들의 능력에 근거하여 초청된다. 그렇지만 오락적인 요소도 있어야 한다.
> ● 인물-토크: 이 순수한 인물중심적인 토크쇼 부류에는 진행자와 게스트간의 단독 대화가 분명히 중시된다. 오락적인 변형과 언론가적인 변형은 구별될 수 있다. 오락적인 인물-토크의 대화주제로서는, 게스트라는 인물과 긴밀하게 연관되어 있으며 오로지 시청자에게 즐거움을 주어야 할 내용만이 문제시 된다. 언론가적인 인물-토크에는 인물이 중심이 되지만 객관적인 정보에 더욱 가치를 두며 이에 따라 게스트와 연관된 시대사적인 주제가 고려된다.
> ● 대결-토크: 미국에서 발전된 이 토크쇼 부류는 논쟁의 여지가 있는 주제가 방송의 중심이 된다. "내용으로 인한 논쟁적인 대결보다는 오히려 격앙된 무대 세트 앞에서 감정적으로 싸우는 대화에 관한 것이 많다"(Steinbrecher/Weiske 1992, 21).

정치수업에서는 두 개의 타입, 즉 주제-토크와 대결-토크가 중요하다고 할 수 있다. 다른 두 개 타입의 요소들이 경우에 따라 나타난다는 것을 피할 수는 없다. 즉 게스트 가운데 종종 유명인사들, 즉 정치가들이 초청되기도 한다. 또한 예를 들어 한 실업자가 구체적으로 살아온 배경과 개인적인 질문으로 "연출"된다면(문제에 직면한 사람의 역할), 인물-토크의 요소들이 인식될 수 있다. 주제토크와 대결토크[8])의 두드러진 의미는 대상인 정치에서 뿐만 아니라 전문교수법적인 원칙(예를 들어 문제지향성)과 본질적인(예: 보이텔스박흐 합의) 것에서 알 수 있다.

이 경계를 파악하고 다양한 개념상의 요구사항을 서로 구별하기 위해서는 토크쇼의 기본형의 분류가 가장 적당한 도구이다. 이렇게 나누게 된 데는 토크쇼 제작

---

8) 정치수업에서는 내용적인 논쟁의 대립이 있으며 감정적인 말싸움은 없다고 이의를 제기할 수도 있다. 따라서 진정한 의미의 대결-토크쇼를 수업에 실행하는 데는 확실히 문제가 될 수도 있다.

자(내지는 정치교육가)의 기본사상과 요구사항을 고려한 것이다. 이러한 분류는 수업을 위한 토크쇼의 교수법적인 잠재력을 측정하기 위한 평가기준을 제공한다.

주제-토크

게스트들은 자기의 당면성과 자질로 인해 주어진 주제에 대하여 무언가를 말할 수 있어야 한다. 정치수업에서 토크쇼는 정치적이고 주제와 관련되어야 하며, 정보를 제공할 수 있어야 한다. 이에 오락적인 소품이 제외되지는 않는다. 진행자는 금기사항 없이 질문하고 그 자신의 의견을 말하며 정리하면서 개입한다. 이 방법에 있어서 학급에서 "스튜디오 청중"들이 찬성 또는 반대에 참여하고 함께 토론하거나 거리를 두어야 하는지에 관한 문제는 그때그때 결정해야 한다. 결정은 평가를 위한 커뮤니케이션에 영향력을 미친다. 왜냐하면 관찰자이면서 동시에 출연자일 경우에는 부담을 주기 때문이다.

진행자는 비판적인 질문을 해야 하는 사람, 내용을 요약해주는 사람, 선동하는 사람의 역할을 - 즉 교사역할과 전혀 다르지 않는 - 한다.

또 다른 요구사항으로는 시청자가 주제에 대해 더 많이 알게 되어야 하고 사람으로부터 듣고 사람에게 집중하며 흥분하고 격앙되어야 하며 그러면 그 주제에 대해 어떻게 생각하는지 스스로 질문해야 한다.

대결-토크

대결-토크는 "폭약"과 같은 주제에 선동과 오락이 하나로 구성된다. 게스트의 선택, 좌석배치와 스타일로서 대결을 강조한다. 두 개의 당을 지어 서로 마주보고 공격하는 말을 주고받으며, 말싸움을 하고 예측불허하며 선동적이고 정보를 제공하며 호전적이다. 이 타입에서 청중은 소리를 질러 개입해야 한다. 진행자는 논쟁의 핵심을 작업하기 위하여, 질문하고 요점을 말하며, 선동한다.

둥글게 청중이 앉아서 ("마녀의 남비(Hexenkessel)") 서로 마주 보는 투쟁집단의 좌석배치는 갈등상황을 강조한다. 부분적으로 진행자는 편파적인 사회의 불공정에 대해 고발하는 역할을 한다(모의법정).

다음은 문헌에서 언급되는 두 개의 다른 분류에 관한 것이다.

쉬카(2002)는 정치가들의 토크쇼를 구체적인 예를 근거로 대결적인 대화, 완화된 논쟁대화, 협조적인 대화로 나누었다. 대화내용의 정치적 적절성을 측정하는

척도로는 이해심, 진실성, 논쟁능력을 들 수 있다. 이는 사실상 무엇보다도 일종의 개인적으로 표현된 연출에 관한 것이며 주장, 반박과 합리화의 기준에 따라 정보를 제공하는 논쟁의 담론적인 순서에 관한 것은 아니다.

플라케(1999)는 세 가지 기본형으로 구별한다. (1)주로 정치적, 사회적, 공공의 이익에 관한 문제가 다루어지는 토론쇼(Debattenshow), 여기에서는 주로 전문가가 등장한다. (2)인물쇼(Personality Show)는 본질적으로 유명인사의 자기표현을 통해 구성된다. (3)고백쇼는 대부분 완전히 알려져 있지 않은 사람이 무엇보다도 감정, 문제의 당면성과 은밀한 사생활에 대하여 고백하는 토크쇼이다.

진행자의 역할

토크쇼에서 진행자의 주요역할은 결과에서 중요하기 때문에 그 역할을 평가하는 데는 게스트와는 다른 기준을 적용한다. 게스트에 있어서는 내용적인 주장이 평가될 수 있는 반면에 진행자는 의사소통 능력이 중요하다. 물론 "토크쇼 진행자의 사명을 위한 분명한 기준은 TV 방송국이나 학문에서도 개발되지 않았다"는 제약이 있다(Steinbrecher/Weiske 1992, 75).

따라서 수업에서의 진행자에게는 단지 몇 가지의 지침만 주어진다. 토론지도자와 토크쇼진행자사이를 구별하고자 하는 시도 또한 단지 제한적으로 도움이 될 뿐이다. 진행자의 임무는 공평하게 발표할 기회를 주도록 유의해야 하는 토론지도자와 혼돈되어서는 안 된다. 이에 반해 진행자의 임무는 대화에 질서를 부여하는 'moderater'여야 한다. 그는 단지 토크를 주도해야 하고 '질질 끌 때'는 새로운 표제어를 주고 "이야기가 다른 데로 흐를 때"는 테마를 상기시켜야 한다.

준비단계에서 진행자는 주제에 대해 사전작업을 할 수 있을 뿐 아니라 대화를 진행시키기 위한 길잡이를 발전시킬 수 있다. 그는 또한 게스트라는 사람을 목표로 준비할 수 있다. 수업에서는 일반적으로 게스트의 소속기관, 직업, 기능과 관련된 배경을 알고 그의 기본입장을 학습하는 것으로 적용될 수 있다. 그 "역할"에 대한 자세한 정보는 그리 필요한 것으로 보이지 않는다.

진행자는 관심을 불러일으키고 시청자가 스스로 깊이 생각할 수 있게 선동하기 위하여 공감할 수 있으며 호기심을 유발하는 질문으로, 한 주제를 가능한 한, 다양한 면으로 소개할 능력이 있어야 한다. 대화가 일단 진행되면 진행자는 대화의 참가자로 자기 개인의 의견을 이야기해도 된다. 진행자는 청중(내지는 정치적 대중)을 위해 대표적으로 질문한다9).

게스트의 역할

(토크쇼의) 게스트들은 정치, 문화, 경제, 언론, 쇼-비즈니스와 스포츠의 분야에서 초청된다(Steinbrecher/Weise 1992, 70이하 참조). 주제-토크쇼에서는 또한 유명인사가 아닌 사람도 출연하는데 그들은 어떤 문제에 당면하거나 전문가로 말을 하게 된다. 사회적인 "이국인"(내지는 소외자)들은 다른 집단으로 추가된다.

수업에서 유명인사들은 입장을 전달하는 사람으로 대치된다. 그 뒤에는 공개적인 삶을 사는 진짜 인물이 있을 수도 있다. 그러나 이러한 사람들을 모방하는 것이 아니라 그들의 입장을 가능한 한 믿을 만하게 "전달하는"것이 중요하다.

적합한 게스트를 선택하기위해 텔레비전에서는 사전에 생방송 토론의 요구조건을 테스트하고자 전화통화와 비디오녹화를 이용할 수 있다. 수업에서의 토크쇼는 연습과 실제의 경우가 동일하다. 내성적인 사람은 토크쇼에 부적절한데, 생방송 토론에서 그들의 소리가 종종 작아지기 때문이다. 그들에게 진행자는 시간을 주어야 하는데, 그렇지 않으면 내성적인 사람은 방송에 중요한 내용을 전달할 수 없다.

토크쇼에 게스트로 출연하고자 하는 사람들의 관심은 다음의 세 가지의 동기로 나누어질 수 있다(Steinbrecher/Weiske 1992, 73).
- 오락적인 방송테두리에서 정치적인 메시지의 전달
- 높은 인지도(유명도) 획득이라는 효과를 얻기 위하여 효율적인 자기표현의 가능성
- 제품, 서비스의 광고 및 공익목표를 위한 광고 또는 소수 문제의 공개적이고 효과적인 공표, 이는 다시 공감을 불러일으키고 자체 이미지를 평가한다.

첫 번째 동기는 현실적으로 문제가 되고 논쟁적인 정치테마를 전달하는 방법으로서의 토크쇼를 이용한다. 두 번째 동기는 과소평가 되어서는 안 된다. 청소년들은 변화하는 자기 신분을 찾고 "스스로" 기꺼이 이를 시도하며, 여러 가지 다양한 역할을 하여 집단 내에서 인정받기를 원한다. 자기표현은 - 성급하게 부정적으로

---

9) 대화실마리는 자세한 질문목록과는 구별될 수 있다. "제작진의 사전 작업에서 광범위한 질문목록을 작성하여 진행자가 방송 중에 게스트의 대답에 융통성 있게 반응하지 않고 그 질문목록에 집착한다면 집중적인 준비는 그 토크에 문제가 된다"(Steinbrecher/Weiske 1992, 79).

평가하지 말고 - 토크쇼의 출연자에게 본질을 규정하는 것으로 보인다.

세 번째 동기는 항상 정치수업에서, 사회적인 문제를 토크쇼의 주제로 정하면서 드러난다. 여기에는 당사자와 출연자, 패자와 승자가 있다.

게스트들은 주제에 능통한 사람들이다. 또한 이상적인 경우, 그들은 그 문제에 당면해있거나 책임이 있으며 대화의 주도자로서 등장할 수 있다. 그러나 여러 명 또는 한 명이 대화를 주도하게 되면, 원래의 진행자는 어려운 상황에 처하게 된다. 이 문제는 수업에서 종종 나타난다. 게스트인 어떤 학생들은 다른 게스트에게 스스로 질문을 던지고 다른 사람을 견책하며 규칙을 세우고 혼자서만 이야기하여 대화를 독점한다10).

평가

TV-토크쇼와 수업토크쇼에서 평가의 기준은 근본적으로 다르다. 토크쇼가 진행되는 동안과 그 후에 시청자는 판단을 내린다. 시청자는 "화면상의 규칙이 없어 보이는 언어전투에서 (...) 심판자 역할을 한다"(Steinbrecher/Weiske 1992, 59).

이와 반대로 수업의 토크쇼 평가에는 과목의 목표로부터 생기는 구조가 있다. 이 단계에서 출연자의 의사소통능력이 그 입장의 설득력과 마찬가지로 평가될 수 있다. 이외에도 정치학적인 모델과 영역이 평가를 위한 기초가 된다. 물론 좋은 토크쇼를 객관화 할 수 있는 기준은 거의 없다. 평가에서 출연자와 청중사이의 관계에서 드러나는, 관찰된 바에 대해 이야기될 수 있다. 효과를 얻으려고 조급하는가? 게스트가 갈채를 받기위해 말하는가? 수사학적인 방법에 청중이 포함되는가?

정치교수법적인 관계

모든 주제-토크는 "구성적인 논쟁"에 관한 토론과 결부되어 있다. 논쟁의 여지가 있는 주제는 논쟁적으로 토론되어야 한다. 대화참가자의 입장은 이에 상응하여 요점을 잡아야 한다. 너무 많이 "예, 그러나 - 자신의 입장을 주장"하게 되면 토론의 맥이 풀린다. 물론 한 사람씩 나무를 자르듯이 이야기를 끊고 모두 우직하게 자기 의견만 고집한다면 대화는 즉시 좌초하게 된다. 그래서 모든 주제에 대해 논

---

10) Breit(1998, 160-162)와 Kuhn(1995, 171-182)의 기록 참조.

쟁적이고 협상능력이 있는 대화참가자들을 제대로 혼합시켜야 한다11).

수업에서의 토크쇼를 구성하기 위한 이러한 지침에 대해 계속 생각해 본다면, 수업의 목표수립을 위한 역할을 설정할 수 있게 된다. "구조상의" 논쟁은 필요 없는 것으로 보인다. 정치교육의 맥락에서 보면, 합의하도록 강요되지 않으며 결정을 내려야 할 필요도 없다는 것이 토크쇼에 있어서 바로 "본질을 규정하는" 것이다. 여기서 정치적 현실에 대해서는 엄격한 경계가 있다. 정치적 과정에서 - 예를 들면 정치차원에 따라 - 토크쇼는 매우 제한된 장면만 표현한다. 정치공동체(Polity)-차원이나 정치(Politics)-차원이 중시되지 않고, 단지 정책(Policy), 즉 하나의 정치분야만이 논쟁적으로 토론된다.

정치순환모델이 기초가 되면 토크쇼에서는 (다양한) 문제에 대한 정의가 내려져서 하나의 분쟁이 되는 정치적 문제에 대하여 갈등이 있는 논쟁이 발생한다. 이에 관심과 해결책이 보이게 된다. 그러나 기관의 조건과 권력상황에 대해서는 눈을 가린다. 정치적인 과정은 각각의 입장으로 축소되고 결정과 정치적 행동은 결여된다.

상반감정이 병립되는 작용이 추가된다. "민주주의 이론적-규범적인 관점에서 보면 감정적인 표현력에 의한 논증적인 비례가 고려될 수 있으며 중심적인 정치테마는 문제를 겨냥한 것이 아니라 주로 그 영향의 집중도를 높인다는 것으로부터 문제가 생긴다"(Tenscher/Schicha 2002, 31).

"특히 영화제작자들은 토크쇼를 종종 매체에 적당하지 않은 방송형태로 간주하기도 한다. 단지 이야기만 하는 프로그램은 라디오를 위한 것이지 텔레비전을 위한 것은 아니다"(Steinbrecher/Weiske 1992, 56). 역설적으로 말하여, "단지 이야기만 하니까" 바로 그 이유 때문에 토크쇼가 정치교육의 적합한 방법이라고 할 수 있을까? 결론적으로 수업시간에는 내용과 상반되는 카메라위치와 소모적인 편집에 의해 방해받지 않고 집중적인 경청이 가능하다.

미디어분야에서 오락과 정보가 근본적으로 서로 별개의 것은 아니라는 지식이 계속해서 관철되어 왔다. 이 지식이 교육과 학습과정에 그대로 적용될 수 있는지는 최소한 논쟁의 여지가 있는 것 같다. 활동지향적인 방법으로 보충되어야만 하는 "매우 지적인" 수업에 대한 상당한 비판이 수년 전부터 있었다. 토크쇼는 이런

---

11) Steinbrecher/Weiske 1992의 조언, 72면 참고

수업에서 환영받고 있다.

오락이 대중매체의 주요 기능12)중 하나라고 하는 데는 동의한다. 이에 반해 오락이 학교와 수업의 한 주요기능이라고 할 수 있는지는 회의적이다.13) 오락과 정보는 "제작자"의 요구에 따라 텔레비전에서는 항상 일정한 혼합형태로 나타난다. 토크쇼가 어떤 방식으로도 유용하지 않고, 단지 시장성에 도움이 되도록 방영되는 "가짜사건"으로 비판하는 것은 학교의 필수적인 예술적 성격(Meyer 1987, Bd. I. 50 참조)과 유사하다.

물론 적절한 준비와 이에 상응하는 요구사항을 갖추면서 토크쇼는 지적으로 자극하며, 정보를 제공하고 상황에 문제를 제기할 수 있게 된다. 그러나 진정한 의사소통은 매끈한 장면으로 연출하는 것과는 반대이다. "대화가 황폐되는 곳, 사람들이 말을 더듬고 때에 따라 계산하지 않고 바로 이야기가 터져 나오는 곳, 공감과 혐오가 가려지지 않고 표현되는 곳, 무엇보다도 시간이 걸리는 곳 – 그곳에서, 카메라 앞에서 말하는 것이 종종 질적인 의사소통, 설득에 이른다"(Steinbrecher/ Weiske 1992, 89). 이러한 기준을 기초로 한다면, 수업의 토크쇼를 비교하는 것을 꺼릴 필요가 없다. 오히려 이 분야에서 근본적으로 전문적인 방송으로서 더 많은 기회가 제공되어야 한다.

주제-토크와 대결-토크(그리고 수업)에서 통용되는 규칙이 있다. 주제를 강력하게 제한하면 할수록, 그 토론은 더욱 더 집중적이고 실체적으로 진행된다. 토크쇼에는 환경이라는 주제가 아니라, 실제적이며 논쟁의 여지가 많은 부분적인 주제— 즉 예를 들어 "벤젠가격을 3 유로 올려야 하는가?"라는 주제가 적합하다. 이에는 모범적인, 문제지향적인 학습의 교수법적 원칙이 일치한다.

요약을 하자면, 주제-토크에는 유능한 게스트를 전제로 한다. 그들의 이야기는 자체적으로 역동적이 될 수 있어, 진행자가 융통성 있게 조정해야만 한다. 대결-토크에는 격양된 분위기, 말로 하는 공격, 논쟁의 여지가 있는 입장이 함께 모인다. 또한 논쟁은 형성되어야 한다. 주제뿐만 아니라 게스트도 사회적인 대립을 반영해야 한다.

주제-토크와 대결-토크는 비슷하다. 각각 방송할 때마다 주제는 하나로 제한된다. 이 토크쇼에서는 진행자가 대화주도자가 되고, 또한 참가자들 사이의 논쟁도

---

12) 대중매체의 다른 기능에는 여론형성, 비판, 정보가 속함. Meyn 1994, 10-14면 참조.
13) 이 규범적인 진술은 은밀한 지도계획, 무대뒤(Zinnecker), 행동자의 의식과는 무관하다. 여기서 오락은 완전히 다르게 평가되고 체험되어야 한다.

가능하다.

이러한 특징들 때문에, 비록 장애가 있다 하더라도, 토크쇼가 정치수업에 적당하다고 여겨진다. 모든 시도가 교수법적으로 산꼭대기를 거니는 것으로 표현되며 "추락할 때"는 어찌되었건 평가단계에서 주제로 삼아 다시 토론하고자 할 때에 피할 수 있게 한다.

주제-토크와 대결-토크의 혼합형태에서 진행자는 - 최소한 단계별로 - 배경으로 물러서게 된다. 분명하고 논쟁의 여지가 있는 입장을 지닌 게스트들은 대화를 주도하며 서로 말을 교환하고 감정적으로 서로에 대해 반응한다. 수사학적인 말싸움을 하게 되면 중도적인 소리는 희생된다.

수사학적인 말싸움에는 필요에 의해 승자와 패자가 만들어진다. 이는 수업과 TV-방송에서 모방된 논쟁의 또 다른 특징이라고 할 수 있다. 결과적으로 공격과 수비에 따라 구별되는 방어기제가 각성된다.

따라서 교수법적인 시각에서 보면 주제-토크와 대결-토크의 혼합 상태가 어떻게 구성 되는가가 결정적이라고 할 수 있다. 수사학적인 말싸움에 내용적인 논쟁이 완전히 겹치게 되면, 이 방법은 조악한 TV-복사처럼 되고, 두 개 다 공중에 뜨게 된다. 이와 같은 정치적인 학습과정이 대략 기대될 수도 있다.

두 개의 수업사례

기록원고에 대한 근거

앞으로 소개되는 두 개의 수업사례는, 그 경과를 전반적으로 알 수 있게 하기 위하여, 종결된 문서로 기록하였다. 이어서 교수법적인 분석을 통해 각 중요한 단계가 방법에 근거하여 비판적으로 조사된다. 두 개의 사례를 비교하면 교사가 이 방법을 사용할 때 주의해야 할 '경우'가 분명해진다.

토크쇼 1(발췌)
베르너-폰-지멘스-오버슐레(김나지움), 베를린
녹음: 2000년 7월 4일
9학년(1)(우리나라 중3)

진행자: 자, 안녕하세요, 지멘스 토크에 오신 것을 환영합니다. 저는 "알렉스 게어스터"이고 여러분을 오늘 진심으로 환영합니다. 오늘 주제는 "국민의 번영을 위한 법률위반" 또는 그 반대? 하여간 상관없습니다. 오늘의 첫 번째 게스트는 "파울라 게레히트"입니다. 자, 여기 소개 하겠습니다.

파울라 게레히트: 저 감사...

진행자: 네 좋습니다. 예. 기부금사건에 대해 어떻게 생각하십니까?

파울라 게레히트: 제 생각에는 부패는 민주주의의 종말이고 정당이 다시 신임을 얻도록 국민자신이 방어해야 합니다.

진행자: 흠흠, 그렇다면 콜 전수상이 그 모든 것을 빼돌린 것이 전부 국민의 번영을 위한 것이라고 생각하십니까, 아니면 그렇지 않습니까?

파울라 게레히트: 국민의 번영을 위한 것이죠. 제 생각에 그것은 그들의 정당에 일반적으로 주어졌고 그들은 그들의 정당이 그들의 의견을 관철하도록 지원하기위하여 사용하였습니다.

진행자: 예, 그러면 이제 처음으로 두 번째 게스트에게 들어봅시다. 하르트무트 라이히입니다. 그는 어디 있을까요? 아 저기 뒤에 계시군요. 에, 당신은 기민당 국회의원이군요. 질문, 즉 제가 바로, 다시 한 번 이름이 무엇이지요?

파울라 게레히트: 파울라

진행자: 파울라에게 했던 질문입니다. 콜 전수상은 모든 것이 국민의 번영을 위한 것이라고 말했습니다. 국민이 아마도 거기서 어떤 유익을 얻어낼 수 있었을까요?

하르트무트 라이히: 예, 한편으로는 그렇습니다. 돈이 정당으로 흘러들어갔지요, 즉 더욱 강력한 정당업무가 그렇게 지원을 받고, 예, 정당이 이 업무를 전문적으로 관철할 가능성이 더욱 커졌으며, 몇몇 개의 결정이 좀 더 빠르게 내려질 수 있었을 것입니다.

진행자: 아, 예, 좋아요. 그러면 이제 헨리에테 프롬의 세 번째 의견을 들읍시다. 그녀는 성직자입니다. 사람들이 뭐라고 이야기하든 상관없습니다. 음. (호명함) 물론 상관없죠. 그러니까 교회의 시각에서는 범죄인가요, 아니면 국민의 번영을 위한 것인가요?

헨리에테 프롬: 그러니까, 교회의 시각에서 보면 그것은 범죄입니다. 왜냐하면, 음, 콜의 태도는 비도덕적이고 국민들은 그의 태도에 의해 기만당했습니다.

진행자: 저, 그는 지금까지 사과를 했습니다.(잘 안 들림)

헨리에테 프롬: (잘 안 들림)

진행자: 자, 좋습니다. 그렇다면 아니죠. 다음에 아직 네 번째, 파울 쉴러가 있습니다. 그녀는 12학년(고3)입니다. 어디서 왔는지 물어도 될까요?
파울 쉴러: 함부르크에서 왔습니다.
진행자: 함부르크에서 오셨군요. 좋습니다. 음. 오늘날 청소년들은 기부금사건에 대한 의견이 있습니까 아니면 그 모든 것이 그저 다 지나가버린 것으로 여깁니까?
파울 쉴러: 예, 저희들도 그것이 좋지 않다고 생각합니다. 왜냐하면 무엇보다 전 수상은 모범을 보여 공개적으로 알리지 않고서는 기부금을 받아서는 안 됩니다. 그는 국민의 신뢰를 악용하고 무엇보다도 많은 청소년들은 이제 더 이상 누구를 선택해야 하는지 알지 못한다고 합니다. 예, 이 사건으로 인해 상당한 불안감이 생겼어요.
진행자: 예 좋은 질문입니다. 그러니까 청소년들이 조금은 정치에 대해 관심이 있군요.
파울 쉴러: 조금 있습니다.
진행자: 조금요. 오. 그것 좋군요. 음. 그러면 우리 이제 다섯 번째 게스트를 맞이합시다. 루돌프 레히트를 소개합니다.
루돌프 레히트: 예, 안녕하십니까?
진행자: 예, 당신은 판사이지요.
루돌프 레히트: 예, 저는 판사입니다.
진행자: 법은 이에 대해 뭐라고 합니까, 그러니까 당신은?
루돌프 레히트: 제 법률적 입장에 의하면 저는 콜의 태도에 대해서 전혀 변호를 할 수가 없습니다. 그는 그의 취임선서를 위반했을 뿐만 아니라 기본법 그리고 정당법을 위반했습니다. 음 (...) 그렇기 때문에 우리는 그의 태도를 지지할 수 없습니다.
진행자: 지지할 수 없단 말씀이죠. 그러면 당신의 개인적인 의견은 어떻습니까?
루돌프 레히트: 음.
진행자: 의견이 없으십니까.
루돌프 레히트: 없습니다.
진행자: 그것은 좋지 않군요. (웃음) 음. 이제 제가 제안을 하겠습니다. 여러분이 이분에게 또는 저분에게 무언가를 이야기 하십시오.
여학생: 모두 단지 그에게 반대하는 것 아닙니까? 아니면? (웃음)
진행자: 잠깐만, 조용히 하십시오. 당신의 의견은 어떻습니까? 어떤 의견입니까?
여학생: 우리는 원래 여기서 토크쇼를 하고 있습니다.
남학생: 우리는 본래 콜에 반대합니다.
진행자: 여러분 모두가 콜에 반대군요.
남학생: 예, 콜은 처벌받아야 해요.

| 토크쇼 |

여학생: 저는 이제 처음으로 콜의 행위를 변호하고 싶습니다. 왜냐하면 그는 한번도, 제가 강조해야만 하겠는데요, 자기 자신을 위해 사용한 적이 없거든요(...) 그는 항상 그의 정당에 그 돈이 흘러가게 했고 이로써 물론 동독건설을 위한 재정을 충당했습니다. 그리고 예, 그러니까, 그것은 ...
여학생: 제 생각은 세계의 상당히 많은 국가원수들이 그에게 조언을 구한다고 제가 알고 있어...
남학생: 물론 콜의 역사적인 성과를 잊지 말아야 합니다. 그는 독일을 위해 상당히 많은 일을 해냈습니다. 그리고 제가 생각하기로는 국민은 그를 용서해야 합니다. 그러니까, 제 생각은, 그가 공식적으로 그에 대해 사과를 했고, 예 그는 원래 단지 정당법과 기본법만 위반(작게)했을 뿐입니다.
여학생: 그리고 그의 취임선서도요.
여학생: 이제 제가 말하고 싶은 것은, 예, 그러니까 사과한다고 모든 것이 용서되지는 않아요. 콜은 다섯 번 선서를 했고 그럼에도 불구하고 법을 어겼어요. 그러지 말았어야 하는데요. 그는, 음, 그것은 법률위반이고 선거권자들이 더 이상 정당들을, 특별히 기민당만이 아닌 일반적으로 정당들을 신뢰하지 못합니다. 기민당만이 그 결과를 책임져야 하는 것이 아니고 예를 들어 다른 당도 마찬가지예요.
남학생: 물론 저도 그렇게 생각합니다. 그러나 당신의 의견이라면 콜을 이제 어떻게 해야 하겠습니까?
여학생: 음,
남학생: 독일의 전직수상인 콜이 앞으로 어떻게 되기를 원하십니까? 그가 감옥에 가야 하나요?
여학생: 아니요. 감옥은 아니고 물론 그렇게 나쁜 것은 아니에요. 그는 파면되어야 해요. 왜냐하면 그런 정치가는 (소리가 안 들림). 그러면 그는 더 이상 정치가가 아니에요. (청중 가운데 소요가 일어남)
진행자: 조용히 하세요. 국민의 한 의견이에요.
청중: 국민의 한 의견이라고요? 아이 참.
학생: 청중여러분
청중: 그가 지금 더 이상 수상이 아닌데, 어떻게 그가 파면될 수 있습니까?
여학생: 예, 전체 정치계를 떠나는 것을 의미합니다.
남학생: 예, 사민당은 숨겨진 통장이 없습니까?
남학생: 없습니다.
남학생: 이번 사건이 확실히 유일한 사건은 아닐 거예요. 정당들을 더 이상 믿을 수가 없어요. 왜 기민당만 그런 기부금을 받았겠어요?
진행자: 전반적으로 주고받은 내용에 대해 어떻게 생각하십니까?
청중: 저는 콜 수상의 태도로 인해 정당을 더 이상 신뢰하지 못한다고 생각합니다.

진행자: 그러면 정당이 예를 들어 국민으로부터 다시 어떻게 신뢰를 받을 수 있습니까?
여학생: 저도 모르겠어요. 물론 어려울 것예요. 아직 잘 모르겠어요.
여학생: 저도 그렇게 생각해요.
진행자: 음. 예. 이제 다시 한 번, 당신을 어떻게 생각하시죠?
남학생: 음. 제 생각은, 음 비록 콜이 국민을 위해 그렇게 많은 일을 했다고 하더라도 그에게는 모든 법을 위반할 권리는 없습니다.
남학생: 만약 그 기간을 한번 나누어 본다면, 기민당에 흘러들어간 돈은 300,000마르크입니다. 그것은 그렇게 많지 않아요. 그러니까 그것을 3년 동안 받았다면 말입니다.
여학생: 잠깐만. 항상 2백만 이라고 했었어요.
남학생: 예, 3년에 거쳐 나눈다면.
여학생: 더 많아요.
남학생: 300,000마르크. 당신이 매년 300,000마르크를 매년 받는다면 기쁘시겠습니까? 아니면?(웃음)
남학생: 오, 그렇죠.
진행자: 자 좋아요. 우리 방송시간은 이미 다시 지나가 버렸어요.
여학생: 아니요. 국민은 시위를 시작해야 합니다. 실제로 국민들은 자신을 방어해야 해요. 시위, 스트라이크 말입니다.(소란)
남학생: 아니, 스트라이크는 안돼요.
남학생: 전 수상인 콜에 대해서 시위를 한다면 독일이 어떻게 보이겠어요? 우리는 .. (항의). 제가 이야기하게 해주세요. 우리는 유럽의 수출강대국 중 하나에요. 우리의 명성에 금이 갈 것이라고 생각지 않으세요.
여학생: 그게 서로 무슨 상관이에요.(소란)
진행자: 지금 제발 조용히 해주세요! 지금 우리의 주제로부터 완전히 벗어났어요. 주제는 아직도 국민의 번영을 위한 법률위반이지요?
남학생: 그것은 국민의 번영을 위한 것이 아니에요. 왜, 왜 기부금 전부가 의미 있게 투자되지 않았었죠? 예를 들면...
남학생: 저는 잘 투자됐다고 생각해요.
남학생: 구동독지역의 건설이 그 돈으로 재정충당이 되었어요. (항의). 응, 당신은 그 돈이 어디서 났다고 생각하십니까?
남학생: 왜 학교에 투자되지 않았을까? 새로운 학교 설립에. (항의). 오케이. 그러면 우리는 결국... (항의가 많음)
남학생: 예, 우리는 우리의 나이 드신 선생님이 있죠.
진행자: 조용히 하세요.

	토크쇼

여학생: 저는 게어스터 여사의 질문으로 돌아가고 싶습니다. 즉 국민이 어떤 유익을 얻었는가, 그러니까 거기서 어떤 이득이 나왔는가? 하는 질문입니다. 왜냐하면 당신은 이에 직접적으로 답변을 하지 않았으니까요.
남학생: 제가 다시 한 번 반복하겠습니다. 구 동독지역 건설에 도움이 되었고, 이에 많은 재정이 기부금으로 상당부분 충당이 되었습니다. 예, 이 기부금이 없었으면, 그 모든 것이 아주 천천히 진행되었을 것이고 확실히 지금과 같지는 않았을 것…. 아이고, 잘 모르겠어요!
진행자: 저기(청중) 아직 말하고 싶은 분이 계시네요.
청중: 일반적인 질문이 있는데요. 왜 기부금을 받으면 안 되나요? 기부금이잖아요.
여학생: 기부금은 국민에게 비밀로 하지 않고 정당이 몇 년 동안 어떻게 사용했는지 숨기지 않으면 받아도 됩니다.
남학생: 300,000 마르크예요.
여학생: 예. 국민에게 밝혀야 해요. 그들은 또한 법률을 위반했어요. 몇 조더라, 더 이상 생각이 잘 나지 않는데요.
남학생: 제가 읽을까요?
여학생: 예, 읽어주세요.
남학생: 음. 정당법 제 25조. "정당이나 그 지역협회에의 기부금이 해당년도에 20,000마르크를 넘을 경우, 기부자의 이름과 주소 및 기부금액수를 회계장부에 기입하여야 한다."
여학생: "기입한다". 예. 이제 다시 생각이 나는 군요. 그러니까 제 의견은 이번은 더 이상 정당싸움이 아니라 단지, 아니, 이것은 정당싸움이지 의회민주주의는 아닙니다.
남학생: 콜에 일괄적으로 반대하는 것을 보십시오. 그 고집스러운 비난은 사람과 정치가의 인상에 강한 영향력을 주고자 하는 시도예요. 즉 콜에 대한 인상이 아주 망치게 될 거예요. 콜에 대한 일관적인 비난을 보세요.
여학생: 그 자신이 벌어들인 거죠.
여학생: 제 생각에는, 그런 범죄행위를 혼돈해서는 안 됩니다. 이에 일어서서 그에 반대하여 뭔가를 해야 합니다. 모든 것을 항상 뒤로 미루어 둘 수는 없어요. 이는 유일한 사건이에요. 만약 침묵하게 되면 그 결과에 대해서도 침묵하게 되니까 이제 여기서 무언가를 끌어내야 합니다.
남학생: 수상이 물러나는 것으로 보상이 된다고 이야기 했었죠. 문제는 다만 그가 이미 물러났고 이제 거의 완전하게 정계에서 은퇴했다는 것입니다.
여학생: 예, 좋아요.
진행자: 청중의 의견하나를 더 듣기로 하죠.
청중: 라이히씨가 헤센주 기민당에게 한 기부금을 정당화할 수 있는지에 대해 알고 싶습니다.
하르트무트 라이히: 음. 이에 대해 저는 여기서 아무런 말도 할 수 없습니다.(소요)

시민교육방법트레이닝

여학생: 그건 분명하죠, 아니면?
진행자: 예, 그가 그 분야에서 일을 안 한다면, 그럴 수 있죠?
여학생: 제 생각에 당신은 역시 진행자일 뿐입니다(웃음).
진행자: 예, 예, 저는 아무 말 안하죠. 자. 이제 잠깐 쉬기로 합시다. 광고가 나갑니다. - 광고.

(토크쇼 중단/ 비공식적인 토론 계속)

진행자: 이제 다시 계속합시다. 주제는 계속하여 "법률위반인가 또는 그 모든 것이 국민을 위한 것인가?"입니다.
남학생: 저는 ...
진행자: 잠깐만요. 제가 질문을 먼저 하겠습니다. 당신의 의견에 의하면 콜을 어떻게 해야 할까요? 그가 감옥에 갇혀야 하나요?
남학생: (항의)
진행자: 조용히 하세요!
남학생: 단지 콜씨가 수상이었기 때문에, 그에게 어떤 법을 위반할 권리가 주어진 것은 아니라고 생각합니다. 따라서 그는 재판을 받아야 하고 그의 행동에 대해 처벌을 받아야 합니다.
여학생: 예, 저도 같은 의견이에요.
남학생: 저는 지금 그렇게 판단할 수 없어요.
진행자: 그러나 판단해야 합니다. 왜냐하면 재판이 지금..
남학생: 좋아요 그는 그 돈을 기부자에게 돌려주어야만 합니다. 그러기 위해서는 먼저 그 사람들이 누구인지 밝혀야 합니다. 그렇죠. (항의). 뭐라고요?
여학생: 맞아요. 그 이름을 밝혀야죠.
여학생: 이름에 대해서는 다시 이야기해야 합니다. 이름을 밝히지 않겠다고 맹세했는데...
여학생: (잘 들리지 않음).
남학생: 그 돈을 다시 돌려받아야 합니다.
남학생: 그러나, 콜이 명예가 있는 사람으로서 기부자를 밝히지 않겠다고 약속했습니다. 그리고 그가 이 약속을 지키지 않는다면 그의 명성은 완전히 망가질 것이고 그는 더 이상 정치가나 명예로운 사람으로 여겨지지 않을 거예요.
여학생: 이름을 밝히지 않겠다는 맹세가 법을 위반하는 것보다 중요한가요?
남학생: (항의)
남학생: 맹세라, 이름을 밝히지 않겠다고 한 콜의 맹세가 그가 수상으로 취임할 때 한 선서보다 더욱 중요합니까? 그는 법을 어겼고 그것은 법률위반이며 법률위반은 처벌되어야 합니다.

남학생: 예, 좋습니다. 저는 그 돈을 돌려주어야 한다고 생각합니다.
여학생: 그는 다른 사람과 같아요. 그는 완전히 보통사람이에요. 그에게 왜 다른 사람보다 더 많은 권리가 주어져야 하는지 알 수가 없네요. 그는 단지 정치가일 뿐 이예요. (항의) 예. "정치가일 뿐"이죠. 그러나...
청중: 판사님께 질문이 있습니다. 익명에 대한 권리 ["특권적 제외의 예"를 의미함-H.W.K.] 와 같은 게 있나요. 제 생각은 그것이 적용된다고 생각하는데요.(웃음)
루돌프 레히트: 익명에 대한 권리라? (웃음) 어느 정도로?
청중: 저는 이에 대해서 잘 모르겠습니다. 단지 ... (항의)
루돌프 레히트: 이에 대해서 저는 지금 말할 수 없습니다.
진행자: 그러나 이야기하셔야 합니다.
루돌프 레히트: 그러니까, 제가 해야 할 것은 아무것도 없습니다.
진행자: 우리는 지금 토크쇼를 하고 있습니다. 여기서 이야기할 의무가 있습니다.
루돌프 레히트: 저기 뒤에 계신 부인에게 다시 한 번 묻겠습니다. 당신은, 죄송합니다. 당신의 의견은 콜이 돈을 되돌려 주어야 한다는 것이지요. 그러나 당신은 콜이 기부자로부터 수많은 기부금을 모았었고 다시 돌려주었던, 콜의 모금활동에 대해서 들어보신 적 없습니까? 이에 대해 못 들으셨습니까? 당신이 콜은 이를 돌려주어야 한다고 말씀하셨잖아요. 이미 그는 돌려주었습니다.
진행자: 성직자분, 뭔가 이야기 하시기를 청합니다.
헨리에테 프롬: 저는 콜에 대해 아주 많이 실망을 했습니다. 그가 법을 침해한 데 대해서요. 왜냐하면 그는 좀 더 나은 모범을 보여야 했습니다. 그리고 그는 이제 기부금사건으로 그의 도덕수준은 최하로 떨어졌습니다.
진행자: 그리고 당신은 성직자로서 가톨릭교회가 이에 대해 뭐라고 하는지 알고 계시나요, 아니면 이제 단지 개신교회를 위해서만 이야기 하시나요?
헨리에테 프롬: 저는 단지 개신교만을 위해 이야기 합니다.(수군거림)
진행자: 제가 무엇을 해야 할까요?
남학생: 표결이요.
여학생: 끝을 맺죠. 요약하세요.
진행자: 자 좋습니다. 그러니까 음.
남학생: 하지만 법률가에게 질문 있습니다. 지금까지 아무 헌법재판관도 그에게 선고를 내리지 못했지요? 아니면?
루돌프 레히트: 한 번 더 문제를 자세하게 설명해주세요.
남학생: 시사잡지인 포쿠스(Focus)의 기사에 의하면 오늘날까지 아무 헌법재판관도 분명히 이런 비난에 근거하여 선고를 내릴 수가 없었다고 하던데요.
루돌프 레히트: 어떤 비난을 말씀하시나요.

남학생: 기본법 제 21조에 따른 법률위반 말입니다.
루돌프 레히트: 기본법 제21조라. 제가 지금 빨리 알아보죠. (웃음) 음. 아무도 증명할 수가 없었지요?
남학생: 헌법재판관은 이에 대한 선고를 내릴 수가 없었습니다.
판사: 예. 아마도 후에 그 일을 하겠죠.
진행자: 좋아요.
남학생: 그런 것 같군요.
진행자: 우리는 또 다시 결론에 이르지 못했습니다. 모든 토크쇼에서와 마찬가지죠. 그리고 그러나 국민들 중에서 상당히 많은 사람들이 콜에 반대하고 판사는 빨리 이 문제가 해결되도록 해야 ...
판사: 그렇게 할 겁니다.
진행자: 자 그럼, 다음 지멘스-토크 시간까지 안녕히 계십시오.

(토크쇼/참가학생들의 박수)

토크쇼 II
베르너-폰-지멘스-오버슐레(김나지움), 베를린
녹음: 2000년 7월 5일
9학년(중3)

진행자: 자, 오늘의 주제는 "국민을 위한 법률위반?"입니다. 기민당의 기부금계좌에 검은 돈 기부자가 있음이 1999년 발각되었습니다. 우리는 오늘 그것이 국민을 위해 발생한 것인지 아닌지에 대해 토론하고자 합니다. 저는 이에 오늘 몇 분의 게스트를 초대하였으며 우리가 의미 있는 토론을 하게 되길 원합니다. 이제 자기소개를 해주시고 간단하게 한마디씩 해 주시겠습니까?
루돌프 레히트: 예, 저는 루돌프 레히트입니다. 저는 콜이 그의 맹세 때문에 취임선서 내지는 법률을 위반해서는 안 된다는 의견입니다. 이는 연방수상에게도 해당하는데, 그는 민주주의 근본사상에 따라 다른 국민들보다 좀 더 나은 사람이 아니기 때문입니다.
진행자: 알겠습니다.
파울 게레히트: 저는 파울 게레히트입니다. 저는 콜이 바로 연방수상으로서 그리고 그의 정당의 명예총수로서 법률을 지켜야 한다고 생각합니다. 그가 사실을 분명히 설명하지 않고 사실을 밝혀줄 수 있는 서류를 없앰으로써 그가 대표할 국민을 기만하고 조롱했다는 것은 특히 비난받아 마땅합니다.

진행자: 알겠습니다.
지빌레 라이히: 저는 기민당의 지빌레 라이히입니다. 저는 콜이 그의 전집무기간동안 그렇게 많은 생산적인 업적을 쌓았으며 그의 당과 독일에 항상 훌륭하게 봉사하고자 노력하였으니 사람들은 그의 실수를 관대히 봐주어야 한다고 말하고 싶습니다.
헨리케 프롬: 예, 제 이름은 헨리케 프롬입니다. 저는 53세이며 개신교 교회의 목사입니다. 저는 정치가는 모범을 보여야 하며 민주주의 원칙을 어기고 이로써 국민에게 피해를 주어서는 안 된다고 생각합니다.
파울라: 저는 파울라고 이쪽은 파울리네입니다. 제 생각에는 정당의 목표들이 전보다 더 나쁘지는 않은 것 같아요(???) (잘 들리지 않음)
진행자: 지빌레 라이히, 당신은 콜씨가 그의 직무기간 동안 그렇게 많은 일을 했고 원래 특히 나쁜 것은 없다고 하셨습니다. 그렇다면 기민당은 소위 매수될 수 있음을 그것으로 증명한다고 생각지는 않으십니까?
지빌레 라이히: 문제를 다시 한 번 반복해 주시겠습니까?
진행자: 예. 그러니까 사람들이 기부금을 받는다면 원래 그 기부자가 역시 무언가를 돌려받기를 원한다는 것을 고려해야만 합니다. 그들이 매수될 수 있다는 것을 그것으로 증명한다고 생각하지 않으시는지요?
지빌레 라이히: 아니요, 그러니까..
진행자: 왜? (...) 계속 합시다. 프롬여사님, 당신은 정치가들이 모범을 보여야 한다고 하셨죠?
헨리케 프롬: 예.
진행자: 당신은 정말로 그렇게 많은 청소년들이 정치가를 모범으로 삼는다고 생각하십니까?
헨리케 프롬: 음, 그렇지는 않다고 생각합니다. 오히려 청소년들에게는 매우 많은 다른 모범이 있습니다. 물론 정치가라는 사람들이 아주 중요하기 때문에, 그들의 행동으로 말미암아 민주주의 원칙이 깨지기도 합니다. 사람들이 단순하게 원칙을 지키지 않는다면 질서가 서지 않지요. 만약 유명인사인 정치가가 그런 일을 한다면 국민들 가운데 다음과 같은 물음이 생길 것이라고 생각합니다. 왜 그들은 그렇게 해도 되는지? 왜 우리는 그와 같은 일을 한다면 엄격하게 처벌받는지, 우리는 왜 그렇게 하면 안 되는지?
진행자: 이에 대해 하실 말씀이 있습니다. 라이히 여사님?
지빌레 라이히: 자, 제가 해야 할 말은 콜은 항상 올바르게, 즉 아주 훌륭하게 행동해왔고 그는 결코 자기 자신의 부를 추구하지 않았다는 것입니다. 그는 또한 뇌물을 받지 않았습니다. 그의 지도하에 독일은 아주 번영하였지요. 즉 그는 수상으로서 다시 통일을 이루었습니다. 예, 그로 인한 다른 문제는 없었어요. 그는 항상 명예로운 사람으로서 행동을 했습니다. 그가 기부자들의 이름을 밝히지 않겠다고 약속을 했다는 것을 상기시키고 싶습니다. 만약 그가 이 약속을 지금 깬다면 그는 더 이상 명예로운 사람이 아니며 국가적인 사람도 아닙니다.

진행자: 그건 무슨 뜻이지요?
남학생: 저, 저는 그가 이제 익명의 기부자들에게 한 맹세를 근거로 이를 깨지 않고자 한다면 그는 이 법을 위반함으로써 정치가로서, 연방수상으로서 한 취임선서를 어기게 되는 것입니다. 그리고 제가 이미 전에 말한 것은 헬무트 콜이 자신에 대한 비판을 허용하고 공개적인 토론을 허락하는데 무능력하다는 것입니다.
진행자: 또 다른 의견이...
사민당-대표: 물론 이로써 그의 인격을 알 수 있습니다. 그가 점점 한입 한입씩 고백하게 된다면 저는 그건 단순히 옳지 않다고 생각합니다.
학생: 그러나 이는 그가 어떤 사람이고 어떤 감정을 갖거나 성격을 가진 것이 문제가 아닙니다. 비판은 이제 원래 그런 것과는 아무것 상관이 없어요.
학생: 그러나 그건 헬무트 콜이 그의 실수를 인정하지 않고자 하는 것에 영향이 있지요. 그건 당연히 안 됩니다.
학생: 그렇기 때문에 그 당 전체를 더 이상 선택해서 안 된다는 건 아니죠.
학생: 죄송합니다. 콜은 자기 실수를 인정했어요.
학생: 예, 단지 그가 그랬어야만 했기 때문이지요.
학생: 저, 그가 명예로운 사람이라면 그 서류를 폐기하지 말았어야 해요. 그러면 그는 그가 대표하기로 되어 있는 국민에게 그의 행동을 공개할 수 있잖아요. 그가 그의 개인적인 맹세를 어기지 않는다면 국민에 대한 선서는 어기게 됩니다. 왜냐하면 그는 연방수상선서를 했으니 국민에 대한 의무가 있고 그는 국민에게 영원히 봉사하겠다는 취임선서, 즉 국민에게 봉사하겠다는 맹세를 어기게 되는 것입니다.
진행자: 파울라와 파울리네, 질문이 있습니다. 당신들은 콜씨를 모범으로 여겼습니까?
파울리네: 아니요. (웃음) 콜씨가 원래 본이 되는지 아닌지에 대해서는 잘 모르겠어요. 정치가들과 청소년들 사이에 그런 관계는 없다고 생각해요. 저는 우리가 아주 훌륭한 법적인 체제를 갖고 있고 이 정당은 좋은 목표를 대변하고 있다고 생각해요. 그러나 본을 보인다고는 말할 수는 없어요.
진행자: 파울라, 파울리네?
파울라: 저는 파울라에요. 제가 이야기 하고 싶은 것은요, 저는 그를 전혀 본으로 삼고 있지 않다는 것 이에요. 이제 이후로 더더욱 절대 아니에요. 그러나 지빌레 라이히에게는 할 말이 있어요. 저는 콜 혼자서 그 모든 일을, 즉 통일과 모든 일을 했다고는 생각지 않아요. 그가 한일은 그의 정당이 한 것이라고 할 수 있어요. 사람들이 정당을 선택하면 무조건 그 사람을 선택한 것은 아니에요. 분명히 기민당을 선택한 많은 사람들이 무조건 콜을 원한 건 아닐 거예요. 즉 그들은 이전에, 아주 처음에는 그를 몰랐잖아요.

여학생: 예, 그러나 그는 정당에 소속되었고 중요한 지도급 인사였으며 항상 자기 정당에 훌륭하게 봉사했고 모든 것을 정당을 위해 했어요.
남학생: 그러나 정당은 다른 사람들과 마찬가지로 법을 위반하면 안 됩니다. 왜냐하면 정당 자체도 단지 국민이라고 할 수 있으니까요.
남학생: 콜은 강력한 권력정치가이며 그를 기반으로 한 기민당의 계급적인 구조를 구축했다고 말하고 싶습니다. 그렇기 때문에 그는 그곳에서 결정하는 사람이었죠.
진행자: 제가 묻고 싶은 것은 예를 들어 프롬여사님, 즉 기부금사건전에 당신은 기민당에 표를 주지 않았나요? 아니면 그전에 이미 기민당편이었나요?
헨리케 프롬: 이전에 저는 기민당에 대해 약간 비판적이었고 이제는 당연히 더욱 그렇습니다. 제가 기민당에 대해서 가장 나쁘게 생각하는 것은 그들은 그들이 스스로 제정했던 법률에 어긋난 재정을 사용한다는 것입니다. 저는 정당이 해서는 안 될 불합리한 일이라고 생각합니다.
진행자: 청소년들은 이에 대해 뭐라고 이야기 합니까?
파울라: 예, 제 생각에는 전 국민이 이제 이 완전히 나쁜 사건에 대해 관심을 갖고 있으며 이 문제를 파헤치며 완전히 흥분하고 있어요. 저는 콜이 이를 당연히... 잘 모르겠어요. 그는 아주 나빴어요.
학생: 그렇지만 발생했던 사건은 아주 중요한 거예요. 사실이라고 믿을 수가 없어요. 만일 그런 일이 발생할 수 있다면 우리 전체 사회는 더 이상 정상이 아닙니다. 그것은 단순하게 말해서 아주 중요한 사건이며 사람들이 이를 모두 합법적으로 정당을 위해서, 국민을 위해서 했다고 생각하는 헬무트 콜처럼 책상 속에 덮어 둘 수는 없습니다. 단순히 잊게 할 수는 없습니다. 저는 그가 독일에서 세금을 포탈하는 다른 모든 사람처럼 엄격하게 그에 대해 처벌받아야 한다고 생각합니다.
학생: 콜이 기부금을 기입하지 하고 확실하게 하지 않았다는 것은 그의 실수였어요. 그는 항상 사람들의 신뢰를 받았어요. 그는 결코 그 돈을 자신을 위해 슬쩍하지 않고 기민당이 구 동독지역을 위해 지불하고 지원했어요.
진행자: 제가 질문하고 싶었던 주제로 다시 돌아왔어요. 그것은 정말로 국민을 위한 것이었을까요? 레히트씨, 어떻게 생각하십니까?
루돌프 레히트: 저는 국민을 보호하기 위해 법률이 있다고 생각합니다. 국민을 돕기 위해 법을 위반할 필요가 없습니다. 그러니까 저는 그가 단순히 법을 위반하고 그렇게 해서 국민을 도왔다고 하는 것은 상당히 잘못되었다고 생각합니다. 법은 사람들이 지키라고 있는 것이니까요.
남학생: 또한 그가 그 돈을 자신을 사용하지 않았다고 말할 수도 없습니다. 그는 그의 권력을 유지하기 위해 그리고 선거전에서 다시 당선되기 위해 그것을 사용했습니다. 이것이 완전히 희생적이며 오로지 그의 정당만을 위한 것이라고 말할 수 없습니다. 그는 무엇보다도 그의 정당에 속했으니까요.

시민교육방법트레이닝

여학생: 저도, 민주주의에서는 돈도 단순히 권력을 의미하며 헬무트 콜도 실제적으로 그의 권력을 돈으로 샀으며 그리고 국민이 그에 대해 알 수 있도록, 돈이 어디서 왔는지 분명히 해야 한다고 생각합니다. 헬무트 콜은 국민의 신뢰를 간단하게 악용했어요.
남학생: 기민당은 익명의 기부자들로부터 거대한 기부금을 받음으로써, 단지 국가의 경제적 이익을 대변한다는 의혹에 빠졌습니다. 이제 이미 유명해진 그들은 아주 많은 돈을 가진 사람들입니다. 그들은 바로 경제기업입니다. 이 이익을 기민당이 대변합니다.
진행자: 파울라.
파울라: 이에 제가 이야기해야 하는 것은 헬무트 콜이 결코 그 자신의 이익을 구하지 않았다는 것입니다. 그의 권력 때문에 만일 그렇게 했다면 아마도 돈을 아주 많이 벌었을 거예요. 왜냐하면 그는 그의 일생동안 기민당에 훌륭하게 봉사했기 때문이죠. 그는 종종 개인적으로 양보해야 했으며 예를 들면 그의 가족과 함께 있을 시간이 별로 없었고 그는 오랜 기간 동안 자원봉사로 일을 했었습니다.
진행자: 18세밖에 안되었는데 정계가 어떻게 돌아가는지에 대해 생각을 아주 많이 했군요?
파울리네: 제가 말하고 싶은 것은 저도 이제 선거를 할 수 있고 어느 정당을 선택해야 하는지에 관한 것입니다. 지금은 아주 비판적이지만 어찌되었건 저는 그럼에도 불구하고 선거를 해야 한다는 의견입니다. 아무도 선거하러 가지 않는다면 독일이 어떻게 되겠습니까? 그러나, 잘 모르겠어요. 저는 단지 기부금사건 때문에 기민당을 더 이상 선택하지 않겠다고 하지 않겠습니다. 왜냐하면 그들은 어찌되었거나 정말로 훌륭한 목표와 전망을 갖고 있기 때문입니다.
진행자: 그런 일이 발생할 수 있다면 당신은 이 당을 아직도 신뢰합니까?
파울라: 사민당에서도 그럴 수가 있다고 저는 생각합니다. 지금 그 모든 것이 아주 멋있다고, 단지 기민당만이 나쁜 당이고 그 당을 더 이상 신뢰할 수 없다고 생각지 않습니다. 이미 신뢰에 관한 것이지만 그럼에도 불구하고 또한 그들이 무엇을 추구하고 무슨 목표를 갖고 있으며 무엇을 관철하는지에 관하기도 합니다.
여학생: 그러나 정치가들이 그 자신의 법을 위반한다면 신뢰할 수 있을까요?
파울라: 그런 정치가들은 파면되어야 합니다. 콜도 지금요.
진행자: 사민당에는 그런 일이 없다고 생각하십니까?
사민당-대변인: 지금까지 그런 일이 밝혀진 적은 없습니다. 저는 만일 그런 일이 밝혀진다면 기민당만큼이나 나쁘다고 생각합니다. 그러니 지금까지 그와 같은 일에 대해 아무것도 들은 적이 없으며 바로 기민당에서 밝혀졌잖아요.
여학생: 제가 생각하기로는 특히 기민당에서는 결코 그와 같은 일이 다시는 발생하지 않을 것입니다. 왜냐하면 그들은 그 결과를 감당해왔고 언론에서 그렇게 혹독하게 비난받았으니까요. 저는 다시는 그런 일이 발생하리라고 생각지 않습니다.

토크쇼

> 남학생: 정당의 대부분이 그 일에 찬성할 수는 없지요. 대부분 콜에게 나온 것입니다. 저는 정당이 그것을 그렇게 하고자 했다고는 말할 수 없다고 생각합니다. 그러나 콜이 그렇게 했다면, 정당이 그에 대해 아무것도 할 수 없을 겁니다. 무조건.
> 남학생: 저는 콜 혼자서 책임이 있는 것이 아니라 지도층에 있는 사람들, 지금 그 사건을 무조건 완전히 해명할 것이라고 발표한 사람들, 즉 쇼이블레 같은 사람들도 기부금을 받았고 속였다는 사실이 밝혀졌습니다. 따라서 저는 그것을 겉으로 거룩한 척하는 것이라고 여깁니다. 국민에게 거짓말하고 동시에 해명하겠다고 주장하지만 후에 사람들 자신이 그전에 시인하지 않았던 일에 참여했다면, 이것은 국민에 대한 배신입니다.
> 여학생: 저는 사람들이 말할 수 없다고도 생각합니다. 또 사람들이 누가 이 불법적인 기부금에 대해 모든 것을 알고 있었는지에 대해서는 아직도 알지 못한다고 생각합니다. 따라서 정당의 많은 사람들이 이에 대하여 같은 책임이 있는지 또는 단지 헬무트 콜과 그의 몇몇 가까운 사람들만이 책임이 있는지에 대해서는 아직 분명하게 할 수 없습니다.
> 남학생: 사람들은 정당의 지도수뇌부에 대해서 혼돈할 수 없습니다. 사람들이 전체 지도수뇌부가 누가 이에 연관되어 있는지 밝혀진다면 사람들이 이를 혼돈한다면 정당은 완전히 달라질 수 있죠. 저는 따라서 사람들이 정당을 더 이상 제대로 신뢰할 수 없다고 생각합니다.
> 진행자: 저는 우리가 여기서 아직 아주 길게 이에 대해 이야기할 수 있다고 생각합니다. 그러나 아마도 우리가 들었었던 것처럼, 이 주제에 대해 아주 여러 가지 다양한 의견이 있습니다. 따라서 아마도 우리는 그전에 대표했던 생각에 반대를 설득할 수 있었습니다. 아마도 이제 많은 사람들은 이에 대해 더 많이 생각할 수 있을 것입니다. 저는 여러분 모두에게 나와 주신 것에 대해 진심으로 감사를 드립니다. 안녕히 계세요.
>
> (토크쇼의 끝/참여한 학생들의 박수)

교수법적인 해석
토크쇼 I 과 II - 두 개의 사례의 비교

교수법적인 해석을 위해 정치수업에서 토크쇼의 구성적인 요소와 장해를 찾아내었다. 이를 위해 두 개의 토크쇼(9학년)를 선택, 기록하여 문서화[14]하였으며 그 시간의 경과를 간단하게 묘사하고 토크쇼의 출연자(진행자, 게스트, 청중) 및 그 평가에 대해 살펴보았다.

---

[14] 두 개의 두 시간에 걸친 토크쇼의 전체 기록은 각각 약 30 페이지의 초안을 포함한다. 지면상 여기서 완전하게 수록할 수 없었다.

토크쇼 I

준비|
수업시간이 경과하면서 주제로 유도되도록 해석의 첫 번째 초점을 맞춘다. 첫 번째 보기에서는 시사만평을 수단으로 하여 주제가 소개되고 말로 모순에 대해 파악한다. 학생들에 의해서 발전된 주제인 "국민의 번영을 위한 법률위반?"은 도입으로 요구되는 기준을 충족시킨다(Lach 2000, 27-29; Kuhn 1999, 18-23). 질문은 동기를 유발시키고 함축된 모순은 선동적이다. 두 부분은 분리되고 연관성에서 좀 더 자세히 조사되어야 한다. 부드러운 공식인 "국민의 번영을 위해"는 분명히 정의가 내려진 법률위반과 대조가 되었다.

이 질문은 판단문제로 해석되고 각각 '예' 또는 '아니오' 란 대답이 기대되며 다양한 주장과 평가가 따른다. 정치적 판단을 내리기 위해 주요한 근거로서 합법성과 효율성을 든다면 이 테마에서의 중점은 합법적인 면이다.

토크쇼의 구성에는, 소집단으로 텍스트에 대해 준비되는, 다음의 역할이 필요했다. 소집단은 토크쇼의 출연자 역할을 누가 맡는지 결정했다.

역할:
- 진행자(여)
- 헨리에테/헨리케 프롬, 기독교 목사(여)
- 하르트무트/지빌레 라이히, 기민당-국회의원(남/여)
- 파울라/파울 게레히트, 사민당-국회의원(여/남)
- 파울/파울라와 파울리네, 남학생, 여학생
- 루돌프 레히트, 법률가

역할의 선정에서 이미 알 수 있듯이 이 토크쇼는 정치적 결정과정을 모방하는 것이 아니다.

단지 사회적으로 중요한 입장을 대변하는 것에 관한 것이다. "학생"에게 이야기를 하는 화법을 통해 이는 분명해졌다(진행자: "청소년들은 기부금사건에 대해 어떻게 생각합니까?"). 게스트들은 사회적인 (이익)집단을 대표한다.

방법이 아닌 주제로 유도했다. 그 여대생은 아마도 문턱을 낮게 여기고 싶어 하는 것 같았다. (중고등)학생들에게는 새로운 방법에 관한 것이었다. 그녀가 그 가능성을 다음의 세 가지로 표현하여 토크쇼의 잠재력을 알 수 있게 하였다.
- 준비한 후에 "게스트들"은 "조금만 서로 이야기" 해야 한다.
- 관찰자는 학생의 의견이 변화하는지에 대해, 그리고
- 학생들이 그들 자신의 입장을 스스로 표현할 수 있는지 볼 수 있을 것이다.

역할은 이름을 불러 분배되나 물론 내적으로는 커다란 참여가 없다. 역할들은 긴장되었다("진행자 없는 토크쇼는 작동하지 않을 것이다"). 변경된 좌석배치는 모든 참가자들에게 전통적인 수업의 외적인 윤곽이 "방송컨셉"으로 변경되었다는 것을 분명히 해주었다.

실행

진행자가 토크쇼를 시작하였다. 베르터-폰-지멘즈 오버슐레의 학생으로서 진행자의 역할을 감당한 그룹은 토크쇼 프로그램의 이름으로 "지멘스-토크"를 생각해 내었다. 자기 학교와 풍자적으로 익살맞게 일치시켰다.

물론 진행자의 문제는, 그녀가 개개의 게스트를 소개하고 시작을 선언할 때, 즉 관심을 불러일으키고자 할 때 이미 시작되었다(기록 참조). 그녀의 질문은 정확하지 않고 "게스트"들은 단지 부분적으로만 그 이름과 기능으로 소개된다. 그녀는 또한 시작선언을 글로 준비하지 않았다.

첫 번째 차별된 의견표현은 "오늘날 청소년"을 대표하는 "파울학생"에 의해 비롯되었다. 그는 이전의 연방수방의 모범기능, 신뢰악용, 젊은 유권자들의 불확실성에 대해 언급한다.

첫 번째 라운드는 다음과 같은 사실과 관련하여 좋지 않다고 확정함으로 끝이 났다. 즉 "판사"가 법의 상황에 대해서는 정보를 줄 수 있지만 원래 처음부터 그 역할에서 일관성 있게 생각되었던 것에 대해 개인적인 의견이 없다는 것이다.

시작 라운드에서 논쟁적인 토론으로 넘어가는 과도기를 진행자는 구체적으로 알려진 게스트 사이의 다툼이 되는 대화로서 소개하였다("*이제 제가 제안을 하겠습니다. 여러분이 이분에게, 또는 저분에게 무언가를 이야기 하십시오*"). 그녀의 불명료한 요구는 성공하지 못했는데 이는 갈등노선이 아직 정리되어 있지 않기 때문이었다(여학생: "*모두 단지 그에게 반대하는 것 아닙니까?*").

시작질문이 개인적인 질문(콜에 찬성 또는 반대)으로 변질됨으로써 게스트들은 표제어만을 주는 사람으로 전락되었다. 진행자에 대한 첫 번째 비판에는 이의가 포함된다. "*우리는 원래 여기서 토크쇼를 하고 있습니다.*" 사전에 진행자는 노트를 다시 자기 쪽으로 잡아당기려 시도했었다. 콜의 실적은 논쟁적으로 평가되었다.

코너에 몰리자 사민당의 검은 계좌가 있는지 의심을 하였다. 정당대표들은 서로 주의를 딴 데로 돌리는 행동에 대해 비난했다. 분위기가 험악해질 때, 진행자는 청중에게 도움을 요청하였다("*전반적으로 주고받은 내용에 대해 어떻게 생각하십니까?*").

두 개의 주장에서 학생들이 정치에 대해 어떻게 생각하는지 다음과 같은 간접 증거가 드러난다.

● 첫째, 기민당 대표는 기부금의 액수를 낮추었다("매년 300,000마르크. 그것은 전혀 많은 것이 아니에요.") 다른 학생이 이에 대해 말하였다. "당신이 매년 300,000마르크를 매년 받는다면 기쁘시겠습니까?" 연관성을 무시하고 액수를 다른 것과 대등하게 취급한 것은 (즉 돈을 개인적인 선물로 또는 국민정당을 위한 기부금으로 받거나) 옳지 않다.

● 둘째로 진행자가 토크쇼를 이 자리에서 끝내려고 한 시도는("우리 방송시간은 이미 다시 지나가 버렸어요") 콜에 반대하여 시위하고 스트라이크를 하기위해 시민들이 일어서야 한다는 여학생의 반대에 부딪혀 좌절되었다. 그녀는 이에 자기가 시민이라고는 여기지 않았다("그들은 ...").

이 두 주장은 그들이 정치세계에 대한 잘 모른다는 것을 나타낸다. 초점에 상관없이 말한다면 그 여학생은 수사학적인 공격을 주고받도록 요구하는 새로운 분야를 열게 함으로 토크쇼의 서투른 모방에 도움이 되었다.

"국민의 번영을 위한"이라는 상투어에 대하여 이어지는 토론에서는 함축적으로, 다양한 관련("수출국"-"명성을 해친다")을 허용하는 유약한 기준이 언급되었다. 비록 이미 다루어졌던 주제에 대해 다시 토론한다고 할지라도("*국민이 어떤 유익을 얻었는가?*") 토론이 추구하는 질문이 청중으로부터 다시 나왔다.

한 게스트가 "역할에서 벗어나자"("*젠장, 잘 모르겠어*") 진행자는 다시 청중의 질문으로 도피했다. 한 방청객이 이해에 관한 질문을 하였다("*왜 기부금을 받으면 안 되나요?*"). 이는 정당법 제25조로 설명되었다. 여기서 다시 구체화 되고, 사람들은 이러한 짧은 순서로 다시 학생들이 더욱 중시되는 "정상적인" 수업이 이루어진다고 간신히 말할 수 있다. 콜에 대한 거의 만장일치의 판단으로부터의 결과는 또한 미결이 되었다. 토크쇼는 의미 있는 "처벌조치"라고 명명될 수 없을 한 법정의 모습을 담고 있다.

"하르트무트 라이히"가 헤센주의 기민당이 받은 기부금에 대한 질문을 받을 때, 그는 이에 대해 답변하기를 거부했다. 진행자는 그를 지지하고 즉시 이에 대해 비판을 받았다(여학생: "*제 생각에 당신은 역시 진행자일 뿐입니다*"). 이 여학생의 머리에는 진행자란 중립적이어야 한고 누군가 어떤 질문으로 궁지에 빠질 때 도와주기위해서 있는 것은 아니었다.

TV-토크쇼와 비슷하게 "광고시간"을 집어넣은 것도 특색이 있다. 이 방법적으로 훌륭한 아이디어는 출연자에게 그 입장에 새롭게 집중할 기회를 제공하였다. 진행자는 이 쉬는 시간 후에 미결된 문제에 대해 이야기하기 위해 대화를 이용하지만 단지 제한적으로만 진행할 수 있었다. 부분적인 주제가 반복되었다("*콜을 어떻게 해야 할까요?*"). 콜의 딜레마에 대해 그녀가 그 모순을 질문으로 표현하게 한다. "*이름을 밝히지 않겠다는 맹세가 법을 위반하는 것보다 중요한가요?*" 그러고 나서 전체 토론은 콜이란 인물에 관한 것이 되었다. 한 학생이 익명성(Anonymität)을 특권적 제외(Immunität)로 바꾸었다.

진행자는 다시 한 번 그 상황을 상기시켰다. "*우리는 지금 토크쇼를 하고 있습니다. 여기서 이야기할 의무가 있습니다.*"

다시 대화가 반복되자("모범?") 진행자는 그 모든 것을 어떻게 끝내야 할지 생각이 나지 않았다. 학생들의 제안("표결" "요약")은, 토크쇼에는 전형적이지 않아서 부분적으로만 도움이 될 뿐이었다.

진행자는 "우리는 또 다시 결론에 이르지 못했습니다. 모든 토크쇼에서와 마찬가지죠."라고 확정하며 결국에는 돌려서 이야기를 하였다. 동시에 그녀는 국민 중 상당히 많은 사람들이 콜을 비판한다고 요약하였다. 이로써 첫 번째 토크쇼는 끝이 났다.

평가

평가에서는 먼저 역할을 맡은 사람들에게 그들이 느낀 바에 대해서 질문하였다 ("*어떻게 느꼈습니까? 논쟁을 통해 좀 더 자세히 알 수 있었습니까?*") 학생 중 한 명이 토론의 여지가 있는 의견을 능가하는 어려움에 대해 자세하게 분석하였다. 그 이유는 이 방법의 준비와 이행과정에서 찾을 수 있다. "*자기의 의견을 종이에*

적어서 다른 사람들에게 이야기하고자 하면 어렵습니다. 왜냐하면 모두가 자기의 의견을 관철하고 싶어 하고 다른 의견을 받아들이려고 하지 않기 때문이에요. 그래서 사람들은 결국에는 항상 자기의견에 머물게 됩니다."

이 방법에서 기부금사건에 대해 자세하게 조사하도록 강요되었다는 것을 학생이 간접적으로 파악하게 되면, 이 방법은 최소한 효과가 있었던 것이다. "판사"역할을 맡은 학생은 설득력 있는 주장에 필요했었을 법적인 전문지식을 놓쳤다고 스스로 비판하였다.

가장 어려운 역할은 의심할 바 없이, 토크쇼가 진행되는 중에 한계를 스스로 느꼈을, 진행자이다("*모든 것이 좀 우스꽝스러웠어요*").

평가의 두 번째 단계에서 관찰자는 자기 눈에 뜨였던 것에 대해 보고하였다. 여기서도 이 방법의 특징이 언급되었다.

- "모두 자기의 의견을 발표해요. 결국에는 결말이 없어요."
- "모든 토크쇼에서와 마찬가지로 진술 대 진술이에요."
- "역할뿐만 아니라 그 역할을 맡았던 학생들도 그렇다는 것은 어느 정도 알아차렸을 거예요. 그들이 바로 그랬다는 것은 사람들이 이미 어느 정도 알아차렸어요. (...) 그들이 발표했던 것처럼."

평가는 토크쇼에서 인물로 대변된 입장을 칠판에 기입함으로써 끝이 났다.

요약하면 토크쇼의 교수법적인 잠재력이 발전되지는 않았다. 반대로 매체로 전달된 영상은 출연자의 행동을 지배하였고 정치학습과정을 위해서는 전문지식과 질문기법, 대화규칙이 빠져있었다. 평가에서는 의미 있는 비판을 할 기회가 있었다. 매체에 의한 축소와 내적인 정치적 대결을 맞서게 하였다면 성공했을 것이다. 적절한 정치이미지, 비판적인 미디어취급능력 및 자기와 다른 의견의 수용과 관점변화가 민주적인 의식의 순간으로서 효력이 있었을 것이다.

비판

토크쇼에서 전형적인 것은 게스트들이 그들의 입장으로 축소되는 것이다(여학

생: "*우리 토크쇼에는 청소년이 있었고, 콜에 찬성하는 기민당-의견, 콜에 반대하는 사민당 의견, 교회의 의견, 그리고 (...) 단지 법에 근거하여 단순하게 주장하는 판사가 있었어요.*")

이는 또한 게스트들이 상상적으로 우스운 이름을 갖게 되는 것에서도 나타났다. 익살스러운 이름은 역할과 거리감을 갖게 하고 동시에 역할을 떠맡는 것을 힘들게 했다.

평가에서는 사람과 역할의 관계가 구별되어 언급되었다.("헤닝"이 아닌 "하르트무트 라이히"는 이런 저런 의견을 발표했다). "학생"이 계속하여 스스로를 연극하는 동안에, 기능을 나타내는 역할은 더욱 어려워지고 좀 더 많은 준비를 필요로 했다(예: "판사"). 다른 한편으로는 관찰자는 게스트들이 동시에 낯선 역할과 자기 자신을 표현한다는 것을 알아차리며 활동지향적인 방법들이 교사에게 학습자들의 정치에 대한 생각을 전달하는데 적합하다고 지적하였다. 전반적으로 이 토크쇼는, 글로 된 정보를 적극적인 지식으로 습득하지 않고("텍스트는... 잘 읽어지지 않았어요"), 어떻게 학생들이 TV-토크쇼에 대한 그들의 이미지를 갈등 없이 전달하는지를 나타내었다.

나무를 자르듯이 구성된 라운드에서는 의견교환이 거의 이루어지지 않았다. 입장(4대1)이 빠르게 전달되고, 객관적으로 잘못된 계산(동독 건설을 위한 기부금)과 지식의 틈("개인적인 의견이 없음")은 오히려 상투적이 되도록 하며 의견이 단골손님식탁수준으로 서로 발표된다는 인상을 보안하였다.

TV에서 본 경험이 배경이 되어, 토크쇼가 비생산적이고, 피상적이며 별다른 정보를 제공하지 않는 것으로 여겨지는 것이 그럴 듯 했다. 진행자는 너무 많은 부담을 가졌고("*익숙하지 않은 역할*"), 게스트들은 불명료한 질문과 요구에 의해 모든 경우에 간단한 진술까지 흥분되었다. 청중은 계속 흥미 있는 질문을 하지만 그 진행을 바꿀 수는 없었다. 어떻게 학습과정이 주도되지 않는지는, 관찰자들이 단지 대부분이 콜에 반대하며, 모두 그들의 의견을 고집하고 토크쇼-상황에서는 결론을 기대할 수 없다는 것을 깨닫게 될 뿐이었다는 평가로 분명해졌다.

이어서 구성적인 특징을 찾아낼 수 있었다. 학생들의 일상적인 의식에서 토크쇼는 다음과 같은 특징이 드러났다.

- 선동적인 언어
- 진행자의 지배적인 위치
- 재미와 익살의 우세
- 청중의 실질적인 개입(항의, 큰소리의 비판)
- 확립되는 입장

필요한 경우에는 무엇이 주제에 속하는가에 관한 질문이 다루어졌다. 의견과 반대의견이 이어질 때, 소요가 심해질 때, 커뮤니케이션이 중단될 때("광고" "방송시간이 끝났다")는 "좋지 않은 기분"이 남게 되었다. 평가단계에서 학생들은 자기성찰과 자기의 의견을 말할 때의 인상을 자세하게 말하는데, 이는 미디어와 방법에 대한 비판력을 향상시켰다.

토크쇼 II

준비
주제에 대한 소개가 이 두 번째 사례에서는 상투적이었다. 여학생이 스스로 주제를 밝히고 학생들이 준비하도록 받았던 텍스트로 대화를 주도하였다. 두 개의 기본적인 입장이 준비되었다(법률위반 대 국민의 번영). 그 다음에 학생들을 대각선을 축으로 하여 양쪽으로 정렬시키며 또한 중도적인 "입장"도 허용하였다. 이 "공간적인" 의견배열은 2시간이 지난 후에 의견발표를 확정하기 위하여 다시 요청되었다.

다양한 입장이 그렇게 쉽게 증명될 수 없다는 경험에서 그 여학생은 토크쇼를 개발했다. 여기서 다양한 집단에 의해 대표되는 입장들이 있다. 진행자의 위치는 눈에 뜨이고 학습자들과의 대화에서 내적인 제안을 하기로 결정되었다. 역할들은 첫 번째 사례와 동일하였다.

물론 그 여학생은 출발상황을 주제 중심으로 구성하였다. 집단들은 소견("*신문제목처럼*")을 별도로 종이 한 장에 표현해야 했다. 단지 텍스트와 "*자기의 개인적인 생각*"을 논쟁에 이용하도록 분명하게 지시하였다.

실행
첫 번째 라운드에서 게스트들은 사전에 작성된 간단한 소견을 소개하였다. 진행자는 이어지는 대화에서 소견 즉 입장을 심화하고 논쟁적인 토론으로 넘어갈 줄 알았다. 그녀는 목표를 지향하여 자극("*기민당은 매수될 수 있는가?*")을 주고 말을 거는 상대방이라는 일련의 순서로 갈등노선을 분명히 하였다.

게스트들은 제기된 문제를 다루고("콜이란 사람에 대한 비판은 그 사건과는 아무런 상관이 없어요.") 취임선서, 법률, 맹세의 의미를 평가하며, 책임("다른 사람들과 마찬가지로")을 지도록 촉구하고 기민당의 기부금사건이 모든 정당, 정치, 사회에 피해를 줄 것을 우려하였다.

"루돌프 레히트"는 거의 법적인 연역법을 사용하였다. "*저는 국민을 보호하기 위해 법률이 있다고 생각합니다. 국민을 돕기 위해 법을 위반할 필요가 없습니다. 그러니까 저는 그가 단순히 법을 위반하고 그렇게 해서 국민을 도왔다고 하는 것은 상당히 잘못되었다고 생각합니다. 법은 사람들이 지키라고 있는 것이니까요.*" 이 문구에서 출연자들은 또한 권력, 민주주의, 선거전, 법, (경제적) 이익과 같은 정치의 중심영역을 다루었다.

콜의 업적을 강조하는 반대 입장도 청소년들 내지는 젊은 유권자들의 생각과 같이 마찬가지로 상세하게 표현되었다. 판단의 기준은 신임/불신, 민주주의의 피해/유용, 개인 내지는 정당의 죄/책임이었다. 진행자는 결국에 이 주제에 대해 다양한 의견이 있으며 그 토크쇼로 정보가 제공되어 시청자들의 의견형성에 도움이 되었을 것이라고 추측함으로써 토크쇼를 종결지었다.

평가

평가는 두 단원으로 나눌 수 있다. 첫째는 출연자와 주제에 관한 것이며 둘째는 2시간의 계획에 관한 것이다.

첫째 단원에서는 - 첫 번째 사례에서와 같이 - 먼저 출연자들이 자신의 역할에 대해 평가하였다. 여기서 대변하는 입장이 자기 자신의 의견과 가까울수록 그 관점을 받아들이는 것이 더욱 낫다는 것이 분명해졌다. 다른 한편으로는 자기 자신과 다른 의견을 주장하는 것이 힘들게 보였다. 서로간의 지원이 출연자들에게는 중요하였다. 진행자는 그들의 역할 구성에 대해 만족한 듯 보였다. ("*... 원래 제가 생각했었던 것 보다는 좋다고 생각해요. 저는 더욱 나쁠 것이라고 생각했었어요. (...) 재미 있었어요*")

그 다음에 시청자들에게 그들이 관찰한 바에 관한 질문을 하였다. 비판적으로 - 그리고 학생 토크쇼에서 전형적으로 - 한 여학생이 확정적으로 말하였다. "*저는

참가자들이 그들의 첫 번째 진술에 매우 확고하게 의존하고 있으며 항상 다시 거의 모든 시간에 같은 이야기를 했다고 생각합니다. 어찌되었든 그들은 다른 사람의 의견에 대해 제대로 생각하지 않았어요."

시청자들도 그들의 의견에 관한 질문을 받았다. 그들은 - 첫 번째 사례와는 다르게 - 내적인 라운드의 토론에는 개입하지 않았다.

평가의 세 번째 자극으로서 학생들의 의견에 토크쇼를 통해 변화가 있었는지에 대한 질문이 이어졌다. 답변에서, 정치교수법적인 관점 하에서 토크쇼의 잠재력을 나타내는 일련의 상황증거가 발견되었다. 첫째는 그들의 의견이 대화를 통해 강력하게 변화되었다는 것을 몇몇 학생이 확정했다. *"이제 사람들이 그에 대해 이야기 했다면 그것이 도대체 맞는지 그가 그렇게 많은 죄를 지었는지에 대해서 회의하게 되어요."* 이로써 미디어가 기부금사건에 대해 규정했던 이미지에 대해 생각하게 되었다.

여학생: 그가 대체로 무엇을 했는지 그리고 이제 모든 것이 그렇게 천천히 설명되며 우리가 아무것도 이에 대해 제대로 이야기 할 수 없다는 것이 제게는 처음으로 분명해졌다고 할 수 있어요. 어쨌든 누가 거기에 연관되었는지 제대로 알지 못해요. 몇몇 사람이었는지 아니면 정당의 대부분이었는지 사람들은 전혀 말할 수 없어요.
여학생: 전에는 정확하게 몰랐었어요. 이제 어쨌든 기부금을 콜이 받았다는 것을 알게 되었어요. 저는 원래, 그가 자기 개인적으로 받았다고 생각했었어요. 그러나 그가 새로운 독일을 위해 그 돈을 사용했다고 이야기 했어요. 저는 이를 증명할 수 있는지 모르겠어요. 그러나 증명할 수 있다면, 내가 원래 생각했던 것과 같이 콜이 커다란 실수를 한 것은 아니라고 생각해요. 그가 단지 계좌를 공개하지 않았기 때문에 숨겨진 계좌가 있다고. 이제 이해가 되고, 그 모든 것을 좀 더 잘 알게 되었어요. 전에는 좀 더 나쁘게 생각했었거든요.

지도교사는, 그 시간의 처음에 사용했던 여론측정을 반복하여, 다시 한 번 각각의 의견의 변화를 검토하기를 원했다. 학생들은 다시 대각선축으로 나누어졌다. 결과는 *"정말로 완전히 바뀌었다."*

평가의 첫 번째 단계, 마지막 라운드에서는 변화된 입장의 이유에 대해 질문하였다. 이에 거의 토크쇼가 그룹별로 계속 전개되었다. 활동지향적인 방법에서 평가는 회담 또는 협상단계로 계속 성장했다는 것을 여러 수업시간으로부터 경험했다 - 감정적인 활동에서 거리를 둔 심사숙고로의 변화는 어렵다.
  이 격렬한 단계에서 - "입장"별로 자리를 배치하여 격렬해짐 - 한 여학생이 다양한 사색적인 평가를 하도록, 일련의 공개적인 질문을 제시했다. 이 질문들에 대해 설명된다면 비로소 주제에 대한 판단을 내릴 수 있을 것이다.

> 여학생: "... 그러나 결국은 구 동독지역의 사람들을 위해서였는지 아니면 자기 자신을 위한 것이었는지, 이에 대해 무언가를 알고 있었던 사람들에게 질문해야 합니다. 구 동독지역에서 실제적으로 질문해야 합니다. 여러분은 콜이 돈을 여러분을 위해 사용했었다는 것을 알고 있었습니까? 여러분은 대체로 이를 느낄 수 있었습니까? 그리고 그는 실제로 그렇게 많은 일을 통일을 위해 하였습니까? 그리고 다른 한편으로, 기민당만이 기부금을 받았는지 질문해야 합니다(시끄러워짐). 또는 그것은 아마도 정치에서 관습적이며 모두가 그렇게 합니까? 그리고 그들이 이제 유권자의 호의를 돈으로 샀었습니까? 그리고 다른 사람들은 똑같이 하지 않았습니까?"

  전체적으로 학생들은 다양한 논쟁의 소지가 있는 차별화된 평가에 이르렀다.

  평가의 두 번째 단계에서 학습자들은 토크쇼를 방법으로 채택한 2시간의 수업을 하겠다고 응답을 하였다.
  관습적인 수업에 대비하여 두 시간동안의 토크쇼 수업의 장점이 다음과 같이 언급되었다.

> 여학생: 그건 제 마음에 완전히 들었어요. 텍스트를 읽을 뿐만 아니라 연극도 하잖아요. 이 기부금사건에 대해 좀 더 많이 알게 되었어요. 한 가지가 아닌 다양한 의견을 들을 수 있어요.
> 남학생: 정상적인 역사수업과 대비해 변화를 주었어요. 그건 정말 현실적이고 다르게 구성되었어요.
> 남학생: 사람들이 그렇게 앉으면 좀 더 잘 보고 들을 수 있어요.
> 여학생: 특히 기민당에 대해 좀 더 많이 배우고 내가 직접 알지 못했던 것을 알게 되어 아주 흥미로웠어요. 제 생각엔 좀 더 자주 해야 하며 정치학에 대해 그런 수업을 하여야 해요. 우리는 곧 선거할 연령이 되거든요. 그러면 사전 지식을 가질 수 있어요.
> 여학생: 그런 토론에서는 또한 수업시간에 정해진 것을 듣는 것보다 더욱 집중해서 들어요. 여기서는 스스로 그 모든 것을 학습해야 해요.

여학생: 저는 전에는 정치에 대해 별로 아는 것이 없었고 기부금사건에 대해 원래 거의 아무것도 아는 게 없었어요. 이 수업에 대해 아주 좋다고 생각해요. 이제 훨씬 더 많이 알게 되었어요.
여학생: 제 생각엔 여기서 사람들은 자기 의견을 제대로 형성할 수 있었어요. 보통 수업에서는 대부분 교사가 한 의견을 대변하고 교사에 반대하기가 힘들어요. 그러니까 사람들이 이야기하는 것을 받아들이지만 원래 단시 그대로 전달되는 거죠. 여기서 사람들은 자기 의견을 대변할 수 있어요.
여학생: 예, 저도 좋다고 생각해요. 저는 일반적으로 역사와 같은 수업에서는 좀 더 현실적인 주제를 다루어야 한다고 생각해요. 제1차 세계대전과 같은 것도 괜찮고 그것도 교양교육을 위해 필요하지만 그럼에도 불구하고 현실적인 주제를 좀 더 다루어야 합니다.
여학생: 저도 역시 그런 테마를 다루어야 한다고 생각합니다. 왜냐하면 사람들이 뉴스를 보면 대부분 제대로 이해를 못하고 단지 잠깐만 보거든요.
남학생: 저도 역시 원래 토론에서 의견을 사전에 준비하는 것이 아주 좋다고 생각해요. 그렇지 않으면 아마도 제대로 토론을 할 수 없을 거예요. 왜냐하면 즉시 대부분이 벽 뒤로 숨고 원래 모두 같은 의견을 갖고 있다고 처음부터 즉시 알게 되니까요.

이 마지막 발언들은 전부 기록한 데로 인용하였다. 왜냐하면 토크쇼를 정치수업의 방법으로 선택하도록 결정하기 위해 교수법적으로 중요한 요인을 알려주기 때문이다.

장기간의 수업경험과 비교해보면, 표현할 수 있는 구성에서 정치 학습이 좀 더 지속적으로 이루어졌다. 정치에 대한 지식과 이해가 생겼으며 잠정적인 젊은 유권자로서 자격을 갖추고 정치수업이 역사수업과 구별(현실적인 주제)되었다. 학생들이 선호하는 것이 분명히 드러났으며, 교수법적인 원칙으로서의 활동지향성("뭔가 놀이를 한다")이 "기분전환"(텍스트작업에 비해서)으로 환영받았다. 결국은 자기 의견과 주어진 (역할의)의견을 기반으로 연극을 함으로써 자기의 정치적 판단을 형성하는 과정이 생기게 되었다. 대략 설명된, 토크쇼를 통한 의견 변화는 두 개의 의견을 나누어 앉히는 과정을 통해 시각화 되어, 9학년의 청소년들의 정치적 판단을 "시각적" 보이게 하였다. 이는 정치과목의 도전이라고 할 수 있다.

토크쇼 구상, 하나의 학습방법

학생들이 문제에 간접적으로만 당면하여, 거리를 두고 이를 관찰하고, 감정이입과 역할 선정이 "일상화"된다면, 토크쇼는 방법으로 선택될 수 있다. 결국에는 "모든 것이 이야기"되므로, 선택되지 못할 주제는 없다. 모든 것은 정치수업에서 주제의 스펙트럼 이내로 가능하다. 연구 보고된 사례로서는 제218조(Kuhn 1995)와 실업자(Breit 1998)에 관한 토론이 있다.

도입
정치수업을 위한 토크쇼의 양립성에 근거하여 두 개의 진행방법이 가능하게 보인다. 첫 번째는 문제를 제기하지 않고 이행하거나 처음 모방하기 전에 TV-토크쇼와 수업의 토크쇼사이의 차이점에 대해 이야기하여 순수한 쇼가 되는 "함정"에 빠지지 않게 한다.

평가가 좀 더 조직적으로 구성되면 될 수록 그 효과는 첫 번째 경우에 더욱 크게 나타난다. 두 번째 경우는 좀 더 강력하게 조정을 할 수 있도록, 교사가 진행자의 역할을 맡는다. 추후에 시도할 경우에는 학생들이 모든 역할을 맡는다.

자료
모든 자료는 일간, 주간 신문에서 찾을 수 있다. 기사, 논평, 독자의 편지, 통계가 자료로 활용될 수 있다. 특히 적합한 것은 전문가와의 인터뷰이다. 거기서 제기된 질문은 진행자에게 실마리로서 도움이 된다.

텍스트분석을 할 수 있는 능력(Kuhn 2002 참조), 정보의 능동적인 지식으로의 변형, 각각의 입장의 함축성 있는 준비가 전제된다.

개개의 출연자들은 소집단으로 그들의 역할을 준비한다. 진행자에게 모든 자료가 주어지는 반면에 게스트들은 단지 그들의 역할에 할당된 자료만을 획득한다. 하나의 토크쇼를 장기간에 걸쳐 기획하는 경우(예를 들어 한 수업단원의 종결을 위해)에는 학생들이 자체적으로 자료를 조사(신문수집, 인터넷 등)함으로써 준비에 도움이 될 수 있다. 급우들 앞에서 하는 모방은 출연자들이 반드시 준비가 되어 있어야 함을 의미한다.

역할

배우역할은 토크쇼의 주제에서 생겨난다. 이에 다음과 같은 다양한 행동의 계산과 관점을 분명히 하기 위해 혼합이 중요하다. 어떤 정치가/당사자가 중요한가? 각각의 프로그램과 요구가 어떻게 관철되는가?

진행자

진행자의 중심역할은 이미 설명하였다. 해당교사가 이 역할을 맡는 것은 "차선의 해결책"인 반면에, 학생들이 이 역할을 맡을 경우 토론을 "뜨겁게" 하지만 또한 "브레이크"를 걸줄 알아야 하고, 생각을 바꾸게 할 뿐만 아니라 다른 사람들이 이 역할을 인정하는 것이 전제되어야 한다. 때때로 반장이 특별히 진행자로 적합할 수 있다.

게스트

원칙적으로 토크쇼의 참가자로서 자기 고유의 역할을 맡는 것은 가능하다. 물론 "낯선" 역할을 맡음으로 학습효과는 더욱 커질 수 있다. 동베를린의 한 청소년이 제218조에 관한 토론에서 신부의 역할을 맡아 주된 논쟁을 하였을 때, 다른 참가자들이 진지하게 이에 대해 깊이 토론해야 했을 뿐 아니라 청중 내지는 다른 학생들도 평각에서 바로 그들에게 "낯선" 역할이 새로운 정보와 흥분을 주었다고 강조했다(Kuhn 1995 참조).

게스트의 수는, 내용이 중복되는 것을 피하고 각각의 기본입장을 분명하게 작업할 수 있도록, 대략 5명의 참가자로 제한해야 한다.

평가

토크쇼에서 강한 감정이입을 근거로 한 모방에는 분명한 제재조치가 취해져야 한다. 역할에 거리감 두기, "냉정하게 식히기", 역할에서 빠져나오기는 방법적으로 짧은 휴식, 중간테마(조직상의)로 구성될 수 있다. 물론 경험에 의하면 학생들 간의 긴 비공식적인 대화에 의해, 평가에서 관심이 될 수 있는 많은 것들이 사라진다.

평가는 두 개의 차원에서 이루어진다. 첫째는 준비된 관찰과제에 대한 토론, 둘째는 직접적으로 토크쇼가 진행되는 가운데 발생한 자발적인 질문을 생각해 볼 수 있다.

또한 토크쇼에서 얻게 된 지식은 차후 평가에서 다시 일반화된다. 민주적인 정치 체제는 어떻게 기능을 하는가? 특정한 정치 분야에는 어떤 기준들이 중요한가? 준비된 관찰과제는 개개의 출연자 또는 정치학적인 영역에 적용할 수 있는가? 웅변술과 설득력은 정치적 학습을 위해서는 별로 유익이 되지 못한다. 개개의 출연자들에 대한 관찰이 구체적으로 그들의 발표된 소견에 기초를 둔 것인 반면에, 정치학적인 관점으로 관찰하는 것은 상당한 추상화능력을 필요로 한다. 학생들은 예를 들어 권력, 이념 등을 분명하게 설명해주는 지표를 필요로 한다.

한 영역에 대한 정치수업은 가치 있는 준비작업을 감당 할 수 있지만 또한 토크쇼 자체의 체계적인 평가에서도 영역형성에 관한 통찰자료를 획득할 수 있다.

참고문헌

Breit, Gotthard: „Das erste steht uns frei, beim zweiten sind wir Knechte,". Anmerkungen zum Planungsdenken im Implikationszusammenhand. In: Henkenborg, Peter/Kuhn, Hans-Werner(Hrsg.): Der alltägliche Politikunterricht. Beispiele qualitativer Unterriuchtsforschung zur politischen Bildung in der Schule. Opladen 1998, S.151-168

Diekmannshenkes, Hajo: Unterhaltung contra Information. Zur Nutzung politischer Fernsehdiskussionen. In: Tenscher, Jens/Schicha, Christian(Hrsg.): Talk auf allen Kanälen. Angebote, Akteure und Nutzer von Fernsehrgeschprächssendungen. Opladen 2002, S.387-402

Dörner, Andreas/Vogt, Ludgera: Die Sichtbarkeit der Mächtigen. Entertainment, Talkshows und Politikvermittlung im Fernsehen. In: Sowi, 3/2002, S.25-35

Giesecke, Hermann: Lob des Zwischenhandels. In: Neue Sammlung, 5/1979, S.489-501

Hoffmann, Andrea Claudia: Öffentlichkeit als Therapie? Zur Motivation von Daytime-Talk-Gästen. München 1998

Koopmann, Klaus: Sitzordnung. In: Kuhn, Hans-Werner/Massing, Peter(Hrsg.): Methoden und Arbeitstechniken. Band 3 des Lexikons der politischen Bildung. Shcwalbach/Ts. 2000, S.166

Krotz, Friedrich: Unterhalten, die der Unterhaltung dient? Talkshows zwischen Trash und Geschäft, Unterhaltung und Diskussionsangebot. In: Tenscher, Jens/Schicha, Christian(Hrsg.): Talk auf allen Kanälen. Angebote, Akteure und Nutzer von Fernsehgesprächssendungen. Opladen 2002, S.39-54

Krüger, Udo Michael: Thementrends im Talkshowangebot der neunziger Jahre: In: Tenscher, Jens/ Schicha Christian(Hrsg.): Talk auf allen Kanälen. Angebote, Akteure und Nutzer von Fernsehgesprächssendungen. Opladen 2002, S.141-160

Kuhlbrodt, Detlef: Guck mal, wer da talkt. Talkshowgucken macht dumm, behaupten viele. Dabei können die Zuschauer zwischen Inszenierung und Realität sehr wohl unterscheiden. In: Fernsehen, Mittwoch, den 24. Mai bis Dienstag 30. Mai 2000, S.1

Kuhn, Hans-Werner: Beginnen - Beispiele für Einstiegssituationen im Politikunterricht. In: kursiv, 2/1999, S.18-23

Kuhn, Hans-Werner: Politischer oder unpolitischer Unterricht? Rekonstruktion einer Talkshow im Politikunterricht. In: Massing, Peter/Weißeno, Georg(Hrsg.): Politik als Kern der politischen Bildung. Wege zur Überwindung unpolitischen Politikunterrichts. Opladen 1995, S.161-203

Kuhn, Hans-Werner: Talkshow. In: Kuhn, Hans-Werner/Massing, Peter(Hrsg.): Methoden und Arbeitstechniken. Band 3 des Lexikons der politischen Bildung. Schwalbach/Ts. 2000, S.186-188

Kuhn, Hans-Werner: Verschiedene Textsorten im Politikunterricht. In: Weißeno, Georg(Hrsg.): Politikunterricht im Medienzeitalter. Schwalbach/Ts. 2002, S.159-170

Lach, Kurt: Einstieg. In: Kuhn, Hans-Werner/Massing, Peter(Hrsg.): Methoden und Arbeitstechniken. Band 3 des Lexikons der politischen Bildung. Schwalbach/Ts. 2000, S.27-29

Leeder, Klaus: Darstellung von behinderten und chronisch kranken Menschen in Medien - Am Beispiel einer Talk-Show. Diplomarbeit Universität Freiburg. Freiburg 1998

Lewinsky, Charles: „Schuster!"roman einer Talkshow. Zürich 1997

Machilek, Franz/Schütz, Astrid: Politiker als Talkshowstars. Talkshowgäste im Vergleich sowie Joschka Fischer als Beispiel eines hoch variablen Selbstdarstellers. In: Tenscher, Jens/Schicha, Christian(Hrsg.): Talk auf allen Kanälen. Angebote, Aktuere und Nutzer von Fernsehrgesprächssendungen.

Opladen 2002, S.285-297

Massing, Peter: Handlungsorientierter Politikunterricht. Ausgewählte Methoden. Schwalbach/Ts. 1998

Massing, Peter: Kategoriale politische Urteilsbildung. In: Kuhn, Hans-Werner: Urteilsbildung im Politikunterricht. Schwalbach/Ts. 2003, S.91-108

Meyer, Hilbert: UnterrichtsMethoden. Bd.1: Theorieband. Bd. II: Praxisband. Frankfurt/M. 1987

Meyer, Thomas: Mediokratie. Zur Kolonisierung der Politik durch die Medien. Frankfurt/M. 2001

Meyn, Hermann: Massenmedien in der Bundesrepublik, Berlin 1994

Plake, Klaus: Talkshows. Die Industrialisierung der Kommunikation. Darmstadt 1999

Sarcinelli, Urlich: Repräsentieren, Kommunizieren, Mobilisieren - Regieren im Medienzeitalter. In: Der Bürger im Staat 1-2/2002, S.62-67

Schicha, Christian: Die Inszenierung politischer Diskurse. Beobachtungen zu Politikerauftritten in Fernsehtalkshows. In: Tenschjer, Jens/Schicha, Christian (Hrsg.): Talk auf allen Kanälen. Angebote, Akteure und Nutzer von Fersehgesprächssendungen. Opladen 2002, S.213-231

Sowi-Themenheft: Mediendemokratie - Mediokratie, 3/2002

Steinbrecher, Michael/Weiske, Martin: Die Talkshow. 20 Jahre zwischen Klatsch und News. Tips und Hintergründe. München 1992

Tenscher, Jens/Schicha, Christian(Hrsg.): Talk auf allen Kanälen. Angebote, Akteure und Nutzer von Fernsehgesprächssendungen. Opladen 2002

Tenscher, Jens: Talkshowisierung als Element moderner Politikvermittlung. In: Tenscher, Jens/Schicha, Christian(Hrsg.): Talk auf allen Kanälen. Angebote, Akteure und Nutzer von Fernsehgesprächssendungen. Opladen 2002, S.55-71

찬반토론

한스-베르너 쿤/마르쿠스 글로에(Hans-Werner Kuhn/Markus Gloe)

찬반토론의 역사

토론은 특히 앵글로색슨족의 문화영역에서 그 오랜 역사를 발견할 수 있다. 자유주의(Liberalismus)가 발생하고 전파됨에 따라, 출판 및 언론의 자유가 중요하게 인식되었다. 정치적인 의사소통에서는 논쟁적인 토론을 전제로 하며 정치적인 대중에게는 자유로운 언론이 필요하다.

영국에서는 다음 세 가지 분야에서 토론의 깊은 의미를 찾을 수 있다.

● 영국의회, 즉 하원("House of Commons")은 "연설의회"로 잘 알려져 있다.15) 대중의 선거권도 토론문화를 발전시키는데 기여하였다. 근본적으로 두 개의 정당, 즉 보수당("토리당")과 노동당이 번갈아 정부활동을 하였으며 안정된 다수를 형성하기 때문이다. 의회에서는 수상과 야당지도자가 나서서 서로 대결한다. - 이는 전적으로 말 그대로 받아들일 수 있다. 의회의 좌석배치는 서로 마주 대하는 위치로, 직접적인 대결을 강조 한다16).

● 개인적인 언론의 자유는, 영국에만 있는 한 기관에 의해 상징적으로 암시되고 있다. 비록 그동안 정치적으로 결실이 없는 것이 되어버리고, 골동품내각의 잔재로 불합리하게 여겨지기도 하지만 상징적인 높은 가치를 내포하고 있다. 즉 런던의 하이드파크(Hydepark)의 "스피커스 코너(Speaker's Corner)"에서 연설이 행하여진다. 이 코너에서는 모든 남자나 여자들이 그들의 정치적 의견을 발표할 가능성이 주어지고 또한 이에 대한 권리가 있다. 스피커스 코너는 현재 관광객들

---

15) 이와 상반되게 독일국회는 일하는 국회로 여겨진다. 이는 중요한 결정에 대한 준비작업이 본회의에서 보다 위원회에서 더 많이 이루어지기 때문이다.
16) 윈스턴 처칠이 "연설싸움(battles of speech)"을 매우 중시하였기 때문에 그에 의해 유명해졌다.

의 명소로 여겨짐에도 불구하고 무제한적인 언론의 자유가 인상적으로 느껴지게 한다. 여기는 자유연애와 세계혁명과 마찬가지로, 무정부주의적 이념을 위한 장소도 될 수 있었다. 경찰이 지키는 가운데 지켜야 할 한 가지 제한은 여왕을 모독하지 않는 것이었다. 이외에는 연단을 대신하는 바나나 상자, 힘 있는 목소리, 자기 의견이면 족하다. 이러한 자기 발표로 인하여 많은 토론이 발전되었다. 자발적으로 연설자에게 모여드는 청중은 개인적인 반대의견을 발표하도록 선동되기 때문이다. 스피커스 코너는 모든 토론의 핵심을 대표한다. 한 시민이 문제를 제기하고 촉구하며 비판을 한다. 연설과 반대연설이 있고 토론을 주고받는 가운데 청중은 자기 자신의 의견과 판단을 형성한다.

● 영국과 미국에서는 학교수업시간에 토론을 체계적으로 연습하도록 되어있다. 수많은 학교에는 13세 이상의 학생들이 가입할 수 있는 토론클럽이 있다. 하지만 이런 클럽이 교과과정의 일부는 아니다. 학교에서의 토론은 교사가 지도해야 한다. 이에 학생들은 창조성, 공격능력, 관용과 유머를 연습하게 된다. 연설을 체계적으로 하는 방법, 접근방법, 수사학적인 요약방법을 훈련받는다. 또한 그 소재의 전문가가 아니더라도, 상대방의 연설중의 약점을 빨리 알아차리는 능력도 배울 수 있다. 모든 질문 받은 청소년들의 일치된 의견에 따르면, 그것은 아주 재미가 있다. 내용은 두 번째이다.[17] 수업에서 시작된 것이 또한 대학의 "교과계획"에도 들어있다. 협력학습활동을 통해 의사소통, 수사학 능력이 심화되고 정치적 경력에도 이 능력이 여러 번 유용된다. 존 F 케네디, 빌 클링턴이 그 유명한 예이다. 그들은 그들의 능력을 토론클럽에서 발전시켰다. 이 클럽에서의 토론은 합의된 규칙을 근거로 한다. 이러한 규칙을 통해 토론의 특징뿐만 아니라 (예를 들어 문제정의의 중요성 등), 경과와 평가기준도 구체적으로 파악될 수 있기 때문에, 발췌하여 살펴보아야 한다. 다음은 중요한 전제조건이다. 토론은 토의(Diskutieren)가 아니며 토론의 목적은 합의가 아니다. 목표는 단지 이기는 것이다. 이러한 경쟁이 혼란스럽게 되지 않게 하기위하여 토론은 구체적인 단계와 규칙에 따라 진행된다. 1. 접근, 2. 소개, 3. 신청, 4. 중간질문, 5. 연설시간, 6. 점수평가(Singer 2001 참조).

이에 반해 독일의 검열의 역사를 관찰해보면 독일에서는 비교할만한 "논쟁문화"

---

[17] 이는 정치수업에서 찬반토론에 대한 결정적인 차이를 나타낸다.

가 별로 드러나지 않음이 분명하다. "문화의 여왕"으로서 로마에서는 수사학이 높은 명망을 누렸다. 독일의 교육현장에서는 수학계열의 학문이 주를 이룸으로서 수사학 교육은 19세기 말까지 거의 완전히 사라졌다. 어느 곳에서도 독일만큼 확실하게 옛 교육전통과 끊어진 곳은 없다. 비로소 최근에야 자유연설기법이 독일학교와 대학에 다시 산발적으로 도입되고 있다.

또한 선거전에서는 이전부터 찬반토론이 커다란 역할을 한다. 독일국회의원선거의 역사에서 처음으로 2002년도에 두 거대한 정당의 수상후보들 간에 텔레비전 설전이 방영되었다.

정치수업방법으로서의 찬반토론

> 정의:
> 정치수업방법으로서의 찬반토론은 양자택일을 하도록 표현된 정치적 문제에 관련되거나 결정해야할 질문에 기초를 두고, 그 문제들이 두 명의 대변인(찬반), (두 명 내지는 네 명의) 전문가, 한 명의 진행자에 의해 연출되며, 이에 극단적인 대립에 드러나고, 국민, 학생, 시청자들의 의견과 판단력 형성에 기여하는 논쟁적인 공론이다.
> 이를 통해 우선 학생들의 판단력형성을 촉진한다. 학생들은 제기된 문제에 대하여 다양한 입장을 분명히 찾아내는 법을 배우지만 무엇보다도 이러한 입장을 납득할 수 있게 증명하고 비교하면서 이 입장들을 대조시키는 것을 배운다. 이외에도 상대방의 대화를 경청하고 그 진술을 정확하게 다시 정리하고 해석하며 반대의견을 형성하거나 지지하는 주장을 찾는 능력을 습득하게 된다.

방법론적인 가치

찬반토론은 정치수업에서 정치적 판단력형성을 주제화해야만 정치수업의 독립적인 방법으로서 간주된다. 방법론 내에서 그 위치상의 가치는 물론 분명하지 않다. 찬반토론은, 한편으로는 정치적인 주제의 제시와 습득의 형태(Claußen)로서, 다른 한편으로는 단지 대화형태나 커뮤니케이션기법(Mickel, Giesecke) 또는 작업방식(Giesecke, Sutor)으로 여겨진다. 그러나 이러한 관점에 반해 페터 메씽(Peter Massing)은 다음과 같은 새로운 정의를 내렸다.

> "찬반토론은 고도로 형식화된, 엄격한 규칙을 지향하는, 정치수업을 위한 방법으로 무엇보다도 이성적인 정치적 판단력에 기여해야 한다. 그 기초는 앵글로색슨족의 토론클럽의 전통적인 토론의 고전적인 형태이다. 그렇지만 특별한 장치와 진행형태는 텔레비전으로부터 받아들였다. 토론은 수업대화나 수업토의와는 구별된다. 수업대화는 무엇보다도 질문에 대한 답변, 상황의 문제화, 주제에 대한 성찰적인 고려에 관한 것이다. 수업대화에서는 대상에 대한 신뢰가 먼저 생성되어야 한다. 이에 반해 토의는 신뢰성을 이미 전제로 하는데, 이는 그 중심에 논쟁(Auseinandersetzung)이 있기 때문이다. (...) 토의는 일반적으로 공개적이며 시간상으로 제한되어 있지 않아야 한다. 이에 반해 토론은 엄격하게 규제된다. 토론은 시간적으로 제한되며 공식적이며 방법적으로 첨예화된 토의로서 (...) 여겨질 수 있다. 토론에서는 다양한 입장이 분명하게 밝혀지며, 상대적으로 의견을 표명, 대변하고 증명하며, 이를 비교하면서 대비시키고 표결로써 형식적인 결정을 유도해낸다. 토론에는 분명한 목적이 있다. 이는 양자택일의 제의나 입장에 다수를 획득하는 것이다. 그래서 이 방법이 정치적 학습을 위한 특별한 방법으로도 특히 적합하다고 할 수 있다. 토론에서는 '좀 더 나은' 주장이 결정적이어야 하지만 또한 수단으로서 도움이 되는 전략적인 사고와 책략적인 고려도 합법적인 수단이다"(Massing 1998, 443).

본 저술은 찬반토론이 정치수업을 위해 특별한 거시적인 방법으로서 대략 "그자체가 목적", 즉 정치라는 과목의 목표에 기여하기 때문에 한 학생의 생애에서 좀 더 많은 찬반토론이 이행되어야 한다는 것을 전제로 한다. 즉 정치과목의 한 학기 계획에서 각 수업단원에서 이 방법이 사용되도록 계획되어야 한다.

찬반토론과 문제정향

기젝케(Giesecke)는 수업이 아닌, 학교 밖의 합법화된 단체에서만 결정을 내린다는 사실을 통해, 정치수업에서의 토론의 의미를 상대화한다면, 근본적인 찬반토론의 교수법적인 정당성에 대한 문제를 제기한다. 찬반토론은 학생들에게 관점 및 역할의 변경을 촉구하는, 문제 지향적인 수업을 가능케 한다. 이와 같은 수업은 정치순환의 두 단계, 즉 문제표현과 논쟁에 집중된다. 정치순환의 이중 화살표는 상호작용적인 영향을 나타낸다. 관철되거나 합의가 가능한 문제를 어떻게 정의하느냐에 따라 논쟁은 다르게 진행되며 이에 문제정의는 항상 논쟁의 본질적인 부분에 관한 것이다. 정의할 수 있는 힘을 소유한 자는 – 이는 미디어나 이익단체, 또는 정당이 될 수 있다 – 토론이 진행될 수 있는 테두리를 정한다.

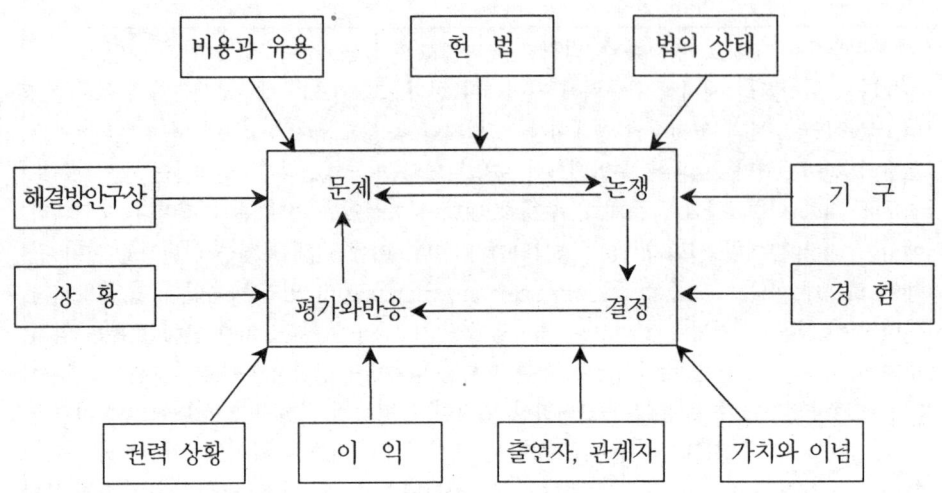

학생들에게 있어서 찬반토론의 필요한 이유는 무엇인가? 한편으로 중, 고등학교의 청소년들은 음악, 의류, 여가, 취미 등에 대하여 아주 경직된 판단을 갖고 있다. 다른 한편으로 그들은, 구속되어 속박당하기를 원치 않는다. 그들은 입장을 시험해보고, 스스로 의사소통이 되는 상황에서 자기 입장을 펼쳐 본다. 이는 그들이 판단과 결정에 개방적일 수 있도록 도와줄 수 있다. 자기 의견을 시험적으로 표현한다. 순전히 주관적인 의견에 대해 무언가가 선언되는 동시에, 사람들은 비판으로부터 이를 보호한다. 판단에 대한 자기 추구와 자기의 불확실성으로부터 자기 입장을 흑백이 아닌 대신 회색으로 찾게 되는 결과를 낳는다.

아직 어린 청소년들은 이와 같은 기본적인 요구로 인해 찬반토론을 특별한 도전으로 느껴진다. 이 방법은 학생들로 하여금 입장을 갖도록 강요한다. 논쟁의 여지가 있는 문제는 두개의 대안, 즉 찬성, 반대가 포함된다. 학생들이 소집단으로 먼저 하나의 입장에 대한 준비를 하도록 국한되면서 그들은 익숙지 않은 관점을 받아들인다. 그들은 논쟁에 따른 자료와 그들의(일방적인) 입장을 위한 사항들을 철저하게 연구한다. 그러나 그들은 벌써 준비할 때 상대방의 입장과 맞서있다. 어떻게 그 반대주장을 반박하거나 최소한 상대화시킬 수 있는가?

찬반토론 계획수립

찬반토론의 준비, 이행과 평가가 역학적으로 잘 운용되기 위해서는 교사의 수업계획에 대한 지시사항이 포함되어야 할 뿐 아니라, 동시에 구체적인 조정가능성도 지시되어야 한다. 이 방법의 위험성에 대한 의식이 생기게 되면, 정치수업을 위한 그 학습가능성도 반대 급부적으로 나타난다.

제1단계: 근본적인 결정

찬반토론의 계획을 수립할 때에는 먼저, 가상적 혹은 비가상적인 토론을 할 것인지에 대한, 근본적인 결정을 내려야 한다. 이는 문제와 관련되거나 결정해야할 질문을 선택할 때에 필요하다. 문제와 관련되거나 결정해야하는 문제는 토론진행에 있어 결정적으로 중요다. 의미 있으며, 구체적으로 표현되고 국민과 청소년들을 위한 평가에서 인식될 수 있는 문제가 다루어져야 한다. 학생들이 그 진지함을 "받아들여야만", 단순히 말로 공격을 주고받는 것을 피할 수 있다. 가치문제, 정치적 이해 또는 정치문화에 관한 질문이 될 수 있는 주제로 결정할 수 있다(예: *독일 = 이민국가? 독일의 엘리트문화가 필요한가?*). 또는 정치적 기구의 다수결정을 준비하는데 도움이 되는, 결정에 관한 질문으로 표현할 수도 있다(예: *독일대통령의 직선은 의미가 있는가?*). 질문은 예, 아니오로 분명하게 대답되고 증명될 수 있어야 한다. 정치과목의 담당교사가 정치에서 항상 행동 및 결정을 해야 하는 압박감을 느끼게 하는, 문제의 절박성을 분명히 할 뿐 아니라 결정하지 않았을 때의 (실제적인) 결과에 대해 유보함으로써 문제를 제시하도록 구상한다. 이로써 실제 정치의제에 속하는 정치문제에 관한 것인지 평가될 수 있어야 한다.

제2단계: 시나리오의 확정

찬반토론의 학습방법에서의 두 번째 단계는 다음과 같이 시나리오를 확정하는 것이다.
- 출연자 선정
- (교실의) 공간의 구성
- 진행과정에 대한 이해

텔레비전에서 제공한 모델을 기초와 목표로 삼는다면, 이 세 개의 과제는 상대적으로 쉽게 완수할 수 있다.

출연자 선정은 이 방법에 의해 미리 진행된다.
- 진행자: 표결을 관철하며, 게임규칙과 시간을 엄수하도록 주의한다. 진행자는 "과정에 대한 책임은 있으나 내용에 대한 책임은 지지 않는

다"(Gugel 2000, 113).
- 두 명의 대변자(찬성, 반대): 시작과 마지막변론을 하며 전문가에게 질문한다. 확실한 입장을 주장하고 주제에 대해 새롭게 생각하기 위하여, 자기의견에 맞지 않는 의견을 대변하도록 요구된다(Böttger 2002참조). 대변자의 역할은 가장 어려운 역할이다. 이 역할은, 성취력이 강한 학습자들이 맡아서 학습집단에서 신중하게 준비해야만, 잘 해낼 수 있다.
- 두 명 내지는 네 명의 전문가: 전문가들은 자기 입장을 표현하지 않고 각각의 입장을 증명하기 위한 정보, 경험, 지식을 제공한다. 전문가역할은 학습 집단에서 집중적으로 준비해야 하며 역할카드와 추가 자료를 통해서 지원을 받아야 한다.
- 청중: 그 표결을 통해 논증의 질과 설득력, 그리고 토론의 수사학적인 능력에 대해 결정하는, 청중에게 주로 듣기만 하는 역할을 할당하는, 마씽(Massing)과는 달리, 관찰자의 역할이 소홀히 여겨져서는 안 된다. 왜냐하면 발표된 주장을 모으고, 토론진행을 위한 그 전략적-책략적인 중요성이 판단됨으로써 관점변화가 모든 출연자의 내적인 견해에서 이루어질 수 있다.

그러나 이는 수동적인 수신자 태도가 아닌, 구체적인 관찰과제를 받은 경우에서만 이루어진다.

제3단계: 공간의 구성

공간의 구성은 매체에 합당한 연출과 흡사해야 한다. 진행자는 중심부에 있어야 하고 두 명의 대변자는 (연단 또는 탁자에) 나란히 위치해야 하며, 전문가는 옆에 나란히 있어야 한다. 질문을 받기 위해 전문가는 중앙에 있는 의자에 번갈아 가며 앉는다. 청중은 반원을 그리며 앉는다. 출연자사이에는 서로 눈을 잘 마주치며 이해를 잘 할 수 있도록 유의해야 한다.[18]

---

18) 2002년도의 슈뢰더와 스토이버 사이의 TV-토론에 대한 비판중 하나는 스토이버가 카메라(즉 청중)를 직접보고 이야기하지 않았다는 것이다.

찬반토론

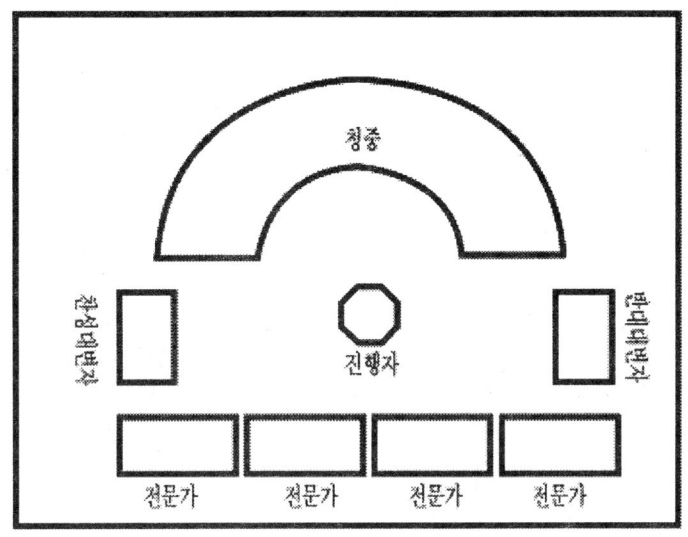

제4단계: 찬반토론 절차

　찬반토론의 진행은 엄격한 시간통제를 받는다. 대화의 규칙이 확정된다. 그러나 더욱 중요한 것은, 출연자들의 서로 다른 이해관계가 학생들에게 분명해야 한다는 것이다.
　진행자는 문제를 밝히고 대변자와 전문가를 소개하며 대화규칙 및 경과에 대해 설명하고 시간을 엄수하도록 주의한다(경우에 따라 질문 또는 변론이 15초 이내에 끝내도록 신호를 주는 음향신호기의 도움을 받기도 한다). 다양한 과제에도 불구하고 진행자는 중립적인 대화인도자라기 보다는 레크레이션 강사로 이해될 수 있다.
　먼저 청중이 표결을 한 다음, 대변자가 각각 변론을 발표한다. 이어서 전문가에게 번갈아 가면서 질문을 한다. 전문가는 스스로 변론이나 독백을 하지 않고 자기의 직업적 또는 정치적 관할과 경험에 근거하여 논증한다. 전문가의 질의에 이어 대변자는 마지막 변론을 한다. 평가, 검토단계 이전에 청중이 다시 표결을 한다.

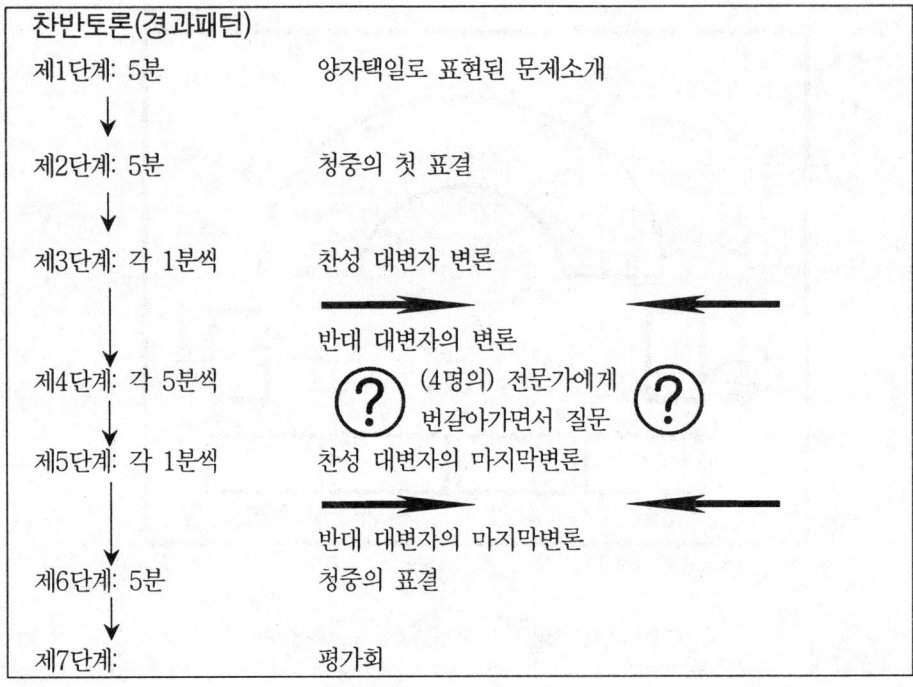

찬반토론의 내적 구조는 개개의 학생이 먼저 한 입장에 적응하고 이에 의식적으로 다른 입장에 대해서 눈을 감도록 요구한다. 그가 출연자가 아닌 관찰자가 된다면, 그는 준비된 입장을 배경으로 하고 토론을 인식한다. 토론의 처음과 끝의 표결에서 그는 다른 역할로 바뀐다. 첫 번째 표결에서의 그의 입장은 집단의 입장에 거리를 두고 "지식과 무관한" 의견이 표출된 것이다. 두 번째 표결에서는 이제 정보를 제공받은 시청자로서 반응하고 근거가 있는 판단을 하게 된다.

좀 더 정확하게 살펴보면, 수업의 찬반토론에서 학생에게 요구되는 것은 텔레비전 방송에서의 출연자 보다 더욱 복잡하다. 출연자들이 단지 자기 자신 내지는 한 기능을 표현하는 반면에 학생들은 찬반토론의 여러 단계, 즉 학생역할에서 한 입장의 집단구성원의 역할로, 그 다음에는 (가능한 한 반대입장의) 관찰자 역할로, 동시에 많든 적든 익명의 청중의 한 부분으로, 그리고 결론적으로 (두 번째 표결에서) 전체 토론의 복합성에서, 기준에 근거한 정치적 판단을 하는 시민의 역할로 바꾼다. 게다가 평가회에서 자기 자신의 정치적 학습에 대한 모방기회를 평가하거나 부족한 면을 비판적으로 언급해야 한다. 이는 단번에 현실화 될 수 없는 학습집중적인 도전이라고 할 수 있다.

현장사례: 교수법적인 해석과 논평

다음의 진술은 한 찬반토론의 평가단계에서 발췌한 것이다[19]. 여기서 정치수업의 활동지향적인 방법의 전형적인 문제들이 분명하게 밝혀진다.

(주: 우선적으로 자료부족에서 비롯되는, 찬반토론의 구성에 대하여 실질적인 비판이 지난간 뒤이다.)
스벤: 저는 좀 더 준비했어야 한다는데 찬성합니다. (...) 그리고 예를 들어 실제적인 통계자료도 준비되어야 했어요.
스테피: 그러나 제 생각에 문제는 시간이 너무 많이 들었다는 것이에요. 3주에 걸쳐 이에 몰두하고 "미친 사람처럼" 신문을 읽었다면 말이에요. 첫째로 우리가 집에서 어떤 신문을 보는지도 몰라요. 그러니까 어떤 것일 수 있겠지요. 너무 시간이 많이 들어요. 좋아요. 사람들은 그것을 읽었었을 수도 있고, 많은 주제에서 실제로 이 문제가 다루어지기도 하지요. 그러나 정상적인 정치학 수업에서는...
미카: 저는 스테피가 맞다고 생각해요. 먼저 사람들이 오랜 기간 동안 준비하고 모두 그에 대해서도 많은 주장을 한다면, 그것은 문제가 있어요. 수업시간이 부족하고 많은 것들이 주제에서 빗나가게 되요. 그러면 더 이상 순수하게 청소년들에 관한 것이 아닌 일반적인 실업에 관한 것이 다루어지고 이에 대한 주장을 하게 되지요. 문제는 이런 찬반토론에서, 주장을 많이 하면 할수록, 나중에 도움이 되는 것은 그리 많지 않다는 거예요. 이 순간 지금 반박할 순 없지만 전문가에게 질문을 너무 많이 하게 되죠. 대신 시작 변론을 2분 동안에 이야기하고 마지막(변론)도 마찬가지죠. 주장이 많아지면 질수록, 이야기 하는 시간은 그 만큼 짧아져요. 그러면 토론이 힘들어집니다.
교사: 그것은 방법적인 면에 대한 것이었어요. 내용적인 면을 다시 한 번 검토해 봅시다. "청소년들이 자기의 실업에 대하여 스스로 책임이 있는가?" 그 시간에 중요한 정보가 나왔나요? 뭔가를 어찌되었든 알게 되긴 했나요? 그렇지 않다면 이를 받아들여야 하나요? 마티아스. 학생에게는 이런 의미에서 배울게 많았나요?
니코: 제 생각에는 그 모든 활동이 단지 게임에 불과하지는 않았다고 생각합니다. 우리가 지금 알게 된 그런 정보는 아마 전에는 알지 못했을 거예요. 어찌되었건 정보의 양은 늘어났어요. 지금 그 문제 자체(찬반토론의 문제)에 대해 답변을 할 수는 없어요. 이 문제는 국회에서도 머리가 부서질 거예요. 그러니까 여러 해 동안 이 문제에 대해 토론을 했지만 아직도 결론에 이르지 못했으니까요. 그러나 전반적으로 말하자면 정보를 얻었다는 것은 의미가 있어요.

---

[19] 출처: 1997년 2월 13일 동베를린에 위치한 Descartes-Gymnasium의 12학년 학생들을 대상으로 이루어진 "청소년들은 자기의 실업에 대하여 스스로 책임이 있는가?"라는 주제의 찬반토론의 비디오녹화. zur Einstiegsphase dieser Doppelstunde: Kuhn: Beginn, in: kursiv, 2/1999, 19-20참조.

교사: 스미트학생에겐 어떠했나요?
스미트: 정보를 더 많이 얻게 되었습니다.
스테피: 저는 주제에 대하여 말하는 방식과 방법, 즉 찬반토론자체가 도움이 된다고 생각해요. 사람들은, 다른 사람들을 설득하고자 자기의견을 주장하고자 해요. 이번에는 성공하지 못했는데 이는 주어진 시간이 짧고 주장을 많이 할 수가 없었기 때문이에요. 제 생각에는 그래도 유익이 있었어요. 물론 시간이 많이 소요되었지만 그래도 무언가 유익이 있었어요.
교사: 유익이 뭐지요?
스테피: 먼저 저는 청소년들 스스로(웃음)는 책임이 없다고 생각해요.
교사: 30분이 더 있었으면 학생은 다른 편이 되었겠군요.
스테피: 그들은 책임이 없어요. 이제 저는 몇몇 통계수치와 자료에 근거해서 이를 증명할 수 있습니다. 비록 그렇게 들리지 않는다고 할지라도 저는 확신합니다.
마크: 하여간, 강력하건, 강력하지 않건, 이러한 주장을 알게 된다면, 다음에는 자기 자신의 생각을 더욱 깊이 할 수 있고, 직접 이를 위해 준비를 할 수 있으며, 자기가 어떻게 반응하게 될지 알아요. 그러나 원래 가장 중요한 것은 우리에게 전달된 지식입니다. 누구나 다른 복사본을 갖고 있으며, 누구나 청소년의 실업에 대해서 알고 있어요. 그렇지만 학교의 본래의 의미는 어떤 의견을 형성하는 것이 아닌 지식을 전달하는 것입니다.
교사: 이제 다음 질문을 하죠. 지식을 전달하는 것뿐이었습니까? 여러분이 9학년 지리와 10학년 역사에서 배우는 것을 본다면, (...) 사람들이 원하는 것이 정말로 지식을 전달하는 것입니까? 물론 우리는 지식을 쏟아 붓지요.
마크: 그렇지만 그것은 왜 국민윤리학(Staatsbürgerkunde)이 쓰레기 같다고 하는 것과 같은 주장입니다. 거기서는 낯선 의견을 강요했기 때문이에요. 왜 우리가 이제 바로 그것과 똑같은 것을 해야 합니까?
교사: 이는 정치적 세계의 학문에 관한 것뿐만이 아닙니다. 일반적으로 그렇습니다. 이 "지식 쏟아 붓기"는 원래 많이 유익하지요?
스테피: 지식 쏟아 붓기에 관한 것이 아니라 사회와 다른 사람들과의 논쟁(대립)에 관한 것입니다.
교사: 저는 "지식 쏟아 붓기"보다는 능력에 관한 것으로 봅니다. 저는 이 자료에서, 자기 앞에 놓여 있는, 이 자료를 다룰 수 있어야 하고, 통계수치를 읽을 수 있는 능력을 생각합니다. 여러분 스스로 검토하였다면, 많은 통계자료에서 약간 거리를 두고, 대체 무엇에 관한 것인지에 대해서 토론했어야 합니다. 이러한 의미에서 이는 지식이 아니라 능력영역에 속합니다. 내가 어떻게 이를 취급하고 통계자료에 대해 어떻게 평가를 내리며 이와 관련해서 내게 무엇을 말하는가.
마크: 그건 지식에 속해요. 지식, 그것은 지식의 응용이에요.

찬반토론의 평가기록을 교수학적으로 해석하면, 이 방법을 사용할 때 다음과 같은 문제와 어려움이 있음을 알 수 있다.

● 자료에 관한 문제

주어진 자료에 대해 학생들은 불충분하다고 평가했다. "현실적인 통계자료"가 없다. 다른 교과목과는 달리 정치적인 테마에서는 현실성이 중요한 역할을 한다. 교과서에는 제작기간과 허가단계로 인해 종종 3, 4년 지난 자료가 포함되기도 한다.

물론 자료에 너무 많은 주장이 있다면 주제로부터 빗나가게 될 위험이 있다. 학생들은 정치적인 토론과 수업대화에서 전형적인 위험에 대해 묘사한다. 즉 구체적으로 제한된 문제에서 정치에 대한 일반적인 토론으로 그 영역이 바뀌어 진다. 앞선 사례에서는 청소년 실업과 제기된 문제로부터 실업에 대한 일반적인 사항으로 그 다루는 바가 바뀌었다. 몇 번 논증을 했는가 하는 것보다는 그 논쟁에서 의미하는 바가 결정적이다.

● 준비에 관련된 문제(시간과 자료조사)

준비시간은 충분하지 않은 것으로 여겨졌다. 학생의 관점에서 본 전형적으로 반대되는 견해는 준비에 "*시간은 많이 들지만 유익하다*"는 것이다. 집에 있는 신문에서 자료를 찾는 것은 단지 우연한 결과를 가져온다. 이와 반대로 정치수업은 - 아마도 다른 과목도 마찬가지로 - 제한된 시간과 제한된 준비로 해내야 한다고 진단되었다. 이외에 모든 과목은 자기 과목만 중요하게 여기고 "제국주의"의 제한 없는 관심에 호소하고자 하는 위험이 있다. 이는 현실적이지 못하다. 이는 제한된 자료선정과 결부된다. 어떻게 비용과 결실이 적당한 비례로 이어질 수 있는 가하는 질문이 숨겨져 있다고 할 수 있다.

● 찬반토론 대 "정상적인 정치수업"

학생들은 종종 이와 같이 비교한다(Kuhn 1995, 1998 참조). 그들의 눈에는 활동지향적인 방법이 "정상적인" 수업은 아니다. 그들에게 익숙하지 않고, 드물게 이루어지며(또는 전혀 없을 수도 있으며), 이에 대한 경험이 적기 때문이다. 은연중 그들의 시각에서 볼 때, "정상적인" 수업이 무엇인가 하는 질문을 하게 된다. 정상적인 수업은 확고한 형태, 익숙한 과정, 분명한 결과와 결부되어 있다.

간접적으로 활동지향적인 방법과 결부된 것은 게임에 빠지고, 풍자하거나 매체에 맞는 연출이다. 반대로 교사들이 상급학생들에게 기대하는 학습전략으로는 자립적인 자료조사, 장기적인 자료수집, 도서관 이용, 교과계획 주제에 대하여 알고,

복잡한 테마일 경우 분담하여 작업할 수 있는 조직력이다.

● 커뮤니케이션 문제

찬반토론의 공식화된 과정은 커뮤니케이션을 제한한다. 대변자로서 반대주장에 대해 직접적으로 반응하지 않고 – 마지막변론에서와 같이 – 나중에 다시 끄집어 낼 수 있다. 그러나 그렇게 하면 직접적인 관련성이 없게 된다. 진행하면서 전문가초청질의는 대략 서로 엇갈린다. 이는 "그 중간에 조종된" 것이다. 이는 진전된 커뮤니케이션으로 이끈다. 개개의 양상은 오히려 체계 없이 언어로 표현된다. 그 구조에는 상대방의 주장이 직접적으로 무력해지지 않게 하는 것이 당연히 필요하다. 세 개 내지 네 개의 요점이 언급된다면 반대 대변자로서 이 구조에 적응하거나 자기 자신의 주장으로 맞설 수 있다. 그러나 그것은 청중에게, 서로의 주장을 주고받는다기보다는 서로 대립한다는 인상을 전달한다. 그리하여 주장이 "전달되기"보다는 – 추가적으로 – 병립하게 된다.

이에 학생들의 관점에서 보면 중심 주장에 대한 요약이 어렵게 된다. 물론 추상화에는 선택이 결부된다. 짧은 시간동안 학생들에게는 어떤 주장이 중요하고 어느 것이 중요하지 않은지는 불분명하다. 그러나 집중은 필요하다. 커뮤니케이션연구에 의하면, 구조적으로 시작과 마지막 변론에는 짧은 교사강의에서 마찬가지로 최고 세 개 내지는 네 개의 제한된 사고가 포함되어야 한다. 그렇지 않으면 청중의 수용능력에 부담이 된다.

● 의견과 판단 형성

찬반토론을 어떻게 평가할 수 있는가? 학생들의 관점에서 볼 때 성공기준은 무엇인가? 교사가 선동적으로 말했다. "그들은 아직도 정확히 반대 아니면 찬성이에요." 의견표현이 없다면 전부가 좌절된 것인가? 그러면 학습의 진보는 증명될 수 없는가?

찬반토론이 자기 자신의 의견과 판단력형성을 도와주는 목적만을 추구한다고 전제하면, 이 목표 달성도를 측정할 수 있는 지침을 필요로 한다. 처음과 끝에 하는 표결은, 학생들의 (사고의) 움직임을 알 수 있는 구체적인 가능성임을 단번에 알 수 있게 한다. 그러나 아무도 움직이지 않았다면? 그 모든 것이 단지 하나의 "게임"일 뿐인가?

이러한 질문에 대한 학생들의 진술은 논쟁의 여지가 있다[20]. 몇몇 학생들은, 다

---

[20] 이에 구성주의적으로 다음과 같은 논제가 유추된다: 모든 학생은 같은 수업시간에서 방법적으로는 물론 내용적으로도 다르게 받아들인다.

른 학생들을 반대 주장으로 설득하지 못했기 때문에, 학습의 진보를 알 수 없다고 진술한다.

이 방법의 또 다른 구조적인 요소는 다음과 같이 알 수 있다. "*저 앞의 토론은 별로 이루어낸 것이 없어요. 왜냐하면 아무도 반대주장에 설득되지 않았으니까요*" 이 학생의 진술에서 애석하게도 출연자와 관찰자를 구별한("*저 앞의*") 것이 눈에 뜨인다. 이 학생의 성공기준은 개개인이 "*상대방의 견해*"에 설득당하지 않는다는 사실이었다. 그래서는 안 된다21). 시간적으로, 내용적으로 제한된 토론은 거의 자기 입장을 요동시키지 않는다.

이에 반해 다른 한편으로는 정보가 "하여튼 늘어났다"고 여겨진다.

한 여학생이 성공기준에 대해 좀 다르게 판단하였다. 그녀에게는 자기 (이전의) 입장을 확인하는 것도 하나의 성공이다. 학습의 진보는 자기 입장이 "*통계*"와 "*자료*"에 의해 좀 더 확신할 수 있게 된 데 있다. 물론 이는 "*나에게*" 단지 무언가를 "*증명한다*". 이렇게 모순된 표현을 – 증명은 좀 객관적인 것이다. 여기서 이는 주관에 관련된다. – 정치학교수법적으로 해석하면, 이 학생의 정치에 대한 이미지가 나타난다. 정치에서는 경험적인 조사결과(통계)와 정보(아마도 객관적으로 시험할 수 있는 주장, 연관성, 규칙성)가 있지만 객관화된 강제적인 일관성은 없으며 단지 ("*나에게는*") 입장에 따른 결과가 있을 뿐이다.

학습효과의 두 번째 순간은 "저는 제자신의 의견을 확신했어요." 찬반토론의 수취인은 청소년 출연자 자신이지 단지 청중뿐인 것은 아니다. 양자 모두 많은 정치적 문제에 대해 개방된 의견형성과정에 있다. 그들의 견해는 아직 확정되지 않았으며 스스로를 설득할 수 있다.

● 토론과제를 위한 질문

출발질문은 양자택일로 표현된 토론과제 질문으로 특징 지워진다. 학생들의 관점에서 보면 청소년들 자신이 그들의 실업에 대해 책임이 있느냐는 질문에는 아직 결정을 내리지 않았다. 전문가나 정치가들 자신도 이에 대해 의미 있는 답변을 할 수 없을 것이다. 그러면 정치적으로 평민인 학생들이 어떻게 해답을 줄 수 있을까? 정치적인 활동가들이 일치하는 해답이 있을 수 없다면("결론이 없음"), 사람들은 다시 질문할 수 있다. 도대체 의미 있게 제기된 토론과제를 위한 질문이 있었는가? 짐작컨대 이 질문은 다음의 두 가지 이유로 문제가 있다고 할 수 있다.

---

21) 교사: 이는 "아마도 찬반토론에 대한 당신의 의견뿐이에요."

첫째는 "책임"이란 개념은 이런 맥락에서 너무 많은 해석을 필요로 하기 때문이다. 문제는 겉보기에 구체적이다. 둘째는 어떤 정치적 문맥에서 이 질문이 제기되는지는 미정인 상태이다. 누가 이 질문을 하는가? 이는 정치적 결정과 어떤 연관성을 갖는가, 가능한 답변에서 나올 수 있는 결과는 무엇인가?

베를린의 상급생을 대상으로 한 수업사례(비디오녹화)에서 선택된 토론을 위한 주제가 다루어진다. 즉 토론의 주제는 "직업교육을 받는 자리를 얻지 못한 자는 스스로 책임이 있다!"이다. 도입으로 풍자만화가 사용된다(Kuhn 1999, 20참조). 두 번의 표결결과는 다음과 같다22).

	찬성	반대
1차 표결	50	100
2차 표결	70	70

앞서 언급한 논제는 해석을 매우 필요로 하는 것으로 여겨질 수 있다. "책임"은 - 바로 학생의 관점에서 보면 - 누가 일자리를 창출할 권력을 갖고 있는가? 라는 원인을 밝히는 생각을 해야 할 필요가 드러난, 복잡한 영역에 속한다. 이 논제에서는 단지 청소년자체만 행동자로서 언급되며 정치도 아니고 기업도 아니다.

이로 인해 토론은 불명료하게 된다. 결국에는 청소년의 "책임"은 충분히 유동적이지 못한데 있는 것이다. 결국에는 다음과 같은 추측에 관한 것이다. "바이에른주의 청소년이 슐레스비히-홀스타인주의 훈련생(인턴)자리를 받아들여야만 하는가?"

대답을 하지 못하는 책임문제 이외에도 전문가에 대한 질문은 체제적이지 못할 뿐 아니라 또한 비정치적이기도 하였다. 사회적인 판단("청소년 자신이 책임이 있다")과 국가의 사명(그리고 가능성)에 대한 규정이 중재되지 못한 채 맞섰다. 청소년실업을 개인적인 문제로 설명하면서 정치적인 관련성에 대해서는 무시한다.

허구적인 전문가는 기관과 관련된 배경이 없다. 대변자의 질문은 신중하게 준비되었던 반면에 전문가지식에는 틈이 많았다. 질문과 대답이 잘 이루어지지 못한 것은 분담되었던 집단협력활동을 위한 자료가 동일하였기 때문이다.

---

22) 전체적으로 많아 보이게 하기 위해 학생 수를 열배로 늘렸다. 두 번째 표결에서 왜 한 표가 "사라졌는지"에 대해서는 더 이상 조사할 수 없다.

찬반토론

이로써 이 부족한 찬반토론 자체가 전공교사를 위한 진단기능을 분명하게 충족시켰다. 이 토론은 부족한 구별능력, 불분명한 영역 및 청소년들의 일방적인 정치이미지를 드러냈다. 평가회에서 학생들은 스스로 내용적이고 방법적인 문제들을 찾아 작업하였다. 자기들의 한 수업을 비판적으로 검토하는 능력을 강력하게 이용해야만 했다. 어떻게 보면 그들은 "수업전문가"로서 명명할 수도 있었을 것이다.

이 수업사례에서 지적한 강, 약점은 정치수업에서의 찬반토론의 구조적인 순간을 드러낸다. 여러 번 이 방법을 응용하고 무엇보다도 개별화된 평가를 해야만 비로소 이 거시방법의 정치적 학습잠재력을 최대한 이용할 수 있을 것이다.

● 방법의 능력

몇몇의 학생들이 학습의 진보에 대해 회의를 갖는 반면에, 다른 학생들은 이 방법의 특수한 실행능력을 인식하였다. "*사람들은 자기주장을 다른 사람들이 설득되도록 해석하고자 한다.*" 이로써 찬반토론의 중요한 점을 알 수 있다. 자료에서 몇 가지 논증을 여과해내는 것으로 충분하지 않다. 이 논증들은 이를 넘어서서 정치적 결정과정에서, 그 기능을 고려하여, "해석되어야" 한다. 즉 다수를 획득하기 위한 것이다. 시민을 "설득"해야 한다. 다수는 어찌되었건 결정하지 않은 채 존재한다. 정치는 새로운 문제에서 새로운 해답을 찾는다. 동시에 사람들은 스스로 자기 주장이 옳다고 확신하고 있어야 한다. 그러나 "대중"이 형성되어야만 다양하게 발전된다. 이에 정치적 판단의 본질적인 특징이 암시된다. 즉 공개적인 토론이 이루어져야 한다(Massing 2000참조).

비록 이 구체적인 경우에, 목표를 이루지 못했다고 할지라도 ("*이번에는 우리가 해내지 못했어요*"), 이와 같이 말한 그 여학생은 이 거시방법의 교수법적인 기능을 알아차렸던 것이다.

● 평가회

학생들의 진술을 교수법적으로 분석하면 여러 곳에서 평가자체에 찬반토론의 구조가 기초를 이루고 있음이 지적된다. 성공기준은 첫째로 사람들이 상대방 입장에 의해 설득되는데 있다고 본다. 둘째로는 사람들 스스로 더 많은 주장을 알고 이로서 그 자신의 의견이 더욱 심화되었다면 성공으로 평가된다.

● 정치수업: 지식전달 또는 의견형성?

이런 구별도 논쟁의 여지가 있다. 학습형태(Weißeno)에 따라 그 대답도 다양할 수 있다. 학생들은 새로운 과목을 동독시대의 국민윤리학(Staatsbürgerkunde)과 비교한다[23]. "*국민윤리학(Staatsbürgerkunde)은 쓰레기 같았어요, 낯선 의견을*

강요하기 때문이지요."

물론 정치수업에서 의견형성이 되지 못한다는 결론을 끄집어내면 운명적이 된다. 이와 같은 주장에 대해 다음과 같이 두 가지 면으로 반박할 수 있다. 사례의 해당교사는 중등학교의 역사나 지리과목의 잊힌 지식에 대해 언급하며 지식전달을 (*"지식 쏟아 붓기"*) 풍자하여 "지식"의 의미를 상대화하는 반면에, 정치수업의 신조를 다음과 같이 표현한다. "*지식 쏟아 붓기에 관한 것이 아니라 사회와 다른 사람들과의 논쟁(대립)에 관한 것입니다.*" 이로써 그 여학생은 정치과목의 목표로 함축적인 분모를 이끌어냈다.

지식은 교사에 의해 준비되지만("*누구나 다른 복사본을 갖고 있다*"), 방법적인 장치를 통해 지식의 구성이 모든 참여자의 능력으로 이루어진다. 지식들은 서로 정보를 제공하고 이로써 새로운 정보가 구성된다.

교사는 그 과목에 대한 그녀의 관점을 설명하였다. 즉 "지식 쏟아 붓기"에 관한 것이 아니라 능력, 즉 통계자료의 취급, 평가, 특수한 문제에 대하여 통계자료 관련시키는 능력이 중요시된다. 이에 어떤 학생이 이어서 말하였다. "*그건 지식에 속해요. (...) 그것은 지식의 응용이에요.*" 그러니까 수업이 그렇게 구성된다면, 즉 지식이 맥락 속에서 응용되어 확립된다면, 항상 구체적인 학습대상을 넘어서는 능력도 전달된다.

다음과 같이 다른 문제들도 나타날 수 있다.
● *진행*: 정치수업의 활동지향적인 방법을 형태로만 이용하고 작업기법에 대하여 모르는 사람은, 진행의 특수성에 대한 지식을 가져야 하며, 검토하면서 이론적으로 고려하면서 진행하여야 한다"(Weißeno 1998, 278).
● *대변자와 전문가 역할의 어려움*: 자발성의 원칙이 유효하다. "게임 내지는 모방학습에서 사물과 관계에 관한 양상이 서로 긴밀하게 연관되어 있기 때문에, 참여하도록 강요할 수 없다. 교사는 학생들에게 너무 가까이 가서는 안 되며, 스스로 보호할 수 있도록 합리화해야 한다. 모든 학년에는 의사소통에 능하지 않아, 게임이나 모방학습에서 커다란 장애를 지니는 학생들이 많다"(Weißeno 1998 280).

수업현장에서는 마지막변론을 하기 전에 토론을 잠시 중단하고 대변자와 그 학

---
23) 찬반토론이 있던 그 시기까지는 베를린 장벽이 무너진 후 8년이 지났다. 그 당시에 초등학교 4학년이었던 학생들은 "국민윤리학"에 대하여 직접적으로 경험하지 않았다.

습집단의 변론을 공동으로 준비하는 것이 도움이 된다고 증명되었다. 전문가에 대한 질문은 - 시간적으로 단축된 형태로 - 전문가초청질의와 병행할 수 있으며(본서의 Peter Massing의 기고 참조) 그 잠재력과 단점은 유사하다. 찬반토론에서의 전문가초청질의는 대략 5분으로 단축되어 준비는 물론 그 실행에 있어서도 다음과 같은 상당한 문제가 야기될 수 있다.

- 첫째, 전문가들이 그들의 문제에 대한 관점을 광범위하게 독백으로 "다루고자" 할 위험이 있다.
- 둘째, 대변자와 전문가역할이 서로 틈 없이 용해되어, 다양한 세계관과 기능에 유의하지 않게 되는 (행동평가) 위험이 있다.
- 셋째, 양과 질의 비례에서 위험이 있다. 전문가가 지식의 틈을 보이고 이를 통해 간접적으로 전문가로서의 그들의 신분에 대해 문제가 제기되고, 시간이 너무 빨리 흐르거나, 질문이 없어서, 준비한 많은 지식들을 발표하지 않게 될 수 있다.
- 넷째, 전문가는 사실에 관련된 자료에 대한 질문을 받을 뿐 아니라, 그들의 입장을 인정받고자 하는, 두 명의 상반된 대변자로부터 질문을 받게 된다.

물론 수업현장경험에서의 문제들이 이 구성적인 커뮤니케이션의 학습잠재력을 과소평가하게 한다면, 이는 피상적이고 부족한 비판이라고 할 수 있다. 전문가 질의는 참가자들이 집중해야 하며, 준비를 많이 해야 하고 질문과 대답을 면밀하게 해야 하지만 또한 전략적으로 고려하고 잘못 받아들이는 것을 질책하고(예를 들어 회의적이며 불공평한 평가나 결론에 대해 시인하는 것이 예상되면) 자기의 능력과 경험을 고집해야 할 필요가 있다.

모방된 대결은 연설을 배우고 자기 자신을 표현하는 것을 돕는 것이 아니라 분명한 청취집단, 즉 청중 내지는 시민을 염두에 두어야 한다. 출연자들이 스스로 확신해야 하는 것은 아니다 - 비록 역할을 맡으므로 자기 확신이 생기기도 하지만 출연자들 자신이 각기 역할에 충실하면 되기 때문이다. 오히려 다수를 찾고, 아직 결정하지 못한 사람들을 얻으며 독단적인 입장에 대한 회의가 싹트게 하는 게 중요하다.

찬반토론에 대한 평가적인 논쟁은 토크쇼와 마찬가지로 중요하다. "왜냐하면 이 방법은 [여기서는 토크쇼를 의미하지만 찬반토론에도 유효하다] 억지로 의견과 내용이 임의적이라는 인상이 생기게 하기 때문이다. 역할게임에서와 같이 다른 의견을 다루고 이에 몰입하며 공동으로 문제 및 갈등해결책을 찾고자 노력해야 할 필요는 없다. 또한 결정게임과는 달리 결정해야 하는 상황이 존재하지 않으며 이로써 의사소통, 고백을 하고 타협을 해야 하는 강제성도 없다"(Massing 1998, 42).

평가는 관찰능력 및 기록능력을 전제로 한다. 자체 평가를 위해서 간단한 증거(지침, 인용, 장면)가 언급되어야 한다. 평가의 분석적인 단계는 게임과 같은 모방과는 정반대이다. 경험(또한 풍자와 인신공격을 통해)은 논쟁에 대해 깊이 생각하는 것으로 변한다. 출연자와 관련될 뿐 아니라 영역적인 면에서 조직적인 분석에 따라, 토론주제가 정치적 체제와 연관하여 제기됨으로써 일반화도 함께 시도된다. 여기서, 개방적으로 계속되는 질문을 찾아내기 위하여, 담당교사의 자극과 질문이 강력하게 필요하다.

시범사례: 진행형식, 자료, 평가를 위한 질문

교과서, 전문잡지, 또한 인터넷에서도, 토론을 구성하기에 적당한 찬반토론의 다양한 사례, 자료, 문제설정, 출연자와 텍스트를 찾을 수 있다.

찬반토론과 관련된 대략적인 구상의 문제는 부분적으로 자료선정에 의해 영향을 받는다. 계속 반복되는 서, 너 개의 주장을 포함한 함축적인 입장설명이면 족하다. 한 특정한 출연자역할을 준비하는 소집단에 충분한 시간이 있다면, 정확히 조사된 자료(예를 들어 숙제로)와 마찬가지로 학생들의 사전지식도 고려할 수 있다. 소집단이 가상토론의 대표자를 선정하기 위해 너무 많은 시간을 보낸다면 문제가 될 수 있다. 시간을 정하여 이를 조정하거나 한 방식(예를 들어 제비를 뽑는다)으로 합의한다. 자료의 기초로서 적당한 것은 인터뷰이다. 유사한 커뮤니케이션의 구조를 근거로 인터뷰질문이 전문가초청질의를 위해 이용될 수 있음은 물론, 또한 전문가들의 답변에서 주장을 여과해 낼 수도 있다.

출연자들의 중심과제는 적당한 지식을 적극적이고 전달 가능한 지식으로 변경시키는 것이다. 이러한 지침은 복잡한 찬반토론의 경우 신중한 준비가 필요하다는 것을 암시한다. 이는 다시 학생들에게 텍스트분석(Kuhn 2002, 159-170), 자유연설(요약쪽지에 따라), 분담하는 집단활동, 자료조사 및 입장을 분명하게 정리할 수 있는 능력을 요구한다. 준비는 계속해서 본래 토론의 질을 결정한다(자료 1 참조).

| 찬반토론 |

청중이 단지 시청자 역할만을 맡을 뿐 아니라 관찰자로서의 사명이 그 과정에 속해야 하기 때문에, 각 역할평가를 위한 질문과 관찰을 위한 제안을 정리해 두었다 (자료 2, 자료 3 참조).

자립적인 연구를 위한 훈련자료

찬반토론에 합당한 주제가 포함된 자료를 예로서 (자료 4참조) 첨부하였다. 첫 번째 주제는 대중교통차량 안에서는 휴대폰 사용을 금지하라는 것이다. 핵심을 찌른 이 기사는 찬반토론의 기초로 적당하다. 결여된 반대입장은 학생들에 의해 직접 작성될 수 있을 것이다.

"학교에서 휴대폰 금지?"라는 질문과 비교하면 "대중 교통차량 안에서 휴대폰금지?"라는 질문이 분명히 정치적임을 알 수 있다(대신 앞의 질문은 학생들에게 가까운 질문이다). 이 두개의 질문을 모두 사용한다면, 학습전략상 학생들을 근접 사회영역에서 끌어내어 정치적인 문제로 이끌 수 있다. 두 번째 사례인 "(부당)해고금지 또는 보상"에서는 찬성의견(자료 4 참조)과 반대의견(자료 5 참조)이 주어졌다. 즉 이 텍스트를 직접 수업에 사용할 수 있다.

참고문헌

Böttger, Ilona: Pro-Contra-Debatte, in: sowi-online-Methodenlexiko (http://www.sowi-online.de/methoden/lexikon/pro-contra-debatte-boettger.htm)

Giesecke, Hermann: Methodik des politischen Unterrichts. München, 2.Auflage 1974

Gugel, Günther: Moderation. In: Kuhn, Hans-Werner/Massing, Peter(Hrsg.): Methoden und Arbeitstechniken. Band 3 des Lexikons der politischen Bildung. Schwalbach /Ts. 2000, S.113

Hops, Alexandra: Pro und Contra. In: Grundlagen der Weiterbildung (GdW-PH 23), 1997, S.1-7

Kuhn, Hans-Werner: Beginnen - Beispiele für Einstiegssituationen im Politikunterricht. In: kursiv, 2/1999, S.18-23

Kuhn, Hans-Werner: Politischer oder unpolitischer Unterricht? Rekonstruktion einer Talkshow im Politikunterricht. In: Massing, Peter/Weißeno, Georg(Hrsg.): Politik als Kern der politischen Bildung. Opladen 1995, S.161-203

Kuhn, Hans-Werner: Verschiedene Textsorten im Politikunterricht. Implikationen, Potenziale, Grenzen, In: Weißeno, Georg(Hrsg.): Politikunterricht im Informationszeitalter. Schwalbach/Ts. 2001, S.159-170

Lipp, Ulrich/Will, Hermann: Das große Workshop-Buch. Konzeption und Moderation von Besprächungen und Seminaren. 1996

Massing, Peter: Die Pro-Contra-Debatte. In: ders.: Handlungsorientierter Politikunterricht. Ausgewählte Methoden. Schwalbach/Ts. 1998, S.45-53

Massing, Peter: Pro-Contra-Debatte. In: Kuhn, Hans-Werner/Massing, Peter(Hrsg.): Methoden und Arbeitstechniken. Band 3 des Lexikons der politischen Bildung. Schwalbach/Ts 2000,. S.134-137

Massing, Peter: Pro-Contra-Debatte. In: Mickel, Wolfgang(Hrsg.): Handbuch zur politischen Bildung. Schwalbach/Ts. 1999, S.403-407

Meyer, Hilbert: Unterrichtsmethoden II: Praxisband. Frankfurt/M. 1987, S.295f.

Mickel, Wolfgang: Methodik des politischen Unterrichts. Frankfurt/M. 2.Aufl. 1969, S.74-76

Singer, Kathrin: Beredt Briten. In: Tagesspiegel vom 16.5.2001

Sutor, Bernhard: Neue Grundlegung politischer Bildung. Paderborn u.a. 1984, S.102

Weißeno, Georg: Welche Bedeutung haben Ziele und Inhalte im Handlungsorientierten Unterricht? In: Breit, Gotthard/Schiele, Siegfried(Hrsg.): handlungsorientierung im Politikunterricht. Schwalbach/Ts. 1998, S.214-225

Veser, Thomas: Reden lernen. In: Der Tagesspiegel vom 12.6.2001

찬반토론

자료 1

찬반토론을 위한 체크리스트

1. 찬반토론을 위한 제안에 대해 토의하고 최근의 정치적 논쟁거리에 대해 협의하라. 토론의 출발점으로 양자택일을 할 수 있게 표현된, 토론과제를 위한 질문을 결정하라.
2. 논쟁과 관련하여, (4명의) 전문가를 위한 역할카드를 작성하고 소집단으로 나누어서 분담하여 자료와 출연자의 전략을 준비하라(진행자, 전문가, 찬반 대변자, 역할카드, 정보자료).
3. (대변자) 질문과 (전문가) 정보를 확정하여 메모장에 기입하고 시작과 마지막 변론(대변자) 및 표결방식(진행자)을 준비하라.
4. 같은 제목 TV 프로그램의 형식화된 견본에 따라 찬반토론을 진행하라.
5. 다음의 질문에 따라 토론을 평가하여라.
   ● 출연자들의 역할태도?
   ● 갈등노선?
   ● 표결결과 처음-나중?
   ● 자체의 표결결과를 여론조사의 질문과 비교하라
   ● 개인적이고 집단적인 판단형성의 기준?
6. 대변자(내지는 청중)에 의해 언급되는 정치영역을 찾아내라.
7. 정치적 의사형성과 결정과정, 시민의 역할, 민주적인 정치체제와의 관련성을 정하라.
8. 경험한 찬반토론의 요소, 경과, 평가를 다른 정치적 논쟁에도 적용하라.
9. 찬반토론 방법과 연관되어 있는 학습가능성과 그 한계에 대해 토의하라. 정치적 판단력을 필요로 하는 경우에, 토론의 결과를 계속 적용하기 위하여 벽보에 붙여 보이게 하라.
10. 여러분의 찬반토론을 (비디오, 녹음기)로 녹화(녹음)해 두어서 "평가회", 전문적인 판단(신문논평), 시사만평과 결정게임의 대상으로 사용하라.

자료 2

검토단계를 위한 평가에 관련된 질문:

- 표결결과가 어떻게 변했는가(이전-이후)?
- 어떤 주장이 여러분에게 특히 인상적이었으며 자기입장에 대해 깊이 생각하게 하고 자기 판단을 변화시켰는가?
- 여러분이 본래의 판단을 바꾸지 않는 이유는?
- 출연자들이 그들에게 주어진 역할에서 어떻게 행동하는가?
- 주장자체, 또는 그들의 발표 방법과 노련함 중 무엇이 더욱 설득적이었는가?
- 찬반토론에서 중요한 주장 중 어떤 것이 언급되지 않았는가?
- 양 입장사이에 어떤 갈등노선을 알 수 있었는가?

자료 3

관찰을 위한 제안

소집단 1: 진행자
1. 진행자가 시작할 때 정치적 문제를 분명하게 소개하는가?
2. 진행자가 두 개의 주장을 함축적으로 설명하는가?
3. 진행자가 대화규칙을 지키고 토론을 계획대로 진행하는데 탄력적으로 대처하는가?
4. 진행자의 태도가 중립적인가 아니면 편파적인가?
5. 진행자가 어떤 정치영역을 적용하는가?

소집단 2/ 소집단 3: 찬성 대변인/반대 대변인
1. 찬성 대변인의 자기에 대한 이해의 특징(예를 들어 대변인적인 저널리즘?/능력)은?
2. 양 변론의 가장 중요한 주장을 메모하라.
3. 찬성 대변인이 질문 중에서 어떤 면을 그의 마지막변론에서 받아들였는가?

4. 찬성 대변인의 질문기법을 분석하라(두 개에서 세 개의 구체적인 예를 들어: 논박, 문의).
5. 찬성 대변인의 평가와 판단에 어떤 기준이 결정적인가(효율과 합법적인 면에서)?
6. 찬성 대변인이 어떤 정치영역을 적용하는가?
7. 찬성 대변인이 정치적 현실을 어떻게 포함시키는가(예: 자료, 사실, 인용, 프로그램)?
8. 찬성 대변인의 설득력에 대해서 어떻게 판단하는가(예: 두 번째 표결에 근거하여)?
9. 찬성 대변인이 청중을 어느 정도까지 관련시키는가(관심, 당면성, 긍정적/부정적 결과)?
10. 여러분은 찬성 대변인의 가장 강력한 주장은 어느 것이라고 생각하는가?

소집단 4 - 7: 전문가 (1에서 4명)
1. 전문가 선정이 주제관련 문제에 적당했는가 아니면 사회적인 갈등에서의 중요한 입장이 결여되는가?
2. 전문가가 그의 직업적 내지는 정치적 능력을 발휘할 수 있었는가?
3. 전문가의 답변태도에 대해 평가하라(자체 변론, 긴 독백 또는 함축적인 대답).
4. 전문가가 "어려운" 질문을 어떻게 취급 하였는가(반대 입장으로부터의 질문을 받았을 때, 잘못 받아들였을 때, 자신이 잘 모를 때 등)?
5. 전문가가 청중과 연관시키는가? 어떻게?
6. 전문가가 정치적 연관성에서 답변을 할 수 있었는가(결정과정 대 강요적인 주장)?
7. 전문가가 어떤 경험적인 연구결과를 포함시켰는가?
8. 전문가의 신뢰성과 설득력에 대해 평가하라(경우에 따라 1부터 6까지 등급을 나누어).
9. 여러분에게 전문가의 가장 강력한 주장은 무엇이었는가?

소집단 8: 방법에 관한 비판
1. 찬반토론이 여러분에게 어떤 새로운 내용, 양상, 관련성을 전달했는가?
2. 출연자가 설득력 있고 내용적으로 기초가 있게 그들의 역할을 해냈는가?
3. 대화규칙과 예정된 순서를 지키는데 문제가 되었던 단계가 있었는가?
4. 찬반토론에서 어떤 정치영역이 구체적으로 설명이 되었는가?
5. 수업에서의 찬반토론과 정치적 결정과정 사이에 어떤 연계점이 있는가?
6. 토론과제질문으로 찬반토론에 충분한 근거가 설명 되었는가(선동적, 구체적, 실제적, 정치적으로 중요한)?
7. 찬반토론이 정치수업에서의 방법으로서 향상될 수 있는가(자료선택, 준비, 평가)?

자료 4

토론을 위한 주제

제안 1: 대중교통차량 내에서의 휴대전화 금지!
　　　엑카르트 프리비스, 연맹90/녹색당의 시 참사의원

뮌헨은 앞서 간다. 바이에른 주의 수도의 버스와 지하철 내에서는 휴대전화로 전화하는 것이 수년전부터 기술상의 이유로 금지되어 있으며 현장에서도 계속 이를 받아들이고 있다. 또한 레겐스부르크에서도 버스승객에게 건강에 해가 될지 모른다는 이유로 안내표지판에서 휴대전화를 사용하지 말라고 촉구하고 있다. 특히 아동, 노인, 병자들과 같은 예민한 사람들은 대중교통차량의 특수한 상황으로 약동하는 전자파에 강력하게 노출되어 있다. 금속제의 차량케이스는 무엇보다도 소위 패러디 새장(전자파를 발견한 영국의 물리, 화학자인 패러디가 고안한 새장으로 벼락을 피할 수 있는 장치: 역자주)으로, 휴대전화를 사용할 때 승객에게 전자파가 강력하게 발산되게 한다. 이로 인해 DIN 57848(전자파에 의한 건강위험)의 한계치가 초과될 수 있다. 따라서 자발적으로 포기하도록 하소연하는 것이 아무런 효과가 없다면, 비상의 경우만을 제외하고는 대중교통차량 안에서의 휴대전화를 금지하도록 토론해야 한다!! 휴대전화 사용이 다른 사람들의 신경을 거스르기도

하지만, 자신의 건강을 위해서도, 대중교통차량을 이용하는 동안에 휴대전화를 사용하지 못해 잠깐 불편해지는 것은 받아들여지고 요청될 수 있다. 버스와 지하철에서는 흡연도 금지되어 있지 않은가!
출처: 2002년도 6월 26일자 Stadtkurier Freiburg Nr. 31

제안 2: (부당)해고금지 또는 보상: 피고용인이 선택해야 하는가?

예, 탄력성이 있어야 고령실업자를 도울 수 있다.
찬성: 뤼디거 폰 포쓰, 기민당 경제위원회 회장단회원

구조적인 실업이 꾸준하게 증가하는 본질적인 한 원인은 노동시장의 경직과 마비이다. 특히 청년과 장년 실업자는, 노동계약법이 유동적인 노동시장의 새로운 요구에 적응하게 되면 직업생활을 다시 시작하기가 수월해질 것이다. 2001년도 경제학부문의 노벨상 수상자인 마이클 스펜스 교수는 베를린에서 개최된 올해의 경제의 날 행사에서, 새로운 성장과 생산의 도약을 이루기 위해서는 노동과 자본 시장을 위한 "탄력적인 정치(Politik der Flexibilität)"를 촉구하였다. 이러한 촉구는 모든 전문가들의 일률적인 판단과 일치한다.

따라서 경제와 사회적인 요구에 새로운 비중을 두어야 한다. 이것이 성공하려면, 다른 긴박한 개혁의 맥락에서 또한 (부당)해고금지법에 대해 더욱 연구되어야 한다. 이와 같은 인식은 그동안에 하르츠-위원회(Hartz-Kommission)에서 관철되었다. 이에 부응하는 입법절차에는 다음과 같은 요소가 포함되어야만 한다.

- 현대적이며 계몽된 해고관련법은 고용증대와 사회보장을 위한 기회와 서로 연관되어 있어야 한다.
- 고용인과 피고용인은, 동시에 보상을 규정하는 정리해고가 가능한, 고용계약을 체결할 수 있어야 한다. 이에는 근속기간은 물론 일자리 상실도 적절하게 고려되어야 하며 경제적이며 사회적인 이성의 테두리에서 합리적인 보상이 이루어져야 한다.
- 법적으로 명료해지고 "보상으로 인한 도박"이 끼어들지 않기 위해서, 보상최고액은 법적으로 규정되어 있어야 한다.
- 정리해고에 있어서 사회적인 선택을 할 때, 기업고용기준, 연령과 가족부양 의무여부를 고려해야 한다.

● 특히 중소기업이 새로운 일자리를 창출할 수 있기 때문에, "기업위임조항"을 신설하여, 고용인이 20명 이상이고 2년 이상 존속된 기업에만 (부당)해고금지법이 유효하게 해야 한다.

기민당이 선거프로그램에서 결정했던 "야당해결책"을 보호하면서 임금률규정은 개방되어야 한다. 노동을 위해 더 많은 기업동맹이 있어야 일자리를 보호되면서 복지상태를 만드는 노동시장의 역동적인 길이 열린다.
출처: 2002년 6월 25일 Rheinischer Merkus Nr. 30/2002

자료 5

제안 2: (부당)해고금지 또는 보상: 피고용인이 선택해야 하는가?

아니다, 이는 기업의 횡포에 문을 열어 주는 격이다.
반대: 우어쥴라 엥엘렌-케퍼, 독일 노동조합연맹의 대표회장

(부당)해고금지의 중지에 관한 토론은 노동조합을 기득권을 고수하려는 기관(Besitzstandwahrer)으로 여겨 그 신뢰를 떨어드리고자 종종 이용된다. 그렇지만 "(부당)해고금지 또는 보상"과 같은 예에서 그러한 비난이 근거가 없다는 것이 드러난다. 객관적으로 보면, 위장전투를 다루고 있다. (부당)해고금지를 높은 실업률에 대한 근거로 책임이 있게 만들려고 시도한다. 연방의회의원 선거를 바로 앞두고 "노동시장의 쇠사슬을 풀자"는 의미로 (부당)해고금지법을 약화시키면 좀 더 많은 일자리가 창출될 것이라고 제안했다.

이에 대한 증거는 지금까지 밝혀지지 못했다. 오히려 그 반대임이 입증되었다. 1996년부터 1998년까지의 제한조치에도 불구하고 실업율은 계속 상승되었다. (부당)해고금지가 취업의 제동이라는 주장은 객관적으로 맞지 않는다. 이는 또한 노동시장에 있어서 오늘날의 심한 변동이 증명한다. 고용자협회의 설문조사조차도 고용기준으로는 (부당)해고금지가 아니라 능력이 첫째임을 보여주었다. 기간이 제한된 고용이라는, 부담을 덜 수 있는 가능성을 전부 다 써버린 적이 한 번도 없었다는 것도 침묵해서는 안 된다.

고용기회의 확대를 위한 작용이 좀 더 문제가 된다면, 왜 하필이면 (부당)해고금지의 중지인가? 독일노동조합연맹은 (부당)해고금지가 전체 노동권의 기본적인 버팀목이기 때문에 이를 유지하고 발전시키고자 노력한다. 그것은 적어도 피고용인의 요구를 관철하기 위한 기본적인 전제조건이다. (부당)해고금지는 임의적인 선택이 아니다. 왜냐하면 이것은 피고용인 보호 훨씬 그 이상이다. 고용주가 예견되는 인사정책을 할 수 있기 때문에 (부당)해고금지는 실업을 막는다. 여기에 실업을 극복하기 위한 본질적인 결정 포인트가 있다. 그것은 하르츠위원회의 중심적인 제안에서도 나타난다.

구체적인 제안에 대해 말한다면, (부당)해고금지를 보상요구권으로 대체하기를 원한다면 다음과 같은 근본적인 잘못된 결정을 한 것이다. (부당)해고금지는 해고를 못하게 하지는 않는다. 이는 단지 고용주가 임의로 해고할 수 없으며 해고에 정당한 근거가 있어야만 한다는 것을 의미한다. 그 근거가 없거나 불충분한 경우에만, 보상액을 지불하고 고용관계를 종결할 수 있는 가능성이 고려된다. 그리고 여기에 바로 두 번째 잘못된 진술이 숨어있다. 피고용인이 돈을 탐하기 때문이 아니라 고용인이 해고근거를 찾을 수가 없기 때문에, (부당)해고금지에 관한 소송이 보상지불로 끝난다는 것이다. 이제 (부당)해고금지를 근본적으로 보상에 의해 대체할 가능성이 열리게 되면 고용인은 언제든지 해고할 수 있을 것이고 마음대로 횡포를 부릴 수 있게 될 것이다. 이에 반해 피고용인은 법적으로 보호를 받지 못하고 개인의 생애에 대한 계획이 불가능하게 된다.

그러한 경우에 자유롭게 결정하는 것은 물론 더 이상 화제가 될 수 없다. 분명히 이야기하자면, 보상규정에 대한 고용주와 피고용인 사이에 자율적인 협정은 이미 오늘날도 가능하다. 그렇지만 (부당)해고금지법이 없이 우리는 기업에서 사회적으로 기울어진 형편에 처하게 되고, 일하는 동기와 경제적인 발전에 대해 전반적으로 부정적으로 작용한다. 그리고 이는 근거가 없다.

출처: 2002년 6월 25일자 Rheinischer Merkur Nr. 30/2002

시민교육방법트레이닝

계획 게임과 결정 게임

페터 마씽(Peter Massing)

계획 게임

역사

계획게임은 원시적인 전략적인 게임으로 오랜 역사를 가졌다. 그 기원은 기원전 3000년경까지 거슬러 간다. 계획게임은 결과적으로 특히 군사적인 목적으로 사용되었으며 군대의 "모래상자게임"을 거쳐 계속 세련되어졌다. 제1차 세계대전 후에 개별적으로 사용되었으며, 제2차 세계대전 후에는 보강되어 "사업-경영-트레이닝"의 분야에서 사용되었다. 6,70년대에 계획게임은 먼저 미국에서, 그 다음에는 영국에서, 그리고 결국에는 독일에서 크게 붐을 이루었다. 이 시기에 계획게임에 관한 수많은 책이 집필되고, 또한 가장 중요한 이론이 발전되기 시작한다. 당시의 긍정적인 반응이 그동안 사라졌음에도 불구하고 계획게임은 오늘날 경제분야의 지도자 연수 및 교육에 확고한 구성의 일부분에 속한다. 경영지도자들의 기업가적인 결정태도를 훈련하는 것이 그 본질적인 목표이다(Keim 1992, 27이하).

사회과학과 마찬가지로 정치학에서도 특히 정치협상과 국제관계에서 시뮬레이션과 계획게임이 더욱 중요해지고 있다. 독일은 아직 계획게임에 있어서 "개발도상국"으로 여겨진다(Herz/Blätte 2000.1).

50년대 이후로 학교교육학에서는, 특히 영어권지역에서 계획게임에 대하여 관심을 갖게 되었다. "모방게임(Simulationsspiele)"이란 상위개념 하에서 이 방법은 여러 과목(역사, 지리, 일반사회 등)에서 시도되었다(Silkenbeumer/Datte 1975, 42).

60년대에 계획게임은 정치교육의 분야에도 도입되지만 주로 성인의 정치교육에 사용되었다. 학교영역에서의 계획게임방법은 독일에서 전통이 거의 없는 것과 마찬가지이다. 또한 계획게임이 성공적으로 도입될 수 있음이 대부분의 교사에게는 아예 알려져 있지 않다. 역할게임과는 달리, 계획게임이 정치학습에 매우 적절한

계획 게임과 결정 게임

방식임에도 불구하고, 정치수업에서는 거의 사용되지 않는다.

개념

학교와 정치수업에서 계획게임을 다룰 때, 문헌에서 여러 가지의 정의로 표현되는 개념의 불명료함으로 인하여 불안하게 된다. 특히 다음과 같이 정의가 내려진다. "계획게임은, 어떤 생각 상태, 어떤 상황, 또는 어떤 경우에 어떤 해결책 또는 목표를 찾는 게임을 의미한다"(Henning 1988, 255). "정치교육영역에서는 일종의 결정게임으로 이해된다"(Silkenbeumer/Datte, 42), "계획게임은 결정과정이 모방되는 게임모델이다" (Kaiser 1973, 76).

앞으로의 기술에 기초가 될, 저자의 견해에 따라 가장 설득력 있는 정의는 힐버트 마이어(Hilbert Meyer)에서 찾을 수 있다. 즉 "계획게임은 (...) 복잡하게 만든 역할게임으로 분명하게 서로의 이익이 충돌되며, 이 가운데 결정을 내려야 하는 강한 압박감을 준다."(Meyer 1987, 366).

계획게임의 특징

힐버트 마이어의 정의에서는 무엇보다도, 역할게임과 계획게임사이의 차이를 이론적으로 만족할 만큼 규정하는 것이 어렵다는 것이 분명하다. 계획게임과는 반대로 역할게임에서는 모방된 환경이 없다. 그럼에도 불구하고 경계가 분명하지 않다. 계획게임에서도 역할을 맡은 사람들은 일정한 사회적인 역할을 맡았고 확정된 규칙의 테두리 내에서 행동해야 하기 때문이다. 계획게임에서의 역할은 역할게임에서의 역할과 구별된다. 역할게임에서 역할을 맡은 사람들이 일반적으로 특정한 사람들, 즉 어머니, 아버지, 교사 또는 경찰역할과 동일시되는 반면에, 계획게임에서의 역할은 우선적으로 한 사람이 아닌, 특정한 입장, 예를 들면, 의회의 결정에 따라 연방헌법 제218조로 소환하기를 원하는 입장을 나타내거나 정치적인 기구, 조직 또는 이익단체, 즉 연방헌법재판소의 역할, 또는 기업경영자 내지는 경영협의회의 역할을 대표한다. 물론 이러한 역할들은 항상 사람과 결부되지만 - 단지 사람들만이 역할이 있기 때문에 - 그 사람, 그들의 의견, 그들의 느낌 또는 그들의 행동이 여기서 주로 역할을 통해 표현되는 것이 아니라 특정한 정치적/사회적 단체의 입장, 어떤 기구나 조직의 태도나 행동이 표현된다. 이를 통해 역할태도는 상당히 공식화되어 역할을 맡은 사람들에 의해 표현되어야 한다. 그럼에도 불구하고 계획게임에서 역할을 맡음으로서 모방된 행동과 생활세계는 실제 삶에 가깝게 그리고 인간적으로 적당히 심리적이 되고 극적으로 표현된다. 역할을 맡은 사람들은 행동하는 주체로서 적극적이고 직접적으로 게임현장에 참여할 수 있어서 사회적인 세계와 정치적인 현실은 더 이상 거리를 둔 관찰과 조사의 대상이 아니다. 물론 개인적인 역할해석을 위한 활동의 여지는 역할게임과 비교하면 상당히 미미하다. 따라서 계획게임은 역할이해의 관점에서 본다면 오히려 사회적인 학습의 분야보다는 정치적 학습 분야에 해당한다.

계획게임은 모방게임으로서 역할게임과 유사하게, 모델의 성격이 있다. 모델로서 다음과 같은 특정한 요구사항을 충족시켜야 한다.

첫째, *대표*에 대한 요구사항. 모델은 모방, 복사 또는 "무언가"의 대표, 본래의 시스템을 대신하는 대체시스템이다. 경험적인 대상(실제모델) 또는 이상적인 형상(이상모델)을 대신한다. 모델은 또한 순수하고 단지 창안된 표상의 세계를 나타낼 수 있다(허구적인 모델). 계획게임과 모방은 허구적인 모델로 비록 "창안된" 것이지만 원칙적이고 구조적인 유사성이 그 핵심에서 실제적인 경험세계와 일치해야 한다.

둘째, 축소에 대한 요구사항. 모델은 단축되고 간략하게 된 표현된 것이다. 이에는 단지 어떤 부분, 특성 또는, 고안자에 의해 중요하게 평가되는 전형적인 면이 포함된다. 이 복잡성의 축소는 수업계획수립과 마찬가지로 근본적인 것을 부각시켜야 한다. 현실이 지나치게 간략하게 되어 잘못 인식되지 않도록 유의해야 한다.

요약하면, 계획게임은 정치수업에 유용하다는 것을 의미한다. 계획게임에는 그 배경, 테두리, 대상이 되는, 복잡한 정치-사회적으로 중요한 관련성이 몇 개의 전형적인 데이터, 구조, 조건, 의향과 행동과정으로 축소된다. 그러나 근본적인 특성이 포함되어 있는, 단순화된 현실의 모델이 생겨난다. 계획게임의 목표는 복잡한 정치적/사회적 현실, 접근하기 어려운 관련성과 과정을 알아볼 수 있게 하고 이로써 투명하게 만드는 것이다. 이에 계획게임은 전체적으로 역할게임보다 복잡하다. 좀 더 많은 시간, 좀 더 많은 공간과 자료, 그리고 일반적으로 더 많은 참여자들을 필요로 한다.

계획게임의 대상

정치수업의 계획게임대상은, 실제적이거나 허구적인, 현재, 과거의, 또는 선행된 갈등으로부터 미래에 있게 될 "객관적인 갈등"의 결과가 나타나는, 정치적 결정과정이다. 결정과정은 계획게임을 통해 반영되어야 할 정치적 현실을 나타내는 것이 특징이라는 데서 출발한다면 이는 다시 계획게임과 정치학습이 아주 가깝다는 것을 알 수 있다. "결정과정"의 대상은 계획게임의 구조와 경과의 조건이 된다. 결정과정에서, 맡은 역할이 속한 이익단체의 입장에서부터 사회적, 정치적 문제와 갈등이 게임에 "녹아"든다. 즉 결정게임에서는 갈등을 놔두어야 하는가, 더 이상 놔두어서는 안 되는지, 아니면 그저 그렇게 용해되어야 하는지에 대한 결정을 해야 한다. 갈등은 집단별로 감당되며 이는 원래 결정하도록 주어진, 커뮤니케이션과 상호활동의 과정을 필요로 한다. 각 입장을 관철하기 위해 특정한 전략과 전술을 발전시키고 단체의 타협준비의 정도를 결정하며 집단입장의 "핵심"을 확정하는 것이 중요하다면, 커뮤니케이션 과정은 각 게임집단 내에서 일어난다.

참여한 집단들이 상대방과 그 전략을 알고, 그 반응을 테스트하거나 용인하며, 다수결을 위한 동맹파트너를 얻고자 노력한다면, 상호활동과정은 참여집단사이에 일어난다. 계획게임은 자체 집단 내에서의 결정, 개별 집단 간의 결정, 갈등 내지는 문제 자체에 대한 결정과 같은 결정의 사슬을 포함한다. 이러한 모든 결정에 대하여, 탄력적으로 대응해야 하는 새로운 결정상황이 항상 생겨난다. 이러한 방식으로 개개인에게도 결정의 결과가 가시화된다.

계획게임에서 행동한다는 것은 무엇보다도 문제를 분석하고 대안을 평가하며 전략과 전술을 개발하고 설정한 목표를 실현하기 위한 결정을 내리는 것을 말한다. 따라서 계획게임은 일반적으로, 공식화된 정치과정 및 시스템구조가 분명해지는 곳, 즉 개개인이나 집단이 주어진 구조와 시스템에 의존하는 것이 구체적으로 설명되며 이익의 상황, 권력구조와 결정에 대한 강제성을 분명히 들여다보아야 하는 곳에서 사용될 수 있다.

따라서 계획게임은 항상 문제와 지식을 중심으로 한다. 게임과정에 필요한 지식과 사실은 참가자들이 게임을 하는 동안에 습득하게 된다. 그 다음에는 계획게임에, 학습과정에 맞게 구성된 지식전달 단계를 삽입하는 것이 필요하지만 또한 사전에 교과과정에서 학습한 전문지식을 빈틈없이 꼼꼼하게, 행동에 관련하여 평가하고 응용하게 해야 한다.

목표만을 본다면 계획게임은 정치수업의 가장 중요한 방법 중 하나인 것 같다.

그렇지만 주의해야 한다. 정치수업에 계획게임을 사용한다는 것은 또한 일련의 위험과 결부되기 때문이다. 항상, 계획게임이 무비판적으로 현실에 적용되거나, 이 게임에서 고려되지 않고 남아 있는, 일련의 요소들이 유입된, 정치적 현실의 잘못된 이미지가 전달되는 경향이 있다.

계획게임의 일반적인 목표

게임의 참가자들이 지식전달의 다른 형태처럼 수동적으로 듣지 않고 모든 활동지향적인 방법에서와 같이 적극적일 수 있기 때문에, 계획게임은 먼저 학습동기를 높인다. 그렇지만 계획게임은, 주어진 학습소재가 전통적인 전면수업과 단순하게 다른 방식으로 전달되는 것보다 훨씬 더 많은 것을 성취한다. 한편으로는 계획게임에서 위험부담이 없이, 다른 방법에서는 할 수 없는 경험을 할 수 있다. 또 다른 한편으로는 모범적으로 복잡한 시스템을 다루는 연습을 할 수 있다. 물론, 계획게임을 바람직하게 진행하기 위해 필요한, 참가자들의 지식수준과 이에 요구되는 작업능력을 과대평가하는 위험이 있다. 이로 인해 결국에는 계획게임이 실패하거나, 너무 단순하게 되어, 계획게임이 정치학습에는 비생산적이 될 수 있다. 또 각각의 개별집단사이에 불균형이 초래될 수도 있어 계획게임의 결과에 상당한 영향을 미치게 되고 현실과 비교하여 볼 때 변조되기도 한다.

정치수업에서 계획게임은 참가자들에게 비판능력과 참여할 준비를 시켜주는 대신에 완전히 반대결과로, 즉 피할 수 없어 보이는 시스템의 강요에 적응하거나 체념하게 하기도 한다.

계획게임의 질과 정치수업에서의 그 의미는 근본적으로 그 준비를 얼마나 신중하게 하는가, 그 이행의 방식과, 무엇보다도 이어지는 평가의 비중에 달려있다.

정치수업에서 계획게임의 대상이 "정치"이며 무엇보다도 "정치적인 관점"을 획득하는 것이라 할지라도, 수업에서 게임자체는 먼저 사회적인 학습과정이다. 감정적인 인물과 관련되고 이성적인 대상에 연관되는 요소의 혼합체라고 할 수 있다. 그렇게 최소한 세 가지 분야에서 다음과 같은 지식, 통찰력, 능력을 획득하고 개발하며 확인할 수 있다.

정치적인 분야
- 관청, 정당, 이익단체와 기관의 조직구성과 관리체재에 대한 지식
- 정치의 복잡성과 정치가 종종 그 해결책이 없는 진퇴양난의 상황에 처하게

된다는 문제에 대한 통찰력.

통찰력은
- 상호활동공간과 역할분배가 사회적으로 제약되며,
- 어느 정도로 이익을 인식하고 관철하는 것이 특정한 정치적 상황에서 가능한지,
- 이론적으로 발전된 해결책을 현장에서 시행하는 어려움에 대해, 그리고
- 어느 정도로 커뮤니케이션, 상호활동, 협력과 타협능력이 효율적인 정치적 행동의 전제가 되는가에 대한 것이다.

개인적인 "정치적" 능력에 관한 분야

여기서 참가자들이 획득하고 개발하고 시험해볼 수 있는 모든 종류의 능력은 다음과 같다.
- 갈등해결
- 자기의 이익상태에 대한 인식
- 이익대립의 인식
- 상황분석
- 문제에 대한 정의
- 자체 목표의 표현
- 당위와 상태의 분석(Soll-Ist-Analyse)
- 어떤 목표가 현실화될 수 있는지에 관한 결정
- 정치적 관련성에 대한 통찰력
- 정치적 결정과정의 경과에 대한 통찰력
- 자립적인 결정
- 자립적인 결정의 결과수용

사회적 학습의 분야
- 갈등상황을 다룰 수 있는 능력
- 절망에 대한 인내훈련
- 정보를 받아들이고 평가하는 능력
- 문제해결능력 개발
- 유대적인 태도의 개발

● 협조능력의 개발
● 사회적인 감수성과 커뮤니케이션능력의 개발
● 결정과 행동능력의 개발
● 대안을 생각할 준비와 능력의 개발
● 자기 주도권을 개발하고 이를 실현할 수 있는 길을 찾을 준비와 능력의 개발
● 다양한 사회집단과 협력할 준비와 능력의 개발

이러한 목표가 활동지향적인 방법과, 정치수업에 모방과 계획게임을 사용함으로써 가능한 성과라는 것은 본래 언급할 필요가 없다. 어느 것이 사실상 실현되는지는 많은 요인에 달려 있다. 즉 교사, 학생, 학교의 기구적인 조건, 그리고 물론 얼마나 자주 이 방법이 다른 과목에서도 사용되었는지에 달려있다.

계획게임 도입의 어려움

계획게임을 정치수업에 도입하는 데 있어서 다음과 같이 여러 차원에서 어려움이 있을 수 있다.

교사 차원

교사는 일반적으로 계획게임에 대한 경험이 적다. 그들 자신의 학생시절에나 교사교육을 받을 때에도 그들은 구체적인 계획게임에 대해서 배우지 못했다. 그래서 그들에게는 중요한 직관과 실용적인 확신이 없어서 계획게임이 더욱 어렵게 보인다. 교사들을 위한 개발교육 및 연수의 경험을 통해, 교사들이 스스로 실제적인 게임경험을 수집할 수 있다면 비로소 계획게임방법을 수업에 도입하고자 하는 마음이 생긴다. 교사가 되고자 하는 사범대 학생들이 그 과목교수법적인 대학교육과정에서 그러한 방법들을 경험할 수 있다면, 이를 수업에 사용할 준비가 된다. 그럼에도 불구하고 다시 유보하기가 쉽다. 특히 몇몇 김나지움(인문계 고등학교)의 교사들은 그런 방법들을 일반적으로 "행동주의자들의 겉치레"로 여겨 제외시키는 경향이 있다. 그들은 그들의 눈에 학교의 형식과 학년에만 적당하게 보이는 "언어적–추상적" 수업을 선호하며 활동지향적인 방법의 사용에 대해 거의 설득되지 않는다. 그들의 본질적인 주장은 이런 방법을 통해서는 너무 적은 내용이 전달된다, 짧게 말하면 "배우는 것이 너무 적다"는 것이다. 이런 주장 이면에는 텍스트로 학습하고, 대화식 수업 같은 "전통적인 수업"이 효과적일 것이라는 신념이 있다. 실제로 이는 단지 "신념"에 불과하다. 왜냐하면 활동지향적인 방법에 대한 질적인

수업연구의 몇 개 안되는 결과가 오히려 그 반대를 증명하기 때문이다.

다른 교사들은 방법에 대해 흥미롭게 생각하지만 그들의 학생들을 신뢰하지 않는다. "계획게임은 재미있지만 제 학생들은 할 수 없어요. 그들은 경청할 수 없고 자립적이지 않으며, 토론할 수 없어요." 이제 계획게임이 자립성, 협력할 수 있는 능력, 대화분야에서 높은 수준을 요구한다는 것은 비교적 논란의 여지가 없다. 그렇지만 학생들은 그러한 요구사항을 종종, 교사들이 추측하는 이상으로 충족시킨다. 수업진행을 포함하는, 교사를 위한 개발교육코스에서 교사들은 그 학급의 학생들의 능력이 갑자기 발전한 것에 대해 매우 놀라는 일이 드물지 않다고 하였다. 그러나 이것이 우연이 아니라면, 계획게임방법을 포기하지 않도록 조언한다. 그렇지 않으면 사람들은 순환논증(Circulus vitiosus)에 쉽게 빠져 버린다. 즉 학생들이 방법-, 사회-, 대화능력이 없기 때문에 교사들은, 합당한 방법을 사용하는 것을 두려워한다. 학생들이 이를 습득할 수 없게 되는 운명적인 결과가 따른다. 이러한 악순환은 활동지향적인 방법을 도입함으로써만이 깨뜨릴 수 있다.

학생 차원

학생들은 계획게임의 실행을 위해 방법적이고 사회적 의사소통능력을 필요로 한다. 이러한 능력을 충분히 갖고 있지 않다는 느낌은 때때로 거부반응과 의욕상실로 이어질 수 있다. 일반적으로 활동지향적인 방법을 수업에 도입할 때는 학생들의 연령을 고려해야 한다. 특히 사춘기의 시기에는 어려울 수가 있다. 청소년들은 이 시기에 종종, 다른 사람 앞에 자신이 "연출되는 것"을 예민하게 받아들인다. 여기서도 결국 경험만이 도움이 될 수 있다. 계획게임을 통해 성적이 우수한 학생들과 성적이 열등한 학생들 사이의 차이가 더욱 분명해진다면, 더욱 어렵게 될 수 있다. 예를 들어, 전부 학급에서 성적이 가장 우수한 학생들로 구성되어있는 집단들만이 자기의 주장을 관철할 수 있다면 상황이 어렵게 된다. 이로 인해 일반적으로 다른 학생들은 좌절하고 무관심하게 된다. 따라서 교사들은 집단구성을 우연에 맡겨서는 안 된다.

계획게임의 개념으로 인해 학생들에게 "오락적인" 면이 너무 강조될 수 있어서, "오늘은 놀고 다음 주는 다시 정식 수업을 한다."는 모토에 따라 수업전체가 진지한 성격을 띠지 못하게 될 수도 있다. 따라서 계획게임은 단독으로 이행되어서는 안 되고 한 수업단원에 결부되어 그 전단원에 있어서 계획게임의 기능에 대해 반복 설명되어야 한다.

계획게임의 차원

계획게임을 수업에 도입하는데 있어서 상당한 어려움은 계획게임자체에 있다. 첫째로 특수한 정치적 테마에 대한 계획게임은 별로 없으며(경제적인 테마가 아주 많다), 둘째로 시장에서 구입할 수 있는 계획게임은 종종 너무 광범위하고 전문적으로 세분화되어 있어서 학생들에게 부담이 된다. 또한 컴퓨터로 지원되는 계획게임의 종류는 현재 오히려 이 방법이 일반교육을 감당하는 학교에서는 도입할 수 없게 만든다. 그러므로 하인쯔 클리페르트(Heinz Klippert)는 계획게임제작자들에게 "확실히 단순화하도록" 촉구한다. 그러나 게임모델을 현실에 가깝게 하고자 한다면, 수많은 정보와 의존성, 대안들을 얻을 수 있지만, 학교라는 조건에서는 거의 실행될 수 없게 되는 딜레마에 부딪친다. 반대로 취급이 쉬워지면, 계획게임이 너무 단순해져서 정치적 현실성이 결여될 위험이 있다. 물론 최근에 개발된 수많은 계획게임은 학교수업에 사용하기에는 너무 복잡하고 소모적이다. 이를 극복하는 한 가지 방법은 교사들이 직접 계획게임을 구성하는 것이다. 이에 관한 몇몇 문헌이 있지만 게임자료들의 제작이 일반적으로 너무 소모적이어서 선의를 품은 교사들은 놀라게 된다. 한 가지 가능성은 다른 교사들과 함께 여러 날 진행되는 개발 교육행사를 이용하여, 그들과 함께 공동으로 연결하여 수업에 시도해보고 경우에 따라서 수정될 수 있는, 계획게임을 개발하는 것이다. 그러나 관심 있는 교사들이 시험해보고 실제적인 계획게임을 가능한 한 완벽한 형태로, 또한 가능한 한 저렴한 가격으로 구입할 수 있어야만, 아마도 계획게임방법이 광범위한 효과가 가져올 수 있을 것이다.

학교라는 기관의 차원

계획게임을 실행함과 동시에 전통적인 수업에 대한 고정관념이 깨어진다. 즉 관습적인 좌석배치 해체, 좀 더 많은 공간에의 학급배치, 겉모양뿐인 학과 구분의 철폐, 상호활동과 행동으로 인한 소음. 이는 학교지도부, 동료, 학부모 또한 학교 감사회의 의례적인 학습이해와 드물지 않게 충돌한다. 또한 정상적이고 조직적인 학교의 흐름을 "방해"한다. 이 방법을 결정한 교사들은 갈등이 있을 것을 예상해야 하며 자신을 정당화할 수 있도록 준비해야 한다. 그렇지만 경험에 의하면 실제적인 갈등은 일반적으로 기대하고 두려워하던 예상 밖으로 극복된다. 그러나 계획게임이 조직적인 수업의 일상에 적응하는 것은 어렵다. 계획게임이, 프로젝트의 날, 프로젝트 주, 또는 학교행사에 사용되지 않는 다면, 계획게임은 최고 6 내지

8 시간의 수업으로 단축되며, 정상적인 수업경과(일주일에 한 시간, 최대한 한 번은 2 시간)에 적응하도록 그 순서나 단계가 나누어져야 한다.

조직적인 진행

준비단계
준비단계는 다음의 세 부분으로 나눠진다.
- 게임도입
- 정보단계
- 숙련단계

교사가 게임을 준비한 후에(게임, 정보자료 준비, 합당한 공간준비, 소집단작업 공간, OHP, 비디오 등과 같은 부가자료), 계획게임을 소개하는 시간을 갖는다. 무엇에 관한 것인지, 어떤 역할이 계획되었는지, 어떤 집단이 있는지, 게임의 경과는 어떤지, 계획게임과 수업단원의 관련성이 어디에 있는지에 관해 설명한다. 이 시간은 신중하게 준비되어야 하며 시간적으로 촉박하게 계획되어서는 안 된다. 여기서 생겨나는 오해는 전체 게임이 경과하면 없어진다고 증명되었다.

다음과 같은 예를 들어 분명하게 살펴보자.

> 김나지움 13학년의 한 수업단원에서 연방의회에 의한 제218조에 관한 법의 가결에 따른 기민당 계파에서의 결정과정이 다루어진다. 연방의회의 다수는 계파가 해야 하는 강제성이 없어진 후에 계파를 넘어서는 집단신청을 하고자 결정하였지만 기민당/기사당 계파의 소수만이 집단신청에 동의하였다. 계파의 다수는 이 법에 반대하고 이를 헌법에 저촉된다고 여긴다. 여기서 결정되어야 할 질문은 "기민당이 연방의회의 결정에 따라 연방헌법재판소에 제소할 것인가?"이다. 원내에는 여러 가지 입장이 있으며 세 명이 제소에 찬성하고 세 명은 반대이다. 물론 이유는 서로 다르다. 회의단계는 이미 이전 시간에 준비되었고 이제, 결정이 내려져야 할, 회의단계 자체가 되었다.
>
> 교사: 자, 먼저 인사부터 나눕시다. 안녕하세요. 여러분은 오늘은 모든 상황이 다르다는 것을 알게 됩니다. 그러나 저는 우리가 잠시 후면 그것을 잊어버릴 수 있다고 생각합니다. 직접 부딪쳐서 사건에 집중하도록 합시다. 여러분은 역할게임의 증인들이 될 것입니다. 모방된 역할게임, 모방된 결정과정. 그러나 우리가 이 결정과정을 생생하게 체험할 수 있는 장점이 있습니다...

교사가 "역할게임"이라고 했다가 바로 "모방된 역할게임"이라고 하고 다음에 모방된 결정과정이라고 언급하였다. 이 개념상 불명료함은 한편으로는 학생들로 하여금 무엇에 관한 것인지 분명하지 않게 만들며 또 다른 한편으로는 "게임"의 진지함이 문제시되어 여기서 단지 "놀게 된다는" 잘못된 해석을 뒷받침하게 된다.

> 교사: ...여러분에게 이제 10분간 토론을 준비할 수 있는 시간을 드리겠습니다. 여러분들이 아시겠지만 상황을 다음과 같습니다. 기민당/기사당 계파에는 이 결정과정을 인도하고자 하는 6명의 연방의회의원이 있습니다. 표결은 3대3입니다. 오늘은 결정을 내려야 합니다. 즉 여러분은 다음 문제에 대해 생각을 해야만 합니다. 어떻게 주장할 것인가? 어떻게 여러분의 입장에 다수가 찬성하게 만들 것인가? 언제 여러분이 실제적으로 여러분의 주장을 하며, 어떤 전략을 개발할 것인가? 그리고 어디서 여러분 자신이 타협을 할 수 있을 것인가? 어디서 다른 의견과 절충을 할 수 있을 것인가?

교사는 여기서 게임을 하는 학생들에게 생각하고 고려해야만 하는 가장 중요한 과제에 대해 지시한다. 결국 여기에 게임의 성공여부가 달려있다. 수만 세는 것은 의미가 별로 없다. 학생들은 게임이 추후에 보여주듯이 이 과제를 대부분 다시 잊어버렸다. 즉 게임에 대한 설명에 신중을 기하며 학생들이 신중하고 지속적으로 게임에 집중하는 것이 아주 중요하다. 마찬가지로 중요한 것은 무엇에 관하여 결정을 내려야 하는지 다시 한 번 분명하게 해야 한다는 것이다. 결정의 대상은 교사에 의해 더 이상 언급되지 않았다. 이에 대한 결과로, 결정이 내려져야할 다음의 "회의"에서 주로 제218조에 대한 개개인의 입장에 대해 토론하고, 연방헌법에 제소해야 하는지 말아야 하는지에 대해서는 토론이 이루어지지 않았다.

계획게임의 단계

시기 (6시간)	시간	단계구분	
		부속단계	*주요단계*
	1 시간	게임설명 정보단계 숙련단계	준비단계

	1 시간	의견과 의사형성과정	게임단계
	1 시간씩 2 번 또는 한번에 2 시간	상호활동단계	
	한번에 2시간	응용단계 (회의-, 결정단계)	
		객관적인 숙고단계 내용, 방법적 평가단계	검토단계

 이어지는 정보단계에서 학생들은 첫 번째 방향으로 문제개요를 읽고 갈등과 그 배경 및 계획게임의 목표에 대한 정보를 얻는다. 이후에 게임집단이 형성된다. 이미 언급한 바와 같이 집단이 우연히 생기게 해서는 안 된다. 한편으로 성적이 골고루 섞인 집단을 형성하는 것이 중요하며, 또 다른 한편으로는 모든 계획게임에서는 그 성공여부가 달려있는 "중요 집단", 즉 기업지도층, 진행자, 총회장, 의장 등이 있다. 교사가 그러한 역할을 스스로 맡지 않으려면(차선의 해결책으로), 특히 능력 있는 학생들에게 맡겨야 한다.
 숙련단계에서 집단구성원은 집단특성과 역할특수적인 정보에 정통해야 한다. 그들은 앞으로 있게 될 이해관계질문에 대해 집단에서 또는 교사에게 질문을 함으로써 해답을 분명히 찾고, 추가로 준비된 출처의 정보(사전, 안내서 등)를 이용하며, 다시 한 번 계획게임의 구체적인 진행에 대하여 준비한다.

게임단계
 게임단계는 계획게임의 중심이며 다음의 3단계로 나누어진다.

의견과 의사형성단계
 집단 내에서 이루어지는 이 단계에는 한 시간의 수업이 배정된다. 집단구성원은 그들의 역할상황, 그 목표, 관심에 대해 이미 작업한 정보를 배경으로 토론한다. 계획게임의 이 순서에서는 수동적인 지식으로부터 적극적이고 취급가능하며 활용

가능한 지식이 나와야 한다. 집단은 목표들을 정하고 이에 순서를 매기며 이 목표들을 이루기 위해 전략을 구상하며 타협의 가능성과 한계를 정한다. 결과는 간단하게 서면으로 기록해 두어야 한다. 추가적으로 집단토론 경과를 기록하여 서류화해두면 의미가 있다(녹음도 가능하다). 어려움, 부족함, 불명료함은 추후에 재구성할 수 있다.

교사는 여기서 무엇보다도, 도움이 필요할 때 요청할 수 있는 상담가와 전문가의 기능을 갖는다.

상호활동단계

이 단계에서 학생들은 특히 적극적이다. 그래서 게임단계의 이 순서에서는 특히 시간이 많이 소요된다. 다른 게임집단과 연락을 하고 그들과 협상을 하며 동맹파트너를 찾고 자기 집단으로 귀환하고 협상의 관점에서 집단전략을 검토하고 수정하는 작업이 항상 분담하여 병렬로 진행되지 않고 종종 시간적으로 순서대로 진행될 수 있다. 교사들은 이 단계에서 무엇보다도 관찰자가 되어야 한다. 물론 집단들이 모두 빠르게 타협을 하거나 현실과 거리가 멀게 해결책을 찾는 것이 분명하다면 교사들은 사건카드의 도움을 받아 과정을 조정하기 위해 개입할 수 있다. 특히 이 단계에서 2시간이 연속으로 주어진다면 상황이 개선된다. 비상의 경우에는, 비록 두 시간 사이에 상당히 긴장이 풀리게 되고, 두 번째 시간에 다시 협상상황에 옮겨지는 것이 학생들에게 어렵게 느껴진다 할지라도, 이 단계를 각 한 시간씩 두 번으로 진행할 수 있다.

계획게임의 이 부분은 작업 기술을 습득하고 사회 의사소통능력을 획득하기 위해 특별한 의미가 있다. 이 단계는 물론 투명하지 않다. 종종 교사에 의하여 계속적인 관찰 또는 비디오나 녹음기에 의한 기록이 거부되기도 한다. 또한 기록해 두는 것이 어렵기도 하다. 따라서 게임을 평가할 때, 이 단계에 대해 별도로 이야기하게 하고 학생들의 피드백을 통해 이 단계에서의 활동상황을 파악하는 것이 의미가 있다.

상호활동단계가 끝날 때에는 집단입장에 대하여 최종적으로 설명하고 다음 응용단계를 위한 전략을 확정한다.

응용단계

이 단계에서는 각 집단에 의해 지정된 집단대변인이 그 입장, 주장, 해결제안을 발표한다. 종종 회의형태(회의단계:Konferenzphase)를 취하는 응용단계에서 타협을 찾거나 결정이 내려진다. 하인쯔 클리페르트(Heinz Klippert)의 의견에 의하면 항상 타협에 이르러야 하는 것은 아니며, 종종 문제가 미정인 채로 있거나 형식상(pro forma) 위원회에 상정되어야만 한다. 본서는 여기서 다른 입장을 취한다. 사실상 타협에 이를 필요는 없지만 결정은 내려져야 한다. 결정을 강요하는 것은 한편으로는 계획게임을 역학적으로 만들고 다른 한편으로는 방법으로서 특히 정치수업에 합당하게 만든다. 정치 자체는 본질적으로 그렇게 결정을 내려야만 하는 강제에 의해 각인되기 때문이다. 클리페르트에 의해 우려된 시간제한을 넘지 않기 위하여 결정을 내리는 데 어느 정도의 시간이 주어졌는지(보통 30분 이상을 주지 않음)를 정확하게 확정할 필요가 있다. 합의에 이르지 못하면 의장이 다수로 결정한다. 그는 표결을 하게하고 표가 같을 경우에는 예를 들어 회장의 표로 결정한다.

같이 게임을 하지 않는 나머지 집단구성원은 관찰과제를 수행한다. 그들은 자기 집단대표자를 관찰하거나(그가 우리의 입장을 어떻게 대표하는가, 그는 합의된 전략을 고수하는가?), 다른 집단의 대표자를 관찰한다(입장이 분명해졌는가, 그가 설득력 있게 대표하는가, 어떤 전략을 알 수 있는가?).

계획게임의 이 순서에서는 두 단계, 즉 게임단계의 중요 구성부분으로서 응용단계와 검토단계가 시간적으로 서로 연결된다. 이 두 단계는 결코 분리되어서는 안 된다. 따라서 계획게임의 이 순서에는 반드시 2시간을 연속하여 할당해야 한다.

검토단계

게임단계와 검토단계의 연결은 계획게임의 가장 어려운 순간에 속한다. 행동에서 사고로 옮아가는 것은 학생들과 마찬가지로 교사에게도 어렵다. 이와 같은 과도기는 객관적인 숙고단계를 통해 수월하게 넘어 갈 수 있다. 계획게임은 또한 역할게임이기도 하기 때문에 여기서 역할에 거리를 두는 것이 절실하게 필요하다. 거리를 둔다는 것은 계획게임의 직관적인 판단, 경과에 대한 토론, 계획게임과 현실과의 비교를 의미한다.

본래의 평가단계에서는 무엇보다도 계획게임의 내용적인 면을 문제 삼는다. 가장 중요한 결과는 무엇이었는가, 어떤 주요한 정치적 영역(이익, 권력, 법, 가치, 이념)이 중요했었는가, 어떤 지식이 일반화 될 수 있는가, 즉 정치의 다른 영역에도 적용할 수 있는가?

이 단계의 가장 중요한 평가기준은, 정치와의 관련성이 생길 수 있는 현실과의 근접성이다. 이에는, 서로 보충하고 교정할 수 있는, 여러 개의 평가등급이 필요하다.
- 주제가 된 현실의 한 단면이 게임모델에서 우리의 의견에 따르면 그 크기와 전체적인 면에서 실제에 가깝게 모방되었는가?
- 우리에게 알려진 실제상황이 이에 적당하게 게임 상황에 생생하게 표현되었는가?
- 비례와 중점이 맞는가?
- "현실" 또는, 우리에게 "실제적이고 진짜"로 보이는, 관념의 영상이 모델에서 제대로 또는 최소한 원칙에 맞게 표현되었는가?
- 또는 반대로 게임주제의 특정한 면이 너무 많이 과장되어 표현되거나, 부적당하게 단순화되었는가? 또는 너무 복잡하거나 혼돈스러웠는가?
- 본질적인 관점이 소홀히 되었거나 완전히 제외되었는가?
- 계획게임에서 모방된 현실이 주제에서 너무 심하게 낯설게 되고 변조되어서, 그러한 왜곡에 직면하여 게임의 경험을 현실에 직접적으로 적용하는 것이 잘못될 수도 있는가?

계획게임이 정치학습에 도움이 되는지에 대하여는 결국에 내용적인 평가에서 결정된다. 따라서 최소한 한 수업시간이 이를 위해 분배되어야 한다.

내용적인 문제에 대해 토론한 후에 무엇보다도 고등학교 학생들이 대상일 경우에는 방법적인 문제에 대해서도 이어서 토론해야 한다. 수업목표를 이루기 위해서 그 계획게임이 대체로 적당한 방법이었는가, 계획게임에는 어떤 약점이 있으며 어떤 장점이 있는가, 다른 대안으로는 어떤 것이 가능한가? 계획게임의 방법적인 면의 평가에 대한 커뮤니케이션은 학생들의 방법적인 능력을 강화시키는 것을 목표로 한다.

정치수업에서의 계획게임의 의미

정치수업의 계획게임의 장점은 쉽게 찾을 수 있다. 그런데 이는 문제와 위험에 결부되어 있기 때문에, 좀 더 정확하게 설명되어야 한다. 일반적으로 잘못된 생각과 과장된 기대에 대해서는 경고해야 한다.

계획게임을 위한 변론으로 교사들이 수업시간에 지속적으로 계획게임을 사용하리라고 기대해서는 안 된다. 이러한 우려는 교사연수행사에서 일반적으로 표명된다. 그렇지만 이에 관한 것이 아니다. 정치수업은 바람직한 방법이 혼합되어 유지되지만, 학생들이 학생시절에 두 번에서 세 번 정도는 계획게임을 경험하여야 한다.

민주적인 양육에 대한 요구는, 아동과 청소년들이 단계별로 결정을 할 정도로 성숙해져야만, 채울 수 있다. 즉 다른 말로 표현하면, 결정과정이 도입되고 체계적으로 결정능력을 갖도록 양육되어야 한다. 이를 위해 우선적으로 그들은 스스로 책임지는 결정을 하고 그가 한 결정에 대해 책임을 지는 법을 배워야 한다. 비록 이러한 목표가 원칙적으로 시인된다 할지라도, 그 실현은 최상의 경우, 학교에 의해 전체적으로 감당되어 질 수 있다. 각 수업과목 또는 심지어 방법에서 그런 기대를 하게 된다면 실망하게 될 뿐이다.

결정게임

결정게임은 축소된 계획게임이다. 덜 복잡하고 덜 소모적이며 학교를 위해 더욱 실용적이다. 계획게임과 비교하면 결정게임에서는 시간소모가 많은 상호활동단계가 생략된다. 한편으론 이 단계가 - 특히 의사소통이 활발하기 때문에 - 사회적-커뮤니케이션 능력을 습득하기 위해서는 적당하고 또 다른 한편으로는 이 단계가 가장 불투명하다. 평가에서 학생들이 이 단계가 특히 흥미롭게 느껴졌다고 항상 이야기 되지만, 또한 나중에, 실제로 어떤 의견과 전략이 발전되었는지를 해명하고 검토의 이 과정에 접근하는 것이 어렵다.

계획게임을 결정게임으로 축소하는 것은 내용적으로 거의 정당화되지 않으며, 단지 학교라는 기구의 상황에서 나온 것이다. 물론 결정게임이 계획게임의 중요한 요소들을 포함하며 또한 결정게임을 통해서도 중요한 목표와 정치에 대한 통찰력이 전달된다.

계획게임에서와 같이 결정게임의 대상은, 정치적 영향요인을 통해 결정되는, 정치적 결정과정[24]이다.

---

24) 결정게임은 또한 사회적인 학습의 분야에서도 정착될 수 있다(예: 비폭력훈련). 이런 경우에는 게임에서의 학생들의 행동이 중요하고, 스스로 자신을 성찰할 수 있는 기회를 제공한다. 그러나 본래는 정치학습의 분야에서 도입되었다.

결정게임의 목표는 계획게임과 유사하다.
- 정치적 기구와 조직의 복잡한 관련성을 배우고 그 구조를 배우게 한다.
- 역할에 의존적인 이익에 대한 관점, 행동방향을 경험하고 적당한 행동전략을 개발하게 한다.
- 결정과정의 투명성을 높이고 사회적, 정치적 갈등분야를 보여준다.
- 결정능력과 결정준비성을 높인다.
- 협력과 의사소통 능력, 전술을 짜고 계약을 맺으며 타협을 형성할 수 있는 능력을 고양한다.

결정게임의 단계

준비단계는 다음의 두 부분으로 나뉜다.

*준비*는 계획게임에 상응하는 부속단계로는 나누어지지 않는다. 물론 여기서 학급이나 학습집단을 위한 공간이 추가로 준비되지 않아도 된다. 결정게임에서는 모든 것이 교실에서만 이루어질 수 있다.

*정보, 숙련단계와 의견과 의사형성단계*가 결정게임에서는 통합된다. 처음부터 게임집단이 구성되는데, 이 집단의 구성에는 계획게임과 같은 기준이 고려된다.

작업을 분담하는 집단들은 공동으로 집단특수적인 자료를 획득한다. 공동자료에는 결정되어야 할 문제 내지는 갈등, 정치적 배경, 관계자와 출연자, 결정과정의 목표가 포함된다. 이 자료들은 동일한 수준의 정보를 갖게 하는 데 도움을 준다.

또한 각 집단은 그 집단만을 위해 중요하고 역할에 맞는 자료와 정보를 추가로 획득한다. 이에는 그 집단이 맡아야 할 역할에 관련된 역할카드가 포함되어 있다. 모든 집단은, 계획게임과 마찬가지로 그 목표를 확정하고 우선순위를 정하며 핵심 또는 절충가능성을 표현하고, 그 목표를 관철하기 위한 전략을 구상하고 가능한 연맹파트너가 누구인지 숙고하며 다른 집단의 가능한 주장에 반대하고자 노력하고, 결정이 내려져야 하는 회의 단계에서 그 집단을 대표할 두 명의 대변자를 확정한다. 자립적인 단계로서의 상호활동단계는 결정게임에서 누락된다. 상호활동단계의 일부분이 집단의 준비단계로 옮겨진다.

결정게임의 핵심은 *회의단계*와 여기서 모방된 *결정과정*에 대한 평가이다.

회의단계에서는 각각의 입장, 목표, 이익, 역할을 맡은 자의 해결전략이 다루어

계획 게임과 결정 게임

지고 타협의 형태나 다수결로 결정이 내려진다. 각각의 집단은 그 대변자들로 대표된다. 회의진행자는 토론을 이끌고 일정한 시간이 지나면 결정을 유도한다.

계획게임에서와 같이, 게임에 직접 참여하지 않은 학급의 일부분에게는 관찰과제가 부여된다. 평가는 계획게임과 동일한 규칙에 따라 이루어진다.

회의는 문제의 복잡성에 따라 한 시간 또는 두 시간 내에 준비될 수 있다. 회의단계와 평가에는 연속으로 2시간이 필요하다.

결정게임에서는 학습 집단 내에서의 정보단계가 특별히 중요하다. 여기서 학생들은 결정과정에 필요한 모든 중요한 데이터, 사실, 정보들을 획득한다. 그렇기 때문에 교사들은 특별히 신중하게 자료를 선택해야 한다. 종종 결정게임의 자료가 너무 부족하거나, 진술내용이 적거나 단순히 잘못된 선택 때문에 실패할 수가 있다.

결정게임에는 다른 모든 활동 지향적 방법과 마찬가지로 신중하게 평가될 필요가 있다. 예를 들어 학생들이 빠르게 내리는 결정을 좋은 결정으로 여겨 단순한 입장으로 제한하고 수학적인 해결책(반-반)을 지향할 수 있고, 협상을 의식, 즉 상징적인 정치로 이해한다. 이러한 비정치적인 축소가 발생할 경우에는 게임이 목표와 현실과의 관련성을 지닌 교수법적인 게임이 아닌 그 자체가 목적으로 여겨진다. 결정에 대한 강제성을 지나치게 강조하면 결정을 흑백논리로 하게 된다. 출발상황은 서로 공통점이 없는 두 가지의 결정만이 유도되도록 설정되어야 한다. 즉 자기 입장과 다른 입장을 설득하거나 타협안을 찾는 것이 우선되지 않게 해야 한다.

다음과 같은 전형적인 사례를 통해, 결정게임의 평가에서 학생의 반응을 알 수 있다.

여학생: 그러니까 제 생각에는 본래 진정한 의미의 토론이 아니고 단지 주장을 교환한 것뿐이며 제대로 된 주장을 가진 사람도 없었어요. 주장이 제대로 이루어지지 않았고 동시에 반대주장이 제시되었는데, 이는 바로 대변되어야 하는 단순한 주장이라는 생각이 들어요. 따라서 공통적인 토론의 기초는 성립되지 않았어요.

종합해 보면, 정치수업에서 결정게임은 다음의 사항을 고려해야 그 근거가 마련

될 수 있다.
- 결정은 정치의 본질적인 특징이다. 정치적인 결정(이에는 결정하지 않는 것도 포함된다)은 의사결정과정을 잠정적으로 종결하고 법, 명령, 규칙의 형태로 변화된다.
- 결정의 특성을 통해 정치에 갈등이 있으며, 공개적이어야 하고, 논쟁의 여지가 있다는 것이 분명해진다.
- 결정게임에서 학생들은 전략적인 사고, 사회적인 관점의 교환, 수사학적인 능력, 정치적 기관을 다루는 능력을 배운다.
- 결정게임은 실제적인 정치적 결정상황을 준비하는데 도움이 된다.
- 구체적인 결정상황을 넘어서서 합법화문제가 제기된다. 누가 왜 결정을 해도 되는가? 동시에 민주주의 한 중요한 면은 "결정권한을 위한 투쟁"으로 특징을 지울 수 있다는 것이 분명해진다.

결정게임의 단계

시기	시간	단계구분
(3 - 4 시간)	1 - 2 시간	게임도입 분담적인 집단 내에서의 정보단계와 의사형성단계
30 분 60 분	한번에 2시간	결정을 포함한 회의단계 객관적인 숙고와 방법적, 내용적 단계

진단도구로서의 계획게임과 결정게임

계획게임과 결정게임은 교사들의 진단목적에 도움을 줄 수 있다. 즉 내용을 깊이 다루고, 다른 정치수업을 위한 실마리로 적당한 기회를 찾기 위하여, 교사들은 그러한 시뮬레이션게임을 이행할 때에 그들이 자체적으로 관찰을 하여 그 학생들의 지식, 문제의식, 분석 또는 판단능력을 평가할 수 있다. 이러한 진단기능을 구체화하기 위하여, 다시 한 번, 제218조에 관한 결정이후에 연방헌법재판소에 위헌여부에 관하여 제소해야 하는지, 또는 안해야 하는지에 관한, 기민당 계파의 결정

계획 게임과 결정 게임

게임에 대한 평가를 다시 살펴보기로 한다.

> **남학생**: 주장하는 방식에 대해서는 말이죠, 대체로 토론이 성립될 수가 없었어요. 그 입장을 보면 절대적입니다. 만일 사람들이 좀 더 기독교적인 방향이나 좀 더 민주적인 방향이라는 것이 분명하다면 말입니다. 사람들은 자기 자신의 가치관을 갖고 있어요. 말하자면 모두 자기 자신을 위해 결정해야만 합니다. 이에 대해 토론을 할 수는 없어요. 아무도 다른 편으로 끌어 들일 수 없기 때문에, "이봐요, 나는 당신과 같이 기독교가 아니에요"라고 말한다면 이는 단순히 서로 빗겨가는 두 개의 다른 차원인거죠. 한 사람은 민주주의이고, 다른 사람은 도덕이죠. 그러면 서로 빗겨가는 거예요.
> **교사**: 아주 좋아요. 즉 거의 더 이상 의견을 교환할 수 없는 결론으로 이끄는 무언가 있단 말이죠. 그러면, 나는 단지 조금 임신했다, 나는 단지 조금 종교적이라고 더 이상 말할 수 없다는 거죠. 대신 어디선가 ...
> **교사**: 논쟁에서 여러분은 기독교적이라고 명명했습니다. 종교적인 가치관에 관한 것입니다. 또한 인간적인 것을 대표할 수 있는 가능성도 있습니다. 다시 한 번, 원칙으로 "가치"라고 쓰겠습니다. 결국에 이는 가치에 관한 것이죠. 어떤 분이, "내게는 낙태는 살인이다"라고 말한다면, 이에 대해서는 아무것도 할 수가 없습니다. 즉 우리는 이에 대해 토론할 수가 없습니다. 이는 가치관이기 때문입니다. 자? 좋습...
> **여학생**: ... 저는 그것은 바로 다시 돌이킬 수 없는 살인이라고 생각합니다. 그래서 사람들은 원래 이제 그것이 살인문제에 관한 것인지 분명히 해야만 합니다. 이는 본래 주장이고 다시 돌이킬 수 없는...
> **교사**: ... 여러분은 정말로 좀 더 정치적으로 논쟁을 해야 합니다. 그것은 하나의 모델이고 주장, 주장없음, 죽은 주장과 같습니다. 사람들이 그렇다면 모든 것이 동시에 발생합니다.

학생들의 진술은, "마지막 가치관"으로 논쟁을 한다면 정치가 결여되는, 어려움이 분명해지는 출발점이 된다. 만일 살인에 관한 것이고, 인류의 존재에 관한 것이며 생존, 세계의 미래에 관한 것이라면 "더 이상 토론 할 것이 없게" 된다. 그리고 더 이상 토론될 수가 없다면 또한 타협도 불가능하며 결국은 정치는 끝이다.

시민교육방법트레이닝

> 여학생: 저는 그 라운드에서 균형을 이루지 못하였던 것에 대해 유감스럽게 생각해요. 사람들이 정당 내에서 이제 아직도 다투어야 한다는 것, 정당 내에서, 우리는 분명히 해야 합니다, 무엇이 전체 정당을 위해 가장 중요한 것인지, 무엇이 우리 목표에 제일 많이 맞는지 결정해야 한다고 말할 수 없다는 것에 대해 유감스럽다고 생각해요. 우리는 주로 기독교적인가요 아니면 대부분 민주적인가요?
> 교사: 좋아요.
> 여학생: 그래서 균형을 이루지 못한 것에 대해 유감스럽게 생각...
> 남학생: 만일 가치관에 대해서 토론하게 된다면, 최소한 차원이라도 같을 거예요. 양측에 대해서. 그러면 사람들은 한번은 가치에 대해 분명히 할 수 있고 어느 가치가 이제 중요한지 결정할 수 있어요.
> 남학생: 오늘날 어느 가치가 아직도 더 중요합니까?
> 교사: 좋아요. 사람들이 그 주제에 대해 균형적인 사고를 하고자 한다면, 한번은 그런 가치관에 대하여 실제로 토론을 해야만 해요. 그러나 우리는 가치관에 대한 토론을 유일한 문제점으로 보았어요. 우리가 가치관에 대한 토론을 앞서 내세울 수 있다면 아주 좋아요. 그것은 놀라워요. 만일 우리가 한 번, 우리 사회에서 중요한 가치가 무엇인지 말한다면 아마도 학자들의 도움을 받거나 어떤 설문조사의 도움을 받아 나올 수 있을 거예요. 아마도 미래를 내다보며 생각할 수도 있을 거예요. 그러나 우리의 토론이 그렇게 진행되지 않았고 아주 많은 다양한 분야가 뒤섞였다는 것을 경험했어요. 그리고 여러분은 결국에는 사람들이 오래 동안 충분히 생각해야 이성적인 판단을 할 수 있다고 변론하게 되었지요, 그렇지 않나요? 사람들은 서로 평가를 할 거예요. 한 가치관과 다른 가치관을. ...

　교사들은 결정게임의 이 순서에서, 학생들과 가치관에 대한 토론을 하는 것이 얼마나 필요한지를 알 수 있을 것이다. 청소년들은 스스로 가치에 대한 평가를 하거나 여러 가지 가치관에서 우선순위를 정해야 함을 깨닫는다. 그러나 그들에게는 이를 위한 방법적인 수단이 결여되어 있다. 교사들은 이에 자극을 받아, 다음의 정치시간의 주제로 콜베르크(Kohlberg)에 의한 도덕적 판단형성 또는 라트(Rath) 등에 따른 가치선언의 방법을 선정할 수 있다. 가치선언의 목적은 개방적이고 복합적인 사회에 살고 있으며 거기서 다양한 가치관과 의미와 마주하고 있는 청소년들이 어떤 다른 가치관이 있으며, 그들이 어떤 가치관에 따라 살고, 행동하며 일하고자 하는지를 분명히 하도록 도와주는 것이다. 이 이론은, 진정한 가치는 없으며 강력하게 모든 종류의 주입교육에 반대하는 것을 전제로 하기 때문에, 특정한 가치관의 내용적인 전달이 도덕교육의 과제가 아니며, 개인과 관련된 자기 선언을 위한, 경험에 맞는 도움을 주는 것이다.

> 학생: 예, 물론이죠. 제가 이미 토론에서 말한 가치는 도덕적인 영역이나 교회, 정치문화 또는 권력, 합법성에는 속하지 않아요. ...
> 학생: 저는 정치의 사명은 정치를 하는 것이지, 가치에 대해 규정하고 가치를 확정하는 것은 아니라고 말하고 싶습니다. 제가 말하고 싶은 것은, 원래 정치에 속하지 않았던 것, 즉 가치에 몰두하고 또 이를 통해 궤도를 이탈했기 때문에 어느 면에서는 정치가 잘못 되었다는 거예요.

이 입장을 대표하는 학생들에게는 도덕(가치)과 정치가 사회의 두 개의 상이한 영역에 속한다. 도덕은 교회에 속하고 정치와는 무관하다. 이와 마찬가지로 정당은 도덕적인 모임이 아니고 정치의 본래의 사명은 정치를 하는 것이지 가치를 규정하는 것은 아니다. 그럼에도 불구하고 정치가 이를 한다면 그 "본래의" 일에서 이탈하는 것이며 "어떤 면에서는 잘못된 것"이다.

> 학생: 저는 가치관에 대한 토론 없이 결정을 내릴 수 없다고 생각해요. 사람들은 가치관에 대해 토론해야 해요. 근본적으로 저는 그도 옳다고 생각해요. 저도 사람들이 가장 민주적인 표결가능성이나 해결책을 끄집어내고자 노력해야 한다고 생각합니다. 그러나 다른 한 편으로는 이러한 결정에서 바로, 사람들이 어떻게 그것을 평가하는가? 하는 것이 바로 논점이에요. 이에 대해 이야기 해야만 해요. 사람들이 그것을 제외할 수는 없어요. ...
> 학생: 가치는 또한 헌법에 그 근거를 두고 있어요. 우리가 여기 민주주의에 살고 있다, 우리는 가치를 갖고 있지 않다, 완전히 특정한 가치가 확정되어 있다고 말할 수는 없어요.
> 학생: 사람들이 가치 없이는 결정을 할 수가 없어요. 그건 불가능해요. ...

이 학생들에게 정치와 가치는 서로 연결되어 있는 것이다. 독일연방을 민주주의 국가로 증명하는 헌법은 가치관을 근거로 하고 이 가치는 결정을 내릴 때 고려되어야 한다. 국회의원, 정치가들은 국민의 다수의견에 반대되는 결정을 내려야 할 때 도덕적으로 다루어야 한다. 국민의 다수가 생각하는 것이 결정에 결정적인 것이 되어서는 안 되며 헌법과 이에 표현되는 가치관 그리고 우리에게 먼저 민주주의로 증명되는 것이 결정의 근거가 되어야 한다.

여기서 논쟁하는 복합적인 학습집단의 "이상적인" 상황이 드러난다. 두개의 논쟁적인 입장, 즉 "*정치와 가치는 서로 상관이 없다*"는 입장과 "*사람들은 가치관 없이 정치적 결정을 내릴 수 없다*"는 입장이 그 학급에서 주장되었다. 이러한 논쟁은 학급의 통신 기록에 기입하고 이를 원칙적인 논쟁으로 준비하여, 명확하게 정치적 판단형성의 대상으로 삼는 것이 중요했을 것이다. 이에 반해 교사는 토론은 그냥 "진행"되게 놔두고, 정치와 도덕(가치)과의 관계를 원칙적인 문제와 현재의 민주주의의 두드러지는 특징으로 명확히 하기위한 설명을 하지 않았다.

> 원내대표: 마이어씨, 제가 잠깐 이야기를 하겠습니다. 당신은, 독일국민의 4명중 3명이 기한제한에 찬성이라고 말씀하셨습니다. 그럴 수 있습니다. 그러나 저는 우리가 정치가로서 도덕적인 사명이 있다고 생각해요. 바로 그렇게 대중의 마음에 들게 결정하는 것은 아니며 등을 돌리고 실제는, 아마도 일반적인 국민의 의지에 반대임에도 불구하고 헌법에 따르며 또한 도덕적으로 비난의 여지가 없는 법안을 관철해야 하는 것입니다.

연방의회 의원인 쉴라우가 말한, 민주적인 정당은 민주적인 다수결 원칙을 받아들여야 한다는 것에 대하에 그는 다음과 같이 대답했다.

> 원내대표: 그러나 이 결정이 헌법에 저촉된다면? 헌법은 우리나라가 민주적인 국가임을 증명하고, 우리가 태어나지 않은 생명을 지원해야 한다고 대변합니다. 저는 단지 법률상 우리가 헌법재판소로 가야하며 생명의 법에 대해 제소해야 한다고 생각합니다. 이는 아마도 ...그리고..
> 원내대표: 우리는 아닙니다. 그러나 우리는 우리의 도덕적 사명이 이 결정의 취소를 청구하는데 있다고 봅니다. 왜냐하면 이는 헌법에 맞지 않기 때문입니다.

이 진술은 우리 정치시스템의 수많은 원칙을 암시하고 있다. 대표원칙에서 시작하여 "경험적인" 그리고 "가설적인" 국민의 의지의 관계, "자유롭지만" 강제적인 전권의 관계, 그리고 헌법만이 독일을 민주적인 국가로 증명하는가, 어느 정도 우리의 정치체제가, 정치적 결정에 고려되어야 하는가, 기본가치에 그 근거를 두고 있는가, 하는 질문과, 비록 결정이 국민의 다수의지에 반대한다고 하더라도 국회의원, 정치가가 그 결정에서 이와 같은 기본적 가치에 구속되어 있는가에 대한 질문까지 반영되어 있다.

요약하면, 이 사례는 계획게임과 결정게임이 대부분의 활동 지향적 방법과 마찬가지로 본래의 "자체목적"을 넘어서서 교사에 의해 뛰어난 진단도구로서 이용될 수 있다는 것을 분명히 해준다. 이는 지금까지 문헌에 관련되어 기술된 적이 없으며 또한 현장에서도 충분히 고려되지 않는 기능이다. 그러나 이로써 그러한 수업의 중요한 기회를 놓치게 된다.

정치수업에서 계획게임과 결정게임의 문제

계획게임은 물론 결정게임에서도 항상 갈등이 중심에 있으며 이와 같은 모방의 중심 목표는 갈등을 감당하는 능력을 키우는 것이다. 그럼에도 불구하고 너무 빠르게 갈등이 해결되면 큰 문제라고 할 수 있다. 그 이유는 다음의 몇 가지 예로 설명을 할 수 있다.

베를린에서 개발된 한 결정게임에서 다루는 문제는 다음과 같다.

> 어느 작은 도시에 중앙의 도로를 거쳐 시내 중심부를 통과하는 차량통행도로가 있다. 이 도로에는 많은 상점들, 주유소, 한 학교, 한 유치원이 있다. 낮에는 소음과 쓰레기문제가 상당히 심각하며 또한 학교와 유치원에 다니는 아이들도 위험하다. 이 아이들의 학부모의 주도로 "차량통행도로를 없애자"는 시민단체가 창립되었으며 그들은 통행로로부터 도보구역을 만들고자 했다. 시민단체는 그 도로를 여러 시간동안 "점령"하는 것을 포함하여, 이미 많은 공개적인 활동을 진행하였다. 도시의 지도에서 지금 도달할 수 있는 다른 모든 도로는 거주 지역을 통하는 것을 알 수 있다. 우회도로의 건설은 그 지역과 지방의 예산이 없기 때문에 할 수가 없다. 그 지역은 시민총회를 소집하여 해당자들이 말을 할 것이다. 이어서 어떤 일이 일어나야 하는지에 대해 결정해야 한다.

게임의 의도는 정치가 종종 "그" 해결책이 없는 진퇴양난의 상황에 있게 된다는 것을 나타내는 것이다. 모든 결정은 사회적인 비용을 야기하며 특정집단에 대해 부정적인 영향을 준다. (보행자지역을 위한 결정은 다른 거주 지역으로 차량이 몰리게 되고, 주유소 소유자의 생존이 위협된다. 신호등 설치 또는 "30km 속도제한 지역"은 아이들의 위험을 줄일 수 있으나 높은 통행차량밀도로 정차되고 소음과 배기가스량이 많아지게 되는 등등.) 학생들은 물론, 이 결정게임을 연수교육행사에서 이행하였던 교사들도 그러한 갈등상황을 단지 제한적으로만 오래 지속할 수 있는 경향을 보였다. 마찬가지로 그들은 해당자의 일부분에게 부정적인 영향을 끼치게 될 결정을 꺼린다. 이 "헤어날 길 없는" 상황에서 발견되는, 가장 많이 제안되는 해결책은 "기적"이다. 그 지역이 갑자기 우회도로를 건설할 돈을 갖게 되거나, 그런 도로건설의 재정을 감당할 개인 투자자가 나타나는 것이다.

국제정치의 영역에 관한 계획게임인 "경계지역을 위한 투쟁"(Politik gestalten 1993)에서 유사한 경험이 보고된다. 이는 어떤 국가의 영역에서 수많은 금이 발견됨으로써 그 지역에 위협이 되는 전쟁으로 인한 충돌의 방지에 관한 것이다. 이 계획게임에서는 종종 "강도해결책(Räuberlösung)"이 선호된다. 제일 강한 자가 끝까지 해내고, 수학적인 해결책과 결부되어 금은 일정한 지침에 따라 분배된다. 모두 만족하고 아무도 결국은 호전적인 자가 그 태도에 보상을 받는다는 것을 알아채거나 깊이 생각하지 못한다.

이런 방식으로는 정치적 현실이 왜곡될 뿐 아니라 또한 선입견과 정치에 대한 불쾌함을 조장하기도 한다. "사람들이 그저 모여서, 모두에게 만족할 만한 좋은 해결책을 찾기 위해 이성적으로 의논하는데 왜 정치가들은 그럴 수 없는 걸까? 그들이 능력이 없거나 아니면 원치 않기 때문이다." 일단 그런 견해가 형성 되면, 이는 감정차원이 아닌, 인지적인 차원에 대해서만 주장할 수 있는 평가단계에서도, 거의 수정할 수 없게 된다.

가장 강한 자가 끝까지 남으며 호전적인 자에게 보상이 주어지는, 소위 "강도해결책"도 학생들에게 유사한 영향을 끼칠 수 있다. 유엔에 대한 계획게임과 관련하여 학생들은 오랜 시간이 지난 후에 다음과 같이 그들의 생각을 표현하였다.

학생: 다음 단계에 대하여 공동으로 결정하기 위하여 참여국가의 다양한 관점을 묶는 것이 얼마나 어려운지 체험할 수 있었습니다. 다양한 종류의 이해관계 갈등으로부터 통일된 행동을 이끌어낸다는 것은 거의 불가능했어요. 그렇지만, 구체적인 결과, 즉 안전보장이사회의 최종적인 결정을 내릴 수 있는 경우에는, 저 개인적으로는 상당히 확신하건데, 경제적인 제재나 이와 유사한 조치를 넘어서지 못한다는 것이에요. 또 이는 안전보장이사회의 회원국가가 서로 서로 얼마나 제약을 줄 수 있는지 보여 주었어요.

> 학생: 공격받은 국가의 대표로서 저는 심지어 유엔회의에서 불의를 경험할 수 있었어요. 정당한 이유로 관여한 바에 대해서 침묵하지 않아도, 다른 나라의 경제적인 이익이 침해되었던 곳에서만, 지원받을 것을 예측할 수 있었어요.
> 학생: ... 저는 이 게임에서 공격자의 입장을 대표했어요. 남은 국가들이 저에게 얼마나 많은 행동의 자유를 (...) 허용했는지 그리고 그들이 얼마나 많은 양보를 했는지, 그 당시 저는 진짜 놀랐어요. 그리고 비록 제가 계속 매우 호전적으로 반응하고 분별력을 거의 보이지 않았는데도, 다른 국가들이 열심히 나서지 않았고 저를 억제하려고 비난하지 않았어요. 유엔활동의 무능력을 모범적으로 잘 보여주었어요.

다시 학생들의 진술에 대해 깊이 생각한 교사는 다음과 같은 결론에 이르렀다. "여기서 그런 게임이 이미 생긴 정치에 대한 선입견을 더욱 깊게만 하고, - 예를 들어 경제적 이익이 도덕적으로 여겨지는 기준보다 우선시되는 것과 같은 - 그렇게 함으로써 학생들의 정치에 대한 불쾌감을 가중시킬 위험이 있는지 우려하게 된다." 이에 두 가지로 답변할 수 있다. 학생 중 아무도 이런 의미로 말하지 않았고 겪은 경험을 근거로 정치에 대해 잘못 판단하지 않았다. 오히려 그들은 더욱 구별되게 표현했다. 그들은 정치적 결정에 이르는 것이 "얼마나 어려운가"를 경험했다고 강조했으며 이에 대해 그들의 실망을 표현했으나 그들의 선입견을 시인했다는 경멸이나 감정은 없었다. 더구나 모두에게 말한 이상을 무시하고, 경제적 이익의 의미를 부인할 수 없으며 바로 그들에 의해 얻어진 갈등이 정말로 분명한 예를 제공하지만, 경제적 이익이 정치적 결정의 유일한 기준이라고는 하지 않는다. 그렇지만 학생들을 판단능력이 갖춘, 정치적으로 적극적인 시민으로 양육하기 위해서는 수업에서 이러한 국제정치형국(Konstellation)을 경험하게 해야 한다. 그래야만 비로소 학생들은 이에 대해 행동을 취할 수 있다.

마지막으로, 아직은 거의 유의하지 않게 되지만 시뮬레이션의 장기적인 성공에 달려있는, 한 문제에 대해 살펴보자. 즉 계획게임이나 결정게임에 의도한 효과 이외에도 일반적으로, 더욱 영향력이 있으며 본래의 의도에 거슬리는, 의도하지 않았던 효과들이 나타난다. 예를 들어 이는, 상당히 격렬하게 진행되었던 회의단계에 대한 한 관찰자의 해석에서 분명하게 드러난다. "제 생각에는 아주 멋있었어요. 그것은 진짜 정치에서와 똑같았어요, 아무도 다른 사람 말에 귀를 기울이지 않고, 아무도 다른 사람이 말하게 두지 않았어요. 그리고 다수는 소수를 희생하고 무정하게 결정했어요." 물론 그런 인상이 든다면, 이에 대해 토론하고 생각하게 해야 한다. 그렇지만 종종 알아차리지 못하고 지나가게 되기도 한다. 따라서 교사들은 계획게임을 직접 관찰하고 평가할 때 항상 그 "드러나지 않은 지도계획"에 대해 의식하고 이에 대해 비판을 할 수 있도록 시도해야 한다.

이렇게 의도하지 않던 효과는 활동 지향적 방법에서 종종 무시되지만 그 효과에 있어서는 제대로 평가되어야 된다.

영향력과 학습효과

정치수업에서의 계획게임과 결정게임의 영향력과 학습효과에 대하여 최소한 학문적으로 확정된 것은 거의 알려진 바가 없다. 지금까지는 모방게임은 청소년에게 높은 동기가 생기게 하고 전체적인 학습을 통해 학습된 것은 좀 더 오랫동안 간직되며 정치에 대한 견해에 좀 더 지속적으로 영향을 미친다는 것을 전제로 하는 추측이 있을 뿐이다. 대중을 대상으로 한 경험적 조사(quantitative empirische Untersuchung)가 아직 이루어지지 않았으며 또한 질적 조사도 거의 없다. 그나마 청소년들의 경향에 관한 설문조사만이 있을 뿐이다.

그렇게 유엔 안보리게임에 대하여 학생들이 2년 6개월 이후에 그들이 기억한 바에 대한 질문을 받았다(이하 Knittel/Neukirchen 1999 참조). 8명의 학생들이 10개의 우편으로 답변했다. 모든 편지에는 그들이 그 게임을 아직도 얼마나 분명하게 기억하고 있는지, 그 갈등에 대해 그 게임상황에 대해, 그 자신의 역할에 대해 기억하는지, 그리고 얼마나 그 게임의 중요한 장면과 효과에 대해 깊이 검토할 수 있는지가 분명하게 드러났다.

참고문헌

Henning, Bernd: Planspiel. In: Mickel, Wolfgang/Zitzlaff, Dietrich(Hrsg.): Handbuch zur politischen Bildung. Bonn 1988. S.255-258

Herz, Dietmas/Blätte, Andreas(Hrsg.): Simulation und Planspiel in den Sozialwissenschaften. Münchster/Hamburg/London 2000

Kaiser, Friedrich-Joachim: Entscheidungstraining. Bad Heilbrunn 1973

Keim, Helmut(Hrsg.): Planspiel, Rollenspiel, Fallstudie. Zur Praxis und Theorie lernaktiver Methoden. Köln 1992

Knittel, Bernd/Neukirchen, Gunilla: Der UN-Sicherheitsrat - eine wirksame Institution zur Herstellung des Friedens? Ein Planspiel aus und für die Unterrichtspraxis. In: Politische Bildung, 1/1999, S.89-124

Meyer, Hilbert: Unterrichtsmethoden II: Praxisband. Frankfurt/M. 1987

Silkenbeumer, Rainer/Datte, Asit: Rollenspiel und Planspiel – Methoden des politischen Unterrichts. Hannover 1975

Tiemann, Klaus: Planspiele für die Schule, Frankfurt/M. 1978

시민교육방법트레이닝

결정게임:
NPD(독일민족민주당)이 계속 금지 되어야 하는가?

도입

　앞으로 설명하게 될 결정게임은 학생들에게 현실적이지만 또한 원칙적인 정치적 토론에 근거하여, 민주주의가 그들에게 나타난 적을 어떤 방식으로 다루어야 하는지, 원칙적인 질문에 관해 논쟁할 기회를 제공한다. 결정게임의 중심에는 세 개의 헌법기관인 연방정부, 연방의회, 연방참의원이 연방헌법재판소가 NPD(독일민족민주당)의 금지 신청을 기각한 이후에 다시 금지신청을 해야 하는지에 관한 문제가 있다. 연방헌법재판소가 이 소송을 종결할 때에 이는 앞으로 금지신청의 허용에 대하여 최종적인 결정이 아니라는 데 합의한 것이기 때문에 재신청은 가능하다고 여겨진다. 재신청은 가능하지만, 이전의 금지신청은 새로운 사실에 근거하여 지원받지 못했었다. 정치적 차원에서 그런 가능성에 대해서는, 이전에 있었었던 금지소송과 같이, 논쟁의 여지가 많았다.

　이런 배경을 뒤로 하고 연방의회의 내무위원회(Innenausschuss)의 소위원회가 NPD(독일민족민주당)가 금지되도록 계속 노력하는 것이 의미가 있는지 분명하게 할 목적으로 모였다. 이 위원회가 NPD(독일민족민주당)가 금지되도록 계속 노력해야 한다는 결정을 하게 되면, 연방의회의 내무위원회는 다시 한 번 이 주제를 선택하여 연방총회에 추천할 것이다. 이 위원회가 다른 결과에 이르게 되면 내무위원회는 더 이상 이 문제에 관계하지 않게 될 것이다.

　이 토론을 준비하고 이행하면서 그리고 결정을 찾기 위한 과정에서 학생들은 "방어적인" 또는 "투쟁적인" 민주주의의 토대에 대해서 알게 되어야 한다. 학생들은, 민주주의에서 일반적인 정당금지와 특히 NPD(독일민족민주당)금지에 대해 찬성 또는 반대할 수 있는 중심논쟁을 준비해야 한다. 또한 토론의 결론을 내리기 위한 시도에서, 근거가 있는 자기 결정을 할 수 있기 위하여, 다양한 주장에 맞서게 된다.

　학생들이 이 결정게임에서 맡아야 할 각각의 역할들은 근본적으로 다양한 내용의 입장을 대변한다. 물론 각각의 주장에 대한 전략과 전술에 대해서도 함께 고려해야 한다. 역할을 맡은 자는 그 역할에 맞게 특정 내용의 입장을 대변하거나 일정한 우선순위를 지녀야 한다. 그렇지만 그 결정에서 그들은 자유롭다. 그들의 과제는 상대방에게 자기 입장을 설득하고 결정을 유도해내는 것이다. 물론 그들은 다른 사람과 그의 주장에 설득될 수도 있다. 첨부된 역할카드로부터, 결국에 어떤 결정이 내려질지에 대해, 이 결정게임은 완전히 개방적이다.

이 문제의 맥락에서 맡게 될 역할은 다음과 같다.
● 사민당(SPD)의 한 연방의회 의원 - 동시에 내무위원회의 회장이며 회의단계의 의장.
● 기사당(CSU)의 한 연방의회 의원
● 동맹90/녹색당(Bündnis 90/Die Grüne)의 한 연방의회 의원
● 자민당(FDP)의 한 연방의회 의원
● 민사당(PDS)의 한 연방의회 의원(자문회원)
● 사민당(SPD)의 한 연방의회 의원
● 기민당(CDU)의 한 연방의회 의원

학생들에게 결정게임을 준비하게 하기 위하여 다음과 같은 자료가 주어진다.

1. 모든 집단에게 동일한
   1. 게임과정에 대한 안내
   2. 문제상황에 대한 설명
   3. 심화된 사건 정보
      M 1 방어적인 민주주의
      M 2 연방헌법재판에 따른 자유 민주주의의 기본질서
      M 3 기본법 제 21조에 정당금지규정
      M 4 NPD(독일민족민주당)의 상황
      M 5 연방정부, 연방의회, 연방참의원의 금지 신청에서 발췌

2. 각 집단을 위한 다양한 자료
   1. 각 역할을 위한 정보가 있는 역할카드
   2. 보충적이고 계속되는 주장 및 생각의 실마리를 제공하는 자료

시민교육방법트레이닝

3. 관찰자를 위한
   관찰기록과 관찰과제를 위한 양식지

A. NPD(독일민족민주당) 금지를 위한 공동자료

자료 1

1. 게임과정에 대한 안내

출발상황:
여러분은 연방의회의 내무위원회의 소위원회 구성원이다. 여러분에게는 연방헌법재판소에 NPD(독일민족민주당) 금지에 대하여 다시 제소를 해야 하는지 아닌지에 대하여 토론하고 추천사항에 대하여 발표하는 과제가 부여되었다. 여러분은 다양한 의견을 갖고 있으며 토론에서 금지신청에 찬성 또는 반대하는 모든 주장을 다시 한 번 더 검토하고 평가해야 한다.
또한 내무위원회의 이 위원회에서 끝에 표결에 참가할 수 없는 한 참가자, 즉 민사당(PDS)의 연방의회 의원도 토론에 참가한다. 이 정당은 연방의회에 단지 2명의 의원이 대표하고 내무위원회에서 단지 자문하는 발언권만 갖고 있다.

준비:
토론의 각 참가자들의 준비를 위하여 학습에서 각 참가자들을 위한 소집단을 형성한다. 소집단은 다음과 같은 자료를 받는다. 첫째, 모두에게 동일한 자료로, 여러분이 문제상황에 대해 잘 알 수 있도록 도와준다. 둘째, 단지 여러분의 집단만을 위한 자료로 역할카드, 논증과 생각의 동기를 부여하는 자료이다. 이 자료들은 여러분이 결정게임에서 대변하게 될 입장을 발전시키고, 무엇보다도 여러분의 입장을 설득하기 위한 근거를 찾을 수 있도록 도와줄 것이다. 여러분에게 25분이 주어진다. 여러분이 토론을 시작할 때 소견발표에서 무엇을 말해야 할지, 그리고 토론에서 사용할 근거들을 간단하게 적어라. 또한 어떻게 주장하며 전술적으로는 어떻게 해야 하지 생각하라.
여러분의 집단에서 누가 전체 토론에서 그 입장을 대변해야 할지 결정하라.

실행:

여러분은 여러분의 소집단에서 준비하였던 입장을 결정게임에서 대변하다. 토론은 내무위원회의 의장에 의해 진행된다. 의장은 여러분에게 회의를 시작할 때에 짧은 성명서(최대 1분)로 여러분의 입장을 표현하고 간단하게 증명할 기회를 줄 것이다. 토론이 진행될 때 여러분은 여러분의 입장을 지지하는 주장을 계속 할 수 있다. 여러분의 과제는 다른 참가자들을 설득하는 것이다. 그러나 여러분 또한 다른 사람들의 주장에 대해 개방적이다.

결말:

토론의 끝에 - 늦어도 30분 후에 - 의장은 표결을 하게하고 결론을 맺는다.

자료 2

2. 문제상황에 대한 설명

독일연방공화국에 몇 가지 불쾌한 일들이 일어나고 있다. 칼스루헤에 있는 독일 헌법재판소는 극우정당인 NPD(독일민족민주당)를 금지하기 위한 소송을 기각했다. NPD(독일민족민주당)는 금지되지 않으며 승리했다. NPD(독일민족민주당)의 총재인 우도 포이그트는 그의 정당이 이 재판을 통해 강해졌다고 생각한다. 그는 2004년에 주(州)의회로 진출하고자 하며 이 재판에 대해 논평했다. "이는 더욱 발전된 독일을 위한 승리였다." 사실상 그 재판은 판사들이 NPD(독일민족민주당)가 헌법에 저촉되고 극우파가 아니라고 생각한다고 의미한 것은 결코 아니다. 소송의 기각은 단지 형식상의 이유로 인한 것이었다. 금지신청서에서 연방정부, 연방의회, 연방참의원은 - 법원에 충분한 정보를 제공하지 않은 채 - 정당감시자들을, 그 해당 정당이 헌법에 저촉하였다고 증거하는 증인으로 인정하였으며 그들이 정당 감시자로서 헌법을 준수하기 위해 일하였다고 인용하였다. 세 명의 판사들은 이로써 법치국가로서 이의가 없는, 즉 정당한 소송이 더 이상 불가능하다는 의견이었다. 왜냐하면 감시원들로 인해 국가의 영향력이 그 정당에 얼마나 강력한지 더 이상 분명하게 알 수는 없을 것이기 때문이다. 4명의 판사들은 국가에 대한 영향력이 그렇게 상당하지 않았다고 여겼고 소송을 계속해야 한다는데 의견을 모았다.

그러나 소송을 계속하기 위해서는 판사의 2/3이상의 다수가 필요했다. 그렇지만 모든 판사들은 이를 종결하는 결정으로 여겨서는 안 된다는데 합의했다. 따라서 금지소송을 신청할 기회는 계속 있다.

이제 우리는 2년 전과 유사한 상황에 처해 있다. 그 당시 독일은 NPD(독일민족민주당)를 금지하고자 노력하는 것이 의미가 있는지 아닌지에 대해 격렬하게 토론하였다. 그 당시처럼 지금도 다시 다양한 주장을 하는 금지신청의 대변자들과, 경우에 따라 여러 가지 이유를 대는, 재신청의 반대자들이 있다.

계속적인 진행에 조언을 하기 위하여 연방의회의 내무위원회의 소위원회가 NPD(독일민족민주당)금지 신청을 새로이 해야 하는지 말아야 하는지에 대하여 분명히 하고자 하는 목적으로 모였다. 이 위원회의 구성원은 다시 한 번 금지에 대한 찬성하고 반대하는 모든 주장을 하고 그 주장에 대해 토론하며 결정을 내린다. 이 위원회의 다수가 찬성하면 연방의회의 내무위원회는 다시 한 번 이 안건을 다루고 연방의회 총회에 상정할 것이다. 물론 소위원회의 다수가 이 새로운 신청에 대해 반대하면 내무위원회는 이 안건을 중지 시킬 것이다. 그리고 잠정적으로 연방의회의 금지신청은 제기되지 않을 것이다.

자료 3

3. NPD(독일민족민주당)-금지를 위한 보충자료

M 1
방어적 민주주의:
독일연방공화국은 "방어적 민주주의"이다. 민주주의가 "우측"과 "좌측"의 반민주주의의 장난감이 되었으며 국가사회주의자의 돌격으로 무너졌던, 바이마르 공화국의 경험으로부터 자유를 위협하는 적에게 자유를 주어서는 안 된다는 것을 배웠다. 따라서 기본법은 자유민주적인 기본질서를 제거하려는 정당들에 대해서 잘못 이해된 관용을 허용하지 않는다.

결정게임

M 2

연방헌법이 표현한 바에 따르면 자유민주적인 기본질서에 속한 것은 다음과 같다:

기본법에 구체화된 인권, 특히 생명과 자유로운 발전에 대한 개인의 권리의 존중, 국민주권, 권력분배, 정부의 책임, 행정의 합법성, 재판의 독립, 다수당 원칙, 야당을 헌법에 맞게 결성하고 행사할 권리를 지닌 모든 정당에 대한 기회균등.

M 3

정당금지:

독일의 정당은 특별한 특권을 누리고 연방헌법재판소에 의해서만 금지될 수 있다. 독일연방공화국의 존립이래로 연방헌법재판소(BVerfG)에 의해 금지소송이 통과되어 금지된 정당은 다음과 같다. 1952년 SRP(독일 사회주의 제국당), 1956년 KPD(독일 공산당).

기본법 제2조 제2항에 따르면 "그 당원의 목적과 행동이, 자유민주적인 기본질서를 해치거나 무너뜨리고, 독일연방공화국의 존립을 위협하는" 정당은 헌법에 저촉된다. 헌법의 저촉성문제는 연방헌법재판소가 결정한다. 신청자격을 지닌 기관은 연방의회, 연방참의원 또는 연방정부이다.

M 4

NPD(독일민족민주당)의 상황:

1964년에 창립된 NPD(독일민족민주당)은 1966년과 1968년 사이에 각 주 의회 의원 선거에서 5.8%에서 9.8%를 달성했으며 1969년 정당표결 부문에서 4.3%를 획득하였는데, 이는 연방의회 선거 결과로는 최고였다. 그때부터 주의회나 연방의회에서 더 이상 의석을 차지하지 못하였다. 1998년과 2002년의 연방의회선거에서 NPD(독일민족민주당)는 0.3%와 0.4%의 표를 얻었으며 1999년 지난 유럽선거에서는 0.4%를 획득했다. 1996년 그 당원이 3240명이 넘는다고 자진 발표했다. 우도 포이그트의 당선이래로 2001년에는 당원수가 6500명으로 증가했다.

M 5

연방정부, 독일 연방의회와 연방참의원의 금지신청서 발췌:

최근에 극우적인 활동이 상당히 증가했다. 신나치 집단이 더욱 자주 시위하고 -

예를 들어 인터넷을 통해 - 헌법에 저촉되는 목표를 강력하게 선전하였을 뿐 아니라 점점 더 폭력적이 되고 있다. 사람들이 사냥되고, 폭력을 당하고, 살해 된다. NPD(독일민족민주당)은 이와 관련하여 본질적인 역할을 한다. 폭력을 행하기 쉬운 청년들 가운데 점점 더욱 성공적으로 추종자를 얻으며 민주주의와 법치국가에 대하여 근본적인 적대감으로 사회적인 반항을 하고자 하며 지적으로 국가사회주의에 유사하게 반유대적이고 인종적인 발언과 전체주의적인 국가와 사회질서에 관한, 헌법에 저촉된 생각을 유포한다. 이 당은 의회 민주주의에의 침투를 위하여 정치적인 정당이란 조직의 형태를 이용하고자 한다.

NPD(독일민족민주당)과의 정치적 대결만으로는 충분하지 않다. NPD가 야기하는 정치적, 도덕적 피해는 금지를 통해서만이 저지될 수 있다.

NPD의 위험성을 분명히 보이기 위하여, NPD-당원과 NPD-출판물에서 다음과 같이 인용하였다.

자유민주적인 질서에 반대하는 투쟁:
"우리는 함께 통치하기를 원하지 않는다. 우리는 권력을 나누려고 노력하지 않는다. 혁명에 관하여 이미 우리는 전혀 말하지 않으며 우리가 원하는 것은 독일에서의 절대적인 권력이다."
(출처: NPD-간행물 1998)

인종적인 선동:
우리는 민족적인 봉기를 해야 한다. "우리의 아이들이 흑백으로 얼룩지게 보여서는 안 되며 우리 아이들이 몇 백 년 전부터 보이는 데로 보여야 한다."
(출처: 메클렌부르크-포아폼메른의 NPD의 주 대표, 1988)

반유대주의:
"과거에 아우슈비츠가 없었다면, 오늘날 유대들을 위해 고안해냈을 것이다. 왜냐하면 아우슈비츠는 네트워크로 이루어진 유대주의의 권력 장악이라고 할 수 있기 때문이다."
(출처: NPD(독일민족민주당)의 어느 저자가 쓴 책)

스킨헤드와의 협력과 거리를 위한 투쟁:
"오늘날 우선, 그 직업적인 미래뿐만 아니라 민족적이고 문화적인 자존감을 위해 속고, 2류 사람에 속한 것 같이 느끼며 자기 나라에서 외국인 같이 타락하는, 그 많은 젊은이들은 유동적이다. 젊은이들이 자기의 청년문화에서, 즉 스킨헤드족과 같이 결속한다면, 만일 그들이 정치적 군사로 생각하고 행동할 준비가 되어 있다면, 그러한 집단과 함께 NPD가 일하는 것은 문제가 되지 않는다."
(출처: NPD의 전략적인 계획)

"민족적 해방 지대" :
한번은 저항을 위한 권력을 확립하는 것이다. 우리는 우리가 사실상 권력을 행사하고 우리가 처벌할 수 있는 자유공간을 만들어야 한다. 즉 우리가 당노선 이탈자와 적을 처벌하고, 우리가 투쟁동지들을 지원하고... 해방지대는 독일의 민족주의자들을 위한 행진은 물론 귀환하는 지역이다.
(출처: NPD-간행물)

B. 각 집단을 위한 다양한 자료

자료 4

역할카드 1

클라우스 씨: 사민당의 연방의회 의원, 내무위원회의장

역할: 당신은 사민당(SPD)의 연방의회 의원이며 내무위원회의 의장이다. 당신은 NPD(독일민족민주당)을 지속적으로 민주주의를 위협하는 지극히 위험한 당으로 여긴다. 당신은 처음부터 이 당의 금지를 위해 노력해왔다. 이제 당신은 연방헌법재판소가 금지신청을 기각한 것에 대해 실망했다. 그러나 연방헌법재판소에 다시 금지소송을 신청해야 한다는 의견이다. 왜냐하면 이 당의 위험성에 있어서는 아무것도 변한 것이 없으며 당신의 주장은 이전과 마찬가지로 여전하다.

과제: 다음의 주장과 생각의 실마리가 되는 자료를 자세히 읽어라. 여기에서 당신의 정확한 입장을 발전시켜라. 당신의 입장을 증명하고 지원해 주는 주장을 모아라. 내무위원회의 토론에서 다른 사람들에게 NPD(독일민족민주당) 금지신청을 다시 하는 것의 필요성과 긴박성을 설득시키도록 노력한다. 결론적으로 연방헌법재판소는 이 가능성에 대해 개방적이다. 전략을 강구하라. 어떤 주장이 다른 사람들에게 가장 강력하게 영향력을 미칠 수 있을까?
 그리고 당신은 내무위원회의 의장이다. 이 기능으로 당신은 회의를 인도해야 한다. 회의의 처음에는 모든 회원에게 간단한 시작성명서(최고 1분)로 그의 기본입장을 설명할 수 있는 기회를 준다. 당신은 모든 참가자가 충분히 말을 하고 토론이 발전되도록 유의한다. 토론을 끝낼 때(최고 30분후)에는 표결을 하게하고(주의: 사회민주당(PDS)의 대변자는 표결하지 않는다) 결과를 통보한다.

역할카드 1을 위한 주장과 생각의 실마리가 되는 자료

스테판 M: 타게스슈피겔지(紙)의 독자의 편지에서
NPD(독일민족민주당)은 무조건 금지되어야 한다. 왜냐하면 이 당은 위험한 신(新)나치의 인종적이고 반유대적인 당이고 민주주의에 지속적인 위험이기 때문이다. 금지 자체만으로는 물론 극우주의와 외국인 증오문제가 해결되지는 않지만 올바른 방향으로 한 발자국 가는 것이다. 그 인간을 경멸, 선동하는 기구의 신나치 이념을 저지하고 이들을 억제할 것이다.

귄터 벡슈타인(기사당): 바이에른 주의 내무부장관
빌트지(紙): 당신은 NPD(독일민족민주당) 금지에 찬성한다 - 왜?
NPD 금지는 헌법의 진정한 적들과의 싸움에서의 한 중요한 부분이다. NPD는 폭력적인 극우주의자들, 전투적인 스킨헤드, 신나치의 집합장소가 되어버렸다. 이 당은 점점 신나치식 사상을 유포하고 공개적으로 민주주의를 제거하도록 요구한다. 이 당은 거리를 위한 투쟁을 선동한다.

아넬리에 부텐박: 동맹 90/녹색당의 연방의회 의원
NPD에 의해 대변되는 세계관은 인종주의적, 반유대주의적, 민족적이며 민족공동체사상을 대표한다. 국가사회주의와 본질적인 연관성이 있다. 국가사회주의의 범죄가 부인될 아니라 많은 당원과 추종자들은 자신들이 확고한 국가사회주의자임을 고백한다. 이 이념에는 "강한 자의 자연법"이 이미 포함되어 있다. NPD은 체계적으로 소위 "민족 해방지역"의 형성을 촉구, 선동하고 있다. 90년대 금지되었던 신나치기관의 신나치들이 NPD에 무더기로 입당하였거나 긴밀하게 협력을 하고 있다 NPD는 오늘날 그 내부구조를 금지된 연맹이나 조직을 위한 대용기관으로 제공한다. 이러한 신나치들은 이제 정당법 보호아래 "거리를 다시 점령하고자" 한다. 이는 무엇보다도 수많은 행진으로 분명해지고 있다.

헤리베르트 프란틀: 쥐드도이췌 차이퉁
"단지 갈색 이념(민족주의적 성향: 역자주)에 관한 것이라면 - 독일 민주주의는 NPD(독일민족민주당)을 참아야만 했다. 즉 투쟁적인 민주주의는 무엇에 관한 것이든 금지가 아닌 논쟁으로 싸워야 한다." 그럼에도 불구하고 나는 NPD의 금지에 찬성한다. 이는 이를테면 극우주의자들에 의해 폭력을 당하고 쫓기며 죽임을 당하는 사람들을 보호하기위한 것이다. "바보들로부터 민주주의를 보호하기 위해서가 아니라 폭력자들로부터 희생자를 보호하기 위하여 NPD는 금지되어야 한다."

연방참의원의장 쿠어트 벡(사민당): 라인란트-팔쯔의 주지사
NPD(독일민족민주당)는 특별히 폭력적인 신나치와 스킨헤드족과의 그 긴밀한 연관성 때문에 금지되어야 한다. 이러한 이유로 인해 NPD는 그 헌법에 적대적인 목표를 특히 호전적인 방식으로 추구한다. NPD의 전반적인 행동은, 자유민주적인 기본질서를 파괴하고자 하는 목표에 의해 지배된다. NPD의 주변에서는 극우주의적인 처벌과 폭력행위, 외국인 증오, 반유대주의 및 정치적 반대파에 대한 적대감이 팽창하고 있다.

롤프 괴쓰너: 프랑크푸르터 룬트샤우
NPD(독일민족민주당)의 금지는 기본권리의 제한과 결부되어 있다. 그러나 이를 합리화할 수는 없다. 언론의 자유는 반유대주의, 인종주의와 폭력을 선동할 때에 끝이 난다. 왜냐하면 거기서 범죄가 시작되기 때문이다. 또한 실제적인 폭력의 희생자를 생각하면, NPD가 정당의 특권 하에서 만행을 저지르는 것을 더 이상 놔둘 수는 없다. 수백만의 유대인이 살해된 이 나라에서 조직화된 반유대주의를 참아서는 안 된다.

자료 5

> **역할카드 2**
>
> 브란트 씨: 동맹 90/녹색당 연방의회 의원
>
> 역할: 당신은 동맹 90/녹색당의 연방의회 의원이다. 당신은 처음부터 NPD(독일민족민주당)금지에 찬성이었다. 소송을 기각하기로 한 연방헌법재판소의 결정에도 불구하고, 당신은 다시 금지신청을 하는 것이 의미가 있다고 생각한다. 무엇보다도 당신에게는 NPD가 정당이라는 지위를 가짐으로써 이익을 얻어서는 안 된다는 것이 중요하다. 당신은 금지신청을 통해서 그 정당이 압력을 받을 수 있다고 믿는다. 금지되면, 전체 극우주의적인 장면이 연출되는 일은 힘들 것이다.
>
> 과제: 다음의 주장과 생각의 실마리가 되는 자료를 자세히 읽어라. 이를 통해 당신의 정확한 입장을 발전시켜라. 당신의 입장을 증명하고 지지하는 주장을 모아라. 내무위원회 토론에서 다른 사람들이 NPD(독일민족민주당)금지신청을 다시 하는 것이 의미 있다고 설득되도록 노력한다. 결론적으로 연방헌법재판소는 이 가능성에 대해 개방적이며 이미 신청만으로도 극우주의에 대항하는 싸움을 위한 한 방법을 취한 것이다. 전략을 강구하라. 어떤 주장이 다른 사람들에게 가장 강력한 감명 줄 수 있을까?

역할카드 2를 위한 주장과 생각의 실마리가 되는 자료

풍케 교수: 정치학자
정당금지 신청소송은 정당에 해가 된다, 왜냐하면 사람들의 주목을 받아서 조심해야 하기 때문이다. NPD(독일민족민주당)은 기본법에 바탕을 두지 않는다. 따라서 나는 금지에 찬성한다. 그러나 나는 연방헌법재판소가 금지를 선언할 것에 대해서는 확실치가 않다. 정당금지는 진정한 민주주의의 마지막 수단이며 정당금지를 위하여 넘어야 할 장애물은 매우 높다.

귄터 벡슈타인(기사당): 바이에른 주의 내무부장관
연방헌법재판소가 NPD(독일민족민주당)를 헌법에 저촉된다고 선언한다면 정당은 해체되어야 한다. 이는 동시에 다른 대체기구의 창립을 금지하는 것과 연관되어 있다. 그리고 이는 선거비용을 함께 충당했던 대중 앞에서의 NPD(독일민족민주당)의 갈색 유령, 즉 브란덴브르거 토어(동, 서베를린의 경계에 있던 문으로 통일되면서 독일통일의 상징이 됨. 역자주)를 통한 행진도 끝이 난다. 금지된 정당은 집회권이 없기 때문이다.

니더마이어 교수: 정당연구가
NPD(독일민족민주당)의 금지는 이 정당의 정치적 활동을 상당히 어렵게 만들 것이다. 그들은 선거에 나설 수도 없으며 합법적인 정당으로서의 장점을, 시위를 위한 등록 등에 이용할 수도 없을 것이다. 또한 지금까지의 선동작업도 더 이상 할 수 없을 것이다. 게다가 선거 때 관중의 갈채를 받고 국가로부터 지원금을 받는 것도 더 이상 가능하지 않을 것이다. 금지는 NPD가 특히 강력하게 이용했던 공개적인 행사, 즉 거대한 행진과 집회 등 모든 가능성을 제한한다. 70년대 이후로 최근에 극우주의자들의 가장 큰 시위행사들이 있었다. 금지가 활동가능성을 약화시킨다는 사실은, 이전만큼 그렇게 강하게 금지되지 않았던, 90년대의 극우주의적인 기관들에게 있어서 나타났다.

지그마 가브리엘(사민당): 전 니더작센의 주지사
나는 그런 기관은 한 편에 놔두고 다른 한편으로 사람들에게 이에 대해 자신을 방어해야만 한다고 말할 가능성이 점점 더 적어지고 있다고 생각한다. 바로 젊은 사람들이 우리에게 당연히 질문한다. 당신들이 그것은 국가에 위험하다고 주장한다면, 왜 그것을 독일에 허용했는가? 왜 그러한 행사, 실제로 살인적인 표어를 지닌 정당이 허가 되었는가? 이제는 NPD(독일민족민주당)와 그 젊은 민족민주주의자들이 공개적으로는 어쨌든, 거기서 오랫동안 실제로 가혹한 신나치장면과 얽혀있었다고 증명되지 않도록 대부분 매우 조심하게 될 것이다. 따라서 사람들은 정확하게 검토하여야 한다. 충분한 자료를 모았는가? 물론 우리가 연방헌법재판소에서 좌절하게 된다면 이는 운명적이다. 그러나 하여튼 NPD-금지에 관한 토론자체도 중요하다. 이 문제가 그 어떤 부수적인 안건이 아니라는 것을 분명히 해야하기 때문이다.

칼 디트리히 브라커: 역사학자
극우주의에 관한 토론에서 중요한 역할을 하는, 금지신청에 반대하는 주된 주장은 다음과 같다. 연방헌법재판소에서 혹시 좌절하게 될 경우, 이는 이 정당을 인정 또는 심지어 합법화하게 된다는 주장이다. 그렇지만 이 주장은 뒤집을 수도 있다. 바로 이러한 금지신청과 소송을 제기하지 않는다는 것은 이 정당이 헌법에 맞는다고 인정하는 셈이기 때문이다. 그렇지 않다면 금지소송을 신청했을 것이기 때문이다. 신청을 안 하게 되면 NPD(독일민족민주당)는 계속해서 합법적인 정당으로 여겨진다. 따라서 금지신청을 연방헌법재판소가 거부할 위험성은 신청을 하지 않을 경우의 위험보다는 크지 않다.

자료 6

역할카드 3

바이쓰 씨: 기사당(CSU) 연방의회 의원

역할: 당신은 기사당 연방의회 의원이다. 처음부터 당신은 NPD(독일민족민주당) 금지신청에 찬성하였다. 지금도 당신의 입장은 변하지 않았으며 당신은 연방헌법재판소에 금지신청을 다시 하는 것에 찬성이다. 당신은 사민당(SPD)을, 특히 내무부장관인 쉴리를 공작원 스캔들에 책임이 있다고 여기며 금지 신청을 다시 할 경우 성공할 지에 대해 확신하지 않는다. 그러나 당신은 국가가 힘을 보여야 하며 대외적으로 신호를 보내야 한다는 의견이다. 세계에서 독일의 명예를 위해서도 민주적인 정당이 그렇게 쉽게 물러나지 않는다는 것이 중요하게 여겨진다.

과제: 다음의 주장과 생각의 실마리가 되는 자료를 자세하게 읽어라. 이를 통해 당신의 정확한 입장을 발전시켜라. 당신의 입장을 증명하고 지원하는 주장을 모아라. 내무위원회의 토론에서 다른 사람들이 NPD(독일민족민주당)의 금지신청을 다시 하는 것이 필요하다고 설득되도록 노력한다. 국가가 강력함을 보여야 하며 결론적으로 연방헌법재판소는 이 가능성에 대해 개방적이다. 전략을 구상하라. 어떤 주장이 다른 사람들에게 가장 깊은 감명을 줄 수 있는가?

역할카드 3을 위한 주장과 생각의 실마리가 되는 자료

귄터 벡슈타인(기사당): 바이에른 주의 내무부장관
금지신청만으로도 확고한 영향력이 있다. 정당사무실이 조사되고 정당재산 등이 억류될 것이다. 이는 신나치의 논리계산과 구조를 파괴할 것이다. 금지신청은 - 특별히 - 신호작용을 한다. 외국에서의 독일의 명망에 대해 긍정적인 영향에 대해서는 완전히 말을 안 한다고 하더라도, 극우주의자들에게 이 나라는 그들에 의해 마음대로 좌지우지 되지 않는다는 것을 오해의 여지없이 분명하게 할 것이다.

니더마이어 교수: 정당연구가
민주 법치국가에서 금지신청은 단호하며 행동능력이 있는 것으로 보일 것이다. 이를 통해 국내나 국외에서 정치적인 증거가 될 것이다.

아넬리에 부텐박: 동맹 90/녹색당의 연방의회 의원
정당금지가 내려지면, 국가사회주의의 부활이 더 이상 정당법의 보호와 특권을 받으면서 진행되지 않을 것이며, 더 이상 세금혜택을 받지 못하게 될 것이고, 선거전이라는 울타리 내에서 공개적인 등장은 더욱 수월하게 금지될 수 있을 것이다. 선거현장에 더 이상 내보내지지는 않을 것이며, 더 이상 국가적인 정당재정지급을 통해 세금이 NPD(독일민족민주당)의 인종적이고, 반유대적인 선동에 사용되지 않을 것이다.
NPD(독일민족민주당)금지의 반대자는 NPD-당원이 더 이상 합법적으로 활동할 수 없다면 지하로 숨을 것이라고 두려워한다. 그러나 NPD는 항상 공개적이고 합법적인 등장을 통해 다양한 사람들을 얻으며 신나치의 장면을 도입하는 일종의 도화선이었다. 폭력적인 신나치의 수많은 지도층 인사들과 약간의 우측테러리스트들도 먼저 NPD에 입당하여 여기서 그들의 처음으로 정치를 경험했다. 이외에도 NPD는 최근에 이중전략을 더욱 강력하게 추구하고 있다. 조직화된 테러는 정당의 차선책이 아니라 하나의 보강책이다.

헤리베르트 프란틀: 쥐드도이췌 차이퉁
NPD금지에 따라 이 정당은 현재 국고에서 주어지는 재정은 포기해야 한다. 1998년에 NPD는 587,000마르크를 국가적인 정당재정에서 받았다. 1년 후에는 이미 115만 마르크가 되었다.

롤프 에거트(사민당): 메클렌부르크-포아폼메른주의 경제장관
나는 NPD의 금지에 무조건 찬성한다. 그런 정당의 존재와 그 극우적인 행위는 주의 투자 환경에 아주 부정적인 영향을 끼친다. 국내외에서는 이에 상응하는 표제가 매우 정확하게 기록된다. 극우주의는 언제나 그리고 어디에서나 소재지로서 불리하다. 메클렌부르크-포아폼메른주의 청소년 중 1/3이 극우적인 생각에 공감을 갖고 있다는 것은 일종의 재난이다. 예를 들어 프랑스는, 로스톡에서의 외국인을 증오하는 활동 때문에, 신종 슈퍼에어버스의 완공을 위한 소재지로의 신청을 철회하였다. 프랑스의 항공메니저는 그의 독일 파트너를 개인적으로 만나서, 공장의 엔지니어와 기술자들이 로스톨 거리에서 안전할 것인지 물어보았다.

자료 7

역할카드 4

클라우스 씨: PDS의 연방의회 의원

역할: 당신은 PDS의 연방의회 의원이다. 당신은 NPD(독일민족민주당)의 금지를 위해 매우 강력하게 노력하였다. 당신의 정당에서는 또한 다른 입장은 없다. 당신은 NPD를, 청년들을 유혹하는, 신나치 정당으로 여긴다. 그들의 행동을 그치게 하기 위하여 무슨 일이든 해야 한다. 따라서 금지신청을 다시 하는 것에 찬성이다. 금지는 결국 이 정당에 "국가적인 재정"을 끝내게 하고 이들을 민주적인 과정으로부터 제외시킬 것이다.

과제: 다음의 주장과 생각의 실마리가 되는 자료를 자세히 읽어라. 이를 통해 당신의 정확한 입장을 발전시켜라. 당신의 주장을 증명하고 지원하는 주장을 모아라. 내무위원회의 토론에서 당신은 단지 자문하는 기능만을 지니며 끝에 표결은 하지 않는다. 그럼에도 불구하고 당신은 다른 사람들이 NPD(독일민족민주당)의 금지신청을 다시 하는 것이 필요하다고 설득되도록 노력한다. NPD는 분명히 신나치 당이다. 이 당은 특히 동독지역의 청소년들과 민주주의에 대해 위험스런 존재이다. 결국은 연방헌법재판소는 금지신청을 다시 하는 가능성에 대해 개방적이다. 전략을 구상하라. 어떤 주장이 다른 사람들에게 가장 강력한 인상을 줄 수 있겠는가?

역할카드 4를 위한 주장과 생각의 실마리가 되는 자료

요스트 뮐러-노이호프: 편집자
갈색의 무슨 당의 금지를 회의의 눈으로 바라보았던, 저 회의자들이 지금 권리를 얻었는가? 아니다. NPD(독일민족민주당)는 금지되어야 마땅하다. 이것이 의미 있는 지에 대하여 사람들은 논쟁할 것이다. 그러나 법은 그 가능성을 주었고 현재 주고 있다. 공작원 스캔들이 없었다면, 연방헌법재판소는 아마도 이를 종결하지 못했을 것이다.

팔-트라우버 교수: 극우주의연구가
NPD(독일민족민주당)의 금지는 당원들에게 제한적으로만 해당되는 것이 아니다. 자기 의견을 갖고 있는 사람들이 민주주의에서 금지되지는 않는다. 당원들이 어떻게 반응할 것인가? 일부분은 확실히 체념하여 물러설 것이다. 다른 부분은 다른 극우정당이나 조직에 들어갈 것이다. 그러나 계속적인 금지에 대한 두려움으로 거기서 물러서 있을 것이다. 또 다른 부분은 다른 후속기관을 창설하고자 할 것이지만, 항상 금지문제가 있기 때문에 대외적으로 절제할 것이다.

롤프 괴쓰너: 프랑크푸르터 룬트샤우

금지에 대해 실제적으로 이야기되고 있는 동안에, NPD(독일민족민주당)는 헌법적으로 보장된 정당의 특권의 보호를 받고 이로써, 지금까지 인간경멸적인 정치와 인종적인 선동을 위해 이용할 수 있었던, 정치적 의사형성에 함께 활동하는 가능성을 갖게 될 것이다. 그러나 금지판결이 내려지면 수백만 마르크에 달하는 국가의 재정을 받지 못하게 될 것인데 이는 가장 효과적인 결과이다. 왜냐하면 바로 정당에게 보장되어졌던 선거비용 지급은 NPD가 계속 정착되게 할 뿐 아니라 극우파적이고 폭력적인 스펙트럼을 강화하는데 기여하였기 때문이다. 정당, 극우파적인 정당자료, 그리고 정당재산이 해체됨에 따라 NPD는 모든 조직의 기능과 재원을 빼앗기게 된다. 이를 통해 극우주의의 정치적 구조가 전반적으로 약화될 것이다.

독일 노동조합(DGB)

비록 헌법과 적대적인 정당들이 금지되지 않은 채 헌법에 저촉된다고 할지라도, 정당금지에 대해 이야기되지 않는 한, 그들의 구호는 합법적인 외관을 누리게 된다. 특히 동독지역의 시민들은 잘못된 정보를 제공받아 무엇보다도 인종적인 습격을 정당한 것으로 생각한다.

PDS(민주사회주의당)-연방의회계파

우리는 오래전부터 NPD(독일민족민주당)가 신나치적, 폭력적, 호전적, 헌법에 적대적인 정당이며 금지되어야 한다고 알고 있다. NPD의 정책과 이념은 독일연방공화국의 다른 모든 정당과 기관을 없애는 것을 목표로 한다. 정치적 반대파를 숙청하고 근절하기 위하여 만들어진 그들의 구조와 신나치주의의 찬양("비밀경찰(SS)의 무기에 명성과 영예를"과 같은 구호), 그들의 호전성, 제복을 입고 대중에 등장하는 것, 그들이 국수적 권위적인 국가를 위해 나서는 것, 그리고 모든 다른 생각과 모든 이민자들과 망명자들을 이 "지대"에서 추방하고자 하는, 소위 "민족해방지대"의 개념으로 NPD는, 무엇보다도 동독의 청소년들을 겨냥한, 위험한 신나치적인 힘(권력)으로 입증된다. 그들의 조직적인 권력은 분명히 공식적으로 명명된 6000명의 당원을 넘어서서 폭력적인 스킨헤드족과 "전우연맹(Kameradschaften)"과의 연계와 협력까지 확장되었다. 그들은 그들의 정당조직을 커버하고 이 당을 위해 행진하도록 등록하고 다른 방식으로 촉구하기 때문에, 독일연방공화국의 존재를 위협하는 위험이 정말로 증가하고 있다.

자료 8

역할카드 5

베젤 씨: 자민당(FDP)의 연방의회 의원

역할: 당신은 자민당의 연방의회 의원이다. 당신은 처음부터 NPD(독일민족민주당)의 금지에 반대했다. 당신의 당에서는 이에 빗겨가는 입장은 없다. 연방헌법재판소가 그 소송을 기각했다는 것을 당신은 당신의 입장이 인정받은 것으로 여긴다. 당신은 원칙적으로 정당금지와 민주주의는 서로 어울리지 않는다는 의견이다. 극단적인 입장이나 극단주의자들에 대해서는 정치적으로 싸워야 한다. 당신은 국가가 언론의 자유를 제한하는 것은 어떤 것이든지 반대한다. 이외에도 당신은 연방헌법재판소에 다시 금지신청을 해서 성공하리라고 믿지 않는다.

과제: 다음의 주장과 생각의 실마리가 되는 자료를 자세히 읽어라. 이를 통해 당신의 정확한 입장을 발전시켜라. 당신의 입장을 증명하고 지원하는 주장을 모아라. 내무위원회의 토론에서 NPD의 금지신청을 다시 해서는 안 되며 NPD의 금지는 민주주의를 제한하는 것이라고 다른 사람들을 설득하려고 노력한다. 당신의 의견에 의하면 금지소송 때문에 NPD의 내용에 대한 중요한 정치적 논쟁이 소홀해진다. 전략을 구상하라. 어떤 주장이 다른 사람에게 가장 강력한 감명을 줄 것인가?

역할카드 5를 위한 주장과 생각의 실마리가 되는 자료

요르그 판 에쎈: 자민당-법정치가
민주주의에서 정당금지는 항상 예외여야 한다. 우리는 좌우간 극단적인 정당과 함께 살아야 하며 이에 정치적으로 대항하여야 한다.

소송기각에 찬성했던 연방헌법재판소의 세 명의 판사:
헌법상의 정당금지는 조직화된 적에 대항하는 민주법치국가의 가장 날카로우며, 더구나 잘 라내는 무기라고 할 수 있다. 따라서 소송의 법적 보장, 투명성, 예측성, 신뢰성이 최대한도로 필요하다. 이러한 것은, 분명하고 공개적으로 사람들, 행동, 발언이 국가의 영역으로 분류되거나 금지되어야 하는 정당으로 분류되는 것이 가능해야만, 주어지게 된다. 그래야만 헌법재판소가 그 정당의 위헌여부 또는 적법성에 대하여 헌법적으로 대표할 수 있는 결정을, 법치국가적으로 진행된 소송의 결과로서 내리고 책임을 질 수 있게 된다.

결정게임

귀도 H.: 프랑크푸르터 룬트샤우의 독자편지에서
금지는 가장 나쁜 반응이다. 내 생각에는 극단주의자들의 잠재력이 선거에서 분명해진다는 것이 도움이 된다고 생각한다. 왜냐하면 눈에 드러나야만, 민주주의 의미가 뚜렷해지기 때문이다.

팔-트라우버 교수: 극우주의연구가
금지보다 더욱 중요한 것은 그 정당의 발전에 대하여 계속적으로, 공개적으로 주목하는 것이며 극우주의자들의 입장에 대해 집중적으로 내용을 공략하는 것이다. 이에는 학교에서 좀 더 강력하게 정치적 설명을 해주는 것이 포함된다.

아넬리에 부텐박: 동맹 90/녹색당의 연방의회 의원
금지에 중점을 두는 정치는 성공적이지 않다. 바로 인터넷영역에서의 전개되는 상황을 통해, 얼마나 나치상징이나 대량학살부인을 금지하는 것이 쉽게 다루어질 수 있는가를 알 수 있다. 금지한다고 해서 인종적인 나치의 선동은 국민이나 청소년으로부터 멀어 지는 것은 아니다. 앞으로는 사회가 이러한 세계관에 대하여 비판적으로 논쟁할 능력이 되고 자기 책임과 자기 주도권을 촉진해야 한다.

요스트 뮐러-노이호프: 편집자
정당의 금지는 비록 진정한 정당에 관한 것이라 할지라도, 항상 국민의 민주적인 권리를 근본적으로 제한하는 것을 의미한다. 국가 기관은 국민들이 어떤 정당을 구축해도 되는지 어떤 정당은 안 되는지에 대하여 감히 결정한 권리를 지닌다. 국민에 의해 선출되지 않은 판사들로 구성된 연방헌법재판소가 한 정당을 헌법에 적합하다고 해서 허용하거나, 헌법에 저촉되기 때문에 금지해야 하는지를 결정한다. 자유민주주의의 체계에서는 정당금지가 이물질이다. 정치적 정당의 가치여부를 판단하는 것은, 법원의 법적인 판결이 아닌, 선거권자의 정치적 결정에 맡겨야 한다. 정당의 금지는 비록 NPD에 관한 것이라 할지라도 국민의 정치적 권리가 제한되면 국가의 권위와 통제가 강화되는 결과를 낳는다. 이로써 선례가 되어 앞으로 존속하는 사회적, 정치적 상황에 반대하는 모든 야당을 범죄자로 만들고 압박하기 위하여 사용되는 위험이 있게 된다.

롤프 괴쓰너: 프랑크푸르터 룬트샤우
NPD(독일민족민주당)는 금지신청과 법적소송의 모든 단계를 민주주의에 반대하는 공개적인 캠페인을 위해 사용할 수 있다. 이 정당은 금지신청을, "언론자유와 민주주의에 대한 전면공격"으로 표현하며 "근본적인 민주적인 기본권한의 침해"에 대하여 내기를 걸고 겉으로 신성하게 "민주주의와 법치국가에 대한 위협"이라고 호소할 수 있다.

자료 9

> **역할카드 6**
>
> 드라이어 씨: 사민당의 연방의회 의원
>
> 역할: 당신은 사민당의 연방의회 의원이다. 당신은 처음부터 NPD(독일민족민주당)금지 신청에 대하여 회의적이었다. 물론 당신의 당에서 당신의 의견은 관철될 수 없었지만 일련의 연방의회 의원은 당신과 같은 의견이다. 비록 연방헌법재판소가 가능성을 허용했다 하더라도, 당신은 금지신청을 다시 하는 것에 대해서도 반대이다. 당신에게 NPD는 싸워야 할, 헌법에 저촉되는 당이다. 그렇지만 당신에게는 그 당이 금지되어야 할 정도로 그렇게 위험하지는 않다. 그 당은 당신에게는 별로 중요하지 않고 별로 성공적으로 보이지도 않는다.
>
> 과제: 다음의 주장과 생각의 실마리가 되는 자료를 자세히 읽어라. 이를 통해 당신의 정확한 입장을 발전시켜라. 당신의 주장을 증명하고 지원하는 주장을 모아라. 내무위원회의 토론에서 당신은 다른 사람들을 NPD의 금지를 다시 신청해서는 안 된다는 것을 설득시키고자 노력한다. 당신은 다른 사람에게 그 정당은 너무 작아서 그들로부터 민주주의를 위협하는 위험은 있을 수 없다고 설득시키고자 노력한다. 전략을 구상하라. 어떤 주장이 다른 사람들을 가장 강력하게 감동시킬 수 있는가?

역할카드 6을 위한 주장과 생각의 실마리가 되는 자료

팔-트라우버 교수: 극우주의자 연구가

NPD(독일민족민주당)가 60년대 후반에 일련의 주의회 선거에서 성공을 했으며 5%의 장애를 부분적으로 넘어서고 1969년 연방의회 선거에서 차단조건을 겨우 넘어서지 못하였던 반면에 그들은 90년대 후반부에 완전히 다른 이미지를 전달한다. 내부적인 소모가 오랜 단계가 지나서 조직적으로 안정되었다고 이야기 할 수 있다. 재정적인 정착은 물론 당원수의 증가가 이를 증명한다. 비록 당원 수가 6000명이라는 것은 당 자체에 의하여 비롯되었고 실제적으로는 적다고 하더라도 그렇다. 그러나 선거에서 - 그리고 이는 이전의 시기와 결정적인 차이가 될 수 있다 - NPD(독일민족민주당)는 성공을 증명하지는 못했다. 선거비용을 지급받고서 거의 1%를 넘은 표를 얻은 결과는 그렇게 중요할 수 있지만 여기서 선거에 참여하는 정당으로서의 정착에 대해서는 단지 대략적으로만 이야기 될 뿐, 그렇게 비중이 크지는 않다.

게다가 금지소송은 NPD 당원이 방향을 잃고, 신나치와 거리가 멀어지며, 그들이 폭력적인 행동과의 연관성이 훨씬 줄어든 것으로 보이게 하였다. 또한 지난 선거에서 획득한 표의 몫에 관한 한, 그들은 거의 드러나지 않았다. 그들은 2002년도 연방의회 선거에서 겨우 0.4%의 표를 획득하였다.

프랑크 F.: 독자편지
정당금지는 민주주의에서 근본적으로 회의적이다. "권력"에 이르게 되면, 국가를 완전히 바꾸어 놓는 정당들이 있다. 그렇지만 NPD는 너무나 작은 정당이다. 그들은 우리국가에 거의 위험하지 않다고 할 수 있다. 우리는 오히려 주권, 국민을 신뢰하고 자신감을 가져야 한다. 이외에도, 한 정당이 금지된다면, 1933년과 같은 사건이 발생할 수도 있다. NSDAP(국가사회주의독일노동자당(나치당))의 금지가 그 당시 효력이 없었다. 만일 극단주의적인 분위기가 무르익게 되면, 그런 정당이 "허가되든" 아니든 상관없이, 대두한다. 우리는 그런 분위기를 피하고 그런 정당의 목적을 밝히고 계몽하는데 집중을 해야 한다.

H. 풍케 교수: 정치학자
극우적인 NPD(독일민족민주당)는 지난해 선거에서 성공하지 못했고 그 당시 민주주의를 위협하지도 않았다. 그러나 그 정당은, 민주주의와 법치국가가 보호해야 하는 사람들에게는 위협적이다. NPD(독일민족민주당)의 인종주의와 반유대주의가 그 목적이기 때문이다. 이 정당은 폭력적인 스킨헤드족과 함께 핵심적인 기본권인, 인간존중과 안전 그리고 인권을 천천히 와해시키고자 한다.
NPD의 미약한 사회적인 의미를 생각하면 금지에 반대하게 된다. 지난 연방 및 주의회 선거에서 그들은 단지 0.2에서 1.4%의 표만을 얻었고 이로써 국민들 가운데 미약한 지지만을 받고 있음을 알 수 있다. 전 독일에 걸쳐있는 6000명의 NPD 당원들은 더욱 작은 정당에 속하여 있고, 조직화된 극우주의자들의 10%에 불과하다. NPD는 안정된 정당이 아니다. 종종 분리되고 탈당하기도 한다. 최근에는 행진의 수가 줄어들어서 그 정당의 번성기가 이미 지났다고 전제된다.

하이너 R.: 독자편지
강력하고 확고하게 뿌리를 내린 민주주의는 금지조치를 취하지 않고도, 또 피해를 유발하지 않고 수천의 보수파, 스킨헤드족, 광란자들을 다룰 수 있어야 한다. 수많은 청소년들이 이러한 사람들 내지는 NPD와 관련이 없다. 나의 의견에 의하면 금지신청은 처음부터 잘못되었다. 정착된 정당들이 금지를 통해서만 그 "영점짜리 정당(Null-Komma- Partei)"을 대항할 수 있다면, 이는 그들의 빈곤증명서(무능력증명서)가 아니고 무엇인가?

자료 10

역할카드 7
에써 씨: 기민당(CDU)의 연방의회 의원

역할: 당신의 기민당의 연방의회 의원이다. 당신은 NPD(독일민족민주당)에 대한 금지신청이 옳은 방법인지 항상 회의적이다. 기민당에는 당신의 회의에 동조하는 일련의 의원들이 있다. 또한 이제 금지신청을 다시 하는 것은 잘못되었다고 생각한다. 반대로 당신은 금지를 통해서 다른 극우적인 집단과 정당들이 강력해질 것을 우려한다. 당신은 NPD의 많은 당원들이 금지조처가 취해지면 지하로 숨어들어 가리라고 생각한다. 거기서 그들은 극단적이 되고 그들을 더 이상 헌법의 보호아래서 지켜볼 수 없을 것이다.

과제: 다음의 주장과 생각의 실마리가 되는 자료를 자세히 읽어라. 이를 통해 당신의 정확한 입장을 발전시켜라. 당신의 입장을 증명하고 지원하는 주장을 모아라. 내무위원회의 토론에서 당신은 다른 사람들에게 NPD의 금지신청을 다시 해서는 안 된다고 설득하고자 한다. 당신은 다른 사람들에게 금지조처가 내려지면 그 정당의 일부분이 지하로 숨어들고 통제하기가 훨씬 어려워지게 될 위험이 있다고 설득하고자 한다. 전략을 구상하라. 어떤 주장이 다른 사람들에게 가장 강력한 감명을 줄 수 있을 것인가?

역할카드 7를 위한 주장과 생각의 실마리가 되는 자료

메르츠 박사: 기민당의 연방의회 의원
극우주의의 문제는 금지를 통해 해결되지 않는다. 이로 인해 독일인민연맹(DVU)이나 공화주의자들과 같은 다른 극우적인 정당들의 가치를 높여주게 되는 결과가 있을 수도 있다. 게다가 NPD(독일민족민주당)를 우측 진영에서 순교자로 만들어 버릴지도 모른다. 금지는 극단적이고 폭력적인 집단들이 협력하도록 만들 수도 있다. NPD의 추종자들은 다른 극우적인 정당에 가입하여 이 단체를 극단적으로 만들 수 있다.

팔-트라우버 교수: 극우주의 연구가
젊은 NPD(독일민족민주당)-당원들은 NPD가 금지된 후에 다른 극우주의 조직에서 활동을 할 것이다. 90년대의 금지에 대한 반응으로 그 당원들이 "전우연맹 (Kameradschaften)"과 소집단을 조직하였다. NPD금지는 이러한 극단적인 집단들이 성장하게 만들며 또한 지금까지의 NPD 당원들이 극단적이 되게 할 것이다. NPD 금지는 그들에게서 합법적인 활동의 가능성을 빼앗는 것이므로 그들을 점점 더욱 강력하게 불법적인 활동을 하게 되는 경향이 있을 지도 모른다. 체계적인 폭력행사를 정치적인 수단으로 받아들이는 경향이 점점 더 증가하게 될 수도 있다. 지금까지 NPD는 단체와 사람들에게, 대중에게 폭력과 연관되지 않고 선거권자들에게 겁을 주지 않고자 절제 있게 활동을 해왔다.

요스트 뮐러-노이호프: 편집자
NPD(독일민족민주당) 금지신청은 칼스루헤(독일연방헌법재판소가 소재하는 도시:역자주)에서 내용적으로도 좌절될 수 있다. 이로써 NPD는 상당히 강력해지고 약해지지 않게 될 것이다. NPD 금지는 다른 두개의 우파 정당인 DVU와 공화주의자들 모두를 강력하게 만들 수 있다.

롤프 괴쓰터: 프랑크푸르터 룬트샤우
민주주의에서 정당금지는 최후의 조처이다. 연방헌법재판소가 이미 두개의 정당을 금지시켰지만 그것은 50년대이다. 아마도, 오늘날 법정은 좀 더 관대하게 다른 판결을 내릴 것이다. 그러나 NPD를 비난하는 증거자료가 금지하기에 충분치 않다면 그 정당은 대략 "결백 증명서"를 얻게 될 것이고 이는 아마도 선거에서 그들이 표를 얻게 될 확률을 높이게 될 것이다. 결국에는 완전히 전체 우측 진영이 이러한 상황을 강력하게 빠져나오게 될 것이다. 그러면 그들과 사회적으로 정치적으로 대결하는 것이 훨씬 어렵게 될 것이다.
금지가 된다면 NPD의 지도층 두뇌들과 그 당원의 일부분이 지하로 숨거나 아직 금지되지 않은 우측 단체에 들어가거나 새로운 단체를 설립하고 거기서 그들의 만행을 계속 저지를 것을 예상할 수 있다. NPD는 오늘날 극우주의의 집합장소로서 부분적으로는 이전의 조직 금지의 산물이다. NPD는 금지되었던 민족전선 또는 독일 전우연맹과 같은 그 단체들의 인사들을 영입해왔다. 따라서 오늘날 형태의 NPD는 이미 국가적인 개입의 산물이다. NPD 금지로서 우측진영에서 DVU와 공화주의자에 맞서는 경쟁당이 없어지게 되는 셈이다. 이와 같은 경쟁은 또한 이런 성향의 한 정당이 5%의 목표달성을 못하게 만든다.

H. 풍케 교수: 정치학자
이 시점에서 극우주의자들의 폭력행위의 발전에 대해 금지가 어떤 영향력을 미칠 수 있는지에 대해 질문하게 된다. 몇몇 NPD(독일민족민주당) 당원들이 군사적인 환경으로 편류하게 되는 위험은 무시할 수 없을 것이다

C. 관찰자를 위한 자료

자료 11
토론시간 관찰기록을 위한 양식지

기 준	관 찰
일반적인 것 ● 시간적 구성 ● 구조 ● 참여의 범위 ● 대화분위기	
토론자 ● 중요한 주장 ● 언어 ● 사건 설명능력 ● 융통성 ● 논증수준 ● 말하는 비율 ● 설득력	
진행자 ● 조정 ● 구성력 ● 통찰력 ● 융통성	

현장체험학습과 사회연구

요아힘 데트옌(Joachim Detjen)

현장학습: 개념, 구분 및 역사

개념

정치수업은 의례적으로 교실에서 이루어진다. 그러나 의미 있고 생산적인 정치수업은 학교를 벗어나서 이행될 수 있다. 상위개념인 *야외학습*(Exkursion)에는 학교 밖의 지역에서 학습하기 위하여 학교를 떠나서 이루어지는 공통점이 있는, 일련의 다양한 수업방식이 포함된다. 이러한 수업방식에서 가장 유명한 것은 *현장체험학습*(Erkundungen)이다. 현장체험학습의 확대된 형태로서 *(지역)사회연구*(Sozialstudie)도 마찬가지로 언급된다. 현장체험학습의 성격을 띠는 것은 *견학, 시찰,* 관공서(법원, 시청, 의회) *방문* 및 소풍과 *수학여행*이다. 그러나 이중 소풍과 수학여행은 특별한 과목에 관련된 교육목표가 아닌 일반적인 교육목표를 추구하기 때문에 정치수업의 방법론에서 별 의미가 없다.

많은 수업과목에 있어서 현장체험학습은 다음과 같이 설명된다. 현장체험학습은 자연기념물과 건축기념물, 경치, 식물과 동물의 세계, 도시와 시골, 지리적인 특성, 그러나 또한 그 환경에 살고 일하는 사람들, 즉 전문가, 지역정치가, 거주민, 기관, 관청과 교통시설 등을 감각적으로 생생하게 만나는 것이다(Meyer 1994, 327).

이러한 설명으로 인해 현장체험학습이 정치수업에만 있는 것은 아니라는 것을 어렵지 않게 받아들일 수 있다. 현장체험학습의 특징을 구체적으로 어떻게 설명할 수 있는가? 전형적인, 즉 모범적인 현장체험학습은 다음의 세 가지 특징을 지닌다고 할 수 있다.

● 첫 번째 특징: 현장체험학습은 학습자가 일상세계 또는 환경과 실제적으로 만나는 것이다. 그러나 이는 다르게 선택된 세계의 한 단면과의 만남이 될 수도 있다. 항상 현장체험학습의 대상이 되는 것은, 나타나는 모습 그대로의 현실이고, 기호시스템으로 표현된 것은 아니다. 다른 말로 표현한다면, 현실은 상징적인 전달(텍스트, 그림, 발표)을 통하지 않고 직접적으로 경험되어야 한다.
● 두 번째 특징: 현장체험학습은 상호활동적으로 구성된다. 이는 학습자가 서로 서로 그리고 현장체험학습장소의 사람들과 반응한다는 것을 의미한다. 상호활동은 준비를 위한 대화, 계획약속, 현장에서의 정보제공활동 및 현장체험학습 후에 있는 평가작업에서 이루어진다. 중요한 것은 학습자가 다양한 활동에서 가능한 자립적이어야 한다. 결국, 현장체험학습은 종종 분담적으로 조직된다. 그 이유는 탐색해야 될 대상이 일반적으로 복잡하기 때문이다. 모든 사람이 한 조사대상의 모든 면을 공부할 수는 없다는 결론에 이른다.
● 세 번째 특징: 현장체험학습은 즉흥적인 시도가 아니라 의도적인 계획에 근거를 둔다. 이상적인 경우에는 교사와 학생의 공동계획으로 시작되어야 한다. 또한 현장체험학습은 학습집단이 제기하는 질문에 정보를 얻는다는 희망에서 출발해야 한다. 그만큼 현장체험학습은 학습자의 지식을 얻고자 하는 의욕이 전제되어야 한다. 가설을 검증하거나 다르게 획득된 지식이 실제와 일치하는지에 대해 검토하기를 원한다면, 특히 현장체험학습은 요구하는 바가 많게 된다. 적당한 계획수립에는 방법론적인 수준을 고려하는 것이 포함된다. 즉 체험학습활동은, 원하던 정보가 실제적으로도 그 날에 요구될 수 있는, 작업기술에 근거한다. 즉 학생들은 이 작업기술을 정복해야만 한다.

구분

현장체험학습과 비교하여 시찰은 분명히 미약한 교수법적인 프로필로 특징 지워진다. 이에 반해 사회연구는 교수법적으로 현장체험학습보다 상당히 요구하는 바가 많다.

견학(Unterrichtsgang)이나 기관방문으로도 분류되는, 시찰에서는 단지 무언가를 살펴보거나 체험하는 것이다. 체험의 대상은 재판과정과 의회의 회의와 같은 행위일 수 있다. 그러나 또한 산업의 생산과정에서 전형적으로 여겨지는 것과 같은 일상적인 경과도 체험의 대상일 수 있다. 살펴보고 체험하는 목적은 현장체험학습과 동일한, 즉 정보획득이다.

시찰을 통하여 정보를 얻는 것은 물론 여러 가지 면에서 부족할 수 있다. 학생들이 시찰에서 단지 수동적-수용적인 역할을 받아들이기 때문이다. 예외가 있다고 하더라도, 학생들이 이를 테면 시찰장소에서 활동하는 사람들에게 질문을 하지 않을 수 있다. 기업시찰에서의 생산과정이나 법원이나 의회에서의 형식화된 과정이 관찰되면 그렇게 된다. 학생들에게는 단지 관찰, 질문, 개요만이 남아있게 되어 이어지는 수업에서 구체적으로 학습할 수 있다.

이에 다른 부족한 면은 학생들이 그들의 필요에 따라 시찰의 경과를 적극적으로 구성할 수 없다는 것이다. 일반적으로 시찰은 시찰해야 할 기관에 의해 조정되기 때문이다. 따라서 시찰프로그램에서 기관의 자기소개가 주를 이루는 게 대부분이다. 그러나 기관이 중요하게 여기는 것이 교수법적으로는 중요하지 않을 수도 있다.

결국 계획된 시찰프로그램이 일정한 범위에 이르게 되면 학생들은 너무나 감명을 많이 받아 지나친 부담을 느낄 수가 있다. 그러면 세분화되지 못한 피상적이고 인지적으로 혼란스러운 결과가 된다. 그러나 그것은 시찰이 수업목표에 있어서 효율성이 적다는 것을 의미한다. 원래, 시찰을 통해 중요한 현실의 한 단면이 전달되고 단지 이 형태로만 제공되며 다른 시기에 발생될 수 없다면 교수법적으로 정당화될 수 있다(Kaiser/Kaminski 1999, 295이하).

사회연구는 완전히 다르지만 현장체험학습이 계속되는 것으로 설명된다. 따라서 그 경과는 본질적으로 현장체험학습의 경과와 일치한다. 특징적인 차이는 사회연구가 학문적인 진행방식을 엄격하게 적용하는 데 있다. 이미 그 개념이 나타내듯이 이는 사회적인 현상이나 사회적인 관련성에 관하여 체계적으로 구상된 연구이다. 학생들은 경험적 사회연구영역으로부터의 학문적인 방법을 사용하여 자립적으로 기본적인 연구과제를 성취한다. 사회연구 학문의 입문적인 성격과 사회학적인 분야연구와의 근접성이 명백하다.

역사

직관을 가능케 하고 탐구적인 활동과 결부되어 있으며, 현장학습의 기초가 되는 실제만남의 교육학적인 원칙은 몇 세기의 전통을 갖고 있다. 이미 독립적인 교육학 분야가 시작된 때부터 학습자가 스스로 탐구하고 발견하며 문제를 해결해야 한다고 촉구해왔기 때문이다. 학생들은 완성된 지식을 단순히 소비만 해서는 안 된다. 이는 단지 자립적인 활동을 통해서만 얻을 수 있는 자립성을 지체시키기 때문이다.

인문주의로 각인된 교육학자이자 교수법학자인, 라티키우스라 불리우는 볼프강 라트케(1571-1635)는 "모든 것이 경험과 단편적인 조사를 통해 시작되도록" 요구한다. 즉 말 그대로 "많거나 모두가 썩어진 데로 여기지 않거나 그저 그렇게 여기거나 상관없이, 근본적으로 새로운 것을 알려주지 않고 실행에서 제대로 발견되는, 규칙은 허용되지 않으며 또한 교수개념도 마찬가지이다"25).

라티키우스에 의해 영향을 받은 요한 아모스 코메니우스(1592-1670)는 *교수학헌장*(Didactica magna)에서 교사를 위한 "황금률"로서 다음과 같이 표현하였다. "가능한 많은 모든 것에 그 의미가 보인다. (...) 따라서 수업은 사물에 대하여 말로 하는 설명이 아니라 실제적인 관찰로 시작되어야 한다. 사물이 먼저 보인 다음에야 비로소 상세하게 사물에 대하여 설명을 해야 한다."26)

경건주의의 권위 있는 교육가인 아우구스트 헤르만 프랑케(1663-1727)는 "교사"는 그들이 맡은 학생들과 함께, 그들에게 직접 보여주고 어떤 직업에 속하는지 얼마나 배워야만 하는지, 어디서 재료가 나오며 어디로 그 생산품이 팔리는지 말하게 하기 위하여, "온갖 종류의 예술가와 장인들의 집으로" 가야 한다.27)

요한 하인리히 페스탈로찌(1746-1827)의 근본적인 방법에서 관찰은 "우리의 인식의 일반적인 기초"이다. 페스탈로찌는 "외부적인 관찰"로서 감각적인 인지단계가 개념과 지식의 교육을 위한 출발점이라는 것을 말하려고 한다. 이러한 이유로 그는 관찰을 모든 수업의 기초로 삼도록 조언하였다.28)

언급한 학자들뿐만 아니라 거의 모든 교육학의 고전적인 학자들은 "res et verba" 즉 사물과 언어를 서로 연결하도록 촉구하였다.

실제적인 만남을 위한 가장 강력한 옹호는 박애주의자인 크리스티안 고트힐프 잘쯔만(1744-1811)에게서 비롯되었다. 그는 고향과의 직접적인 만남을 추천하였다. 이로부터, 그는 무엇보다도 학생들의 동기가 강해질 것이라고 약속하였다.

구체적인 견학의 원칙에 대해서는 20세기의 독일 개혁교육학(Reformpädagogik)이 규정하였다. 이 교육학은 학교와 생활사이의 거리를 극복하고, 학생들의 자율성을 장려하며, 과목간의 경계를 해체하고 두뇌와 손의 작업을 연결하며, 사회적

---

25) Wolfgang Ratke: Die neue Lehart Pädagogische Schriften. Eingleitet von Gerd Hohendorf. Berlin(Ost). 1957, 72면
26) Johann Amos Comenius: Didactica magna. Walter Vorbrodt에 의해 번역, 편찬됨. Leipzig, 2판, 1910, 123 면
27) August Hermann Francke: Pädagogische Schriften. G. Kramer 편찬. Langensalza. 2판, 1885 347면 참조
28) Johann Heinrich Pestalozzi: Sämtliche Werke. Artur Buchenau, Eduard Spranger, Hans Stettbacher편찬. 14. Band. Berlin 1952. 83면

인 협력을 촉구하였다. 이러한 촉구는 생활의 현실과 만나는 것을 가능하게 하라는 호소와 결부된다. 개혁교육학자들은 교실외의 학습장소가 학생들에게 관심을 불러일으키고 함께하는 경험을 할 수 있는 기회를 준다고 생각한다. 그들에게는 체험수업의 도움으로 전인적인 인간을 파악하고, 일방적인 주지주의를 저지하는 것이 문제였다. 오토 하제(Otto Haase)는 학생들이 수업에서 실질적인 현실(또는 사물)을 관찰하는 것에 커다란 가치를 둔 학자들 중 하나이다. 그는 교사들이 진짜 진정한 상황을 찾고 파악하도록 촉구한다. 하제에게는 특히 현장체험학습 또는 주변 환경에 대한 연구가 완전히 결정적인 특징을 나타내는데, 이는 진정한 사건의 성격, 즉 학생들의 필요에서 나온 동기, 모든 사람들이 함께 하는 작업 그리고 마지막 결과로서 제시할 수 있는 결과물에 관한 것이다.29)

현장체험학습의 교수법적인 특징

교수법적인 정당성

현장체험학습은 많은 교수법적인 관점에 의해서 정당화된다. 이 관점은 발달심리학적, 학습심리학적, 인류학적이며 문화비평적인 방식이다. 이는 (거의) 모든 연령대에 사용하기에 적합한 방법을 강조한다.

● *발달심리학적 관점:* 현장체험학습은 어린 학생들이 실제적이고, 명백하며 구체적인 것들을 특히 좋아하는 경향에 부합한다. 따라서 초보적인 형태로 초등학교 때에 벌써 현장체험학습을 도입할 수 있다. 야외학습이나 소풍으로 초등학교 때의 현장학습은 오랜 전통을 가진다. 현장체험학습은 주변에서 직접적으로 사물과 만나는 것을 도와준다. 사람들은 사회나 자연탐구학습에 주제가 될 만한 장소를 찾는다. 이런 방식으로 교통설비, 어린이 놀이터, 상수도시설, 하수도시설 등에 대해 탐색한다. 교사는 학생들이 특정한 질문을 갖고 체험학습장소를 방문하며 이러한 질문에 정치적 또는 사회적인 것이 포함되도록 유의한다. 그러나 현장체험학습이 본래의 가치를 갖게 되는 것은 중등과정부터이다. 이 연령대의 학생들은 사물의 세계와 특히 긴밀한 관계를 갖는다. 그들은 세밀한 부분, 진짜 개별적인 것, 새로운

---

29) Otto Haase: Gesamtunterricht, Training, Vorhaben- drei Elementarformen des Volksschulunterrichts. In: Die Volksschule, 16/1932, 733면 참조

것, 낯선 것, 다른 종류의 것들에 열광한다(Mickel 1980, 184). 이 학생들의 연령에는 귀납적, 경험적 방식 즉 자립적인 관찰, 사회적인 상황과 문제의 조사와 연구가 맞는다(Mickel 1980, 233). 이 모든 것이 현장체험학습을 가능하게 하는데, 이는 다른 방법과는 달리 "행하고" "파악하며" "발견하는" 공간을 열기 때문이다.

● *학습심리학적인 관점:* 학교나 김나지움에서는 "실용적이고 직관적인 학습자"가 지배적이다. 이론적, 체계적 교과과정수업을 힘들이지 않고 압도할 수 있는 "언어적-추상적 학습자"는 소수이다. 따라서 교사가 상급학습에서도 "구체적-조작적 학습"을, 현장체험학습의 특징을 나타내는 것과 같이 다시 이용하는 것도 적당하다고 할 수 있다. 그러나 현장체험학습에는 검토단계와 현장체험학습 결과의 일반화에 대한 문제도 포함되기 때문에, 추상적이고 구체적인 성향의 학습자형에도 맞는다고 할 수 있다.

● *인류학적인 관점:* 머리와 손, 즉 생각과 행동은 영혼과 육체와 같이 긴밀하게 짝을 이룬다. 따라서 오로지 "말과 상징만으로 된 가르침"뿐인 학교로부터 방향을 바꾸어 정치적, 사회적, 기술적, 경제적인 현실에 대하여 행동을 강조하는 연구를 하도록 방향을 바꾸라고 촉구하는 것은 효력이 있다.

● *문화비평적인 관점:* 현장체험학습은 아이들이 "제2의 손"으로 점점 더 삶을 확실하게 체험하는 일상세계의 매체화를 위한 답변이다. 왜냐하면 매체화라는 것은 현실이 더 이상 직접적이 아니며 따라서 (비교적) 신뢰성이 없으나 사전에 구성된 정보를 통해 인지된다는 것을 의미하기 때문이다. 아동들의 집중적인 대중전달매체 소비로 인해 현실은 그 다양한 매력을 잃어버린다. 이러한 상황은 점점 더 소비형으로 구조화되는 여가가 중요시 되는 세상에 의해 강화된다. 이와 같은 여가는 직접적인 경험의 질을 훼손시킨다. 하르트무트 폰 헨티히(Hartmut von Hentig)는 이와 관련하여 "점점 현실이 사라지고 있다"고 이야기 한다. 그는 학교를 경험공간으로 파악하도록 요청하며 결과적으로 학생들이 "우리의 추상적이고 단편적이며, 낯설게 된 생활환경을 다시 경험하는 것"을 가능하게 하는 사명을 학교에 부여했다. 그는 다른 사람들을 다른 장소에서 만나며, 그들과 이야기 하고 다른 곳에서 발생하는 것을 감각적으로 인지할 수 있도록 파악하도록 촉구한다[30]. 현장체험학습은 사회화연구에서 여러 번 증명된, 직접적인 경험의 손실을

보상하는데 도움을 준다(Rathenow 1988a, 94이하). 또한 심지어, 극단적으로 현장체험학습이 지난 수세기동안 학교와 일, 학습과 생활이 점점 더 조직적으로 분리가 되어 온 것을 최소한 몇 가지 점에서 다시 돌이키고자 하는 시도라고 표현하기도 한다(Meyer 1994. 328).

교수법적인 원칙의 실현

현장체험학습에서는 일반적으로 인정된 교수법적인 원칙의 상당수를 실현한다. 이를 통해서 방법의 정당성이 추가적으로 강화된다. 이에는 교수법적인 원칙, 즉 발견학습, 자기책임학습, 주체중심, 사회학습, 방법학습, 과정중심, 행동중심, 과목의 구분이 없는 학습에 관한 것이다.

● *발견학습:* 체험학습은 "가르치는 것"의 반대이다. 학습자들은 자립적으로 세계의 한 단면을 습득한다. "창조적인" 활동에서 그들은 지금까지 알고 있거나 경험한 것을 거쳐서 새로운 지식에 이른다. 이런 창조적인 활동은 구조적으로 연구활동에 일치한다. 또한 발견학습은 자립적인 활동과 학습자가 적극적으로 그들의 환경을 체험하는 데 있어 최대에 이를 수 있는 학습의 질을 갖고 있다(Terhart 1997, 149).

● *자기책임학습과 주체중심:* 현장체험학습은 주체중심의 교수법적인 원칙에 부합한다. 이로써 그 사물이 중요하지 않다고는 말할 수 없다. 단지 학생들이 여러 가지 면에서 지배적인 역할을 한다고는 말할 수 있다. 그렇게 그들은 체험학습과정과 얻고자 하는 행동결과를 확정하는 데 있어서 가능한 넓게 함께 결정해야 한다. 이를 넘어서서 그들은 본래의 체험학습을 자체활동으로 이행해야 한다. 이러한 면에서 그들은 단어의 최상의 의미에서 그들의 학습과정 자체를 책임지는 주체이다. 따라서 그들은 스스로 학습효과를 자신에게 전가해도 되며 다른 한편으로는 실패도 다른 사람 탓으로 돌릴 수 없다.

● *사회학습:* 현장체험학습에서 학생들은 서로 협력해야 한다. 이는 체험학습의 모든 행동에 적용된다. 그렇게 그들은 교실에서 체험학습준비에서 서로 논쟁하여야 하며 체험학습자체에서도 혼자 혹은 단체로 낯선 사람들과 의견을 나누며 마무리작업에서 다른 사람들과 체험학습결과의 작성과 제시에 책임감을 보여야 한다. 사회적인 학습에서 개인적인 자각과 사회적인 능력을 개발하기 위한 결정적인

---

30) Hartmut von Hentig: Schule als Erfahrungsraum? Stuttgart 1973. 9, 21면 참조

전제조건을 보는 데는 아무런 자세한 증명을 필요로 하지 않는다.

● *방법학습과 과정중심:* 현장체험학습은 질문되어질 수 있는 지식의 형태로는 아무런 학습결과를 목표로 하지 않는다. 물론 체험학습에서도 지식을 얻는다. 그러나 이러한 지식은 체험학습장소의 특별히 주어진 여건과 결부된다. 이 지식은 모범적인 성격을 가지며 단지 (일반적으로 힘들게) 부가적, 심리적 조작을 거쳐 그 일상통용성이 증명될 수 있다는 것을 의미한다. 그렇기 때문에 체험학습에서 중요한 것은 방법적으로 조정된 학습 자체의 과정이다. 이러한 과정은 사회과학의 연구논리를 모방한다. 방법적인 경과는 어떤 대상이며 수업의 수단만은 아니다. 비록 이러한 방식이 단지 기초적일 수 있다하더라도, 학생들은 이러한 방식으로 방법적인 능력을 획득한다.

● *행동중심:* 지금까지 설명한 교수법적인 원칙으로부터 체험학습이 행동중심으로 구상되어 있다는 것은 충분히 분명해진다. 왜냐하면 체험학습은 학생들의 자체활동과 자립심이 커다란 역할을 하는 수업방식이기 때문이다. 현장체험학습은 계속하여 두뇌와 손의 작업의 통합으로 특징 지워지며 한편으로 지적-개념적인 준비-마무리작업을 요구하며 다른 한편으로는 체험학습결과의 생산적-행동적인 제작 및 발표를 요구한다. 더 나아가서 현장체험학습은 "실제적인" 현실, 즉 밖의 생활과의 관련성을 만들어낸다. 다른 방법과는 달리 이 방법은 학교가 그 환경에 대해 개방해야 한다는 이념을 실현한다. 결론적으로 현장체험학습은 관계자, 즉 학생들의 관심과 연결되고자 노력한다. 이는 어려운 과정이다. 왜냐하면 학생들의 관심은 일반적으로 개인적인 필요, 생각과 환상에 의해 결정되기 때문이다. 따라서 교사는 잠재의식에 존재하는 정치에 대한 관심을 깨워야 하는 의무가 있다.

● *과목의 구분이 없는 학습:* 현장체험학습과 결부된 학교의 그 환경에 대한 개방은 중요한 결과를 낳는다. 즉 수업이 이러한 전제조건하에서 외부적인 현실의 사물과 관련성과 연관되지만 학문의 객관논리(Sachlogik)에는 결부되지 않는다. 따라서 현장체험학습은 수업과목의 경계를 어느 정도는 뛰어 넘는다. 체험학습장소는 정치적인 양상만 있는 것은 아니다. 동시에 역사적, 지리적이고 경제적이며 종종 환경적인 차원도 지닌다. 현장체험학습은 결과적으로 학제간 경향이 있다. 따라서 이는 과목간의 구분을 뛰어 넘는 학습의 개념과 부합한다. 체험학습이 과목의 경계를 뛰어넘는 특징이 있다는 사실에 직면하여, 모든 학교가 주제가 확정된 체험학습프로젝트를 위한 커리큘럼을 다양한 학년으로 발전시키고 연간계획에 고려한다면, 고려해 볼 가치가 있다. 각 체험학습프로젝트의 과목에 관계되는 교

사들은 현장체험학습을 함께 협력하여 실행해야 한다.

교수법적인 기능의 완수

현장체험학습은 매우 다양한 교수법적인 기능을 완수할 수 있다. 이는 사람들이 현장체험학습을 새로운 수업의 테마에 대하여 처음으로 도입할 때 사용할 수 있다는 사실에서 비롯된다. 그러나 수업에서 다루어지는 주제의 심화와 시각화로 반 정도 이용될 수 있다. 결국, 현장체험학습은 한 수업단원을 종결할 때 결과를 확정하는 기능을 가질 수 있다.

수업의 한 단원을 시작할 때 현장체험학습을 도입하면, 그 목적이 체험학습으로부터 계속되는 질문을 하기 위하여 경험의 기초를 만드는데 있다고 할 수 있다. 그러나 또한 한번 질문을 하게 하거나 놀라움이나 경탄을 깨우는 것일 수 있다. 정치교수법에서는 이에 대해 접근 내지는 *확인체험학습*이라고 칭하는 것이 적절하다. 수업의 한 단원이 진행 중일 때는 현장체험학습에 질문이나 의견의 다양성에 대하여 설명을 하는 목적이 부여될 수 있다. 현장체험학습이 수업에서 배운 바를 현장에 적용하고 이에 자동적으로 그 정확성을 검토함으로써 수업의 한 단원을 종결할 수 있다. 이미 배운 수업내용이 이런 방식으로 확립될 수 있다. 물론 그 배운 내용이 또한 상대화 될 수도 있다. 그러한 현장테스트를 검토체험학습(Überprüfungserkundung)이라고 명명한다(Kaiser/Kaminski 1999, 303).

소개된 모든 도입가능성은 현장체험학습이 항상 질문이나 가설의 맥락 속에 있다는 것을 나타낸다. 이러한 맥락을 잃어버린 현장체험학습은 그 이름값을 하지 못하는 것이다. 이는 더 이상 수학여행(Besichtigungstourismus)이 아니다.

현장체험학습은 독립적인 거시적 방법이다. 그러나 다른 거시방법의 부분으로서도 사용될 수 있다. 사회연구, 실습, 무엇보다도 프로젝트가 이와 관련해 고려된다. 이를 테면 현장체험학습은 정보제공의 기능이 있기 때문에, 종종 한 프로젝트 이내의 연결장소를 구성한다.

심지어 현장체험학습은 프로젝트방법과 특히 가깝다고 말할 수도 있다. 현장체험학습에서는 질문 또는 문제제기로부터 자립적으로 정보가 제공되고 준비되며 경우에 따라 하나의 행위프로젝트로 압축될 수 있기 때문이다. 원칙적으로 현장체험학습이 프로젝트 종류별로 실행되기 때문에, 현장체험학습이라는 이름을 현장체험학습 프로젝트로 대신할 수도 있다(라테노프 1988b, 280).

현장체험학습의 방법론적인 양상

현장체험학습 종류

교사들에게는 학교외의 어느 장소가 체험학습을 위한 학습장소로 대체로 적합한지가 매우 중요한 문제이다. 견학 갈 장소가 너무 멀 경우에 드는 조직적인 소모를 생각한다면 현장체험학습은 할 수 있는 한 학교의 근접영역에서 이루어져야 한다는 결론에 이른다. 그 근접영역이라 함은 최대한 한 시간이면 도착할 수 있는 영역을 말한다. 왕복 2시간을 고려한다면 그 본래의 체험학습은 하루 6시간인 학교생활을 근거로 하면 아직 3시간 정도가 주어지게 된다. 이는 중간정도 난이도의 체험학습과제를 위해 충분하다. 따라서 출발, 도착시간이 적게 드는 현장체험학습 장소가 자연적으로 선호된다.

거리 외에도 학습장소의 선정을 위하여 아직 네 가지의 기준이 있다. 비록 이 기준이 틈이 없이 요약되지 않으며 일반적으로 예외가 없지 않다고 할지라도 교사들의 결정에 근거를 제공한다.

- 첫 번째 기준: **학생중심**. 학생들의 생활과 일상세계와 관련성이 있는 장소를 찾는다. 이는 무엇보다도 학생들이 거주하거나 그들이 여가시간에 주로 머무는 장소를 의미한다. 그러한 장소를 체험학습하는 것은 학생들에게 추측하건데 아주 학습동기를 높여줄 것이다.
- 두 번째 기준: **문제중심**. 만일 학습장소가 실제적인 정치 문제를 커뮤니케이션 차원에서 대표한다면 유리하다. 지역의 문제는 그 투명성과 삶의 질에 대한 직접적인 영향력을 근거로 비교적 쉽게 학생들이 당면하게 된다.
- 세 번째 기준: **체험의 질**. 학생들은 학습장소에서 가능한 한 많은 감각적이고 감정적인 경험을 할 수 있어야 한다. 이런 방식으로 "체험의 섬"이 만들어 진다. 기억심리학에 의하면 사람들은 매우 집중적으로 경험한 사물을 일생동안 기억할 수 있다고 한다.
- 네 번째 기준: **교사의 관심**. 이 기준은 특히 중요하다. 단지 교사가 학습장소에 관련을 갖고 있다면, 그는 또한 학생들에게 이에 대한 동기를 유발시킬 수 있다(Ackermann 1988b, 28).

정치수업을 위해 고려되는 학교 이외의 학습장소는 주제의 영역에 따라 구별될 수 있다. 다음에서 네 가지의 학습장소종류로 구분된다.

- **첫 번째 종류: 정책과 행정**: 지방의회관청, 시청, 법원, 기타 관공서(경찰, 군대, 국경수비대), 정당 및 이익단체의 지역 사무실
- **두 번째 종류: 공개적인 내부 단체**: 학교, 청소년여가시설, 유치원, 병원, 쓰레기저장소, 급수(상수도)시설, 정수시설, 공공 하천(시내, 강, 운하), 대중 교통시설(버스, 철도). 거리, 자전거도로, 재난방지 시설(소방서, 기술적 구조단체)
- **세 번째 종류: 경제와 사회**: 상공기업체, 상점, 은행, 시장, 노동조합, 상공회의소, 장인협회, 연맹, 교회, 시민 조직(자조회, 교회단체, 시민협회, 지역단체).
- **네 번째 종류: 문화, 방송과 여가**: 박물관, 극장, 기념물, 방송국, 신문편집실, 스포츠 시설

현장체험학습의 교수법화

학교이외의 학습장소는 아주 드문 경우에만 교수법적으로 조직화되어 있다. 따라서 체험학습분야를 사전에 조직하여 계획된 학습목표가 도달되게 하는 것은 교사의 과제이다. 이 작업은 필수적이다. 왜냐하면 그렇지 못하다면 현장체험학습은 학생중심으로 진행되지 않고 방문기관의 이익에 진행되기 때문이다. 그렇지만 이 이익은 교육학적으로 책임을 지는 사람이 취해서는 안 된다.

현자체험학습이 내용적인 정치 및 사회학습으로 열매를 맺을 수 있기 위해서는 교사가 그 교수법화를 위한 노력으로, 정칙학적이고 사회학적으로 검토되어지는, 영역에 기초를 놓아야 한다. 그래야만 학생들이 각 학습장소의 정치적 성격과 그 사회적인 연관성을 대체로 인지할 수 있는 가망이 있다. 물론 교수법화는 학생들에게 학습장소의 복합성을 파악하고 가능한 한 여과 없이 받아들일 수 있게 하는 기회를 제공해야 하는 딜레마 앞에 서게 된다. 그럼에도 불구하고 현장체험학습은 일반적으로 전체적인 체험학습이 아니라 한 단면을 체험학습하는 것이다. 따라서 시간의 필요는 나중으로 하더라도 전체적인 체험학습은 조언할 만하지 않다. 왜냐하면 이에는 본질적인 것이 전혀 인식되지 않는 위험이 숨어있기 때문이다. "사람들은 모든 것을 보나 실은 아무것도 보지 않는 것이다"(Bönsch 2000, 250).

수업방식

현장체험학습을 실행하기 위해서는 다양한 수업방식을 사용해야 한다. 작업방식

은 수업의 사회 및 활동형태, 즉 예를 들어 교사강의, 토론, 수업대화, 침묵수업 등을 말한다. 수업방식은 (수업기법과 함께) 수업의 미시적 구조를 결정한다.

현장체험학습에서 수업방식은 구별되어 사용되어야 한다. 한 현장체험학습의 준비와 마무리작업은 교실에서 이루어지기 때문이다. 단지 본래의 현장체험학습, 즉 견학은 학교 밖에서 진행된다.

준비는 교사강의, 수업대화, 단독-, 파트너-, 집단작업 및 학생발표로 구성될 수 있다. 이는 마무리작업에도 필요하다. 체험학습결과가 문서로 공개적으로 제시되어져야 한다면, 이를 위해서는 집단작업이 추천된다.

본질적인 체험학습은 세 개의 형태를 취할 수 있다. 이를 테면 단독현장체험학습, 집단현장체험학습, 학급현장체험학습이 있다. 집단현장체험학습이 일반적이다. 단독현장체험학습은 작은 관찰과제에서 이행된다. 이는 어린 학생들에게 이미 상당한 도전이지만 학생들 자신에 달려있다. 집단현장체험학습은 두 명 내지는 최대한 5명의 학생들로 구성된 집단으로 실행된다. 집단으로 하는 현장체험학습을 조직하는 것은 만일 체험학습대상이 복잡하여 분담하여 실행해야만 되는 경우에 택한다. 집단 체험학습은 체험 학습하는 학생들이 서로 도울 수 있다는 장점이 있다. 학습현장체험학습은 모든 작업분담을 포기하게 된다. 이는 시간, 기관 또는 안전에 의한 근거로 집단으로 나누어지는 것이 허용되지 않을 때에만 고려된다 (Becker 1988, 109).

한 체험학습 장소가 찾는 모든 정보를 제공할지, 또는 더 많은 체험학습 장소들을 찾아야만 하는지에 대해서는 주제에 따라 다르다. 후자의 경우가 드물지 않다. 그러면 여러 장소를 동시에 또는 순서대로 방문해야 되는지를 검토해야 한다. 시간적으로 동시에 작업하게 되면 시간을 절약한다. 반대로 관찰의무가 손상될 수도 있다. 단지 체험학습장소가 서로 가까이 위치하고 있고 학생들이 어느 정도 성숙한 경우에만 학생들에게 장소를 분배할 수 있다. 그러나 이는 통상적인 경우가 아니다.

필요한 수업기법

현장체험학습은 다양한 수업기법에 정통해야 하는 것을 전제로 한다. 수업기법은 기구를 다룰 수 있는 능력과 숙련을 말한다. 해석학적, 의사소통적, 문자에 의한 그리고 생산적인 수업기법으로 나눌 수 있다.

준비 및 마무리작업수업의 수업기법은 통상적인 교실수업과 동일하므로 이에 설명할 필요가 없다. 정보의 수집과 정리, 출처의 작업과 평가, 주제에 맞는 질문과 답변에 관한 것이다.

　본래의 현장체험학습의 수업기법은 본질적으로 관찰 및 인터뷰, 즉 구두질문이다. 이외에도 설문지를 수단으로 하는 체험학습이 있다. 관찰을 가장 간단하게 다룰 수 있다 반대로 설문지의 작성과 평가는 가장 어렵다. 현장체험학습에서의 설문지기법은 완전히 제외되지 않지만 현장에서는 고등학생 수준에서는 사회연구의 테두리에서 고려될 수 있다.

　*관찰*은 무언가 눈에 보이게 발생한 상황을 가능한 정확하게 파악해야 하는 경우에 사용된다. 예를 들자면 기업의 일자리 또는 놀이 거리에서 교통참여자의 태도가 가시화되어야만 의미가 있다 관찰은 물론 무엇인가, 또는 뭔가 행해지는 것을 보여준다. 이는 의견, 동기, 근거에 대한 진술을 허락하지 않는다. 추가적으로 관찰대상이 되는 사람은 관찰된 태도에서 의도가 암시하도록 쉽게 시도되는 문제가 있다.

　관찰을 하도록 결정된다면, 목적에 맞게 관찰될 수 있도록 관찰기록표를 준비수업에서 개발해야 한다. 이 관찰기록표는 사태에 대한 관점을 개방하고 이를 분류하도록 돕는다. 학생들은 관찰기록표를 현장체험학습장소에 가지고 가서 준비된 분야에 그들이 본 것을 기입한다.

　인터뷰는 직접 감각적으로 관찰할 수 있지만 이에 대해 전문가가 있는 사태를 탐색하기에 적당하다. 인터뷰의 도움으로 의견, 소견, 행동방식, 행동기대와 진정한 배경에 대하여 알 수 있다. 물론 질문 받은 내용이 질문을 받은 사람의 실제적인 생각과 태도를 결코 포함하지 않는 문제가 있다. 인터뷰는 구조화되고 부분적으로 구조화되거나 아예 구조화되지 않을 수도 있다. 처음의 두 가지 경우에는 수업에서 인터뷰질문을 준비하여 결국에 문자로 고정될 수 있게 해야 한다. 아예 구조화되지 않은 인터뷰에서는 서면으로 메모만 하면 충분하다.

　구조화된 인터뷰는 제기해야 될 질문이 사전에 그 표현이나 순서가 확정된다. 질문하는 학생들에게 주어지지만 대화의 심화나 확대가 거의 가능하지 않은 단점이 있다. 부분적으로 구조화된 인터뷰는 테마와 질문이 한 실마리의 형태로 분류된다. 질문의 순서는 이런 방식으로 개방된 채 있다. 이는 인터뷰어가 탄력적으로 머무는 장점이 있다. 구조화가 안 된 인터뷰는 단지 질문의 목적만 확정된다. 심화되어야 하는 대화에 이를 수 있는 장점이 있다. 물론 미숙한 초보자가 다른 데로 방향을 돌리고 설정한 목표를 잊어버리는 위험도 있다. 이 세 가지의 인터뷰가능성을 평가하면 부분적으로 구조화된 인터뷰가 가장 큰 장점을 제공한다는 것을 알 수 있다. 현장체험학습을 이러한 인터뷰형태로 지원하면 많은 것을 얻을 수 있다.

이상적인 경우는 인터뷰질문이 학생들에 의해 구상되는 것이다. 이는 학생들에게 매우 커다란 도전이다. 따라서 인터뷰질문의 초안을 준비수업시간에 연습하게 하고 이를 위해 적당한 시간을 계획하는 것이 추천된다. 또한 인터뷰질문을 하기 전에 그 유용성에 대하여 시험해보는 것도 추천할 만하다. 유용성은 그 질문이 명료하고 목표에 정확한지에 따라 평가된다. 우수한 인터뷰는 간단한 단어가 사용되는 간단한 질문으로 구성되며 질문의 수는 제한되고 사실과 의견질문이 번갈아 제시되는 것으로 구별할 수 있다. 관찰과 인터뷰는 현장체험학습장소의 광학적인 관찰, 즉 무엇보다도 카메라로 사진을 찍거나 비디오카메라도 촬영하는 것으로 보강될 수 있다. 이를 위해서는 물론 방문기관의 허락을 받아야 한다. 그러나 비상시에는, 연필로 스케치하는 것도 시각화를 위해 충분하다.

현장체험학습기법인 관찰과 인터뷰는 학생들이 일정한 근본적인 기본능력을 갖고 있다는 데 근거를 둔다. 이러한 기본능력은, 한 현장체험학습을 성공적으로 이행하기 위한 본래의 전제조건이다. 기본능력을 키우는 것은 정치학 수업에만 있는 것은 아니다. 오히려 거의 모든 학교의 과목에서 훈련되어야 한다. 정치교사는 하여튼 체험학습프로젝트가 진행되기 전에 기본능력을 훈련할 것을 생각해야 하고 무엇보다도 기록을 완성하는 것을 연습하게 해야 한다. 게다가, 많은 기본능력에 언어적인 성격이 있고 독어수업에서 연습되므로 정치교사는 독일어교사와 협력하여야 한다. 그러나 예술교사와의 협력도 추천할 만한데, 이는, 예술이란 과목은 텍스트와 그림의 시각화된 구성과 정렬을 다루기 때문이다. 체험학습을 서류로 작성하는 데에는 그러한 능력이 유용하다.

현장체험학습의 참가자들은 다음과 같은 기본능력을 갖고 있어야 한다. 갖는다는 것은 무조건 완벽하게 정복했다는 것은 아니지만 충분하게 구사할 수 있어야 함을 의미한다. 최소한 기대되는 바는 학생들이 그 능력에 요구되는 것을 대한 구체적으로 알 수 있어야 한다.

● 질문기법: 개방적이고 폐쇄적인 질문하기, 지식에 관한 질문, 이해에 관한 질문하기.
● 기입기법: 메모하기, 간단하게 기록하기, 기록메모에서 보고서 작성하기, 다른 사람의 텍스트를 단축하고 요약하기
● 구조화기법: 복잡한 정보를 구조화하기, 개념 정리하기, 목차 작성하기, 진술간의 관련성 찾아내기, 도표와 도식 작성하기

현장체험학습의 경과

제1단계A: 교사의 준비

현장체험학습은 물론 학교 밖의 학습장소가 결정된다면(제2단계) 그 정점에 이른다. 그러나 그 전에 준비(제1단계)가 있어야 하고 실행한 다음에 마무리작업(제3단계)이 요구된다는 것을 잊어서는 안 된다. 준비단계는 두개의 부분단계, 즉 교사의 준비작업(제1단계A)과 교실에서의 학습집단의 준비(제1단계B)로 나누어진다.

교사의 준비작업에는 장기적인 계획구상과 구체적인 준비작업으로 다시 나누어진다. 장기적인 계획이 완벽하지만, 단기적인 준비가 계속적으로 누락되는, 소위 즉흥현장체험학습은 드물다.

*장기적인 준비*에는 현장체험학습이 년 간 수업계획에 들어가는지, 들어간다면 어디에 들어가야 하는지를 고려하는 것이 포함된다. 교사들은 예정된 수업주제의 방법론적인 설명에서 현장체험학습을 자세히 살펴보면 교수계획으로부터 어느 정도 도움을 받을 수 있다. 이러한 계획 및 방향설정단계에서 교사는 그가 어떻게 수업목표와 현장체험학습영역의 특수한 상황과 일치 시킬 수 있으며 어떤 테마를 현장체험학습에 연관하여 다루어야 되는지에 대하여 깊이 생각한다.

구체적인 준비작업은 교사가 전문적으로 체험학습장소에 의해 대표되는 사물(주제)의 특이성에 숙달하는 것으로 시작된다. 그러면 그는 어찌되었든 공간과 사물(주제)의 관련성에 관한 그림을 만들기 위해 체험학습장소를 찾아야 한다. 이와 같은 방문에서 교사는 이미 관찰해야 될 중요한 점을 확정해야 하며 시간적 소요를 계산해야 한다. 현장체험학습장소가 공개적으로 접근할 수 있는 장소이면, 이로서 교사의 준비작업이 끝이 날 수 있다.

이에 반해 체험학습장소가 사람들이 활동하는 기관이면, 준비활동으로 무조건 각 책임자와 접촉해야 한다. 책임자와의 접촉이 필요한 이유는 체험학습장소의 접근이 이에 달려있기 때문이다. 접촉을 할 때에는 가능하다면 이미 약속을 하는 것이 바람직하다.

접촉할 때 다음과 같은 사항에 관하여 언급되어야 한다.

> - 현장체험학습으로 제공되는 장소
> - 현장체험학습단체의 수와 크기(단체 체험학습인 경우)
> - 가능한 위험요소와 주의해야 할 안전규칙
> - 인터뷰와 기타 정보를 위한 의논 상대자(담당자)
> - 체험학습의 시작, 지속기간, 경과

물론 교사가 접촉을 할 때에 그 대화상대자에게 체험학습목표에 대한 정보를 제공하고 학생들에 관하여 알려주어야 한다. 담당자를 만난 다음 이어서 교사는 현장체험학습실행에 관해 조직적으로 생각을 해야 한다. 그는 특히 다음을 염두에 둔다.

> - 어떤 방식으로 방문장소에 도착할 것인가?
> - 왕복에 얼마나 시간이 걸릴 것인가?
> - 체험학습장소에는 어떤 장비(의복, 신발, 학습자료)가 필요한가?
> - 체험학습하기 전에 어떤 지식과 능력이 필수적으로 전달되어야 하는가?

교사의 준비작업은 다음과 같은 학교의 조직적이고 법적인 규정을 이행함으로써 끝이 난다.

> - 부모에게(학교를 떠나고 차비를 부담해야 하는 경우) 정보를 제공한다.
> - 학교지도부에 현장체험학습의 허가를 받기 위해 신청을 한다.
> - 해당 교사 부재 시 책임이 있는 학교지도부의 구성원과 다른 사람에게 보고한다.

현장체험학습의 허가는 학교법적 및 안전법상을 근거로 누락되어서는 안 된다. 학교법적인 근거는 학교교장의 업무감시의무에 있다. 따라서 그는 어디서 수업이 이루어지는지 알아야 한다. 안전법적인 근거는, 학교 교장의 허가에 근거하여 학생들이 머무는 곳이 학교의 행사로 통용된다면, 학교지역 밖의 학생들이 학교 측에 의해서만 사고에 대해 보험이 들어 있는 상황에서 찾을 수 있다.

제1단계B: 수업에서의 준비

현장체험학습에 대한 학생들의 준비는 내용적이고 조직적인 측면을 지닌다. 내용적인 면은 체험학습대상에 관한 것이고 조직적인 면은 본래의 체험학습에서의 진행방식에 관한 것이다.

*내용적*으로는 학습단체가 다루어지는 사물(주제)에 대하여 현장에서 분명하게 되어야 하는 이유를 감지하도록 수업이 조정되어야 한다. 이상적인 경우에는 학생들이 스스로 질문과 추측을 발전시키는 것이다. 그런 상황에서 체험학습과제를 표현하는 것은 어렵지 않다. 그러나 비록 그렇게까지는 아니더라도 그리고 학생들이 체험학습에 대한 흥미를 감지하게 하더라도, 교사는 체험학습장소의 접근을 위한 지식에서 사물을 좀 더 자세하게 관찰하도록 자극을 주어야 한다.

이어서 학생들이 체험학습대상을 충분히 알 수 있도록 해야 한다. 왜냐하면 모든 사물에 대한 어떤 지식이 없이는 아무런 질문도 가설도 형성되지 않기 때문이다. 그러나 이는 관찰과 질문을 위한 체험학습과제를 발전시키기 위해 필요하다. 이 과제를 표현하는 데는 내용적인 준비가 종결되어야 한다.

*조직적*으로는 모든 학생이 체험학습장소에 무엇을 해야 하는지에 대해서 알도록 현장체험학습을 준비하는 것이다. 단체체험학습이 예정되어 있는 경우, 체험학습집단이 구성되어야 한다. 만일 집단들이 스스로 합의하지 못한다면 교사가 누가 질문하고, 기록하며, 스케치하며, 사진을 찍고, 기타 과제를 수행해야 하는지 확정해야 한다. 이와 관련하여 결과를 문서로 결정적으로 만들어 놓도록 하라는 지시가 누락되어서는 안 된다. 경우에 따라서는 학생들에게 행동기준이나 안전규정에 대해 가르쳐야 한다. 마지막으로 교사는 학생들에게 정확한 시간계획을 알려주어야 한다.

학생들이 체험학습경험이 없을 경우에, 대화상황을 역할놀이로 연습하게 하는 것이 의미가 있을 수 있다. 이는 학생들의 두려움을 없애줄 수 있다. 마지막으로 만일 교사가 본래의 체험학습 전 마지막 시간에 간단히 메모하여 기록하는 것을 연습하게 하는 것도 나쁘지는 않을 것이다.

제2단계: 현장체험학습을 위한 외출 – 본래의 현장체험학습

학생들에게는 체험학습을 위한 외출은 경험에 따라 전체 수업계획에서 가장 최고점을 이룬다. 잘 준비되고 내용이 풍성한 현장체험학습에서 학생들에게는 시간이 대부분 너무나도 짧다.

공개적인 장소가 아닌 시설을 방문한다면 전반적으로 주어진 시간을 다음과 같이 분배하도록 추천한다. 처음에는 방문한 시설의 한 대표가 짧게 소개를 한다.

그런 다음, 체험학습과제를 수행하도록 체험학습장소로 학생들이 가야 한다. 이에는 대부분의 시간이 예정된다. 마지막으로 모든 학생들은 다시 한 번, 시설의 대표자가 함께 있는 데서 아직 해결되지 않은 문제를 분명히 하기위해 짧은 시간동안 모인다. 이 때 교사는 시설을 방문하게 해준데 대하여 감사를 표현하는 것을 잊지 않아야 한다.

교사는 학생들을 그 탐색활동에 혼자 놔두어야 한다. 학생들의 자기 주도권, 자발능력, 자립성이 이런 방식으로 방해받지 않게 한다. 직접적인 감시 없는 자립적인 활동은 체험학습에 따르는 학습목표의 구성요소이다. 그렇지만 교사는 도달할 수 있는 거리에 있어야 한다. 교사가 머물러 있는 장소는 사전에 학생들에게 알려야 한다. 그는 동시에 학생들에게 언제든지 예상치 못한 문제나 어려움이 있을 경우에 그를 찾아와도 된다고 말해야 한다.

만일 교사가 체험학습한지 며칠 후에 시설의 대표자나 대화 또는 인터뷰파트너로 하여금 각 집단이 어떤 인상을 남겼는지에 대하여 "피드백"을 주게 하면 호의가 있는 것으로 증명될 수 있다. 이에 그는 체험학습의 어떤 경과에 참여하였으며 어떤 문제에 대해 거론되었으며 어떤 문제가 해결되지 않은 채 남아 있는지 질문해야 한다.

제3단계: 평가와 문서화

체험학습계획은 체험학습여행으로 끝이 나서는 안 된다. 받은 인상에 대하여 다음 수업시간에 이야기 하는 것이 무조건 필요하다. 이러한 마무리가 얼마나 집중적인 결과를 낳느냐는 물론 여러 가지 상황에 따른다.

현장체험학습이 한 수업단원을 마무리 짓고 본질적인 것이 이미 전에 행한 교실수업에서 다루어졌으며 학생들이 새로운 테마를 시작하기를 원한다면, 현장체험학습평가는 간단하게 할 수 있다. 이에 반해 체험학습에 중요한 새로운 지식을 획득하거나 학생들이 그들의 경험에 대하여 전달하기를 원하면 마무리작업은 좀 더 철저하게 진행되어야 한다. 더구나 집중적인 마무리작업은 현장체험학습의 진지한 성격을 강조한다. 이는 학생들이 체험학습에서 단지 일상적인 수업으로부터 벗어나는, 즉 더 이상의 의미를 두지 않는 기분전환으로 여기지 못하게 한다.

일반적으로 마무리작업은 1단계 또는 2단계로 진행될 수 있다. 1단계의 마무리는 체험학습여행에 대한 집중적인 검토로 제한된다. 2단계의 마무리는 검토에 이어 체험학습에 대하여 기록문서와 연결된다.

현장체험학습활동의 평가는 그 결과를 가시화하고, 정리하며, 해석하고, 사회정치적으로 전반적인 관련성으로 배치한다. 가능하다면, 학생들이 관찰한 사물이 일반적인 상황에 대해서도 표본이 되도록, 얻은 경험을 일반화할 수 있다. 그러나 평가를 위한 대화에서 체험학습활동자체에 대하여 검토할 수 있다. 무엇보다도, 다음과 같은 질문에 대해 숙고할 수 있다. 무엇을 해낸 것인가? 어떤 문제가 극복되었어야 했는가? 미래에 무엇을 좀 더 개선할 수 있는가?

방법적인 면에서는 평가가 자유로운 보고서로 이루어질 수 있다. 그러나 또한 체험학습집단이 그 얻은 정보를 작은 발표형식으로 알려주는 것도 생각해 볼만하다. 경우에 따라서 그 집단들이 평가를 위한 대화의 전후에 그 결과를 프로토콜로 기록해 두는 것도 가능하다. 이 프로토콜을 모든 학생들에게 배포한다.

문서로 마무리하는 것은 체험학습을 넘어서서 결정적인 단계이다. 왜냐하면 체험학습은 이를 통해 체험학습프로젝트로 확대되기 때문이다. 문서는 아주 다양한 형태로 전달될 질 수 있다. 이는 학급신문으로, 학교신문의 한 기사로, 학교 또는 지역에 공개하는 전시회로, 사진자료로 또는 학부모행사에 보고서로 만들어질 수 있다.

경우에 따라서 서면으로 작성된 체험학습결과를 그 지역 신문에 게재하도록 요청할 수 있다. 이렇게 공개되면 독자의 편지로 반응을 불러일으킬 수 있다. 그 결과를 물론 관청이나 정치가에게도 보내서 그들의 의견을 물어 볼 수 있다. 학생들은 그렇게 사회-정치적인 환경에 들어가 활동하게 된다.

시간소요

체험학습활동에 걸리는 시간을 과소평가해서는 안 된다. 물론 이는 그 연령대에 달려있다. 초등학교에서의 견학은 아마도 두개의 수업시간이 필요하다. 중학생의 체험학습은 준비와 마무리작업과 함께 초등학교와는 물론 다르다.

12시간부터 16시간의 수업시간이 체험학습의 3단계 진행을 위해 필요하다. 이에 현장에서의 체험학습자체에는 4시간 내지 5시간이 걸린다. 4시간에서 5시간까지는 마찬가지로 수업준비를 위해 계산되어야 한다. 마무리작업을 위한 시간은 서류작업이 끝났는가 그렇지 않은가에 따라 유동적이다.

소규모의 체험학습활동은, 체험학습활동이 최고 1시간이 걸린다면, 4시간에서 6시간까지 필요하다. 요구하는 바가 많은 체험학습프로젝트는, 약 30시간이 주어진, 프로젝트주간에 이행되어야 한다(Detjen 1999, 400).

현장체험학습의 주제

주제발견의 어려움

현장체험학습을 위한 주제는 교사 또는 학생들의 연간수업계획에서 분명해진다 (주로 교사에게서 비롯된다). 이렇게 확정된 수업계획이란 배경이 없다면 방금 행해진 수업과 관련하여 주제를 찾을 수 있다. 그러나 그렇게 되면 준비시간이 짧아서 현장체험학습이 특히 신중하고 집중적으로 준비되어야 한다. 이를 테면 그런 준비 없이는 교수법적으로 별 결실이 없는 즉흥체험학습에 불과하게 된다. 이런 체험학습은 시찰(견학)성격이 있다. 어찌되었든 교사는 의미 있는 체험학습주제를 찾아야 할 의무가 있다. 교사들이 여기서 도움을 얻게 되길 바란다.

연방정치교육센터가 1971년부터 매년 개최하는 정치교육을 위한 학생경시대회로 교사에게 도움을 줄 수 있다. 이 경시대회의 참가자는 7학년부터 11학년 학생(중학교)이다. 모든 주제는 행동중심원칙에 기초를 두며 학생들의 활동에 넓은 공간을 개방한다. 이 주제 중 많은 것이 작업을 위해 현장체험학습을 필요로 한다. 바로 이러한 주제가 추가적으로 종종 학생 내지 생활환경 중심적으로 구상되어져 있으며 따라서 학생들의 관심을 불러일으킬 수 있다(Redwanz 1998, 325, 332이하, 339).

적당한 주제의 선정

다음에 기재된 주제는 1985년부터 2001년까지의 경시대회의 공모에서 비롯한 것이다. 이는 그 현실성에서 아직 떨어지지 않았기 때문에 현재나 앞으로 수업에 채택될 수 있다. 각각의 주제는 따옴표로 주어졌다. 그 밑에 쓰인 것은 체험학습을 하도록 유도하는 과제의 일부분이다(자유롭게 표현되었고 부분적으로는 수정되었음). 현장체험학습과 전문가 질의 사이의 경계는 과제에서 항상 단순하게 그을 수 없다. 왜냐하면 현장체험 학습장소에는 또한 사람들이 질문할 수 있는 전문가가 있고 또 반대로 전문가는 교실에서도 멀리 떨어져 있는 장소에 대해서 설명할 수 있기 때문이다.

"우리의 숲은 얼마나 아픈가?"
산림국과 그 지역행정당국의 담당사무실에 가서 여러분의 주변에 있는 숲의 손상이 어떤 영향을 끼치는지 조사하라.

"사회활동에 함께 일하자"
여러분이 살고 있는 곳에 분명히 지역사회를 위해 무언가를 하는 기관, 협회 또는 개인들이 있을 것이다. 지역사회를 위해 무슨 일이 행하여지는지 알아보라. 대화를 나누거나 방문하여 다음과 같은 질문에 대한 답변을 찾을 수 있을 것이다.
- 이 단체/시설이 어떻게 생겼는가? 그 목적은 무엇인가? 거기서 사람들은 어떻게 일하는가? 그들을 어떤 사람들이 돌보는가?
- 어떤 자원봉사자가 있는가? 이 사람들은 어떻게 거기서 봉사하게 되었는가? 그들은 어떤 경험을 하였는가?
- "함께 일하기"위해 어떤 가능성이 있는가?
- 청소년들이 함께 참여하고자 한다면 그곳에서 그들에게 어떤 기대를 갖겠는가?

"환경보호는 집에서 시작된다"
다음 중에서 한 가지 예를 골라라
- 가정에서의 물소비
- 특별쓰레기의 제거
- 쓰레기 분리수거(재활용/리싸이클링)
- 모터싸이클의 사용
- 가정에서의 세재사용

선택한 영역에 대한 정보를 찾아라. 여러분에게 정보를 제공해 줄 수 있는 전문가들이 확실히 많을 것이다.

"관광-기회와 위험"
여러분의 고향을 예로 들어 관광의 영향에 대하여 조사하라. 다음과 같은 질문에 대한 답을 찾아라.
- 관광이 그 지역의 경제발전에 필요한가?
- 자연이 그 거주자에게 아직 얼마나 많은 활동의 공간을 허용하는가?
- 자연이 얼마나 많은 "사람"들을 아직 감당할 수 있을 것인가?

"기업이 문을 닫는다 - 당신도 이에 영향을 받는가?!"
여러분의 주변에서 어디서 최근에 기업이 문을 닫거나 다른 곳으로 이전한 적이 있었는지 또는 앞으로 있을 예정인지에 대해 조사하라. 다음과 같은 질문에 의거하여 조사하라.

- 왜 그 기업이 문을 닫거나 이전 하였는가 또는 예정인가?
- 그 기업의 직원들은 미래에 대하여 어떤 전망을 갖는가?
- 해당 직원들에게 어떤 도움이 주어질 예정인가?
- 해당 직원들은 무엇이라고 말하는가?
- 그 근처의 상점들은 직원들의 이주를 통해 어떤 영향이 있을 것이라고 예상하는가?
- 그 지역의 납품업자들은 어떻게 관련되는가?
- 그 기업의 시설과 대지에는 어떤 일이 일어나는가?
- 그 지역에 어떤 영향이 있을 것이라고 예상되는가?

"이주민 – 낯선 고향에서의 환영?"

여러분의 거주지 또는 그 근방에 이주민이 살고 있는지 확인하라. 이주자와 이야기 하거나 대신 교회와 협회, 즉 카리타스, 노동자복지연대와 같이, 그들을 돌보아 주는 시설과 접촉을 가져라. 다음의 질문에 대하여 여러분은 현장체험학습에서 정보를 찾을 수 있다.

- 과거에 이주자들은 어디에 살았는가?
- 그들은 그들의 고향을 왜 떠났는가?
- 그들은 여기서 어떤 문제를 과거에 가졌고 현재 갖고 있는가?
- 그들은 독일어를 어떻게 하는가?
- 그들은 어떤 기대를 갖는가?
- 일상생활에서 그들은 어떤 경험을 하는가?

"물 없이는 아무것도 흐르지 않는다"[31]

여러분이 살고 있는 지역에서 더러운 물이 있는 곳을 선택하여 그 오염의 이유, 정도, 결과에 대한 정보를 종합하라. 다음의 질문은 조사를 위한 자극이 될 것이다.

- 그 물의 오염은 어디서 비롯되었나?
- 이미 어떤 피해가 나타났는가?
- 그 물이 계속 오염된다면 어떤 영향이 있을 수 있는가?
- 그 오염을 제한하기 위하여 어떤 조처가 취해졌는가?
- 대중은 그 문제에 대하여 어떤 행동을 취하는가?

---

31) 저자는 전에 김나지움교사로 활동할 때에 여러 번 학생들과 연방정치교육센터의 경시대회에 참가하였다. "물, 어떻게 흐르나?"라는 제목 하에 그는 9학년 학생들과 위에서 상술한 주제에 대하여 보고서를 제출했다. 그들의 활동 보고서의 서두에서 학급을 밝혔다: "우리는 북스테후데에 소재한 할레파겐 김나지움의 9학년 c반이다. (...) 조사대상으로 북스테후데의 근방에 있으며 약 10km의 골드벡을 선택했다. 이 작은 시내는 대부분 벡도르프란 지역을 통과하여 모이스부르크를 거쳐 에스테로 흐른다. (...) 준비를 위해 도시의 급수 및 정화시설을 방문했다. 추가로 골드벡과 에스테의 물고기 서식에 대한 한 교사의 강의를 들었다. 우리는 특별히 수질보호와 지하수의 담당자인 북스테후데의 지역정치가를 방문했다. 이외에도 우리는 여러 신문에서 수 많은 기사와 벡도르프의 환경정리계획을 조사하였다.

"지방, 도시의 한 부분, 시골, 도시....에서의 생활"
여러분이 사는 지역/도시 (...) 의 거주민과 그들의 고향에서의 생활에 관한 평가에 대하여 이야기 하라. 다음에 대해 질문하다.
- 여가생활
- 쇼핑기회
- 휴식가치
- 협회와 단체생활
- 취업기회
- 교통제도
- 근린시설(의사, 관청, 약국, 미용실, 학교, 유치원)
- 이웃과의 우호관계
- 조용한 생활

"버스와 철도는 앞으로 어떤가?"
여러분이 사는 지역에 대중교통시설과 관련하여 어떤 특별한 문제가 있는가를 조사하여라. 담당자와 해당기관, 즉 버스회사, 지하철 대표자, 관청, 정당의 교통정책 대변자, 그리고 환경정책단체를 방문하여 조사하라.

"망명"
여러분의 주변에 망명신청자가 어디에 살고 있는지 어떤 관청과 시설이 그들을 보살피는지 조사하라. 그들을 관리하는 사무실과 접촉하고 거기 현장에서 다음의 사항을 조사하라.
- 이 망명신청자들은 어느 나라에서 어떤 방법으로 왔으며
- 그들이 거주하는 장소 또는 그 근방에서 망명신청자를 돌보는 데 있어서 어떤 문제가 발생하는가?

한 나라출신의 망명신청자들의 한 집단을 선택하여 다음을 조사하라.
- 이 나라에서의 생활형편은 어떠한가?
- 어떤 이유로 그들은 그들의 고향을 떠났는가?
- 그들은 어떤 조건하에서 이제 우리 곁에 사는가?

그제서야 출발할 수 있었다! 현장(골드벡 시내가)에서 세 집단을 형성하여 그중 두 집단은 7개의 다른 장소에서 수질을 시험하기 위해 물을 채취했다. 세 번째 집단은 강가의 고정성, 경사와 다른 영향에 대하여 기록하고자 골드벡 시내를 따라갔다. 우리의 연구에 이어서 벡도르프의 시장이 질문에 답하고 재자연화계획과 기타 조치에 대한 정보를 주었다."

"상품포장 – 그것이 전부여야 하는가?"
상점(수퍼마켓, 건축관련 상품판매점, 백화점)에서 탐색하라. 상품이 어떻게 포장되어 있는지 조사하라. 구매자 및 판매자와 포장방식에 대하여 이야기하라.

"우리의 거리와 광장"
여러분의 거주 장소 또는 주변에서 한 거리, 한 광장, 한 구획 또는 다른 대상을 중요한 건축상의 변경 또는 신축계획의 예로 선택하라. 지역관청, 지역정치가와 거주민들에게 다음을 조사하라.
● 어떤 의도가 그 프로젝트와 관련되는가?
● 누가 계획과정을 실행했는가? 이에 누가 함께 일했는가? 누가 결정하는가?
● 그 프로젝트로 인해 야기되는 비용은 얼마인가? 그 비용은 어떻게 충당되는가?
● 거주민들은 그 변경에 대하여 어떻게 판단하는가?

"자유 시간 (여가) – 좋은 시간?"
여러분의 거주하는 곳에 존재하는 여가시설에 대해 조사하라. 지역정치가 및 이 시설의 운영자와 사용자에게 다음에 대해 질문하라.
● 이 시설은 어떻게 이용되는가?
● 이 시설의 재정은 어떻게 보이는가?
● 청소년들은 이 시설에 대해 얼마나 만족하는가?
● 정치적인 관점에서 보면 무엇이 바람직한가?

"모든 물방울은 중요하다"
공공 급수시설과 지역행정당국에서 현장체험학습을 이행하라. 이에 다음 질문을 하라.
● 어디서 식수가 나오는가?
● 어떤 방식으로 식수가 준비되는가?
● 물 값은 얼마나 하는가? 그 값은 어떻게 설명되는가?
● 물을 보호하기 위해 그 지역은 어떤 조치를 취하는가?

"생각해봐! 기념물은 무언인가?"
여러분의 주변에서 역사적인 배경을 갖고 있는 기념물을 찾아라. 다음 질문에 대하여 답변하도록 노력하라.
● 그 기념물들은 어떤 역사적 사건, 과정 또는 인물을 상기시키는가?
● 어느 시대에서 비롯된 것인가?

> ● 사람들은 그 기념물에 대해 뭐라고 말하는가?
> ● 그 지역정치가는 그 기념물을 어떻게 판단하는가?
>
> "정의 – 유죄판결 또는 무죄판결"
> 그 지역의 재판소에서의 형사재판에 참가하라. 작업을 분담하는 집단을 구성하여 재판의 여러 가지 면을 관찰하라.
> ● 재판과정
> ● 소송원칙
> ● 관계자들의 역할(피고, 증인, 전문가, 판사, 검사, 변호사, 청중)
> 재판에 이어서 판사와 재판에 대하여 이야기하라.

현장체험학습의 학습효과

일반적인 학습효과

학생들이 현장체험학습을 통해 무엇을 배웠는가? 그런 학습은 얼마나 효과적인가? 이러한 질문에 대해 확실한 대답은 없다. 한 현장체험학습이 성공적인가에 대하여는 정확하게 파악되지 않는다. 왜냐하면 현장체험학습의 영향은 시간이 어느 정도 흘러야 알 수 있기 때문이다. 일반적으로 현장체험학습의 학습효과에 대한 경험적인 조사는 없다. 물론 있는 것은 경험보고서이다. 그렇지만 이는 대부분 단지 행하여진 현장체험학습에 대한 정보를 줄 뿐이다.

그럼에도 불구하고 현장체험학습이 학생들에게 동기를 부여한다는 데서 출발할 수 있다. 먼저 교실수업의 "단조로움"에서 벗어나는 기분전환으로 환영받는다. 그 다음에 이는 학교 밖의 학습장소의 잘 알려져 있지 않은 세계에 대한 호기심을 불러일으킨다. 계속하여 학생들이 스스로 자신의 힘으로 지식을 창조하고자 하는 자연적인 충동이 날개를 단다. 마지막으로 교실에서의 커뮤니케이션과 분명히 구별되는 사회적 커뮤니케이션의 형태에 대한 개요를 공개한다.

현장체험학습이라는 방식을 통해서 획득된 지식은 오래 지속되는 효과가 있는 것으로 구별된다. 즉 관찰을 통해 전달된 정보와 관련성은 수용-수동적으로 받아들인 추상적인 학습내용보다 기억에 좀 더 잘 남는다. 또한 더욱 잘 기억되는데 이는 집중적인 체험은 하얀 종이에 검은 글자를 읽는 것보다 기억할 때 훨씬 많은 관계 포인트를 제공하기 때문이다(Ackermann 1990, 252). 다시 말하면, 집중적인 체험은 현장체험학습에서 실제적으로 행한 다차원적이거나 전인적인 학습의 결과이다. 현장체험학습은 많은 감각을 활성화시키기 때문이다. 단지 머리만이 아닌 어느 정도는 전인간이 관여된다.

학습심리학에 의하면 사람은 그가 들은 것의 단지 20퍼센트만을 간직한다. 듣고 본 것 중의 30 퍼센트만이 기억에 남는다. 그러나 그가 적극적으로 이야기하거나 행동했던 것 중에서 80에서 90퍼센트까지 기억한다. 이와 같이 높은 기억율은 여러 가지 감각을 동시에 활성화한 결과이다. 시각적, 촉각적, 직감적, 청각적인 채널을 동시에 이용하기 때문에 현장체험학습은 "체험의 섬"과 같은 작용을 한다. 체험의 성격은 체험학습된 사물이 특히 기억에 잘 정착하도록 도와준다(Klippert 1991, 14, 22).

현장체험학습을 통해 얻은 지식은 그 특성으로 구별된다. 이를 테면 체험학습지식은 체계적으로 작업되어서 테스트할 수 있는 지식이 아니다. 또한 현장체험학습에서 경험한 것은 충분하지 않거나, 부분적으로 종결되어 있지 않거나, 일정하지 않을 수 있다. 학생들이 질문에 대해서 아무런 답변도 얻지 못할 수도 있다. 그렇게 만족스럽지 않게 그런 부족함이 우선적으로 보일지라도 학생들을 확정된 지식으로부터 지키는 장점이 있다. 이를테면 많은 경우에 그 지식이 교사들이 원하는 만큼, 그리고 교과서에서 드물지 않게 바로 표현된 만큼 그렇게 분명하지는 않다 (Ackermann 1988a, 22).

체험학습에서 얻은 지식의 제일 큰 장점은 아마도 건조하고 다른 사람들이 준비한 지식이 아니라는 데 있을 것이다. 학생들이 스스로 얻었기 때문에, 그것은 "그들의" 지식이다. 이러한 지식은 그들에게 가치가 있다. 왜냐하면 그들의 적극적인 활동이 없었으면 전혀 그들의 의식의 이해력에 도달하지 않았기 때문이다. 이 지식이 일반적으로 현실의 아주 작은 단면과 관계되지만 대신에 이 지식을 학생들에게 흥미롭다. 이는 일정한 사물에 집중적으로 몰두하여 얻은 것이기 때문이다. 이러한 사물에 정치적인 것이 포함된다면 이로 인해 정치에 대한 일반적인 관심이 발전될 수 있다.

일반적인 교육목표

현장체험학습은 정치수업뿐 아니라 모든 과목의 수업에서 포기할 수 없는 목표를 지원한다. 첫째는 *사회적인 학습*이다. 이 목표는 교사와 학생들 사이에, 또한 여학생들과 남학생들 사이에서도 의사소통구조가 좀 더 대칭을 이루는 방향으로 변경되는 것에서도 지원된다고 할 수 있다. 이를 테면 여학생들과 남학생들은 새로운 그리고 교실수업과는 다른 역할을 하게 된다. 무엇보다도 그들은 더 이상 단순하게 교사로부터 배우는 사람이 아니다. 예를 들어 그들은 방문기자, 사진사, 관찰기록자, 그리고 교사나 다른 학생들이 아닌 그들만 갖고 있는 지식의 관리자이다. 그러나 그들은 이러한 지식에 도달하기 위해 서로 의견을 교환하고 협력할 수 있어야 한다. 그리고 체험학습장소에서 담당자들에게 예의를 지켜야한다.

현장체험학습은 또한 운이 좋은 경우에는 익숙지 않은 상황과 낯선 성인들에 대한 *두려움을 없애는 작용*을 하기도 한다. 예를 들어 학생들이 인터뷰 상대자로서 직업을 가진 성인 또는 기능을 가진 사람들(국회의원, 시장, 관청의 우두머리) 맞은편에 앉게 된다면, 그들은 이와 결부된 역할 문제를 해결하고 두려움과 불안감을 극복해야 한다. 이는 "찬물에 뛰어 듦"으로써만이, 즉 만남 자체를 통해서 발생할 수 있다. 그러한 만남에서 낯선 기관에서의 올바른 태도와 낯선 사람들을 상대하는 것이 연습될 수 있다(Weber 1995, 24).

세 번째 일반적인 교육목표는 *자립성의 촉진*이다. 이와 관련하여 현장체험학습은 긍정적인 효과가 있다. 항상 지식으로 "채워져" 있는 사람은 지식을 스스로 만들어내고, 자료를 조사하며, 정보제공처를 찾아내는 것을 거의 배울 수 없다. 그러나 스스로 자립적이 되기 위해 바로 그것이 중요하다. 현장체험학습은 – 장기적인 관점에서 – 이와 같이 "성숙한 시민"을 만드는데 도움이 된다. 이런 시민은 "다른 사람의 지도 없이 그의 이성"을 사용할 수 있다. 이는 그가 스스로 정보를 찾아내고 판단을 내릴 수 있다는 것을 전제로 한다. 이에 현장체험학습이 기여한다.

정치수업의 형식적인 목표

정치수업에서 전달되어져야 하는 특별한 내용으로부터 개념화하고 이 수업의 형식적인 목표에 주목한다면 현장체험학습은 무엇보다도 *사회과학적인 방법*을 배우는데 기여할 수 있다.

일반적으로 현상체험학습에서는 다양한 방법들이 적용되어야 한다. 사회-정치적인 현실을 알기 위해서는 학생들이 도구가 필요하다는 것을 의식한다. 그러한 도구로는 관찰하기, 읽기, 수를 세기, 측량하기, 설문하기, 인터뷰하기, 스케치하기,

메모하기, 프로토콜작성하기, 사진 찍기, 보고하기, 서류작성하기가 있다.

현장체험학습은 학습을 하나의 문제해결과정으로 파악한다. 학교에서의 학습과 학문의 영역에서의 연구의 공통점이 분명히 드러난다. 학생들이 연구하면서 발견하는 학습은 학자들의 제기한 문제의 해결에 대한 연구자의 사고방법을 형식적으로 그대로 이해하게 한다. 그런 점에서 현장체험학습은 심지어 학문의 도입적인 요소를 포함한다.

정치와 사회학습

결정적인 질문은 학생들이 현장체험학습에서 정치와 사회에 대하여 배우는지, 배운다면 무엇을 배우는가 하는 것이다. 방법은 내용과 상관이 없지 않다. 방법은 또한 보편적으로 사용될 수 없다. 즉 방법이 아무 내용에나 맞는 것은 아니다. 따라서 현장체험학습은 내용적인 학습에서 어떤 기여를 하게 되는지 질문해야 한다.

이에 대한 대답은 정치의 미시적 차원, 즉 정치적 근접공간은 현장체험학습의 도움으로 파악될 수 있다는 것이다. 역으로 전 국가적인 정치 및 국제적인 정치는 현장체험학습에서 제외된다고 할 수 있다. 사회에 주어진 것은 그것이 지역차원에 반영되는 한, 파악될 수 있다.

따라서 지역정치는 현장체험학습의 목표가 되는 대상영역이다. 최적의 체험학습 조건하에서 학생들은 그들의 지역을 예로 들어 3차원의 정치, 즉 정치적 내용과 문제(Policy), 정치적 형태와 취급규정(Polity), 정치적 과정(Politics)의 상호작용을 체험할 수 있다.

정책(Policy)차원은 훨씬 쉽지만 존립을 위한 기본적인 행정업무(공급, 제거, 휴양시설, 근접교통시설, 학교 교육)는 지역적인 의무업무에 속한다. 따라서 그 지역사회가 일정한 기본적인 행정업무를 어떻게 이행하는가를 조사하게 하는데 조직적인 큰 어려움은 없다. 또한 지역의 문제소재는 직접 눈으로 볼 수 있다. 실제적인 지역의 행사에 대하여 이에 정통한 정치가와 전문가에게 정보를 제공받을 기회도 있다. 마찬가지로 지역차원의 경제적, 생태적인 면을 잘 조사할 수도 있다.

행정(Polity) 또한 현장체험학습이 비교적 접근하기 좋은 대상이다. 모든 지역적인 행동은 법적으로 결부되어 있다는 것을 행정활동 및 지역규정, 그리고 법적인 규칙을 관찰하여 잘 드러낼 수 있다. 학생들이 이런 방법으로 또한 규칙의 필요성과 의미에 대한 통찰력을 얻을 수 있는 것이 분명하다.

아마도 불가능하지 않다면, 가장 어려운 것은 정치(Politics)차원을 조사하는 것이다. 지역의 공동복지를 위하여 공개적으로 토론하며 만장일치로 표결되지 않는다는 사실은 학생들이 지역의회의 회의를 방문하여 관찰할 수 있다. 그러나 실제로는 지역사회의 많은 의제가 그렇지 않다. 비록 공개적으로 토의된다고 해도 전술적이고 전략적인 사고와, 사전에 행해진 비공개적인 과정 및 임원, 재정, 그리고 동맹에 대한 약속은 관찰할 수 없다. 마찬가지로 학생들은 정당 또는 계파내부의 의견형성과정을 볼 수 없다. 학생들이 이에 대해 정당과 계파대표자에게 질문할 수 있지만, 그들이 쓸모 있는 대답을 듣게 될지는 의심의 여지가 있다.32) 근본적으로 정치의 활동가가 현장체험학습에서 그들의 내심을 보게 하여 학생들이 대중매체를 통해 들은 대중보다 더욱 많은 정보를 얻게 될 것이라는 희망에 대해서는 회의적이다33). 또한 학생들이 정치가들의 정치적 입장, 의견, 해석견본을 체험할 수 있으리라는 기대에 대해서도 회의적일 것이 분명하다. 정치가들은 이를 겨냥한 질문에 대해서는 단지 아주 소극적으로 대답하기 때문이다.

커다란 정치, 즉 주와 연방차원의 정치 및 국제정치는 그들이 근처에서 사건 또는 사람들에게 영향력이 있을 경우에만 현장체험학습이 가능하다. 사회적인 구조와 과정도 동일하다. 전체적으로 정치수업 대상의 제한된 스펙트럼만이 현장체험학습의 방법으로 학습되어 질 수 있다고 확정된다.

현장체험학습의 문제와 한계

교사의 실수

현장체험학습은 사용만 하면 자동적으로 성공에 이르는 방법은 아니다. 현장체험학습의 성공여부는 교사의 교수법적인 능력에 강하게 좌우된다. 교사가 현장체험학습을 하기로 정하고 학생들에게 그 힘든 준비 작업을 하지 않게 한다면 그는 정당화될 수 없는 피상적인 행동주의만을 촉진하는 것이다. 현장체험학습의 날에

---

32) 한 정당의 지역협회가 적당한 체험학습장소이며 그곳에서 예를 들어 실천된 정당내부의 민주주의, 지역협회의 사회적인 구조, 이익단체와의 관련성, 정당프로그램의 변경에 대한 이해, 지역사회의 지도층구조에 대한 영향력에 대해 질문할 수 있으리라는 주장도 너무나 낙관적이다.
33) 이는 정치교수법적인 문헌에서 항상 반복하여 주장된다(Hoffmann 1967, 84; Ackermann 1990, 250; Weißeno 2000, 37이하).

학생들은 움직이고 가능하다면 많은 것을 보겠지만 그들이 문제를 발전시키지 못하고 따라서 지식의 목적이 없다면, 이 체험학습에는 진지함이 결여된다. 그러한 체험학습은 학생들에게 재미는 주겠지만 인지적인 결실은 맺지 못한다. 겉모양뿐인 행동주의의 위험성을 모든 행동중심적인 방법이 가지고 있다(Massing 1998,11).

교사가 체험학습을 위해 수업의 맥락을 예정하지 못하고 현장체험학습은 그것으로 이미 충분한 목적이라고 생각한다면, 그는 이와 유사한 실수를 하는 것이다. 평소에는 접근할 수 없는 체험학습장소를 방문할 기회가 갑자기 주어진다면 이러한 상황이 발생한다. 교사는 가능하다면 이 한 번의 기회를 이용해야 한다. 그러나 그는 현장체험학습에 이어서 학생들과 함께 검토 작업을 보충하고 사물의 관련성을 찾아내는 작업을 해야 한다.

학생들의 부족한 자질

생각에 따르면 학생들의 정보에 대한 욕구, 또는 연구에 대한 관심은 현장체험학습의 출발점이 되어야 한다. 그러나 학생들에게 이에 맞는 동기가 부족하다면, 어떻게 되는가? 교사가 교수법적으로 뛰어나게 적당한 현장체험학습장소를 알지만 학생들이 그 주제에 따른 수업에서 절실하고 현상체험학습에서 요구되는 문제를 발견하지 못하고 결과적으로 질문에 관심을 표현하지 않는다면, 어떻게 되는가? 이는 방법의 관점에서 보면, 현장체험학습을 관철하기 위한 중요한 전제조건이 결여된 것이다.

또한 이론적으로는 학생들이 현장체험학습을 가능한 한 자립적으로 계획하고 이행하며 평가해야 한다. 이는 현장에서 학생들에게 강력한 부담을 의미한다. 따라서 발견학습에서 오히려 발견케 하는 학습 또는 조종된 발견에 관한 경우가 많다. 그렇지만 완전히 자립적인 발견은 거의 불가능하다(Gudjons 1994, 24).

학생들이 필요한 작업기법을 알지 못한다면 현장체험학습은 실패하게 된다. 교사는 이러한 기법의 정복을 단순히 주어진 것으로 전제하는 실수를 해서는 안 된다. 경험에 의하면 학생들이 현장에서 종종 그 자체로는 간단한 질문하기, 메모하기, 기록하기의 작업기법에 대한 경험이 없는 적이 많다(Ackermann 1990, 254).

개혁교육학자인 휴고 가우디히(1860-1923)가 말한 바와 같이 "학생들은 방법을 알아야 한다. 그러나 교사들은 그 학생들을 방법으로 안내하는 방법을 습득해야 한다."34) 이에 따르면 교사가 학생들이 현장체험학습의 작업기법에 숙달하도록 해야 하며 그가 이 과제를 방법적으로 능숙하게 다루어야 한다는 것이 분명하다. 단지 교사가 이를, 가르쳐야할 소재가 넘치는 교수계획에도 불구하고 충분하게 행할 수 있는지가 문제이다.35)

현장체험학습의 객관적인 한계

모든 활동지향적인 방법에 통용되는 바와 같이 현장체험학습에서도 다음 사항이 통용된다. 현장체험학습에는 많은 수업시간이 필요하지만 "인지적인 섬"보다는 훨씬 많은 것을 생산하지 않는다. 이에 대해 집중적으로 연구되었지만 체계적인 관련성은 서서히 없어진다. "언제"와 "어떻게"와의 관련성이 생긴다는 것은 쉽게 받아들일 수 있다. 체계적인 지식의 전달에 어떠한 길도 통하지 않는다. 즉 추상적인 학습을 포기할 수 있다는 희망에 대해서는 경계를 해야 한다.

이러한 경계의 필요성은 다음과 같은 생각에서 비롯된다. 현장체험학습은 일반적으로 근접영역에 제한된다. 지역에서 쉽게 발견되는 정치를 지역을 초월하거나 국제적인 정치로 확대하고자 시도할 수 있다. 그러나 이 차원들 사이의 차이가 훨씬 너무 크기 때문에, 그것은 불가능하다. 학생들은 지역정치 상황에서는 국가차원의 정치가 어떻게 기능을 하는지 또는 어떤 구조가 국제관계를 규정하는지 본보기로 배울 수 없다. 이에 상응하는 주제의 분야는 자립적으로 전달되어야 한다.

현장체험학습의 한계는 결국, 그 사용이 지역의 가능성과 우연성에 달려있으며 감각적으로 관찰할 수 있는 것만이 현장체험학습에서 노력하여 접근할 수 있다는 데 있다. 후자는 정치의 원칙(합법화되는 이념, 추상적인 기본가치, 형이상학적인 심층 차원의 규범적인 증명)이 전혀 탐색될 수 없다는 것을 의미한다. 동일한 것이 커뮤니케이션과 권력, 즉 공동제도를 유지하는 접합제에도 통용된다.

사회과학적으로 확대된 현장체험학습: 사회연구

---

34) Hugo Gaudig: Die Schule im Dienste der werdenden Persönlichkeit. Leipzig 1917, 90면
35) 정치교수법적인 문헌에서는 더 나아가서 학생들이 비판적인 방법에 대한 의식을 갖도록 요구한다. 구체적으로 학생들은 체험학습방법의 문제점을 알아야 한다(Becker 1988, 99). 학생들이 촉박한 수업시간에 직면하여 그러한 비판적인 의식을 가질 수 있다는 것은 너무 이상적이다.

사회연구의 특징

현장체험학습에 대해 상술하게 되면 일반적으로 사회연구에 도달한다. 이는 확대된 현장체험학습만을 어느 정도 설명하는 데서 생겨난다. 그렇지만 사회연구에는 독자적인 방법의 성격을 부여하는 몇 가지 특별한 특징이 있다.

사회연구를 완성한다는 것은 학생들이 살고 있는 사회적, 정치적 근접지역의 제한된 문제와 제시된 질문에 대해 조사하고 이에 경험적으로 조사된 자료(통계, 설문지결과)와 다른 기초자료(신문보고서, 정당프로그램, 전단지등)를 사용하는 것을 의미한다. 여기서 사회연구는 현장체험학습과는 구별되게 학문적인 진행에 그 고유가치가 있음이 분명해진다(Ackermann 1999, 463이하). 사회연구에서 통용되는 학문적인 방법은 참여관찰, 의견조사, 전문가초청질의, 인터뷰, 설문지작성 및 평가, 통계자료 분석, 서면으로 된 자료의 해석, 경험적 자료의 비교이다. 이러한 목록은 학생들이 스스로 문제를 제시하고 정의를 내리며 가능성 있는 판단으로 분석을 종결한다는 기대로 보충된다(Detjen 1999, 400).

사회연구의 교수법적 의미는 학문에 입문하는 장치에 있다. 다른 수업방법과는 달리 사회과학적인 방법에 속한다. 그 학문적인 요구에 근거하여 학생들이 고도의 집중력을 갖도록 강요하며 그들의 인지적 감당능력을 시험한다. 학생들이 학문적인 개척지에 들어섰기 때문에 교사가 사회연구에서는 전문적으로 지도하는 역할을 해야 한다. 또한 이는 현장체험학습과의 차이이기도 하다. 지금까지 기술한 것에서 사회연구는 고등학교수준에서야 비로소 이득이 있을 수 있다는 것을 알 수 있다[36]. 왜냐하면 이는 근본적인 연구작업에 관한 것이기 때문이다.

사회연구의 대상

사회연구의 형태로 작업될 수 있는 주제는 그리 많지 않다. 적당한 대상은 근린지역의 사회적이고 경제적인 구조 및 전망이 가능한 지역의 사회적이고 경제적인 변이과정이다.

---

[36] Franke는, 사회연구는 주요학교영역에서도 이행될 수 있다고 주장한다(1981, 59이하). 그는 물론 이는 학교의 개인적인 생활영역에서 비교적 간단하게 계획되고 전망이 가능한 조사에 관한 것이라도 추가했다. 이에 대한 특징으로는 간단한 설문, 관찰, 지역자료의 평가이다. 인터뷰, 질문, 관찰은 적용 가능한 기법으로 여겨진다. 적당한 주제로서는 여가선용, 여가에 대한 관심, 용돈의 범위, 지역내부구조시설에 대한 의견 등이 인용될 수 있다.

현장체험학습과 사회연구

사회연구의 주제에 대한 예:

- 거주장소에 가까운 기업을 예로 들어 경제의 친환경적인 전환
- 한 지역의 환경손상과 그 제거
- 기업폐쇄와 그 지역의 사회적 상황에 대한 영향(Mickel 1996, 41)
- 한 지역의 모든 사회적, 경제적, 내부 구조적 환경 조사 (이주구조, 주민구조, 경제구조, 교통구조, 문화와 교육, 종교-교회생활, 협회, 정당, 사회적인 생활) (Mickel 1980,187)
- 사회적인 문제의 연구(여가, 소비, 노숙자, 학교체재, 노동상황)(Gisecke 1978,59)

예: 북스테후데에 소재한 할레파겐 학교에서 1993년 정치-심화과정(Leistungskurs)에서 4(!)명의 학생들에 의해 그 도시 근교에 있는 마을에 관한 사회연구가 이루어졌다. 이 마을은 특히 구조변화에 의해 강력하게 영향을 받았다(현재도 받고 있다).
사회연구는 그 제목은 "마을의 정체성 - 벡도르프의 시골의 변이"이고 분량은 58페이지에 달한다. 4장으로 구성되어 있다. 각 장은 한 학생이 담당하였다. 각장의 표제는 다음과 같다.
- 벡도르프의 직업 및 사회구조의 변화
- 복지수준을 높이기 위한 동의어로서 거주자증가
- 1972년부터 1992녀까지 벡도르프의 내부구조적인 조치
- 벡도르프에서 시대의 변화에 따른 마을의 정체성.

심화과정의 정치교사로서 학생들을 지도하였던 교사 볼프강 디트샤와의 인터뷰:

누가 이 주제를 생각해냈는가?
교사와 학생 모두가 함께 했다. 우리는 4학기에 어떤 테마에 대해 몰두할 것인가에 대해 깊이 생각했다. 왜냐하면 이 시기에 이미 대학입시용 논술문을 이미 썼기 때문에, 마지막 학기를 내용적으로 구성하는데 자유로웠습니다. 우리는 직접적인 현실과 관련성을 나타내는 질문을 작업하려고 했죠.

연구 중 학생들을 얼마나 집중적으로 지도하였는가?
도입과 계획단계에서 저는 집중적으로 참여했었습니다. 그 후에는 학생들과 집단모임과 개별상담에서 학생들을 만났습니다.

시민교육방법트레이닝

> 연구보고서를 작성하는데 학생들은 얼마나 많은 시간을 필요로 했는가?
> 학생들은 4학기 모두를 이 사회연구를 위해 작업하였다. 그러나 이는 13학년의 학생들에게 비교적 짧은 기간이다. 약 13주이다. 본래의 연구 활동을 완성하기 위해서는 약 5주가 필요하였다.
> 학생들이 한 사회연구를 해야 한다고 할 때 학생들은 이에 대해 뭐라고 표현하였는가?
> 연구의 결과를 벡도르프 지역관청에 제출해야 하는 계획을 제시하였을 때, 학생들은 열광했고 하고자 하는 마음이 고조되었다. 그리고 연구결과를 제출하였다. 학생들은 그 자신의 실적과 현장에서의 중요성에 대해 아주 자부심이 대단했다. 이는 지역관청에의 제안에 있었다. 제안은 탐색활동의 결과로서 나온 것이다.

응용사례: "적극적인 시청체험학습"

수업에서 "지역사회에서의 정치"란 테마를, 학생들이 수동적, 수용적으로 받아들여야만 하는, 겉모양뿐이고 더구나 "건조한" 기관의 통지를 작성된 채로 단순하게 받아들이지 않도록 어떻게 구성해야 할까? 이와 같이 뒤얽힌 질문은 근본적으로, 민주적인 헌법에 대한 기관의 지식전달과 관계있는 모든 테마에 던져진다.

*지역정치*란 대상의 이점은 시청체험학습이 가능하다는 것이다. 그러한 시청체험학습은 즉 활동지향의 교수법적인 원칙(특히 자립적인 학생활동이란 의미에서)과 학교의 개방(학교 밖의 학습장소란 의미에서)에 부합한다. 현장체험학습은 다양한 전제조건과 결부되어 있다. 즉 북스테후데 소재, 할레파겐 학교에서 12학년 김나지움 학급에 맞는 계획에서 어떻게 나타내는 가에 달려있다.[37] 여기에 수집된 경험은 큰 어려움 없이 다른 학교 및 다른 학교의 형태에서도 가능한 것이다.

출발상황: "그들은" 시청에서 무엇을 하는가?
(모든 학교형태에서) 의무적으로 예정된 수업단원 "지역에서의 정치"의 테두리에서 학생들은 주어진 교과서로 학습할 때, 도시행정당국의 조직을 나타내는 조직도를 접하게 된다. 학생들은 대부분의 관청과 업무부서의 명칭에 대해 아무것도 모르며 그 이름으로 업무내용을 추측할 수 없다는 것을 알게 된다. *재정국*이 뭐지? *지적국*은 무엇을 다루지? *규정관리국*은 무엇과 관련되지? *주택자금과 주택건축지원국*과 *주택지원국*의 차이는 어디에 있지? *지상공사국* 과 *건설국*은 각각 어

---

[37] 다음의 상세한 설명은 계속하여 Detjen 1995, Detjen 1997, Detjen 1998에 근거를 둔다.

떤 업무를 감당하지?

이러한 상황을 시청체험학습의 계기로 삼게 되었다. 예를 들어 최근 이주해온 가족 중에서 한 여학생이 이 학급에 새로 왔고 그녀와 그녀의 부모들이 시청을 방문해야 할 것에 착안하는 등, 지역행정관청의 보충적인 연구를 위한 구체적인 계기가 있다면 교수법적으로 더욱 이상적일 것이다. 마찬가지로 한 지역의 청소년 만남을 위한 계획된 시설과 같은 현안 지역문제가 교수법적으로 적당할 것이다. 그와 같은 계획은 행정관청에 의해 집중적으로 준비되기 때문에 학생들은 체험학습에서 관청의 조직구성에 대하여 무언가를 경험할 수 있을 것이다.

비록 그러한 계기가 없다고 하더라도, 다음의 두 가지 관련가능성에 대하여 아직 고려해볼 수 있다. 학급에 여러 주에 걸친 시간에 그 지역에 지역정치에 대한 모든 보고서를 신문에서 수집하여 벽보를 만들도록 요청한다. 또는 학생들이 둘씩 짝을 지어 그 지역의 어떤 시설이 어떤 업무를 감당 하는가 일주일 동안에 체험하여 알아내게 할 수 있다.

과소평가금지: 준비를 위한 소모

학생들이 시청에 발을 들여놓기 전에, 상당한 준비작업이 취해져야 한다. 준비작업은 다음의 세 단계로 이루어진다.

> ● *제1단계*: 지역정치의 기초에 대해서 최소한 주제별로 수업에서 학습되어야 한다는 데서 출발한다. 가장 중요한 기관 - 시장, 시의회, 시의회위원회 -, 그리고 체험학습결과를 추후에 정리할 수 있기 위하여, 그 과제영역에 대한 윤곽이 알려져 있어야 한다.

가능한 질문들이 수업시간에 수집되고 체계화된다. 여기서 그들이 고려해야할 모든 관직에 적용할 수 있도록 유의해야 한다. 또한 학생들에게는 단지 그 본래의 행정업무나 정치적인 것뿐만 아니라 행정기관에 근무하는 공무원들의 직업세계와 일상적인 직업생활에도 관심이 있다는 것을 고려해야 한다. 과제는 구체적인 문제의 경우에 대해 논쟁하는 것이 필요해야 한다.

● 제2단계: 체험학습목적이 분명해지고 문제목록을 개발하면서, 또는 그 다음에, 준비 작업의 가장 예민한 부분, 즉 지역 또는 도시행정관청과의 접촉을 시도해야 한다. 먼저 시장에게 일반적인 양해를 구하는 것이 바람직하다. 그에 의해 위임을 받은 직원, 일반적으로 총무국 내지는 전문단체 조직과 직원과 함께 상세한 부분에 대해 이야기 한다.

대화를 할 때, 현장체험학습이 행정당국에 여러 가지 면에서 부담이 된다는 것을 잊지 말아야 한다. 첫째, 행정최고관리들이 각 부서에 체험학습에 대하여 알려 줘야 하고 준비해야 될 사항을 통고하고 그 진행을 통제해야 한다. 둘째, 많은 관청사무실을 공간적으로 측정하여 추가적으로 사람들이 오게 되면 다른 가구들을 준비해야 한다(경우에 따라서는 가구 준비가 전혀 불가능한 것으로 증명되기도 한다). 셋째, 학생들을 지도하기 위해 직원들이 내용적으로 준비해야 한다. 넷째, 이 직원들은 학생들에게 이야기하고 대답을 해야 하는데, 이는 그들의 본연의 업무를 그 시간에는 못하게 한다.

따라서 준비를 위한 대화는 다음 세 가지로 집중되어야 한다.

● 그 행정관청이 현장체험학습을 위해 얼마나 시간을 내어 줄 수 있는지, 그리고 이 시간을 어떻게 의미 있게 구성해야 하는지?
● 어떤 부서에서 학생들이 질문을 하고 어떻게 그 많은 학생들이 각 사무실에 있을 수 있는지?
● 체험학습과제가 무엇인지?

처음 두 가지 문제는 협의되어야 한다. 세 번째는 초청자에게 주는 정보이다. 그러나 이는 예의상 표현일 뿐만 아니라 무엇보다도 행정당국의 직원이 이에 맞추어 준비를 할 수 있게 하는 근거가 된다.

● 제3단계: 학교책임자(교장)와의 약속과 학생들의 구체적인 준비가 따라야 한다. 6시간 이하의 현장체험학습은 거의 의미가 없기 때문에, 자연적으로 다른 과목과 다른 교사들에 대하여 영향을 준다. 상황에 따라 동료교사와 교장에게 현장체험학습이 지원할 가치가 있는 의미 있는 활동임을 알려주려고 노력해야 한다.

결론적으로 학생들이 현장체험학습의 날에 대해 합의를 해야 한다. 체험학습과제가 분배되고 설명된다. 예정된 부서, 그 공간적인 그리고 사람들의 소속이 소개되고 결국은 개개의 학생들 또는 최고 2명의 팀에게 방문장소가 분배된다. 이는 아주 간단하게 처리될 수 있는 게 아니다. 왜냐하면 학생들이 제공된 체험학습장소에 대해 무조건 똑같이 질문하지 않기 때문이다. 여기서 설득작업이 행해져야 한다. 이와 같은 준비작업으로 한 시간의 수업은 무조건 필요하다.

시청의 현장체험학습

북스테후데에서 시행된 체험학습의 날은 다음과 같이 3단계로 진행되었다. 처음 30분은 학생들이 시청 대강당에 있었다. 도시의 대표자가 지역행정의 업무분야, 재정운영규모, 직원수와 그 지역의 현안문제에 대해 소개하였다.

그 다음에 학생들은 2시간 30분 동안 다음과 같이 부서 내지는 시설로 흩어졌다:

총무국 - 인사국 - 재무국 - 회계국 - 조세국 - 지적국 - 법무국 - 안전질서국 - 교육국 - 문화국 - 스포츠국 - 시민대학 - 건설관리국 - 주택자금과 주택건축지원국 - 주택지원국 - 도시계획 관리국 - 건축규정과 지상건축 관리국 - 지하공사관리국 - 시(市)직영사업처 - 복지시설.

시는 거의 모든 부서를 현장체험학습에 개방하였다. 단지 건설사업부의 기술부서들과 자료보호법적인 근거에 민감한 사회보조와 청소년지원을 위한 부서들만이 제외되었다. "적극적인" 시청체험학습의 특이성은 학생들이 행정의 일상생활로부터 한 "과정"을 작업해야만 한다는 것이다. 이에 대한 과제는 그 시의 관리에 의해 개발되었었다. 학생들이 해결해야만 했었던 몇 가지 예를 살펴보기로 한다.

인사국
"교통감시직원으로 새로운 인력을 고용하고 이에 필요한 단계를 설명하라! 주어진 자료는 여러분에게 도움이 될 것이다."
"주어진 경우가 어떤 해고에 관한 것인지 그리고 왜 그 피고용인이 해고되어야 하는지 다음의 자료를 참고하여 찾아내어라."

재무국
"금년에 북스테후데시에 이미 투자와 투자조처를 위한 대출이 벌써 5백만 마르크를 받은 이후에, 시는 진행 중인 투자의 재정충당을 위해 1백만 마르크의 대출이 더 필요하다. 1996년 12월 15일자로 대부를 받아야 한다. 다양한 신용기관으로부터 6개월 만기에 이자와 원금에 대한 금융상품제안을 가져왔다. 조건은 1996년 12월 6일 8시45분까지 유효하다(이 때 대출제안에 대한 도표가 주어진다).

과제
1. 북스테후데시는 대출을 받아도 되는가? 그렇다면 필요한 규정을 메모하라.
2. 대출을 받는 것에 대해 누가 결정하며 누가 또는 어떤 기관/위원회가 이 결정에 참여하는가?
3. 각각 기한이 만기되면 채무(이자와 원금)의 전체 액수가 얼마가 될지 조사하면서, 제시된 대출상품을 비교하라.
4. 어떤 조건으로 대부를 받아야 하는지 합당한 결정을 위한 제안서를 작성하라."

문화국
"앞으로의 상연시간을 위한 극장계획에 있어야 할 브레히트의 '갈릴레이의 생애'에 대한 개요서를 작성하라."

시의 회계
"후베르트 하우스호프씨는 1995년 12월 북스테후데의 아이겐툼스알레 1번지에 저택 한 채를 구입하였다. 북스테후데시의 조세국은 하우스호프씨에게 1996년 토지세, 거리청소 및 쓰레기처분세로 3,000마르크를 납부하라고 요청하였고 3개월 할부로 낼 수 있다고 하였다.
하우스호프씨는 이 금액에 대해서 분노하였고 조세국에 이 "파렴치한" 세금결정에 대하여 이의를 제기했으며, 이 '게으른' 공무원에게 처음으로 그의 의견을 제대로 이야기 했다. 그의 마지막 문장에서 그는 오해의 소지가 없게 이야기 했다. '이 파렴치한 요구에 대해 나는 무조건 세금을 지불하지 않겠다.'

북스테후데시(市)는 이제 어떻게 그 돈을 받을 수 있는가?"

제3단계에서 모든 학생들은 다시 모여서 마지막 30분 동안 몇몇 행정관청직원에게 아직 해답을 찾지 못한 질문에 대해 이야기를 나누었다. 거의 제동되지 않는 정보수요는 바로 획득한 지식과 짝을 이루어 이 단원의 특징을 이룬다.

종료: 기록물의 전시

학생들에게 수업시간에 느낀 인상을 정리하고 현장체험학습의 종합을 준비하도록 며칠간의 시간이 주어졌다. 그와 같은 평가단계가 결코 누락되어서는 안 된다. 그렇지 않으면 학생들의 단편적이고 관련성 없는 관점들이 대상영역으로 머물게 되기 때문이다.

학생들에게 그들의 부서에 대해 구두로 약 5분간 소개하는 과제가 주어진다. 행정업무의 연관성을 분명히 하기 위하여 다른 부서의 "대표자"는 바로 소개된 하급부서와의 협력의 기존의 양상을 보여주도록 요청받는다.

이러한 평가시간에 이어서 학생들은 체험학습분야에 대하여 서면으로 보고서를 작성한다. 이는 현장체험학습과제 중 개개의 과제에 근거하여 작성되어야 한다. 보고서는 전체 프로젝트의 종료를 위한 기초자료, 즉 체험학습한 시청의 학교에 개방적으로 제시되는 문서이다.

과목을 넘어서는 학습이란 의미에서 이전에 미술교사와 제작지향적인 면에 상당한 주의력을 기울이기로 약속하였다. "북스테후데시의 677개의 머리가 34934개 머리의 주민을 위해 일한다. 어떻게? 서류더미에 누워서? 또는 다르게? 여러분 스스로 생각해보세요!"라는 고유의 제목 하에서 학교에 14일 동안 그 서류가 전시되었다. 주요동기는 공무원의 머리를 표현해야 하는 몇 가지 조각품이었다. 방문객중에는 시국장도 있었는데, 그들은 도시행정의 구조에 대한 전망과 다양한 부서의 과제와 규모에 대한 통찰력을 갖게 되었다. 전시회의 극치는 어떤 부서를 담당한 학생이 전형적인 "업무과정"을 제시한 것이었다.

이행을 위한 실용적인 안내

유사한 계획을 하는 교사들은 특히 다음의 세 가지 점에 신중하게 주의해야 한다.

첫째, 행정관청이 그들의 준비활동을 지원해야 한다.
둘째, 체험학습과제는 흥미롭고 분명하게 표현되어야 한다.
셋째, 가능성이 있다면 업무과정작업이 체험학습프로그램에 받아들여져야 한다. 그래야만 시청체험학습으로부터 적극적인 체험학습이 된다. 모든 시행정당국은 그들을 위한 프로젝트에 결부된 다양한 작업을 최소한으로 단축시킨다면 감사할 것이다. 따라서 관청에 지원을 부탁하는 학급의 서신(자료 1참조)을 작성하는 것이 바람직하다. 이 서신에는 모든 소재에 관한 정보를 포함하며 행정관청 내부적으로 해당 부서의 직원들에게 안내서로 받아들여질 수 있다. 학생들의 체험학습과제가 이 서신에 포함되어야 한다.

현장체험학습의 과제는 학생들에게 서면으로 주어져야 한다. 이는 과제를 빠뜨리지 않도록 도와줄 것이다(자료 2 참조).

그림(도표 또는 도식)을 그리라는 과제는 학생들에게 커다란 흥미를 불러일으킨다. 따라서 도시행정관청의 부서와 연결에 대해서 도식으로 표현하라는 것이 체험학습과제에 속해야 한다. 자료 3(참조)은 북스테후데의 학생들에게 나누어준 종이를 간단하게 표현한 것이다. 많은 지역행정관청이 최근에 그 구조를 새롭게 했다는 사실에 유의해야 한다. 이 새로운 구조는 더 이상 분과회나 직위 그리고 경우에 따라서 부서도 포함하지 않고, 전담영역과 전문단체를 포함한다.

한 업무를 작업하는 것은 의심할 여지없이 적극적인 시청체험학습의 정점을 이룬다. 이는 학습자들에게 익숙지 않은 자료, 알지 못하는 문제, 부족한 현장경험에 근거하여 많은 것을 요구하지만 그렇기 때문에 또한 가장 흥미롭기도 하다. 이는 동시에 도시행정관청직원들에게 준비소모가 많게 요구하기도 한다. 이 과제의 교수법적인 기회가 활용되기 위해서, 행정관청에 이에 관하여 서면으로 알려주는 것이 중요하다.

교수법적인 회고: 추천사항

의미가 있었는가? 학생들은 체험학습한지 며칠 후에 그 경과에 대한 그들의 평가를 서면으로 작성하여 제출하도록 부탁을 받았다. 그들은 다음의 세 가지 질문에 대해 서면으로 답을 해야 했다. 1. 시청체험학습에서 무엇을 긍정적으로 또는 부정적으로 판단하는가? 2. 체험학습에서 배운 것은 무엇인가? 3. 현장체험학습과 교실수업의 장점과 단점을 비교하라!

비프케 S.(체험학습장소: 주택자금과 주택건축지원국):
(1) 개인적으로 한편으로는 변화를 많이(이론적인 수업과 비교하여) 느꼈다. 물로 나에게 한 테마가 할당되었고, 자유롭게 관심에 따라 행동할 수가 없었기 때문에, 다른 한편으로는 매우 지루했었다. 그리고 바로 흥미를 느끼기 시작했을 때 가야 했다(즉 시간이 너무 짧았다).

> (2) 도시를 위한 사무실일도 진지하게 받아들여야 할 "일"이라는 것을 배웠다. 우리 부서에서는 많은 법과 규정으로 일을 하였는데, 나는 꿈에서도 상상 못했었다.
> (3) 그런 경험을 한다는 것은 좋다고 생각한다. 왜냐하면 그런 일에 대한 통찰력이 생기기 때문이다. 예를 들어 그런 주택건축물 때문에 그와 같은 봉기가 있으리라고는 전혀 생각지 못했어요. 기분전환으로(사회수업에 비해) 한번은 "적극적인" 일을 하는 것이, 그렇게 나쁘지 않다고 생각한다. 물론 이러한 체험학습을 1년 전에 하지 못하고 이제 바로 기업실습을 한 이후에 하게 된 것이 유감스럽다. 9학년 때 그런 경험을 할 수 있다면 좀 다른 상황이 되었을 거라고 생각한다.

첫 번째 질문에는 무엇보다도 두 가지가 긍정적으로 평가되었다. 첫째는 지금까지 낯선 세계인 시청관청에 대하여 직접적으로 알 수 있는 기회가 되었다는 것이다. 둘째는 행정관청의 직원들에 의해 전반적으로 잘 된 준비와 보살핌이었다. 이에 반해 시간이 너무 촉박한데 대해 불평하였다. 적지 않은 학생들의 관점에서 보면 효율적인 시청체험학습에는 하루 온종일(6시간)이 필요하다.

> 카르스텐 F.(체험학습장소: 지하공사 관리국)
> (1) 긍정적: 한 부서에 대하여 이해하게 되고 그 업무에 대해 대략적으로 알게 되었다. 재미가 있었다. 부정적: 시간이 너무 짧았다. 현장체험학습에서의 시간뿐만 아니라 준비시간도 너무 짧았다.
> (2) 수신자에게 상처를 주지 않고 어떻게 편지를 쓸 수 있는가? 나무를 보호하기 위한 규정은 무엇인가? 지하공사 관리국이 어떤 과제를 수행하는가?
> (3) 다양한 부서에서 어떤 과제를 갖고 있는지 이를 어떻게 성공적으로 수행하는지를 알 수 있다. 즉 "생생하게" 있을 수 있으며, 관청이 무엇을 해야 하는지, 수업에서 설명을 듣고만 있지 않는 것이 장점이다.

질문 2에 대한 많은 대답은 다음의 세 가지로 요약할 수 있다. 첫 번째 대답군은 행정활동자체에 관련된 것이다. 학생들은 시청직원들의 업무를 알게 되었으며 이제 직업교육이나 직업의 일상생활에 대해 조금을 알게 되었다고 기록하였다. 두 번째 대답군은 헌법원칙 즉 기본법 제20조 제3항에 따른 행정의 적법성에 집중하였다. 학생들은 법, 법률, 발령, 행정지시와 같이 많이 사용되는 법적 규범에 대해 놀랐다. 세 번째 대답군은 지역의 업무영역에 대한 통찰력이다. 학생들은 시에서 무슨 일을 하고 행정체계가 얼마나 복잡했는지, 이전에는 알지 못했었다고 증언했다.

콘라드 P.(참사장소: 총무국)
(1) 긍정적인 것은 우리가 단지 이론만 배운 것이 아니라, 즉 단지 들어야만 했던 것이 아니라 스스로 한 과제를 해결해야 했다는 것이다. 그러나 동시에 그것은 부정적이기도 하다. 왜냐하면 우리는 어떤 지식이 없이는 그 과제에서 실패해야 하기 때문이다. 또한 긍정적인 것은 지도해준 사람이 전문용어로 말하지 않고 우리에게 그 업무에 필요한 개념을 설명해 준 점이다.
(2) 시행정관청에서의 업무는 사람들이 일하는 부서에는 상관없이 아주 많이 법과 관련이 있다. 따라서 시행정관청의 한 직원은 대학에서 대부분 법학, 경영, 경제학을 전공하도록 요청한다. 이는 법을 제대로 이해할 수 있기 위해서, 즉 입법가가 의미한 대로 이해할 수 있기 위해서 필요하다. 왜냐하면 대부분의 법은 종종 두개의 해석이 가능하고 사람들은 쉽게 잘못 이해하기 때문이다.
(3) 교실수업에서는 이 주제를 종종 아주 건조하게 배운다. 현장체험학습에서는 학생으로서 스스로 무언가를 할 수 있다.

세 번째 대답에서 나타난 비교는 분명히 현장체험학습에 유리하게 드러난다. 일반적인 수업에서 소재가 체계적으로 준비되고 정보가 시간이 절약되게 전달되는 것을 좋게 여기지만 대부분은 현장체험학습에서 장점을 본다. 현장체험학습은 "좀 더 재미"를 준다. 이를 통해 학생들은 더욱 고조된 학습의욕을 갖게 된다. 그것은 학생들이 배운 것을 "이론수업"에서와는 달리 짧은 시간이 지나도 다시 잊어버리지 않도록 영향을 미친다. 학생들 스스로 적극적이어야 한다는 것이 구별된다고 할 수 있다.

Ingo S.(체험학습장소: 인사국)
(1) 긍정적: 지루하지 않은 이론적 수업. 이러한 종류의 수업을 통해 부서와 시행정관청의 과제를 이론수업에서 보다 더 잘 배운다(이런 종류의 수업이 좀 더 자주 예를 들어 독일어에서도 시행되어야 한다). 부정적: 너무 부족한 시간. 단지 한 개의 부서만 알게 되었다.

> (2) 새로운 인력을 고용할 때 주의해야 하는 몇 개의 단계. 나에게 현재 유익하거나 앞으로 도움이 될 것은 아무것도 배우지 못했다.
> (3) 장점: 재미가 더 있었음. 이를 통해 사람들은 "좀 더 학습의욕"을 갖게 되었고 배운 것을 이론수업에서와 같이 일주일 후에 다시 잊어버리지 않았다. 직업생활에 대한 이해가 생겼음.
> 결론적으로: 그런 프로젝트를 (또한 다른 과목에서도) 더욱 자주 시행해야 한다.

적지 않은 학생들이 그런 프로젝트를 좀 더 자주 시행하도록 제안한다. 한 학생이 이를 매우 분명하게 표현하였다. "교실수업은 변화가 별로 없다. 그래서 교실의 분위기를 위해 일 년에 그런 현장체험학습이 2번에서 4번 정도는 있어야 한다! 그런 프로젝트는 교과서에 따른 우울한 수업보다는 항상 더 흥미롭다!"

보고서와 기록문서에서 제시된 학습결과와 같은 학생들 가운데 계속되는 긍정적인 반응으로 인하여 정치수업 프로그램에 적극적인 시청체험학습을 넣도록 일반적으로 추천하게 된다. 그러한 계획이 실현될 수 있는지는 먼저, 이러한 집중적인 활동계획에 참가하고자 하는 교사의 마음에 달려 있다.

그러나 훨씬 중요한 것은 물론 지역행정당국의 호의이다. 왜냐하면 그들이 시청문을 열 준비를 해야 하기 때문이다. 무엇보다도 그들이 학생들의 활동을 위한 행정업무를 준비하는 수고를 감당해야 하기 때문이다. 북스테후데의 경우 준비를 위한 모임에서 부수적으로, 그 계획이 성공할 경우, 다른 학급에게도 적극적인 시청체험학습을 시행하도록 추천할 수 있거나 장차 9학년 또는 10학년의 수업계획에 적극적인 시청체험학습을 확고하게 넣어져야 한다는 소견을 말하자 시청 측에서는 어찌되었거나 매우 소극적인 자세를 취했다.

참고문헌

Ackermann, Paul: Einführung: Außerschulische Lernorte - ungenutzte Chancen politischer Bildung. In: Derselbe(Hrsg.): Politisches Lernen vor Ort. Außerschulische Lernorte im Politikunterricht. Stuttgart 1988 S.8-23 (Ackermann 1988a)

Ackermann, Paul: Politische Erkundungen im Nahbereich. In: Derselbe(Hrsg.): Politisches Lernen vor Ort. Außerschulische Lernorte im Politikunterricht. Stuttgart 1988. S.24-35(Ackermann 1988b)

Ackermann, Paul: Außerschulische Lernorte. Ein Beitrag zu einem ganzheitlichen bzw. mehrdimensionalen politischen Lernen. In: bundeszentrale für politische Bildung(Hrsg.): Zur Theorie und Praxis der politischen Bildung. Bonn 1990, S.247-257

Ackermann, Paul: Forschend lernen: Exkusion, Sozialstudie, Projekt. In: Wolfgang Sander(Hrsg.): Handbuch politische Bildung. Schwalbach/Ts. 1999, S.457-470

Becker, Franz Josef E.: Erkundung und Befragung als Methode der politischen Bildung. In: Bundeszentrale für politische Bildung(Hrsg.): Erfahrungsorientierte Methode der politischen Bildung. Bonn 1988. S.97-131

Bönsch, Manfred: Variable Lernwege. Ein Lehrbuch der Unterrichtsmethoden. Paderborn/München/Wien/Zürich, 3.Aufl. 2000

Detjen, Joachim: Schüler erkunden die Stadtverwaltung. Bericht über einen handlungsorientierten „Ausflug„ ins Rathhaus. In: Politische Bildung. 4/1995, S.128-138

Detjen, Joachim: Das Rathaus. Ein anregender außerschulischer Lernort für den Politikunterricht In: Praxis Schule 5-10, 3/1997, S.42-46

Detjen, Joachim: Handlungorientierung - Praktische Anwendungen im Politikunterricht. Schule als Staat - Schüler „machen„ Politik - Aktive Rathauserkundung. In: Gotthardt Breit/Siegfried Schiele(Hrsg.): Handlungsorientierung im Politikunterricht. Schwalbach/Ts. 1998, S.227-257

Detjen, Joachim: Erkundung/Sozialstudie/Praktikum. In: Wolfgang W. Mickel(Hrsg.): Handbuch zur politischen Bildung. Schwalbach/Ts. 1999. S.397-403

Franke, Peter: Methoden und Medien aus der Sicht sozialer und politischer Bildung im Unterricht der Grund- und Hauptschule. Donauwörth 1981

Giesecke, Hermann: Methodik des politischen Unterrichts. München, 5.Aufl. 1978

Gudjons, Herbert: handlungsorientiert lehren und lernen. Schüleraktivierung - Selbsttätigkeit - Projektarbeit. Bad Heilbrunn. 4.Aufl. 1994

Hoffmann, Johann Friedrich: Die Erkundung des politischen Nahraums. In: Politische Bildung. 4/1967, S.83-91

Kaiser, Franz-Josef/Kaminski, Hans: Methodik des Ökonomie-Unterrichts. Grundlagen eines handlungsorientierten Lernkonzepts mit Beispielen. Bad Heilbrunn,

3.Aufl. 1999

Klippert, Heinz: Handlungsorientierter Politikunterricht. Anregungen für ein verändertes Lehr/Lernverständnis. In: Bundeszentrale für politische Bildung (Hrsg.): Methoden in der politischen Bildung - Handlungsorientierung. Bonn 1991, S.9-30

Massing, Peter: Handlungsorientierter Politikunterricht. Ausgewählte Methoden. Schwalbach/Ts. 1998

Meyer, Hilbert: Unterrichtsmethoden. II: Praxisband. Frankfurt/M., 6.Aufl. 1994

Mickel, Wolfgang W.: Methodik des politischen Unterrichts. Frankfurt/M., 4.Aufl. 1980

Mickel, Wolfgang W.: Methoden-Leitfaden durch die politische Bildung. Eine strukturierte Einführung. Schwalbach/Ts. 1996

Rathenow, Hanns-Fred: Die Erkundung. In: Wolfgang Northemann(Hrsg.): Politisch-gesellschaftlicher Unterricht in der Bundesrepublik. Curricularer Stand und Entwicklungstendenzen. Opladen 1988, S.91-99(Rathenow 1988a)

Rathenow, Hanns-Fred: Erkundung, Sozialstudie, Praktikum. In: Wolfgang W. Mickel/Dietrich Zitzlaff(Hrsg.): Handbuch zur politischen Bildung. Bonn 1988, S.279-283(Rathenow 1988b)

Redwanz, Wolfgang: Der Schülerwettbewerb zur politischen Bildung. Ein Beispiel für handlungsorientiertes Lernen. In: Gotthard Breit/Siegfried Schiele(Hrsg.): Handlungsorientierung im Politikunterricht. Schwalbach/Ts. 1998, S.325-343

Terhart, Erwald: Lehr-Lern-Methoden. Eine Einführung in Probleme der methodischen Organisation von Lehren und Lernen. Weinheim und München, 2.Aufl. 1997

Weber, Birgit: Handlungsorientierte Methoden. In: Bodo Steinmann/Birgit Weber(Hrsg.): Handlungsorientierte Methoden in der Ökonomie. Neusäß 1995, S.17-45

Weißeno, Georg: ERkundung. In: Methoden und Arbeitstechniken. Band 3 des Lexikons der politischen Bildung. Schwalbach/Ts. 2000, S.37f.

자료 1

> 안건: 학생에 의한 업무수행
>
> 존경하는 숙녀 신사 여러분,
> 시청체험학습에서 학생들에게는 가장 어렵지만 동시에 아마도 가장 흥미로운 부분은 이미 예고해 드린, 업무의 한 부분을 직접 수행해 보는 것입니다. 여러분의 업무 영역에서 한 -익명화된- 업무를 찾는데 있어서 다음과 같은 교육학적 원칙을 고려해주시기를 부탁드립니다.
> - 이해력: 업무는 16세 청소년에게도 수행되어질 수 있어야 합니다.
> - 처리능력: 업무내용을 파악하고 처리하기 위하여 필요한 법률, 법적 규정, 행정지시와 업무지침사항이 준비되어 있어야 합니다. 학생들이 끝임 없이 찾지 않기 위해서, 분명하게 필요한 부분(또는 구절)이 표시되어 있어야 합니다.
> - 지원: 학생들이 가능하다면 스스로 그 업무에 대한 해답을 찾아야 하겠지만 그들에게 또한 물어볼 수 있는 기회를 주어야 합니다.
>   그 업무의 감당을 위해서 약 1시간30분이 예정되었습니다. 그러니까 어려움이 나타날 때 너무 빨리 개입하지 말아 주십시오. 장애를 스스로 극복하는 것은 중요한 학습목표 중 하나입니다.
>   그럼, 다시 한 번 호의에 감사드립니다.

자료 2

> 시청체험학습
>
> 여러분이 찾은 지역행정당국의 부서를 조사하라. 다음의 과제가 이에 여러분에게 도움이 될 것이다. 여러분이 경험하는 모든 것에 대하여 기록하라. 가장 바람직한 것은 먼저 여러분이 질문을 시작하기 전에 먼저 그 부서의 특색을 정확하게 메모하는 것이다.

1. 그 부서의 규모에 대해 조사하라!
   ● 그 부서에 몇 명의 직원이 있는가?
   ● 그 직원들은 어떤 직업적인 자질을 갖추었는가? 경우에 따라서 다양한 학력 내지 직업에 대해 분류하라.
   ● 그 부서는 어떤 가치를 돌보고 관리 하는가(매년 할당된 예산 또는 건물/시설/가구 의 수나 가치 또는 금융자산 또는 개념적인 가치 등등)?

2. 그 부서의 업무에 대하여 조사하라!
   ● 그 부서가 담당하는 업무는 무엇인가?
   ● 어떤 법과 규정을 주의해야 하는가?
   ● 그들의 업무가 시민에게 어떤 영향력을 끼치는가? 개인이나 집단을 위해 그들은 봉사활동을 하는가 혹은 그들이 시민의 사적인 영역/재산에 개입 하는가 혹은 그들의 활동이 지역사회에만 국한 되는가?

3. 그 지역행정관청이 어떻게 구성되었는지 조사하고 그 부서가 다른 부서들 및 지역 밖의 시설과 어떤 관계가 있는지 조사하라. 이에 자료 3에 있는 조직도를 완성하고 그 결과를 그래픽으로 그려 넣어라.

4. 지역의 정치를 위한 부서의 역할에 대한 정보를 구하라.
   ● 어느 영역 내지는 어떤 테마에 대해 그 부서는 의회의 정치를 준비하는가?
   ● 그들의 추천사항이 얼마나 강력하게 지역정치가에게 영향을 미치는가?

5. 여러분은 지도하시는 분에게서 처리해야 할 과제(업무)를 받을 것이다. 이 부서에 전형적인 과제를 가능한 한 자립적으로 해결하도록 시도하라.

자료 3

지역행정관청의 조직도

다음의 조직도를 완성하라! 여러분이 조사한 부서에 표시를 하라!
어떤 직책이나 부서와 여러분의 부서가 긴밀하게 협력하는지 초록색 줄로 이어 그어 표시하라!
어떤 관청, 협회, 기업 또는 개인과 여러분의 부서가 관련되는지 푸른색
줄을 그어 표시하라!
여러분의 부서가 누구로부터 지시를 받는지 붉은색 줄을 그어 표시하라.

시민교육방법트레이닝

행정 책임자:

분과회:

부서:

전문가질의

페터 마씽(Peter Massing)

서문

　본질적으로 모방하는 행동, 즉 수업에서 정치적 계획, 결정, 상호활동과 갈등을 조정하는 과정의 모델시뮬레이션에 그 근거를 둔 역할게임, 계획게임, 토크쇼, 찬반토론과 같은, 정치수업의 많은 활동지향적인 방법들과는 반대로, 방법으로서의 "전문가초청질의"는 실제적인 행위를 의미한다. 전문가초청질의는 한편으로는 학교내지는 수업시간자체에서, 다른 한편으로는 학교 밖의 학습장소에서 행해질 수 있다. 두 가지 경우 모두 학생들에게 정치적 현실을 직접 체험하고 경험하는 기회를 제공하며, 이로써 학교를 "개방"하는 것을 의미하기도 한다.

　비록 전문가초청질의가 정치수업에 좀 더 자주 사용되는 활동지향적 방법에 속한다고 하더라도, 정치수업은 전문가초청질의와 지금까지는 별 상관이 없었다. 정치교수법적인 문헌에서 전문가초청질의는 방법으로 아예 거론되지 않거나(Mickel 1996; Claußen 1981참조) 아니면 간단하게만 기술되었다(Giesecke 1975참조). 최근에야 비로소 전문교수법적인 문헌에서 전문가초청질의에 대한 부분을 찾을 수 있다(Massing 1998, 1999; Breit 2000). 정치교수법적인 토론에서도, 전문가초청질의가 수업의 거시적 구조를 형성하는 방법개념에 속하는지 또는 미시적 구조의 특징을 이루는 학습방법에 속하는지, 일치되지 않고 있다. 비록 전문가초청질의가 체계적으로 일정한 수업단계, 즉 정보단계 또는 응용단계에만 속한다고 할지라도, 제대로 사용된다면, 한 전체 수업단원을 감당할 수 있다. 전문가초청질의를 정치수업의 단계구조에 배치하는 것에 대하여는 나중에 자세하게 설명하기로 한다.

전문가초청질의의 정치교육학적인 기능

정치수업이 정치교육(민주시민교육)에 기여하는 바는 학생들을 정치적으로 성숙하게 양육하고 이를 위한 특정한 능력을 키워주는 것이다. 모든 학교 교과목에서 점점 더 많이 발견하게 되는 능력모델은 학교의 정치교육에서 민주적인 활동능력으로 구체화된다. 개별적으로는 *주제를 다루는 능력, 방법을 사용하는 능력, 사회적인 능력, 자기를 관리하는 능력*이 이에 속한다.

*주제를 다루는 능력*은 본질적으로 정치를 "이해"하는 것에 관계된다. 그리고 정치와 사회에서 이성적인 방향을 찾는 능력 및 헌법과 기본법을 의식적으로 받아들이는 능력을 의미한다. 또한 주제를 다루는 능력은 공공의 안건에 대한 관심과 정치의 다양한 과제분야에서 사회, 정치적인 문제들에 대한 감각을 포함한다. 그렇지만 주제를 다루는 능력의 중심에는 정치적 판단능력, 즉 정치적 프로그램, 실적, 정치적 문제, 정치적 결정과 정치적 관직보유자를 근거가 있고 전문적인 분야에 관련하여 가치와 연관시킨 기준에 따라 판단하고 이를 공개적으로 정당화하는 능력이다.

*방법을 사용하는 능력*에는 분석적 도구의 도움을 받아 정치적 사태자체를 해명하고 자립적이며 다양한 대중매체의 도움을 받아 목적에 맞는 정보를 찾고 비판적으로 소화하는 능력이 속한다. 또한 의사소통 능력 및 수업방법 및 학습기법을 비판적으로 취급하는 능력이 추가된다.

*사회적인 능력과 자기를 관리하는 능력*은 서로 긴밀하게 연관되어 있다. 이는 집단에서의 활동, 다른 사람과의 접촉 및 팀에서의 활동을 위해 필요하다. 무엇보다도 이에는 정확하고 객관적으로 의견을 표현하고 목적에 맞게 문제를 제기하며 경청하는 능력 및 토론하고 진행하는 기술이 포함된다.

이러한 능력모델을 배경으로 하여 전문가초청질의는 주제를 다루는 능력을 키우는데 도움이 된다. 즉, 그 도움을 받아, 다른 방법으로는 접근하기 어려우며 이미 주어진 또는 수업에서 획득한 지식을 심화하는데 기여하는 정보를 얻을 수 있다. 더 나아가서 전문가초청질의는 수업에서 배운 지식을 현실에서 검토할 수 있는 특별한 기회를 제공한다.

방법을 다루는 능력에, 전문가초청질의는 학생들이 - 질문을 함으로써 - 목적에 맞고 효율적인 정보를 획득하는 법을 배움으로써 도움이 된다.

사회적인 능력과 자기를 관리하는 능력은 학습집단과 팀워크에서 질문을 개발하여 학생들이 전문가초청질의를 자립적으로 시행하고, 자립적으로, 예를 들어 누가 문제를 제기하는가, 누가 그 대답을 기록하는가에 대해 결정을 내리게 함으로써 강화될 수 있다.

전체적으로 전문가초청질의로 인해 학습동기가 높아지는데, 이는 이 방법을 통해 학교와 사회의 구분이 없어지고, 학교가 외부에 대해 개방되고 수업지식이 현실과 결부되기 때문이다.

수업진행에서의 전문가초청질의

전문가초청질의에는 두 개의 수업단계, 즉 정보단계와 적용단계가 있다.

정보단계에서는 전문가초청질의의 의미가, 전문가를 통해 정보를 듣고, 다른 방법이나 다른 매체(즉 책이나 신문자료)를 통해 얻지 못하거나 아주 어렵게(예를 들어 시간소모가 아주 많게) 얻을 수 있는 정보에 이른다는 데 있다.

전문가의 지식은 일반적으로 내부지식도 포함한다. 즉 전문가는 전문지식뿐만 아니라, 일반적으로 공개 토론되거나 매체를 통해 유포되지 않는, 조직 내에서 내부경로에 대한 지식이나 의견과 인간성에 대해서도 잘 알고 있다.

하나의 사례로 이를 살펴보자. 9학년 학급(종합학교)에서 학생들이 한 전문가(농민협회의 대표자)에게 협회의 정치적인 결정과정에 미치는 영향에 대하여 질문했다. 전문가질의는 광우병파동과 소비보호, 식량과 농업부의 신임장관으로 레나테 퀴나스트(동맹 90/녹색당)가 취임한지 몇 주후에 행해졌다. 학생들은 신임장관과 농민협회와의 처음부터 긴장된 관계에 대한 몇몇 기사를 읽었다. 그 전문가는 이전에 그 협회가 어떤 정당에 특히 가까운지에 대한 질문에 짧게 다음과 같이 대답했다. "*농민협회는 상당히 보수적인 협회며 대부분의 회원들은 기민당과 기사당을 지지하거나 스스로 이러한 정당에 속해있습니다.*" 학생들은 이제 그 협회가 무엇보다도 이런 정당과 함께 협력하며 그 긴장된 관계는 근본적으로 서로 다른 정치적 입장 때문이라고 추측할 수 있었다. 그렇지만 그 전문가는 협회는 항상 각각의 집권여당과 긴밀하게 협조하였으며 그 신임장관과 협회사이의 긴장된 관계는 무엇보다도 분위기에 따른 것이라고 보고하였다. 퀴나스트여사는 장관으로 취임한 직후에 베를린에서 개최된 "우유의 날"에서 첫 번째 공식적으로 등장하였었다. 그녀는 짧은 연설에서 소의 "대단한 실적"에 대해 언급했다. 그 전문가는 "도대체 어디에 농민들이 있습니까? 농민 없이는 소들이 그런 실적을 가져올 수 없었을 것 입니

> 다. 우리 농민들은 그들의 일의 가치가 인정되지 않은데 대해 분개하였습니다."라고 말했다. 학생들이 놀랍게도 그 전문가는 그것이 "*별거 아니고*" "*하찮게*" 들리겠지만 바람직한 협력은 "*상호인간적인 분위기*"에 달려있으며 이는 그 신임장관의 태도로 인해 단번에 상당히 냉랭해졌다고 분명히 말했다. 농민협회는 신임장관의 공식등장에 대하여, 대중이 이를 이해할 수 없고 농민협회의 태도를 "가련하게" 느낄 수도 있다는 두려움 때문에, 논평하지 않았지만 한번은 신임장관의 태도에 상당히 거리를 두었다.

전문가초청질의에서 얻을 수 있는, 그런 "특별한" 정보를 넘어서서, 학생들이, 보통 할 수 없는 경험, 예를 들면 다른 문화나 사회환경, 사회집단을 만나는 경험을 할 수 있기 위하여, 이런 방법을 사용하고자 결정할 수도 있다.

> 예를 들어 7학년(김나지움) 학생들이 "선량한 시민들이 있으며" 정치적으로 대부분 보수적인 지역인, 베를린-젤렌도르프에서 "시민협회"란 주제로 전문가질의를 개최하였다. 전문가들은 "베스트탄겐테(Westtangente)"란 시민협회의 회원이었다. 이 협회는 베를린에서 가장 오래된 시민협회에 속한다. 즉 1974년에 창립되어 도시고속도로의 계획과 건설, 특히 8 킬로미터의 부분구간인 "베스트탄겐테"에 대해 반대하였다. 시민협회인 "베스트탄겐테"는 전형적인 노동자지역인 베를린-쇠네베르크에 소재한 몇몇 지하실에서 규칙적으로 모임을 가졌다. 그 회원들은 대부분 젊고, 대안 지향적인 사람들로 정치적으로 강력하게 활동하였다. "*당신들은 핵반대자입니까?*" 라는 한 학생의 질문에 그 시민협회의 대표자는 다음과 같이 대답했다. "*우리는 상당히 많은 일에 반대를 합니다. 또한 핵발전소에 대해서도 반대입니다. 우리는 행사에 가고 시위를 합니다. 우리는 아주 많은 시민협회와 단결합니다. 그렇지만 우리의 주업무는 베스트탄겐테를 막는 것입니다.*"
> 전문가질의는 시민협회의 공간에서 행해졌다. 한 그룹의 학생들이 이를 시행하였고 비디오로 녹화하였다. 비디오녹화분에 대하여 그 다음 시간에 평가되었다.
> 학생들을 특히 감명시킨 것은 그들에게 완전히 낯선 사회적인 환경이었다. 그들은 처음으로 베를린의 그런 지역을 알게 되었다. 한 여학생은 "*우리는 베를린에 그런 지역이 있다는 것을 전혀 몰랐어요.*"라고 말하였다. 이외에도 청소년들의 활동은 그들을 감동시켰다. 한 남학생: "우리는 그 활동에 대해 좋은 인상을 받았어요. 그 활동은 흥미롭고 재미있었다.". 한 여학생: "저는 전에는 시민협회에 대해 아무런 생각도 없었어요. 이제는 분명해졌어요." 한 여학생: "저는 시민협회에 대해 훨씬 정리하여 생각하게 되었어요." 한 남학생: "예, 전에 저도 그렇게 생각했어요. 아, 정치 - 잘 자라. 저는 원래 아

> 주 흥미롭다고 생각했어요. (...) 그러나 저는 사람들이 그렇게 많이 정치에 대해 이야기 할 수 있고 토론할 수 있다는 것은 알지 못했어요. 저는 정치는 확정된 것이라고 생각했는데, 그렇게 많은 것을 변경시킬 수 있다는 것을 전혀 알지 못했어요."
>
> 학생들이 많은 것을 배웠다는 것은 제외하고, 그런 학습방법은 새롭고, 놀라우며, 흥미로웠다. 한 남학생: "사람들이 모든 것을 배웠다는 것을 어쨌든 알아차리지 못했고, 저는 그게 원래 좋다고 생각해요. 그렇게 거창한 연설도 아니었고 거대한 숙제도 아니었어요. 그럼에도 불구하고 정말 많이 배웠어요." 한 여학생: "토론과 질문을 통해서 저는 완전히 두려움 없이 배웠어요. 예를 들어 반년동안 일반적인 수업에서 배운 것보다는 6시간동안 더 많이 배웠을 거예요.(...) 자동적으로 배우게 되요." 그 전문가초청질의의 중요한 결과는 완전히 다른 거주지역, 다른 사회적 환경, 열심히 활동하는 청소년들을 알게 된다는 것이다. 이 인상은 본래의 전문가초청질의만으로 끝나지 않았다. 그 시민협회는 그 다음 주말에 개최되는 거리축제와 "공개의 날"을 계획하고 학생들을 이에 초청하였다. 학급의 거의 모든 학생들이 이 초대에 응하였다.

적용단계에서 전문가초청질의가, 전문적인 질문과 정치적 내용의 질문 사이를 구별하는 것을 배우기 위하여 사용될 수 있다. 그런 다음 교사들은 또한 어느 정도로 정보획득이 성공하였는지 그리고 어느 정도 학생들이 그 정보를 일반화하고 적용할 수 능력이 되는지 검토할 수 있다. 그럼에도 불구하고 전문가 초청질의는 적용단계의 부분에 속한 것처럼 보인다.

전문가초청질의의 문제

전문가 선정

전문가초청질의의 본질적인 목적이 수업을 정치적 사회적 현실에 대하여 학교 밖으로 공개하는데 있다면, 전문가의 선정에는 특별한 의미가 주어진다. 이에 전문가의 개념을 너무 좁지 않게 파악하는 것이 중요하다. 전문가는 단지 특별한 방법으로 전문적인 자질을 갖추었을 뿐 아니라 대부분 학문적으로도 교육받은 전문가이다. 누구나 갈등이 있고 어떤 문제에 직면해있거나 그 문제와 관련된 사람이고 그 자신의 생활형편과 다른 사건의 전문가로서 간주될 수 있다(시대의 증인).

따라서 전문가초청질의를 준비하는데 가능한 한 구체적으로, 어떤 영역에서 "전문지식"을 필요로 하는지 확정하고 어떤 특별한 지식과 경험이 전문가로부터 기대되는지에 관하여 정확한 개념을 발전시키는 것이 필요하다.

| 시민교육방법트레이닝 |

그렇게 시민협회의 대표자에게 정당내부적인 민주주의의 가능성과 장애물에 대하여 질문한다거나 노동조합대표에게 시민협회에 관하여 질문하는 것은 별 의미가 없으며 시간낭비일 것이다. 헤르만 기젝케(Hermann Giesecke)가 서술했듯이, 모든 전문가가 민주시민으로서 그 역할에서 또한 너무 일반적인 질문에 대답할 수 있지만 이는 전문가초청질의에서의 의미가 아니며 그 가능성을 고갈시키지도 않을 것이다.

따라서 한 전문가초청질의를 준비하는 데 있어서 사전에 다음과 같이 고려해볼 필요가 있다(자료 2 참조). 먼저 수업내용으로부터 전문가를 끌어들일 가치가 있는 질문을 만들고 문제를 제기해야 한다. 그 다음에 그 질문에 대답할 어떤 전문가가 있는지 그리고 질문하기 위해 전문가를 얻을 수 있는지에 대한 질문을 분명히 할 필요가 있다. 수많은 주제에 대하여 수많은 전문가가 있기 때문에 각 수업시간의 주제에 대해 한 명의 전문가를 찾는 것은 어렵지 않을 것이다.

그럼에도 불구하고 전문가는 항상 교사 또는 학급의 기대를 만족시키는 것은 아니다. 그렇게 전문가가 - 사전의 집중적인 가르침과 준비에도 불구하고 - 학생들의 이해수준에 맞출 수 없으며 학생들에게 맞는 언어를 사용하지 않을 수도, 또 전문적인 표현으로 설명하여 이해할 수 없는 경우가 생길 수도 있다. 종종 전문가가 너무 전문적이어서 그의 대답을 학생들이 이해하지 못할 수도 있다.

또 다른 문제는 전문가가 정보를 전달할 뿐만 아니라 무엇보다도 자신의 의견과 관점을 발표함으로써 발생할 수 있다. 이러한 경향은 전문가를 선정할 때에 고려되어야 한다. 전문가로 초대된 정당의 임원들은 그들 자신의 활동과 거리를 두지 않고, 질의에서 무엇보다도 그들의 정당을 긍정적으로 표현하는 일이 드물지 않다. 따라서 그 활동을 근거로 어느 전문가를 선택할 것인가 뿐만 아니라 그들이 어떤 요구사항을 채워야 하는지에 대해서도 깊이 생각할 필요가 있다. "선거에서 후보 세우기"에 대하여 전문가 질의를 해야 할 경우에, 전문가를 선정하는데 있어서 학생들이 지켜야 할 요구사항은, "전문가는 정치에 가까워야 하지만 직접적으로 부닥친 사람에 속하면 안 된다"는 것이었다. 그들에게는 정당의 당의장, 전 국회의원, 정당과 연관되어 있는 학자들이 적당하게 보였다. 그래서 지금은 연구원으로 일하고 있는 한 정당의 전 원내대표가 초대되었다. 이 전문가는 매우 깊이 생각하였으며 질의를 통해 풍부한 정보와 정당내부생활에 대한 전반적인 정보를 제공하였다.

전문가질의

전문가가 자기 활동과 거리를 거의 두지 않는 문제는 다른 방식으로도 표출될 수 있다. 9학년(실업학교)의 "시민협회"라는 한 수업단원에서 학생들은 한 전문가초청질의에서 어느 정도까지 시민협회가 정치적 참여의 새로운 가능성을 제공하는지, 그들이 어떤 성공가능성을 갖는지, 그리고 시민협회에서 활동하는 것이 의미가 있는지에 대하여 알아내고자 하였다. 전문가로서 그들은 베를린의 "동물원을 구하자"라는 시민단체의 공동창설자를 초대하였다. 그들의 활동으로 커다란 대중매체의 반향에 마주쳤던 그 시민단체는 2년 전부터 "러브 퍼레이드(사랑의 행렬)"이 동물원을 지나치는 것을 막고자 하였다. 왜냐하면 이로 인해 나무와 식물에 상당한 피해가 발생하기 때문이었다.

이 전문가초청질의에서 두 가지 중심문제가 발생하였다. 주제가 너무 현실적이고 학생들은 이에 직접적으로 부딪혔다. 왜냐하면 그들 중 몇몇이 지난 "러브 퍼레이드"에 참가했었고 몇몇은 다음에 참여하고자 계획했었기 때문이다. 전문가는 강력하게 활동하며 "그의" 시민협회에 많은 시간을 희생하는 은퇴자였다. 학생들의 집중적인 준비와 교사가 동물원이나 "러브 퍼레이드"에 관한 것이 아니라 시민협회가 정치적 참여의 가능성을 제공하는 지에 관한 일반적인 문제라고 사전에 그 전문가에게 알려주었음에도 불구하고, "러브 퍼레이드"의 내용이 전체 전문가초청질의 시간을 차지하였다. 시민협회의 활동과 정치적 체제의 문제 대신에 부분적으로 격렬하고 호전적으로 "러브 퍼레이드"가 동물원을 통해야 하는지 아닌지에 대하여 토론되었다.

또 다른 문제는 전문가가 근본적인 참여자 내지는 당사자였으며 그의 경험을 전문가초청질의의 의도에 있어서 일반화할 수 없었다는데 있었다. 결국에 전문가, 교사, 학생들은 실망하였다.

하여튼 중요한 것은 그런 경험을 평가에서 주제로 삼는 것이다. 교사가 사전에 충분히 학급, 그들의 성적, 지식, 전문가 질의의 진행과 준비, 수업순서, 질의를 왜 도입하는지 그 의도에 대해 충분한 정보를 준다면, 이런 위험은 또한 – 항상은 아니지만 자주 – 줄여지기도 한다. 이를 넘어서서 전문가가 문제를 좀 더 잘 이해하거나 너무 개방적이거나 범위가 좁은 문제에 대해서 대답을 "올바른" 방향으로 줄 수 있기 위해서, 전문가가 학급의 기대와 학습목표를 알아야 한다.

문제의 개발

신중한 준비에도 불구하고 학생들은 "단답형 문제"라고 부를 수 있는 질문을 만들어 내는 경우가 있다. 다시 말하면 특히 중학교 학생들은 복잡하지 않은 질문을 개발한다. 예를 들어 8학년의 김나지움학급의 한 전문가초청질의에서 한 정치가에게 한 질문이 다음과 같다. *"저는 한 정당의 목표에 대해 어떻게 정보를 얻을 수 있나요?"*

일반적으로 그런 질문에 대해 전문가는 간단한 대답을 하지 않고(만일 전문가초청질의가 10분후에 끝이 난다면, 이도 문제가 없는 것은 아니다), 대신 오히려 쓸데없이 장황하게, 일반적인 문장, 경험, 정보, 그리고 종종 본래의 주제와는 단지 주변적으로만 해당되는 일화로 반응한다. "손님"을 중단시키고 그에게 문제의 핵심으로 돌아가라고 부탁하는 것은 학생들(진행자로서)에게는 거의 불가능하며 교사에게도 최소한 아주 어렵다. 만일 질문이 너무 개방적으로 표현되고 전문가가, 어느 방향의 대답이 기대되는지 알 수 없다면 같은 문제가 발생한다.

학생들의 전형적인 질문

전문가 질의 주제: 협회가 정치적 결정과정에 어떤 영향을 미치는가? (종합학교 9학년)

전문가: 농민협회의 대표자
질문은 분야별로 구분된다.

협회와 연방의회
● 농민협회가 연방의회에 어떻게 영향을 미치는가?
● 농민협회가 국회의원들과 결속한 적이 있는가?
　(이 문제는 전문가가 이해하지 못했다).
● 당신은 개인적으로 연방의회 의원과 접촉을 합니까? 그렇다면 누구와?

협회와 연방정부
● 연방정부에 영향을 주기 위하여 어떤 요구를 하였습니까?
● 당신의 협회에 정치가도 있습니까?
● 연방정부에 영향을 미치기 위하여 어떤 조처를 취하였습니까?

전문가질의

협회와 정당
- 어떤 정당이 농민협회에 가장 많은 유익을 제공합니까?
- 어떤 정당이 농민협회를 지원하며 어떻게 합니까?
- 어떻게 농민의 이익을 정당에 대해 대변합니까?
- 최근의 협력에 대해 만족합니까?

협회와 대중
- 어떻게 농민의 문제에 관심을 갖게 합니까?
- 농민협회의 정보정책이 대중매체에서의 보고서작성에 어떤 영향을 줍니까?
- 성명발표와 대규모적인 시위를 어떻게 조직합니까?
- 최근에 무엇에 반대하여 시위를 한 적이 있습니까?

전문가초청질의의 의도는 어떻게 협회가 그들의 이익을 표현하며 어떤 방법으로 그들의 이익을 정치적으로 관철하고자 시도하는지를 알아내는 것이었다. 특정한 주제영역별로 질문을 개발하는 것이 의미 있고 필요하다. 그러나 이 전문가초청질의에서 주제영역의 선택이 별로 도움이 되지 않았다. 이는 전문가의 대답에서 상당히 중복되는 경우가 많았다. 정부, 의회, 정당에 대한 영향의 형태는 거의 구별되지 않아서 전문가가 종종 같은 대답을 반복해야 했다.

전문가초청질의 주제: 정당의 청소년조직에서 활동하는 것이 의미가 있는가? (종합학교 9학년)

전문가: 브란덴부르크의 청년사회주의자의 회장
질문:
학습집단 A:
- 이 청소년조직에 어떻게 들어가게 되었습니까?
- 청소년조직이 원래 어떻게 활동을 합니까?
- 당신이 도달하고자 하는 다음 목표는 무엇입니까?
- 독일 청소년들 중 몇 퍼센트가 청소년조직에 있습니까?
- 한 청소년 조직의 연방대표회장은 어떻게 됩니까?

학습집단 B:
- 그 청소년조직은 누가 왜 창설했습니까?
- 그 청소년조직은 언제 창설되었습니까?
- 교육받기 위해 모입니까 아니면 단지 여가를 위해 모입니까?
   (이 질문을 전문가는 이해하지 못했다)

- 국가로부터 어떤 지원을 받습니까?
- 정당들의 청소년조직 사이에 갈등이 있습니까?

학습집단 C:
- 당신의 과제는 무엇입니까?
- 당신의 목표를 관철하기 위해 무엇을 합니까?
- 데모는 어떻게 합니까?
- 언제부터 정당에 가입할 수 있습니까?
- 어떤 이념을 갖고 있습니까?
- 그 청소년조직은 어떤 이익을 대변합니까?

학습집단 D:
- 청년사회주의자는 누가 창설했습니까?
- 그 정당은 현재 회원이 몇 명입니까?
- 청소년들이 성인들과 동등한 권리를 갖습니까?
- 정치가들로부터 지원을 받습니까?

이 전문가초청질의의 의도는 청소년조직에서 활동하는 것이 의미가 있는가 하는 것이었다. 그러나 질문은 이 방향에서 제기되지 않았고 순수한 사실에 관한 질문이었다. 이 전문가초청질의의 주제는 학생들에게 충분하게 의식되지 않았다. 이 수업단원의 도입부분은 서로 다른 입장을 대변하는 한 여학생과 한 남학생에 의해 행하여진 역할게임이었다. 그 남학생은 청소년으로서 정치적으로 활동하는 것은 중요하다는 의견이었다. 이에 반해 여학생은 그것은 시간낭비이며, 아무것도 바꿀 수 없다고 했다. 그녀는 차라리 디스코에 가겠다고 했다. 이 역할게임에서 학생들은 그들에게 상당한 문제가 된 주제를 준비해야 했다. 교사가 그 주제를 그냥 지나치기를 원하지 않았기 때문에 그들은 학생들의 제안을 받아들여 칠판에 가능한 주제를 적었다. "청소년과 여가활동", "청소년은 여가시간에 무엇을 하는가?", "청소년은 그들의 여가시간에 정치적인 활동을 하는가 아니면 무엇을 하는가?" 교사는 본래의 주제에 대해 언급했다. "청소년들이 그들의 여가시간을 어떻게 보내는가, 정치와 함께. 한스는 점점 더 많이 정치적 활동을 하고 있다고 말했고 스테피는 그것은 아무것도 아니라고 말했다. 그것이 의미가 있는가 아니면 없는가? 이를 좀 더 자세히 조사하기 위하여 우리는 한 전문가를 초대했고 전문가초청질의를 시행하고자 한다." 그 다음에 그는 전문가초청질의가 무엇이고 어떻게 시행되어야 하는지 설명하였다. 학생들의 주제에 대한 제안은 칠판에 써있고 이는 질문을 준비해야하는 학습집단 활동단계가 깊은 영향을 미친다. 모든 수업에서와 같이 학생들에게 주제가 분명해져야 한다는 것은 특히 중요하다. 전문가초청질의에서는 더욱 중요하다. 내가 정확히 무엇을 알고 싶어 하며 그 이유를 안다면, 나는 이에 맞는 질문을 준비할 수 있다. 따라서 질문이 전문가초청질의의 본래의 주제가 아닌, 칠판에 써 있는 주제의 방향으로 준비된다.

비록 전문가초청질의가 정보단계에 속한다 하더라도 신중하게 수업을 준비하는 것이 필요하다. 학생들이 의미 있는 질문을 하고자 한다면, 그들은 객관적이고 전문적인 배경을 알아야 하거나 이에 맞는 작업을 해야 한다.

전문가초청질의를 위한 질문을 준비하는데 다음과 같은 몇 가지 규칙을 유의해야 한다.

- 전문가와의 대화를 위하여 개방적인 질문이 준비되어야 한다. 즉 대답가능성이 제안되거나 질문자가 대신 대답을 하지 말아야 한다.
- 질문을 통하여 어떤 정보를 얻어야 하는지에 대해 설명하여야 한다.
  - 질문 받은 사람의 지식(사실): "우리에게 주요 원인을 (...) 언급하실 수 있습니까?"
  - 입장이나 의견: "다음의 진술에 대한 당신의 의견은 어떻습니까?"
  - 설득: "다음의 진술에 대해 틀리다고 생각하십니까 아니면 옳다고 생각하십니까?"
  - 태도: "다음에 대해 당신은 어떻게 (...) 반응하시겠습니까?"
- 질문에 대한 내용적이고 공식적인 요구사항:
  - 분명한 질문표현과 정확한 문제표현
  - 간단하게 그러나 폐쇄되지 않은 질문, 의문사로 시작되는 질문은 안 되며, 긴 서술체의 대답을 허용하는 질문: "우리에게 ....에 대해 설명해주시겠습니까?"
  - 질문이 특정한 대답을 선동해서는 안 된다.
  - 질문이 평가를 해서는 안 된다.
  - 질문이 선동적이어서는 안 된다.

전문가초청질의의 시행

전문가초청질의에서는 외부에서 수업에 온 전문가에게 상황을 설명하기 위해 준비된 질문을 제기한다. 즉 전문가초청질의는 먼저 전문가와의 토론이나 토의가 아니다. 오히려 전문가는 질문에 대답을 해야 한다. 이를 위해 질문이 근본적으로 준비되어 있어야 한다. 전 학급에 필요한 배경지식이 있어야 하는 반면 구체적인 질문은 학습집단에 의해 작업되고 표현되어야 한다. 학생들은 이에 전문가, 그 사람됨, 그의 성장과정, 그의 활동 등에 대한 정보가 필요하다. 질문의 최종적인 선택과 그 논리적인 순서는 다시 전 학급에 의해 합의된다. 또한 특히 질문을 시작할 때 어려움과 장애를 피하기 위하여(누구도 시작하려고 하지 않는다), 누가 질문할 것인가 확정하는 것도 중요하다. 학생들의 소집단이 특정한 질문에 대하여 책임을 진다면 목적에 적당할 수도 있다. 이런 방식으로 이어지는 질문이 쉬워질 수 있다.

전문가초청질의에서는 무엇보다도 고등학교수준에서, 특히 대답이 자기 의견이나 지식에 반대할 경우, 전문가와의 토론에 가능한 일찍 뛰어 들고 싶은 유혹이 크다. 그럼에도 불구하고 본래의 질문이 다 끝난 후에 토론의 가능성을 이용하는 것이 중요하다. 이에는 물론 질의와는 다른 규칙에 따른다.

이러한 공식적인 구조, 즉 토론 없는 질문 그리고 질문이 끝난 후의 토론은 사전에 학급과 합의해야 하고 진행자를 통해 지켜져야 한다.

잊어버려서는 안 되는 것은 질의에 직접 참여하지 않는 학생들은 관찰과제를 받아 분담적으로 전문가초청질의를 함께 기록해야 한다는 것이다. 관찰자의 결과는 질의의 추후의 평가를 위한 연결점이 된다. 의미 있는 것은 – 학생들이 작업을 쉽게 하기 위하여 – 관찰양식지(자료 1참조)를 개발하는 것이다. 관찰양식지는 교사에 의해 학급에 배포될 수도 있고 한 학습집단이 관찰양식지를 개발할 수도 있다.

기타 문제들: 드러나지 않는 학습효과

또한 전문가초청질의도 다른 즉흥적인 방법들과 마찬가지로 계획된 의도를 넘어서서 종종 예정하지 못하고 예측할 수 없는 영향, 즉 드러내지 않은 교수계획을 갖고 있다. 교사가 이를 알고 계속되는 수업을 준비하는 것이 특히 중요하다. 그렇게, 어느 정도 "좁은 전문가 안경"으로 정치적 현실이 왜곡되고 일방적으로 또는 정치적이지 않게 보이는지에 대해 평가단계에서 검토하는 것이 반드시 필요하다. 또한 전문가가 빗겨가거나 일화와 같이 만들어 버린 진술은 매우 의미가 함축적이며 이로써 전체적으로 다른 진술보다 더욱 효과적일 수도 있다.

이를 한 예로써 설명하기로 한다. 베를린의 김나지움 8학년의 한 학급에서 "정치적 의견형성 및 결정과정. 개인이 이에 영향을 주고 참여할 수 있는 가능성은

전문가질의

어떤 것이 있는가?"란 주제의 비교적 긴 수업단원의 테두리에서 "개인이 정당을 통하여 자기 이익을 유효하게 하기 위한 어떤 가능성이 있는가?"란 주제로 전문가질의가 시행되었다. 초청받은 전문가는 동맹 90/녹색당의 당원이고 이 정당의 전 연방의회 의원이었으며, 베를린의 이 사회/녹색 연정 기간 동안에 학교, 직업교육, 스포츠를 위한 참의원관리(Senatsverwaltung)에서 높은 참의원직(Senatsamt)을 가졌으며 현재 브란덴부르크의 교육부의 수업개발을 위한 활동을 한다. 학생들은 이 전문가초청질의의 준비에서 열개의 질문을 준비했다. 전문가초청질의는 총 약 45분이 걸리며 주제와 학습목표에 관련하여 매우 성과가 있으며 이어지는 학생들의 평가에서 표현된다.

> 전문가초청질의의 범주에서 6번째 질문은 다음과 같다. "*어떤 형태로 사람들은 자기를 제일 잘 주목하게 만드는가?*" 전문가는 이 질문에 아주 상세하게 대답했다. 그는 국회의원에게 편지를 보내고, 신문의 독자의 편지, 시민단체 결성에서 데모까지 일련의 가능성에 대하여 언급하고 설명하였다. 이에 그는 다음과 같이 말했다. "*교통량이 많아서 우리를 방해한다고 사람들과 함께 말하고, 아이와 부모들이 떼를 지어 횡단보도에 앉아서, 빨간 신호등이 들어와도 불손하게 비키지 않으면 갑자기 차량교통이 정지됩니다. 그러면 자연히 커다란 문제가 되지요. 그때 아주 많은 사람들이 방해받은 것을 느끼게 됩니다.*
>
> *그리고 만일 사람들이 그것은 언론에 알리면 기자들이 와서, 무슨 일이 일어나는지 흥미롭게 쳐다봅니다. 사람들은 그것을 오래 할 수는 없어요. 그런 행동은 처벌을 받습니다. 사람들이 그런 일은 바늘구멍과 같이 만들면 즉 평소에는 유효한 규칙을 조금 일부러 범한다면 물론 거대한 대중을 불러일으킵니다. 또한 비판적으로 말합니다. 비판적인 사람들은 '어떻게 그런 일을 할 수 있는가, 말을 듣지 않는다. 그렇지만 사람들은 그런 방법을 사용해서는 안 된다' 말합니다. 그러면 목표에 도달한 거죠. 대중은 왜 사람들이 거리에 앉거나 신호등을 요구하거나 30킬로미터 구역표지판 또는 유사한 것을 요구하는지에 대해 토론합니다. 그리고 또한 언론에 왜 그들이 그런 행동을 취했는지에 대해 설명할 기회를 얻습니다. 이미 사람들은 석간신문에 나게 되지요. 그리고 즉시 누군가 혹은 이를 담당하는 관청이 반응을 합니다...*"

14일 후에, 전문가초청질의 이외에도 또한 역할게임과 계획게임이 수행되었던, 전체 수업단원에 대한 평가에서 그 긴 전문가초청질의에서 학생들에게 남아 있는 한 문장이 다음과 같다는 것이 드러났다. "*정치적으로 무언가에 도달하기 위하여, 그것이 처벌을 받게 된다 해도, 첫째로 법을 어겨야 한다.*"

평가

이러한 결과로 인해, 전문가초청질의는 다른 모든 활동지향적인 방법과 같이, 일방적인 정치적 인상이라는 위험을 극복하기 위하여, 아주 신중하고 비판적으로 검토하는 평가가 필요하다. 그럼에도 불구하고 그런 인상이 나중에도 느껴진다면, 정치교사들은 이를 다른 단원의 정치수업의 동기와 내용으로 받아들여야 한다. 이를 넘어서서 정치교사는 항상, 전문가들이 일반적으로 객관적이지 못하고 종종 단호한 정치적 의견 또는 입장을 대변한다는 것을 의식해야 한다. 따라서 보이텔스박흐 합의의 압도금지와 논쟁지시를 위반하고 싶지 않다면 평가와 판단형성단계에서 또한 전문가와 다른 정치적 입장에 대하여 충분히 분명하게 숙지시키는 것이 특히 중요하다. 질의 후에 (이어서 토론시간이 예정되어있지 않다면) 전문가가 계속되는 수업에 참가하지 않게 하는 것도 의미가 있는 것으로 증명되었다. 평가는 전문가의 태도에 대한 비판적인 검토에 관한 것이기도 하기 때문에 전문가가 있는 데서는 거의 불가능하다.

전반적으로 전문가초청질의는 간단한 방법은 아니다. 이는 상당한 준비를 요한다. 그렇지만 실제적인 행위의 한 형태로서 학교를 개방하고 정치적 현실을 최소한 주제별로 적극적으로 연구하는, 오히려 흔치 않은 경우에 속한다.

참고문헌

Breit, Gotthard: Die Expertenbefragung. In: Kuhn, Hans-Werner/Massing, Peter(Hrsg.): Methoden und Arbeitstechniken. Band 3 des Lexikons der politischen Bildung. Schwalbach/Ts. 2000, S.39-42

Claußen, Bernhard: Methodik der politischen Bildung. Von der pragmatischen Vermittlungstechnologie zur praxisorientierten Theorie der Kultivierung emanzipatorischen politischen Lernens. Opladen 1981

Giesecke, Hermann: Methodik des politischen Unterrichts. München, 3.Auflage 1975

Massing, Peter: Die Expertenbefragung. In: Mickel, Wolfgang(Hrsg.): Handbuch zur politischen Bildung. Schwalbach/Ts. 1999, S.433-436

Massing, Peter: Die Expertenbefragung. In: Massing, Peter: Handlungsorientierter Politikunterricht. Ausgewählte Methoden. Schwalbach/Ts. 1998, S.54-59

Mickel, Wolfgang: Methodik des politischen Unterrichts. Frankfurt/M., 2.Auflage 1996

전문가질의

자료 1

전문가초청질의를 위한 관찰양식	
기 준	관찰내용
일반적인 것	
● 시 간	
● 구 조	
● 참가범위	
● 대화분위기	
전문가	
● 언 어	
● 접 촉	
● 전문지식	
● 유연성	
● 논쟁수준	
● 공평성	
● 연설부문	
진행자	
● 조 정	
● 조직화	
● 통찰력	
● 유연성	
질문자	
● 질문기법	
● 유연성	
● 주제관련능력	
안내: 간단하게 메모 하시오!	

자료 2

전문가 질의 체크리스트

사전고려사항
- 수업내용으로부터 전문가를 초대하는 것이 의미가 있는 질문과 문제를 제기할 수 있는가?
- 어떤 전문가가 가능하며 대화를 위해 초대할 수 있는가?

공식 준비
- 어느 전문가를 초대해야 할지 결정하라.
- 교사(또는 학생들)의 전문가와의 접촉시도
- 전문가에게 알려 줄 사항: 집단의 연령, 규모, 구성; 준비와 사전지식; 학급의 수행능력; 수업단원의 의도; 간단한 언어를 사용하고 전문용어에 대하여 설명하도록 부탁.
- 시간에 관한 약속: 전문가초청질의가 언제 이루어져야 하는가? 대략 얼마동안 지속되어야 하는가? 어떤 규칙에 대해 학급과 약속을 했는가? 이어서 토론이 계획되어 있는가? 만일 토론이 계획되지 않았다면, 그 전문가가 계속되는 수업에 참여하지 않도록 준비시킨다.
- 공간의 좌석배치변경고려.
- 기술적인 보조수단의 필요여부 고려.

내용적인 준비
- 주제에 대한 일반적인 정보(예를 들어 준비해야 하는 숙제로)
- 주제를 분담한 소집단에서 다른 자료를 근거로 질문을 발전시키기.
- "진행자"를(이 과제를 교사가 직접 맡지 않는다면) 맡은 소집단에게 이 과제에 대해 설명해야 한다. 시간분배, 규칙 준수, 주제에서 벗어나는 것 피하기, 등등.
- "관찰자과제"를 맡은 소집단(교사가 관찰양식을 사전에 주지 않는다면)은 관찰양식을 작성한다.
- 소집단간의 질문을 조정한다: 질문이 반복되는 것 금지! 질문이 의도에 맞는가? 순서정리!
- 질문하는 사람확정, 순서 확정.
- 관찰자집단과 그 과제 확정.

시 행
진행자를 통하여 전문가를 인사시키고 소개한다.
- 질문할 때 규칙을 준수한다.
- 주제를 벗어나지 않도록 주의한다.
- 관찰자는 결과를 기록한다.
- 전문가와 작별하고 그의 수고에 대해 감사한다.

평 가
전문가 평가
- 어느 중심적인 정보를 얻었는가? 관찰자부터 시작한다.
- 지금까지의 지식을 비교한다.
- 질문의 목적에 도달했는지 토론한다.
- 주제, 문제, 판단형성을 연관시킨다.
- 경우에 따라 결과를 시각화한다.
- 방법에 대해 비판적으로 검토한다(평가회의).

전문가에게 알려줌.

전문가질의

저자색인

고트하르트 브라이트 박사(Dr. Gotthard Breit)
1941년 쇼른도르프/뷔르템베르그 출생
1994년부터 막데부르크의 오토-폰-구에리케-대학의 정치학연구소의 정치수업 교수법 교수

요아킴 디첸 박사(Dr. Joachim Detjen)
1948년 북스테후데 출생
1997년부터 아이스테트-잉골슈타트의 카톨릭대학, 역사, 사회학부의 정치교육 교수(사회학 교수법)

디틀레프 아히너(Detlef Eichner)
1965년 기프호른 출생
2003년부터 브라운슈바이그 공대의 정치학, 정치교육 전공분야, 사회과학연구소의 연구원

지그프리트 프레히(Siegfried Frech)
1955년 루드비히스부르크 출생
1991년부터 바덴-뷔르템베르크주 정치교육주센터의 "편집, 국가의 시민/교수법 시리즈"의 보고책임자(Referatsleiter)

마르크스 글로에(Markus Gloe)
1974년 루이트 아우프 덴 필던 출생
2001년부터 프라이부르크 교육대학교의 사회학연구소 연구원, 정치학 박사과정

한스 베르너 쿤 박사(Dr. Hans-Werner Kuhn)
1951년 훈스뤼크의 조오렌 출생
2000년부터 프라이부르크 교육대학교, 초등학교의 사회과학적인 사회 중심의 정치교육 교수

시민교육방법트레이닝

페터 마싱 교수(Dr. Peter Massing)
1946년 데싸우 출생
2002년부터 베를린 자유대학교의 정치학 오토-수어-연구소의 사회와 정치교수법 교수, 1989년부터 동연구소의 정치교육활동의 보고책임자

게오르크 바이쎄노 박사(Dr. Georg Weißeno)
1951년 크라일스하임 출생
1999년부터 칼스루헤 교육대학교 사회과학과 유럽연구 연구소, 정치학과 교수법/공동체연구 교수

Copyright ⓒ segfried frech / Hans-Werner Kuhn / Peter Massing (Hrsg.)
Korean translation copyright by M-add Publischer, Seoul

시민교육방법 트레이닝
Methodentraining für den Politikunterricht

저자 segfried frech / Hans-Werner Kuhn / Peter Massing (Hrsg.)
역자 신두철

초판 1쇄 인쇄   2007. 1. 3.
초판 1쇄 발행   2007. 1. 5

발행처 엠-애드
발행인 이승한
등록번호 제 2-2554
주소 서울시 중구 필동3가 10-1
전화 02-2278-8063~4
전송 02-2275-8064

이 책의 저작권은 Wochen Schau Verlag 사와의 독점계약에 의해 엠-애드에 있습니다.
저작권법에 의해 한국내에서 보호를 받는 저작물이므로 무단 전재와 복사를 금합니다.
값:18,000원